JEAN GEBSER, URSPRUNG UND GEGENWART
BAND III

URSPRUNG UND GEGENWART
2. TEIL

JEAN GEBSER

GESAMTAUSGABE

BAND III

Ursprung und Gegenwart. Zweiter Teil
Die Manifestationen der aperspektivischen Welt
Versuch einer Konkretion des Geistigen

IM NOVALIS VERLAG

Umschlaggestaltung unter Verwendung einer Plastik von Arnold Zürcher, dessen Arbeiten von Jean Gebser starke Impulse und Anregungen erhielten. Der Verlag dankt Frau Zürcher für die freundliche Genehmigung zum Abdruck.

2. Auflage 1999
Druck: Ipoly, Slowakei
ISBN 3-907160-03-7

INHALT

Zwischenwort 375

Erstes Kapitel: Der Einbruch der Zeit 379

1. Die Bewußtwerdung der Zeitfreiheit 379

Die verschiedenen Zeitformen 380 – Die Komplexität der »Zeit« 381 – Die Zeit eine akategoriale »Größe«; System und Systase 383 – Die Umwertung des Zeitbegriffs zu Beginn unseres Jahrhunderts 384 – Die Zeitangst als Symptom unserer Epoche 387 – Die Zeitfreiheit 388

2. Die Bewußtwerdung des Ganzen 389

Die nur räumliche Wirklichkeit 389 – Die entscheidende Rolle Europas 390 – Drei Beispiele 391 – Voraussetzungen für die Bewußtwerdung des Ganzen 393

Zweites Kapitel: Die neue Mutation 395

1. Das Klima der neuen Mutation 395

Mutationszeiten sind Zeiten der Störung 397 – Die Zukunft in uns und in der Welt 398 – Der anthropozentrische Irrglaube 403 – Präsenz und Wirkung 405

2. Das Thema der neuen Mutation 406

Wie kam es zur Erfindung der Maschine? 406 – Die Konsolidierung des Raumbewußtseins ermöglicht die neue Mutation 408 – Die Zeit als Intensität 411 – Züchter- und Werkzeugkulturen 412 – Verlust an Natur und Kultur 413 – Die »Zeit«, das Thema der neuen Mutation 414

3. Die neue Aussageform 414

Hufelands »neue Kraft des Geistes« 415 – Die Manifestationsformen der Zeit; Zeitliches ist räumlich nicht fixierbar 417 – Philosophem und Eteologem; Systase und Synairese 418

Drittes Kapitel: Vom Wesen des Schöpferischen 424

1. Das Schöpferische als Urphänomen 424

Die unzulängliche psychologische Erklärung 424 – Die Aussagen des »Buches der Wandlungen« 425 – »Die Urtiefen des Weltgeschehens« 427

2. Wesen und Wandel des Dichterischen 428

Die Bedeutung der »Muse« 430 – Die Muse, die Muße und das Müssen 431 – Die Muse als Quellgottheit, Lebensmacht und schöpferische Kraft 433 – Die Sirene, das Gegenbild der

Muse, bei Rilke 435 – Die Individualisierung der Dichtung durch die Lyrik 436 – Hölderlins entscheidender Schritt 439 – Die »Überwindung der Zeit« durch Hofmannsthal und die »Zähmung der Musen« durch Baudelaire 441 – Die »neue Pflicht« Mallarmés 442 – Die »höchstgesteigerte Bewußtheit« Valérys 443 – Die Überwindung der Musen und die Ichfreiheit bei T. S. Eliot 444 – Huxleys »Zeit muß enden« 446 – Eluard und Hagen 447 – Der heutige veränderte schöpferische Bezug als Ausweis der neuen Bewußtseinsstruktur 449

Viertes Kapitel: Die neuen Konzepte 450

1. Die Ansätze des neuen Bewußtseins 450

Der geistige Ansatz; der physische Ansatz 451 – Der Mensch ist nicht prädikatlos; das neue Marien-Dogma 455

2. Die vierte Dimension 456

Die vierte Dimension ist die Zeitfreiheit 456 – Die »dimensionalen Kategorien« N. Hartmanns; die nichteuklidische Geometrie von Gauß 457 – Zur Geschichte der vierten Dimension; Einstein; das Übersinnliche als vierte Dimension 459 – Die vierfache Entdeckung der nichteuklidischen Geometrie; Gauß und Petrarca 460 – Lamberts »imaginäre Kugel« 464 – Die magische Adaption der vierten Dimension 468 – Die mythische Adaption 471 – Die mentale Adaption 474 – Die »Königin der Wissenschaften« 479 – Vom Wesen der Zeitfreiheit 481

3. Die Temporik 483

Temporik ist Bemühung um die Zeit 483 – Die Nicht-Begreifbarkeit der Zeit 486 – Die heutige Zeitangst 487 – Die Übermächtigkeit der zurückgestauten Zeit 488 – Stichwörter der Aperspektive 491

Fünftes Kapitel: Die Manifestationen der aperspektivischen Welt (I): Die Naturwissenschaften 493

1. Mathematik und Physik 493

Descartes und Desargues, Galilei und Newton; Speisers Gruppentheorie und Hilberts Axiomensystem 495 – Das Ende des mechanischen Weltbildes der klassischen Physik 497 – Das Zeitthema in der Physik; das Wirkungsquantum 499 – Das Heisenbergsche Gesetz; das Alter des Universums 502 – Heisenbergs »Paradoxien des Zeitbegriffs«; die Überwindung des Dualismus durch die neue Physik 505 – Die (arationale) Unanschaulichkeit des heutigen physikalischen Weltbildes 507

2. Biologie 512

Die Zeit als Qualität 514 – Vitalismus und Totalitarismus 516 – Portmanns Anerkennung der raumzeitlichen Struktur aller biologischen Lebensformen 517 – Die Überwindung des Dualismus durch die Biologie 520 – Betonung der Zusammenhänge statt der Teilungen; die arationale Sicht des Lebens 522

Sechstes Kapitel: Die Manifestationen der aperspektivischen Welt (II): Die Geisteswissenschaften 527

1. Psychologie 527

Die Totsagung Gottes; Fausts Wanderung »ins Leere« und die Entdeckung der Schichten der Erde und der Seele 527 – Die Bemühungen das Nicht-Räumliche, das Seelische, zu erfassen 528 – Die Zeit im Traumgeschehen (Freud) und als »psychische Energetik« (Jung) 531 – Die Überwindung des Dualismus durch Jungs Individuations- und Quaternitäts-Lehren 533 – Die psychologisierte Vierdimensionalität und ihre Gefahren 534 – Die Sichtbarwerdung der arationalen Zeitfreiheit; die »Archetypen« Jungs 538

2. Philosophie 542

Heideggers eschatologische Stimmung 542 – Der Einbezug der »Zeit« als Eigenelement ins philosophische Denken; Pascal und Guardini 544 – Arbeit und Besitz: Zeit und Raum; Bergsons »Zeit und Freiheit« 546 – Husserls »Zeitkonstitution« 547 – Das Eingeständnis der rationalen Unzulänglichkeit; die »dreiwertige Logik« Reichenbachs 548 – Die »offene Philosophie« 550 – Überwindung von Immanenz und Transzendenz durch Simmel und Szilasi 551 – Die Hinwendung zum Ganzen und zur Diaphanität 553 – Die »Kugel des Seins« 556 – Die Selbstüberwindung der Philosophie 557

Siebentes Kapitel: Die Manifestationen der aperspektivischen Welt (III): Die Sozialwissenschaften 559

1. Recht 559

Sitte und Gesetz 559 – Montesquieus menschheitliche Maxime; die Berücksichtigung des Zeitfaktors im neuen Rechtsgebrauch 561 – Die Meisterung der prae- und irrationalen Komponenten des Rechts (Hans Marti) 563 – Das neue Recht auf Arbeit geht zu Lasten des Besitzes 564 – Die Überwindung des Dualismus im Recht (W. F. Bürgi und Adolf Arndt) 567 – Die Tendenz zur Arationalität im »offenen Recht« 568

2. Soziologie und Ökonomie 570

Höllenfahrt der Menschheit? 570 – Die Berücksichtigung des Zeitfaktors; der Marxismus auf blindem Geleise 574 – Die neue qualitative Wertung der Arbeit (L. Preller und A. Lisowsky) 575 – Zeit und Struktur in der Soziologie (W. Tritsch) 578 – Die Überwindung des Dualismus durch Akzeptierung des Indeterminismus (nationalökonomisch durch Marbach, soziologisch durch Guardini und Brod, anthropologisch durch Lecomte du Noüy) 579 – Überwindung der Alternative Individuum : Kollektiv 580 – Überwindung des einsinnigen Geschichtsablaufes durch Toynbee und v. Salis 583 – Die Rolle der Kulturkreislehre von Frobenius 584 – Das Beachten der Zusammenhänge statt der Systematisierungen 585 – Dempfs »integraler Humanismus« 587 – Die Offenheit der Welt 588 – Alfred Webers Hinweis auf eine »außerraumzeitliche Erfassung« 590 – Hinweise der Hirnforschung (Lecomte du Noüy und H. Spatz) auf neue Bewußtseinsmöglichkeiten 592

Achtes Kapitel: Die Manifestationen der aperspektivischen Welt (IV): Die Doppelwissenschaften 593

Die Tatsache der Doppelwissenschaften als aperspektivische Manifestation; die Quantenbiologie 593 – Die Psychosomatik 595 – Die Parapsychologie 599

Neuntes Kapitel: Die Manifestationen der aperspektivischen Welt (V): Die Künste 602

1. Musik 602

Die temporischen Versuche der Musik; Strawinskys Auseinandersetzung mit der Zeit 603 – Busoni; Křeneks neue Zeitwertung 605 – Die Überwindung des Dualismus von Dur und Moll 609 – Liszt, Debussy und die »offene Musik« 611 – Der Versuch der Musik die Arationalität zu realisieren 613 – Pfrogners Konzept einer Musik vierdimensionaler Natur 614 – Die »Vergeistigung der Musik« 616 – Debussys »sphärische Tonalität« 617

2. Architektur 619

Architektur, die soziologische Kunst 619 – Die Lösung des Zeitproblems durch die neue Architektur; der »fließende Raum«; die »organische Architektur« Wrights 621 – »Freier Grundriß« und »freie Kurve«; der »offene Raum« und die Überwindung des Dualismus von Innen und Außen 622 – Die Arationalität und Diaphanität der neuen Architektur 624

3. Malerei 625

Die Vorläufer der neuen Sehweise: Füßli, Géricault, Delacroix; die sphärische Bildfläche Cézannes 627 – Die vierte Dimension bei den Kubisten 631 – Gleichzeitigkeit ist nicht Zeitfreiheit 633 – Die Überwindung des Dualismus, angebahnt durch den Gebrauch der Komplementärfarben 634 – fortgeführt durch Cézanne; Klee und Gris; Verlust der Mitte ist kein Verlust, sondern Gewinnung des Ganzen 635 – Die Arationalität der neuen Malerei: Picassos Unvorsätzlichkeit und die »offenen Figuren« Lhotes 636 – Die »geheime Struktur« der Dinge (Picasso); die »Welt ohne Gegenüber« kein Verlust, sondern Gewinnung des Miteinander 637 – Impressionismus, Pointillismus, Primitivismus, Fauvismus, Expressionismus, Futurismus, Kubismus und Surrealismus als temporische Versuche 638 – »Im Ursprung der Schöpfung« (Klee); von »den Wurzeln der Welt« (Cézanne) 640 – Die Diaphanität bei Léger, Matisse und Picasso 641

4. Dichtung 642

Dichtung als Geschichtsschreibung des Datenlosen 642 – Ein Aphorismus Hölderlins 644 – Das Zeitthema in der Dichtung 646 – Die neue Wertung des Wortes seit Hölderlin und Leopardi 646 – in der französischen, spanischen, englischen und deutschen Dichtung 647 – Das psychische Element seit der Romantik bis zu James Joyce; Expressionisten, Dadaïsten, Surrealisten, Nihilisten, Infantilisten und Pseudomythiker als Zertrümmerer der starren Formen 649 – Prousts Kampf um die Zeitfreiheit 652 – Die raumzeitliche Dichtungsweise von Joyce und Musil; Virginia Woolfs, Thomas Manns und Hermann Hesses Auseinandersetzungen mit dem Zeitproblem 654 – Die neuen Amerikaner und H. Broch; Musils Maxime und die Nachkriegsgeneration 655 – Hopkins und Eliot 656 – Inversionen und Konstruktionsbrüche bei Rilke und Mallarmé als Ausdruck der Zeitumwertung 657 – Der aperspektivische Gebrauch des Adjektivs 659 – Der neue »Denn-Verzicht« und der »Wie-Verzicht« als Absagen an die perspektivische Fixiertheit 660 – Der neue Gebrauch des Komparativs als aperspektivische Bezugnahme; die neuen »Und-Anfänge« 660 – Die neue, aperspektivische Reimung in der europäischen Dichtung 662 – Die Überwindung des Dualismus und die neue Einstellung zum Tode 664 – Die Arationalität der neuen Dichtung; die Diaphanität Guilléns, Eliots und Valérys 667 – Aperspektivische Dichtung und aperspektivische Physik 668

Zehntes Kapitel: Die Manifestationen der aperspektivischen Welt (VI): Zusammenfassung 670

1. Das aperspektivische Thema 670

Die notwendige neue Bewußtwerdung 670 – Die aperspektivischen Themata; die Praeligio 671 – Die aperspektivische Wirklichkeit 672

2. Das tägliche Leben 672
Der Vollzug der Mutation durch die Allgemeinheit 673 – Fabrik und Bureau von uns geschaffene Zeitverfälschungen; Freizeit und Zeitfreiheit 675 – Notwendige Leistungen des Einzelnen 676

Elftes Kapitel: Die doppelte Aufgabe 679
Spenglers Selbst-Aufgabe und unsere Aufgabe 679 – Die Gefahren unserer Übergangsepoche auf den verschiedenen Gebieten unseres Denkens und Tuns 680

Zwölftes Kapitel: Die Konkretion des Geistigen 686
Das mentale Denken und das geistige Wahren; das Geistige ist nicht »Geist«, sondern Diaphanität (Transparenz); der Vollzug des concrescere, des Zusammenwachsens des Geistigen mit unserem Bewußtsein als Konkretion des Geistigen 688 – Das Ganze 689

Nachwort 691
Synoptische Übersicht 695
Bildtafeln . . . . nach Seite 700

VERZEICHNIS UND QUELLENNACHWEIS DER ABBILDUNGEN

Abb. 44: »Kore«, griechisch, 4. Jahrhundert v. Chr., Tanagra . . . . Tafel 9 zu S. 451

Abb. 45: »Kore«, griechisch, 3. Jahrhundert v. Chr., Tanagra . . . . Tafel 10 zu S. 451
(Die beiden Tanagrafiguren befinden sich in einer Berner Privatsammlung; reproduziert mit freundlicher Genehmigung des Besitzers.)

Abb. 46: Mies van der Rohe, »Deutscher Pavillon auf der Weltausstellung in Barcelona, 1929« . . . . Tafel 11 zu S. 621
(Reproduziert nach E. Mock, a. a. O. [621[85]]; S. 10)

Abb. 47: Lucio Costa, Oscar Niemeyer Soares und Paul Lester Wiener, »Brasilianischer Pavillon auf der Weltmesse in New York, 1939« . . . . . . Tafel 11 zu S. 622
(Reproduziert nach E. Mock, a. a. O. [621[85]]; S. 19)

Abb. 48: Walter Gropius, »Bauhaus Dessau«; 1925/26 . . . . Tafel 12 zu S. 623
(Reproduziert nach E. Mock, a. a. O. [621[85]]; S. 11)

Abb. 49: A. und E. Roth und M. Breuer, Zwei Mehrfamilienhäuser im Doldertal, Zürich; 1935/36 . . . . Tafel 12 zu S. 623
(Reproduziert nach Alfred Roth, a. a. O. [623[95]]; S. 49; mit freundlicher Erlaubnis des Autors)

Abb. 50: Edward D. Stone, »Haus A. Conger Goodyear«, Old Westbury, Long Island (New York); 1940; Blick auf Wohnzimmer von außen . . . . . Tafel 13 zu S. 624

Abb. 51: Wie Abb. 50, jedoch Blick aus dem

Wohnzimmer nach außen . . . . Tafel 13 zu S. 624
(Abb. 50 u. 51 reproduziert nach E. Mock, a. a. O. [621[85]]; S. 43)

Abb. 52: Diagramm zu Abb. 53 . . . . . Tafel 14 zu S. 628
(Abb. 52 u. 53 reproduziert nach L. Guerry, a. a. O. [466[16]]; S. 19)

Abb. 53: Paul Cézanne, »Don Quichotte sur les rives de Barbarie« . . . . . . Tafel 14 zu S. 628

Abb. 54: Diagramm zu Abb. 55 . . . . Tafel 15 zu S. 628

Abb. 55: Sandro Botticelli, »Grablegung Christi«; um 1605 . . . . Tafel 15 zu S. 628

Abb. 56: Fernand Léger, »Peinture décorative« für den französischen Pavillon auf der »Triennale« in Mailand, 1951 . . . . Tafel 16 zu S. 626
(Reproduziert mit freundlicher Erlaubnis des Leiters der »Kunsthalle« Bern, Herrn Arnold Rüdlinger, Bern)

Abb. 57: Pablo Picasso, »Die Arlesierin«; 1913 . . . . Tafel 17 zu S. 632

Abb. 58: Gino Severini, »Die ruhelose Tänzerin«; um 1912/13 . . . . . . Tafel 18 zu S. 634

Abb. 59: Pablo Picasso, »Klassischer Kopf«; Lichtzeichnung; um 1949 . . . . Tafel 19 zu S. 639

Abb. 60: Pablo Picasso, »Blumen in Vase«; Lichtzeichnung; um 1949 . . . . Tafel 19 zu S. 639
(Abb. 59 und 60 sind Photographien von Gjon Mili; reproduziert nach »Life«, International Edition, No. February 13, 1950; p. 3 und 4; mit freundlicher Genehmigung der Redaktion)

Abb. 61: Alexander Calder, Hängende Drahtplastik (»Mobile«); 1936; Collection Mrs. Meric Callery, Paris . . Tafel 20 zu S. 639
(Reproduziert nach: James Johnson Sweeney, Alexander Calder; The

Museum of Modern Art, New York, 1943; p. 32)

Abb. 62: Aufnahme der Montage von Kamera und Silberkugel für die Photographie Abb. 63 . . . . Tafel 21 zu S. 639

Abb. 63: Kugelphotographie von Dale Rooks und John Malloy, Grand Rapids, Mich., USA; um 1949 . . . . . . Tafel 21 zu S. 639
(Abb. 62 u. 63 reproduziert nach »Life«, International Edition, No. August 28, 1950; p. 2; mit freundlicher Genehmigung der Redaktion)

Abb. 64: Stärkekörner in einer Lackeinbettung. Photo Carl Strüwe . . . . Tafel 22 zu S. 641

Abb. 65: Sophie Taeuber-Arp, »Lignes d'été«, 1942, Kunstmuseum Basel, Emanuel Hoffmann-Stiftung . . . . Tafel 22 zu S. 641
(Quellennachweis für Abb. 64 u. 65 siehe Anm. S. 641[169])

Abb. 66: Georges Braque, »Sonnenblumen«; 1946 . . . . Tafel 22 zu S. 639
(Reproduziert nach »Life«, International Edition, No. June 6, 1949; p. 40; mit freundlicher Genehmigung der Redaktion)

Abb. 67: Hans Haffenrichter, »Energie«, Eitempera, 1954 . . . . Tafel 23 zu S. 641
(Reproduziert mit freundlicher Erlaubnis von Hans Haffenrichter)

Abb. 68: Außergalaktischer Nebel im Sternbild »Jagdhunde« . . . . Tafel 23 zu S. 641
(Reproduziert nach: Vincent de Callatay, Goldmanns Himmelsatlas; Goldmann, München, 1959; S. 155, Abb. Nr. 5)

Abb. 69: Pablo Picasso, »Vase mit Laub und Seeigeln«; 1946. Musée Grimaldi, Antibes . . . . Tafel 24 zu S. 641
(Reproduziert nach »Cahiers d'Art«, Paris; 23e année, 1948, no. 1; p. 43)

Zwischenwort

»Wo aber Gefahr ist, wächst das Rettende auch!«
(Hölderlin)

»L'esprit doit l'emporter, ou c'en est fait du genre humain (Der Geist muß den Ausschlag geben, oder es ist um die Menschheit geschehen).« (Paul Valéry)

Der erste Teil dieser Schrift hatte den Fundamenten dessen gegolten, was wir als »aperspektivische Welt« bezeichnet haben; die Ausführungen dieses zweiten Teiles sind den »Manifestationen der aperspektivischen Welt« gewidmet. Um diese aufweisen zu können, war ein Wagnis notwendig: die verschiedensten wissenschaftlichen Disziplinen, künstlerischen Äußerungen und allgemeinen Erscheinungen unserer Epoche mußten in die Betrachtung einbezogen werden. Dies durchzuführen ist eine undankbare Aufgabe, die durch die Aufsplitterung der heutigen Wissenschaft in Fach- und Unterfachgebiete sowie durch die verschiedenen Terminologien nicht gerade erleichtert wird. Trotz dieser Schwierigkeiten, und selbst auf die Gefahr hin, daß man einen derart umfangreichen Versuch eines einzelnen mancherorts als Einmischung in »fremde Gebiete« verurteilen könnte, ist es notwendig, gerade die verschiedensten Gebiete zu betrachten, denn anders wäre die Gültigkeit des Nachweises, der zu erbringen ist, durchaus in Frage gestellt. Nur dadurch, daß einmal der Versuch gewagt wird, *unter Berücksichtigung und Achtung der jeder einzelnen Disziplin eignenden Denkweise und Terminologie* die verschiedensten Wissensgebiete und Kunstäußerungen auf das sie alle verbindende Grundanliegen hin zu betrachten, ist es möglich, dieses Grundanliegen sichtbar zu machen. Oder besser: nur so ist es möglich, die ersten Ansätze aperspektivischer Art, die in den letzten Jahrzehnten immer stärker zur Manifestation drängen, nachzuweisen.

Eine weitere Erschwerung für die Durchführung der gestellten Aufgabe ist durch den naturbedingten Zustand unserer Epoche bedingt. Da in ihr eine Umstrukturierung unserer Realisationsweise stattfindet, sind alle ihre Äußerungen janusköpfig: sie sind einerseits der bisher gültigen Bewußtseinsstruktur verhaftet, die, soweit sie defizient wurde, zu zerfallen droht, andererseits sind sie bereits der neu sich bildenden Bewußtseinsstruktur verpflichtet, die nur allmählich zum Durchbruch gelangt. Das bringt mit sich, daß vordergründig eine Wirrnis entsteht, da beispielsweise die Erschütterung der alten Denkweise noch nicht genügend durch die Festigung der neuen Wahrnehmungsweise ausgeglichen ist. Wäre im ersten Teile nicht versucht worden, die »Fundamente« darzustellen, und wäre damit der Akzent nicht auf die unverlierbaren Werte gelegt worden, so könnte jetzt als bloßer Modernismus interpretiert werden, was sich als eine Transponierung der echten Werte erweisen wird. Vieles, das heute geschieht, ist Auflösung. Aber es ist nicht nur Auflösung, denn diese enthält zugleich auch die Lösung. Das Eindringen in den Minus-Bereich des Geschehens, wie es sich allenthalben manifestiert, ist dafür ein Beispiel. Seitdem die Null, die über die Araber aus Indien zu uns kam, besonders in der Renaissance als Zahl und Grenzwert bestimmenden Charakter für unsere zum Dualistischen neigende Denk- und Realisationsweise erhielt, spielte sich in den letzten Generationen ein Prozeß ab, der auf eine gewiß tragische Art zur Annullierung gerade dieser Denkweise führte, zu ihrer Auflösung, die aber die Lösung unserer Situation mit vorbereitet. Jenes Eindringen in den unter der Null liegenden Minus-Bereich hat sich überall vollzogen: die Physik entdeckte die unter der Null liegenden »Größen«, und ihre Verfeinerung droht einem materiell substanzlosen Krypto-Materialismus Vorschub zu leisten [1]; die Tiefenpsychologie löste eine Entfesselung der psychischen Schlakken aus und ermutigte zu der Wiederbelebung dessen, was im Vergessen geborgen war; die Philosophie, vornehmlich die existentialistische und die fundamentalontologistische, zog sich auf die bloße Existenz im Sinne von »ex-sistere«, dem »Hinausgestelltsein«, zurück; die moderne Kunst zerbrach und annullierte die alten Ausdrucks- und Sehformen; das tägliche Leben des einzelnen unterlag in einer erschreckenden Weise immer stärker der Invasion von Minus-»Werten«, wie sie durch Motorisierung, durch ungemeisterten Leerlauf der Maschinen quantifizierend und unternivellierend Ungestalt angenommen haben. Ohne daß es den meisten bewußt wäre, repräsentiert dieser negative Aspekt unserer Epoche, gerade in Verkennung der Überbewertung, die damit dem Minus-Bereich zuteil wird, das Wesen der Moderne. Diese Moderne darf aber mit der neuen Bewußtseinsstruktur nicht identifiziert werden. Sie ist nichts als eine notwendige Begleiterscheinung der Umstrukturierung, die uns jedoch auf den ersten Blick hin, zumal es ja kein Zurück gibt, die Klärung unserer Epoche und unserer Situation nur erschweren kann. Wir verweisen ausdrücklich auf diesen Umstand, da bloßer Modernismus, also bloße Neuerungssucht, mit der neuen aperspektivischen Bewußtseinsstruktur nicht verwechselt werden darf. Daß dieser Hinweis berechtigt ist, werden die ersten vier Kapitel dieses zweiten Teiles deutlich machen. Ohne ihre Berücksichtigung müßten die auf sie folgenden Kapitel, die ausschließlich den »Manifestationen der aperspektivischen Welt« gewidmet sind, allein schon terminologisch zu Mißverständnissen in der Bewertung gerade dieser Manifestationen führen.

Nach diesen Klarstellungen sei noch das Grundthema dieser Schrift gestreift: der Ursprung, der mit jeder Bewußtseinsmutation einen intensiviert bewußten Gegenwarts-Charakter erhält; der Ursprung, der vom Ganzen und vom Geistigen geprägt ist und vor Zeit und Raum »liegt«, wird zeitfreie Gegenwart. Die aperspektivische Welt leistet die Gewinnung dieses gegenwärtigen Ursprunges und damit die Überwindung der perspektivischen Welt.

Selbst der im existentiellen und damit einseitig fixierten Denken befangene Karl Jaspers spricht auf den letzten Seiten seines Buches, das im gleichen Jahre (1949) wie der erste Teil der vorliegenden Arbeit erschien, im Vorübergehen von einem »Leben aus gegenwärtigem Ursprung«.[2] Und sogar physikalisch-kosmogonisch gesehen hat sich in den letzten Jahren, besonders in den Englisch sprechenden Ländern, der Gedanke eingebürgert, daß Ursprung Gegenwart sei. Fred Hoyle hat diesem Gedanken durch seine neue Kosmogonie (Lehre von der Entstehung der Welt) Geltung verschafft. Er führt darin aus, daß die Welt eine »continuous creation (eine andauernde Schöpfung)« sei, die aus dem hervorgeht, was er als die »Materie des Hintergrundes« bezeichnet; sie bewirkt die dauernd notwendige, ununterbrochene Neuschöpfung von Materie, die »nirgendwoher kommt, die einfach erscheint«.[3]

Ursprung ist Gegenwart. Wer diesen geistigen Sachverhalt wahrzunehmen vermag, hat die Wirrnisse unserer Epoche überwunden und wahrt die größere und entscheidende Wirklichkeit des Ganzen, jenes einzigen Ganzen, das stets beides ist: Ursprung und Gegenwart.

Erstes Kapitel
Der Einbruch der Zeit

1. Die Bewußtwerdung der Zeitfreiheit

Der Einbruch der Zeit in unser Bewußtsein: dieses Ereignis ist das große und einzigartige Thema unserer Weltstunde. Es ist ein neues Thema und damit eine neue Aufgabe. Seine Realisierung durch uns bringt eine gänzlich neue Weltwirklichkeit mit sich: eine neue Intensität und ein befreiteres Gewahrwerden, und damit die Überwindung der Wirrnisse, welche vordergründig unserer Welt das Gepräge zu geben scheinen. Wo wir diesem Thema in den Äußerungsformen unseres Lebens begegnen, dort befinden wir uns face en face mit den ersten Manifestationen der aperspektivischen Welt. Diese Manifestationen ersichtlich zu machen, zu ordnen und unserem Bewußtsein einzugewöhnen, dem dient dieser zweite Teil unserer Schrift. Ein neuer Ton, eine neue Form, eine neue Sicht wird dann dort wahrnehmbar werden, wo wir heute nur Schrei und Dissonanz zu hören glauben. Und je todeswütiger sich die Äußerungen unserer zu Ende gehenden Übergangsepoche zu erkennen geben, desto lebenskräftiger werden weltverändernd die neuen in Erscheinung treten. Jeder von uns ist heute, ein jeder auf seine Weise und gleichgültig wo er sich befinde, nicht nur Zeuge, sondern wir alle sind auch Werkzeuge dessen, was Wirklichkeit wird. Deshalb ist es nötig, daß wir uns die Mittel erarbeiten, mit deren Hilfe wir diese neue Wirklichkeit auch von uns aus mitgestalten können. Ein entscheidender Schritt wird dann getan sein, wenn es uns gelingt, die ganze Komplexität des »Zeit«-Themas zu realisieren; mit andern Worten: wenn es uns gelingt, das Neue derart zu wirklichen, daß wir uns seiner bewußt bedienen können. Was heute geschieht, geschieht noch fast von sich aus, besser: aus dem Sich heraus. Es ist nötig, daß auch das einzelne Ich, daß ein jeder wisse, wie er sich zu verhalten habe, auf daß das Neue, durch ihn mitverantwortet, zu aufbauender Wirkung komme. Dies darzustellen ist die andere Aufgabe dieses zweiten Teiles, die wir nie aus dem Auge verlieren dürfen, auch dann nicht, wenn die Komplexität des Themas und seine Neuartigkeit uns zwingen, langsam und behutsam vorzugehen.

Die Ausführungen des ersten Teiles haben ersichtlich gemacht, daß die »Zeit«, die mental-rationale Zeit, ein teilendes Prinzip und ein Begriff ist. Wenn hier in einem größeren Zusammenhange von »Zeit« gesprochen wird, so ist nicht nur dieser Begriff Zeit gemeint. Trotzdem müssen wir von diesem reduzierten Begriff ausgehen. Unserem bisherigen Bewußtsein liegt von allen möglichen Zeitformen der mental-rationale Zeit-Begriff am nächsten. Erst in dem Augenblick, da wir uns Rechenschaft über ihn ablegen und ihn als Teiler erkennen, wird uns bewußt, daß dieses Fragment des Zeitlichen nur der *Auslöser* einer weltumgestaltenden Bewußtseinsstruktur sein kann. Der Zeitbegriff ist lediglich das Initialthema für die Bewußtwerdung der aperspektivischen Welt. Solange er Geltung hat, gilt noch das Teilende, Zerstörende, Auflösende, das aber teilend, zerstörend und auflösend den Weg für eine neue Wirklichkeit freilegt. Was aber freigelegt wird, das ist mehr als der bloße Begriff »Zeit«: es ist das *Achronon, also das Frei- und Befreitsein von jeder Zeitform; es ist die Zeitfreiheit.*[1]

Unser heutiges Bewußtsein ist ein Bewußtsein des Überganges, ein Bewußtsein, das in einer Mutation begriffen ist und sich neue Realisationsformen zu erschließen beginnt. In dem Augenblick, da es fähig wurde, sich von dem Wesen der »Zeit« Rechenschaft abzulegen, brach die Zeit ein; der Sinn von »einbrechen« ist zweideutig, so wie Stunden des Überganges zweideutig und zweigesichtig sind. Das Wort Einbruch bringt sowohl ein Hereinbrechen der Zeit wie ein Zusammenbrechen der Zeit für unser Bewußtsein zum Ausdruck.

Was ist aber nun die »Zeit«? Sie ist mehr als bloße Uhrenzeit, die bisher als verläßlich und konstant galt. Es ist symptomatisch für unsere Situation, daß heute selbst die Astronomie die Konstanz der Uhrenzeit infolge neuester Forschungen in Frage gestellt sieht. Auf einer Generalversammlung der »Schweizerischen Astronomischen Gesellschaft« in Lausanne (Frühjahr 1951) wurde das Thema behandelt: »Ist die Zeit konstant?« Tatsache ist, daß sie nicht konstant ist, sondern sich pro Jahrhundert um 5,3 Sekunden verlangsamt, wie G. Thiercy, von der Universitätssternwarte Genf, feststellte. Dieses Resultat erhärtet auf seine Weise den Satz von E. Rosenstock-Huessy, daß wir »heute an einer Wissenschaft von der Zeit« laborieren, die aber dem echten Phänomen Zeit allein, wie er hervorhebt, nicht gerecht zu werden vermag.[2] Aber die Uhrenzeit ist nur ein Aspekt eines umfassenderen Phänomens, sie ist der mentale Aspekt jener Weltkomponente, die sich nicht als Raum darstellt, sondern als Grundphänomen des Raumes.

Die Ausführungen im fünften Kapitel des ersten Teiles: »Über die Raum-Zeit-Konstitutionen der (Bewußtseins-)Strukturen« haben deutlich gemacht, daß wir zumindest drei verschiedene Zeitformen genau unterscheiden können: die magische, vital betonte Zeitlosigkeit, die mythische, psychisch betonte Zeithaftigkeit und den mentalen, raum-betonten Zeitbegriff, der ein defizientes Agens, ein Teilen ist. Für das Zeitphänomen hatte die dreidimensionale Vorstellungswelt unserer Väter kein Sensorium. Die Zeitwelt war für sie, die in einer festgefrorenen Raumwelt lebten, jener Störungsfaktor, der durch Nichtbeachtung unterdrückt oder durch Messung in eine räumliche Komponente umgefälscht wurde. Mit anderen Worten: in der perspektivischen Weltvorstellung wurde alles mit räumlichen Maßen gemessen, auch das Phänomen »Zeit« und andere Phänomene, die keine räumlichen (wohl aber räumlichende!) Eigenschaften haben, die jedoch durch ihre Messung in räumliche Komponenten zurechtgebogen wurden. Für den perspektivisch denkenden Menschen hatte die Zeit keinen Qualitätscharakter. Das ist das Ausschlaggebende. Er bediente sich ihrer nur in einem materialisierten und quantitativen Sinne. Er lebte der von Galilei aufgestellten Maxime nach: »Alles messen, was meßbar ist, und alles meßbar machen, was es noch nicht ist.« [3] Diese Maxime, übrigens eine ins Extrem getriebene aristotelische Maxime, war das Leitmotiv des perspektivischen Zeitalters. Messen aber ist Räumlichen, und maßloses Messen führt zu Quantifizierung. Einer der besten Kenner der Theorien und Philosophien jener Epoche, Werner Gent, konnte von eben dieser Epoche sagen, sie habe die Zeit deklassiert und zu einer bloßen Rechnungsgröße degradiert (s. S. 259). Noch genauer formuliert: Jene Epoche hat die Zeit zu einer analytischen Maßbeziehung pervertiert und sie materialisiert. Durch diese Materialisierung hat sie im Laufe der letzten Jahrhunderte jenes extrem dualistische Denken heraufbeschworen, das in der Welt nur zwei gegensätzliche und unversöhnliche Komponenten anerkannte: als gültig die meßbaren, beweisbaren Dinge, die rationalen Gegebenheiten der Wissenschaft, als ungültig die nicht meßbaren Phänomene, die irrationalen Un-Gegebenheiten.

Dem perspektivischen Zeitalter war die »Zeit« nichts als ein Maß- bzw. Bezugssystem zwischen zwei Augenblicken. Es ließ *die Zeit als Qualität und Intensität* unberücksichtigt; es sah in ihr nur ein akzidentelles, kein essentielles Phänomen. Die Zeit ist aber ein viel komplexeres Phänomen als nur Uhrenzeit, nur

Werkzeug oder Akzidens. Die Tatsache, daß wir selbst heute noch in den Kategorien der räumlich fixierten, dreidimensionalen Vorstellungswelt denken, hindert uns daran, die komplexe Bedeutung dieses Phänomens zu realisieren; und wer es dennoch wagt, wird bestenfalls terminologischer Unklarheit geziehen. Das aber soll uns nicht an der Feststellung hindern, daß die Zeit in Wirklichkeit noch andere wesentliche Erscheinungsformen umfaßt, die nur ihr, nicht aber dem Raume, eignen. Aus der aperspektivischen Weltsicht heraus betrachtet, erscheint sie geradezu als die grundlegende Funktion und von vielfältigster Art. Sie äußert sich, ihrer jeweiligen Manifestationsmöglichkeit und der jeweiligen Bewußtseinsstruktur entsprechend, unter den verschiedensten Aspekten als: Uhrenzeit, Naturzeit, kosmische Zeit oder Sternenzeit; als biologische Dauer, Rhythmus, Metrik; als Mutation, Diskontinuität, Relativität; als vitale Dynamik, psychische Energie (und demzufolge in einem gewissen Sinne als das, was wir »Seele« und »Unbewußtes« nennen), mentales Teilen; sie äußert sich als Einheit von Vergangenheit, Gegenwart und Zukunft; als das Schöpferische, als Einbildungskraft, als Arbeit, selbst als Motorik. Nicht zuletzt aber muß, nach den vitalen, psychischen, biologischen, kosmischen, rationalen, kreativen, soziologischen und technischen Aspekten der Zeit auch ihres physikalisch-geometrischen Aspektes gedacht sein, der die Bezeichnung »vierte Dimension« trägt.

Diese mehr oder weniger unsystematisch erscheinende Aufzählung der Zeitaspekte wird jedem, der sich seiner dreidimensionalen Weltvorstellung nicht begeben kann, unbehaglich sein. Für den Systematiker handelt es sich bei diesen Aspekten um inkongruente Größen. Aber sie sind keine Größen, sondern Elemente oder Funktionalen und somit räumlich weder zu fassen noch einzuordnen. Die anscheinende Systemlosigkeit, die in der Aufzählung zu herrschen scheint, entspricht den genannten Wirklichkeiten. Bewirktes ist systematisch faßbar. Bewirkendes ist nicht systematisch faßbar, es sei denn, wir begingen von neuem den Fehler des perspektivischen Menschen, Intensitäten in räumliche Extensitäten umzufälschen. Wir dürfen aber auch nicht in den anderen Fehler verfallen, das was soeben als »Bewirktes« bezeichnet wurde, kausal zum »Bewirkenden« in Beziehung setzen zu wollen, viel weniger noch den weiteren möglichen Fehler, beide dualistisch als Gegensätze anzusprechen; das wäre zudem weiteres Systematisieren. Eine nichts als kategoriale Betrachtungsweise kann den genannten Zeitaspekten nicht gerecht werden. Wir haben es bei ihnen keineswegs mit einander inkongruenten Phänomenen zu tun, sondern es handelt sich um verschiedenartige Aspekte und Manifestationsweisen eines Grundphänomens, das keinen Raumcharakter aufweist. Eine vornehmlich kategoriale Wertung ist hier also unangebracht. Jedes kategoriale System ist ein ideelles Ordnungsschema, durch welches reale Erscheinungstatsachen fixiert und absolutiert werden; damit ist es ein dreidimensionales Gerüst und hat statischen und räumlichen Charakter. Kategoriale Systeme reichen zu einer Weltbewältigung nur aus innerhalb der dreidimensionalen Weltvorstellung und Begriffswelt. Man wird sich deshalb daran gewöhnen müssen, auch *akategoriale* Elemente anzuerkennen. Die akategoriale Größe par excellence ist die »Zeit« als Intensität. Ihre bindende, gänzlichende Funktion kommt in ihrer akategorialen Wirksamkeit zum Ausdruck. *Das bisherige bloß kategoriale Denken muß durch die zusätzliche akategoriale Realisationsart ergänzt werden.* Wir werden keinen Schritt in der Bewältigung der Aufgaben, die unserer Epoche gestellt sind, vorwärtskommen, bringen wir nicht den Mut auf, die bloß räumlich konzipierten Systeme dreidimensionaler Art zu überwinden. *Das heißt nicht, sie abschaffen; aber es heißt, sie auf die ihnen eigenen Größen und Extensitäten reduzieren.* Die bisher fälschlich räumlich fixierten Intensitäten benötigen ein eigenes Ordnungskonzept, die Systase.[4] In dem Moment, da es uns gelingt, die akategorialen Wirkungen als solche wahrzunehmen und nicht als kategoriale Fixierungen, wird die Welt durchsichtig, weil wir dann nicht mehr nur an die Raumstruktur der Systeme fixiert sind, sondern sie systatisch (zusammenfügend) zu durchsehen vermögen. Der dergestalt transparent (diaphan) werdende Raum ist dann nicht mehr eine dreidimensionale, sondern bereits eine vierdimensionale Gegebenheit.

Mit dem Begriff »vierdimensional«, besonders aber mit dem Begriff »Vierte Dimension«, als die sich die »Zeit« physikalisch darstellt, ist in gewissem Sinne ein Stichwort gefallen, das für die Klärung unserer Situation als Hilfsbegriff sehr dienlich sein kann. Die Tatsache, daß der große, umfassende und die Welt mitkonstituierende Komplex »Zeit« jahrhundertelang vernachlässigt, ja erkenntnismäßig unterdrückt oder bestenfalls räumlich verfälscht wurde, diese Tatsache hat die folgenschwere Konsequenz gehabt, daß wir der außerordentlichen Bedeutung, die diesem umfassenden Phänomen innewohnt, nicht mehr gewachsen waren, als die modernen Erkenntnisse uns zwangen, es anzuerkennen. Wie jede unterdrückte Kraft – und dies war die »Zeit« so lange, als die Epoche der dreidimensionalen Weltvorstellung huldigte –, wie jede unterdrückte Kraft rächt auch sie sich, wenn sie befreit wird oder sich selbst befreit. Und dann vergewaltigt, beängstigt und verwirrt sie uns zuerst einmal auf eine destruktive Weise, so daß sie uns zu beherrschen scheint, nachdem wir auf Grund generationenlanger Gewöhnung glaubten, sie durch unsere räumlichende Umfälschung meistern und beherrschen zu können. Eingekerkert in unsere dreidimensionale Vorstellungswelt meinten wir, die Zeit sei nichts anderes als ein leicht zu meisterndes Akzidens harmloser Art, das man ungestraft lediglich als Uhrenzeit behandeln dürfe. Da sich nun herausstellt, daß sie sehr viel mehr, ja eine *Weltkonstituante* ist, entspricht die Größe des Schocks, den diese Erkenntnis auslösen muß, nur der Diskrepanz, die zwischen unserer bisherigen Einschätzung der Zeit und ihrer tatsächlichen, immerwährenden Wirkung besteht. Diese Diskrepanz aber ist so groß, daß wir die Tatsache, die Zeit sei mehr als bloße Uhrenzeit, nur allmählich realisieren können.

Als Realität, als Weltkonstituante brach die Zeit eigentlich erst mit der Formulierung des vierdimensionalen Raum-Zeit-Kontinuums durch Einstein, also zu Beginn unseres Jahrhunderts, in unser Bewußtsein ein. Seitdem spielt, bewußt oder unbewußt, das Zeitproblem auch in den Naturwissenschaften eine Hauptrolle, und fast unmerklich, doch von Jahr zu Jahr zunehmend, verändert sich die Auffassung, ja Wertung, die ihr nach den neuen naturwissenschaftlichen Theorien zuteil wird. Einige Hinweise mögen diesen äußerst beachtenswerten, ja grundlegenden Sachverhalt in das ihm gebührende Licht rücken. Sie stellen zugleich eine erste kurze Orientierung darüber dar, was in den folgenden Kapiteln ausführlich zu untersuchen sein wird.

Kurz vor der Relativitätstheorie, die ohne die Zeit-Komponente ja undenkbar ist, entsteht die Quantentheorie Plancks. Ihr zufolge wird die Kontinuität des zeitlichen Geschehens, der lineare Ablauf der Zeit zugunsten einzelner Zeitimpulse aufgegeben. Es folgen N. Bohr und die Wellenmechanik de Broglies und Schrödingers, in der das Komplementaritätsprinzip Gültigkeit erhält, demzufolge die Materie, beziehungsweise das Licht gleichwertig sowohl als Korpuskel als auch als Welle aufzufassen ist, womit sie in einem weiteren Sinne gewissermaßen als räumliche Größe, aber auch als zeitliches Element sichtbar ist. In der Biologie bringt die Mutationstheorie von de Vries implicite den Nachweis für den Intensitätswert der Zeit. Relativitätstheorie aber, Quantentheorie, Wellenmechanik und Mutationstheorie sind die vier großen Eckpfeiler unserer heutigen Naturwissenschaften. Darüber hinaus ermöglicht es uns die Tiefenpsychologie, daß wir heute von einem Zeitphänomen sprechen können, das wir als Zeitkondensierung bezeichnen möchten, die im seelischen Geschehen statthat und beispielsweise im Traume manifest wird. Schließlich überbietet sich die Technik darin, mit jedem neuen Jahre den Raum immer mehr durch die Meisterung der Zeit zusammenschrumpfen zu lassen, indem sie große Entfernungen, sei es zeitlich durch Überschallflugzeuge zusammenrückt, sei es diese Entfernungen sogar auf einen angenäherten zeitlichen Nullpunkt reduziert: durch Radio und Fernsehen. Und in der Kunst begegnen wir derselben Präokkupation. In der Malerei zersprengt die hereingelassene Zeit den Bildinhalt oder, freilich in den selteneren Fällen, formt ihn nach neuen Gesetzen, wie etwa bei Juan Gris, Braque und Picasso. In der Dichtung – um von andern Disziplinen wie der Philosophie ganz zu schweigen –, in der Dichtung, beispielsweise eines Thornton Wilder oder Ferdinand Bruckner, spielen die Szenen und Akte eines Schauspiels quer durch die Uhrenzeit hindurch und verschaffen der echten Zeit »vierdimensionale« Ausdrucksmöglichkeiten. Dort kommt bereits die Zeitfreiheit zum Durchbruch.

Die durchaus neuartigen Grundlagen der neuen wissenschaftlichen Theorien und künstlerischen Ausdrucksmittel basieren alle auf einer Hereinnahme des Zeitfaktors in die bis 1900 starren, materialistischen, räumlich konzipierten Systeme. Jedoch ist die Hereinnahme der Zeit in unsere Realität noch lange nicht vollgültig geschehen. Es handelt sich selbst heute noch weitgehend um Versuche und Bemühungen, das Zeitphänomen zu erfassen. Wir haben diese Versuche als *Temporik* bezeichnet (s. S. 63 ff.). Diese Versuche haben – und auch dies möge als erster orientierender Hinweis gelten – äußerst verwirrende Resultate gezeitigt. Es ist nicht ohne Bedacht, daß wir von einem *Einbruch der Zeit in unser Bewußtsein* sprechen. Es handelt sich um ein Hereinbrechen der vierten Dimension in die dreidimensionale Welt, das zuerst, im ersten Ansturm, ein *Zerbrechen* dieser dreidimensionalen Welt bewirkt. Die nicht gemeisterte Zeit droht zuerst einmal den Raum und sein Gefüge zu zerbrechen. So zerbrach sie beispielsweise im Dadaismus das Strukturgefüge des Satzes; zerbrach im Expressionismus und Surrealismus den räumlichen Strukturzusammenhang; sprengte die Bildinhalte und zerfetzte die Form. In der Tiefenpsychologie bedroht sie jederzeit das Bewußtsein mit einer Inflation und vermag das Gefüge des rationalen Denkens zu zerstören; in der Biologie verursachte sie, die nicht gemeisterte Zeit, ein flutartiges Anwachsen des sogenannten Lebenstriebes, des »élan vital«, so daß sie eine Zeitlang im extremen Vitalismus zu ersticken drohte. Und selbst in der Physik droht der Einbruch der Zeit die Materie und den Raum endgültig zu zerstören: die Atombombe beweist es. Begnügen wir uns hier vorerst mit diesen Beispielen. Eines jedoch darf bei Behandlung dieses Fragenkomplexes nicht übersehen werden: daß sich bereits in den drei Einstein vorangehenden Generationen Anzeichen nachweisen lassen, die auf den später erfolgenden Einbruch der Zeit in die dreidimensionale Weltvorstellung hindeuten. Durch Einsteins Relativitätstheorie verlor das bisher gültig gewesene kopernikanische Weltsystem seine *ausschließliche* Bedeutung; an seine Stelle trat das Einsteinsche Raum-Zeit-Kontinuum. Ihm zufolge haben wir uns die Welt nicht mehr kopernikanisch als unendlich und unbegrenzt vorzustellen, sondern als »endlich, aber unbegrenzt«. Mit anderen Worten: wir müssen nicht nur eine gänzlich neue, der bisher gültigen diametral entgegengesetzte Weltsicht realisieren, sondern sind zudem noch gezwungen, uns die neue Komponente, die Zeit, nicht bloß als eine physikalisch-geometrische vierte Dimension, sondern in ihrer ganzen Komplexität bewußt zu machen. Einschränkend kann allerdings gesagt werden, daß dies vorerst nur auf dem physikalischen Gebiete als notwendig erschien. Was aber geschah in den darauffolgenden Jahren? Während immer mehr Zweige der Wissenschaft sich mit dem Zeitfaktor auseinanderzusetzen begannen und teilweise zu einer ganzheitlichen Betrachtung gelangten, während andere bereits mit den vierdimensionalen Gegebenheiten zu arbeiten anfingen und damit äußerst greifbare Resultate, wie beispielsweise die Atomspaltung, bewirkten, verblieb die nicht-wissenschaftliche Welt, und in ihr nicht zuletzt die führenden Staatsmänner und Leiter der Wirtschaft, noch der bereits überholten dreidimensionalen und dualistisch-materialistischen Weltvorstellung verhaftet, handhabte aber bereits vierdimensionale Produkte. Jedoch: sie verwendete diese vierdimensionalen Produkte falsch, nämlich auf eine dreidimensionale Art. Und nun ist die Verwunderung und Bestürzung groß, daß dabei dieses ganze Weltgefüge ins Wanken kam.

»Ich habe keine Zeit« – dieser millionenfache Ausspruch des heutigen Menschen ist symptomatisch. Die »Zeit« ist, wenn auch vorerst noch in negativer Form, seine größte Präokkupation. Der es sagt, glaubt, er spräche von der Uhrenzeit. Wie würde er erschrecken, realisierte er, daß er in dem gleichen Augenblicke auch sagt: »Ich habe keine Seele« und »Ich habe kein Leben«! Dem perspektivischen Menschen war die Zeit noch kein Problem. Erst der zum aperspektivischen Bewußtsein erwachende oder dahin mutierende Mensch unserer Tage stellt stündlich dieses Manko, daß er keine Zeit habe, fest, das ihn fast zur Verzweiflung treibt. Und der Mensch von heute ist haltlos. Der Mensch der magischen Welt war noch im Geheimnis miteinbeschlossen, so wie wir heute noch im Schlaf in die nächtigen Gründe der Welt miteinbezogen sind. Er war noch, so wie wir im Tiefschlaf, *zutiefst* geborgen. Der mythische Mensch war nur noch geborgen; seine Geborgenheit, schon durchsetzt von den Schrecken und Seligkeiten der Träume, war sein Aufgehobensein im polar strukturierten Geschehen. Der mentale Mensch war bereits – zumindest in seinem Wachzustand – aus der Geborgenheit der magischen Welt und aus der Umschlossenheit der mythischen Welt herausgetreten; das erstarkende Ich-Bewußtsein entband ihn weitgehend von den früheren Daseinsformen, und an Stelle der einstigen Geborgenheit trat sein Bemühen um Sicherung. Sie schuf er sich mit Hilfe seines neuen Vermögens: sein richtendes Denken befähigte ihn, jene Weltsysteme zu schaffen, jene »Realitäten« zu ergreifen, die ihm einerseits als Philosopheme, andererseits in der wissenschaftlichen Materie-Erfassung Halt gaben. Die magische Geborgenheit war noch echte Geborgenheit; die mythische war eine bereits in Bewegung geratene, war nur noch Umschlossenheit; die mentale war dem Mentalen gemäß nur noch eine fiktive, nämlich eine ich-gedachte und ins Außen verlegte Sicherheit. Die Fiktivität dieser Sicherheit wurde offensichtlich in dem Moment, da das Mentale defizient wurde und in seine Absterbeform, das Rationale, überging. Seitdem das Ungenügen des Rationalen zutage trat, hat der Mensch die Befürchtung der Ungeborgenheit, des Ausgesetztseins, des »Geworfenseins«. Er glaubt am Rande zu stehen, vor sich das Nihil des Abgrundes, demgegenüber die »Mutigsten« eine verbissen-heroische Zwangshaltung annehmen (wie beispielsweise Ernst Jünger und Jean-Paul Sartre) oder dem sie durch einen Rückzug ins Mythische zu entgehen suchen (wie neuerdings Martin Heidegger). Der Einbruch der Zeit muß auf alle, die noch am Rationalen als einem ausschließlich gültigen Prinzip festhalten, wie eine letzte Zerstörung der Systeme und Vorstellungen wirken, welche sie als gesichert ansahen und durch die sie sich selber zu sichern suchten. Dieser Einbruch der Zeit ist jedoch nur dann zerstörend, wenn wir über die Realisierung dessen, was »Zeit« ist, nicht hinauskommen. Wenn dies jedoch gelingt, dann ist dieser Einbruch nicht ein weiterer und endgültiger Verlust an Geborgenheit und Sicherheit, sondern eine Befreiung.

»Ich habe keine Zeit« – dieses Eingeständnis, diese Ohnmachtserklärung des europäisch-amerikanischen Menschen besagt zudem noch ein Weiteres; denn wer keine Zeit hat, hat auch keinen Raum. Er ist entweder zu Ende – oder er ist frei. Er ist zu Ende, wenn er nicht realisiert, was das Wort »keine Zeit haben« bedeutet: daß nämlich der Raum diese Zeit absorbiert hat; mit anderen Worten, daß alles erstarrt (die Hetze und Gehetztheit [die Leerlauf sind] und das betriebsame Managertum dürfen dabei als die gegensätzliche Manifestation der erwähnten Erstarrung betrachtet werden); oder auf der anderen Seite: daß die »Zeit« den Raum auflöst, weil sie als bloßer Teiler verwendet wird. Er ist jedoch frei, wenn er realisiert, daß »Zeit« alle bisherigen Zeitformen mitmeint. Nur die Anerkennung aller den Menschen mitkonstituierenden Zeitformen entrückt ihn der ausschließlichen Gültigkeit der mentalen Zeitform, schafft Distanz, befähigt ihn zu ihrer Integrierung. Der Mut, die praerationale magische Zeitlosigkeit und die irrationale mythische Zeithaftigkeit neben dem mentalen Zeitbegriff als wirkend anzuerkennen, ermöglicht den Sprung in die arationale Zeitfreiheit. Diese ist nicht etwa ein *Freisein von* früheren Zeitformen, die ja jeden Menschen mitkonstituieren. Sie ist zuerst einmal ein *Freisein zu* ihnen. Aus dieser Art Freisein, die aus der Konkretion und der Integration aller Zeitformen hervorgeht und als solche nur von einem Bewußtsein geleistet werden kann, das sich frei »über« die bisherigen Zeitformen zu stellen vermag, kann eine bewußte Annäherung an den Ursprung erfolgen. Aus ihm, der nicht zeitgebunden ist, mutierten alle uns konstituierenden Zeitformen. Er liegt »vor« aller Zeitlosigkeit, Zeithaftigkeit und Zeit. Dort wo die vorgegebene, vorbewußte, ursprunghafte Vorzeitlosigkeit im Menschen bewußt wird, steht der Mensch nachholend, bewußt in der gegenwärtigenden Zeitfreiheit. Und wo dies vollzogen wird, da sind Ursprung und Gegenwart durch das intensivierte Bewußtsein integriert. Der Einbruch der Zeit in unser Bewußtsein ist das erste Anzeichen, das Initialthema der heute akuten Bewußtseinsmutation. Diese Mutation wird ihre weltverändernden Früchte tragen, wenn es uns gelingt, den Einbruch der Zeit zu überwinden: das aber kommt dem gleich, was sich als *Gegenwärtigung des Ursprungs* bezeichnen läßt, die dann vollziehbar wird, wenn uns die Erfüllung der Hauptaufgabe der neuen Mutation gelingt: die Bewußtwerdung der Zeitfreiheit, des Achronon.

2. *Die Bewußtwerdung des Ganzen*

Die Bewußtwerdung dessen, was »Zeit« in ihrer ganzen Komplexität ist, ist Voraussetzung für die Bewußtwerdung der Zeitfreiheit. Und diese ist Voraussetzung für die Realisation der integralen Bewußtseinsstruktur, die eine aperspektivische Weltsicht ermöglicht. Das Ganze ist nur aperspektivisch wahrnehmbar. Perspektivisch sehend, sehen wir nur Teile. Begrifflich können wir uns dem Ganzen jedoch nur über die Ganzheiten annähern.

Was aber sind Ganzheiten? Diesen vielverwendeten Begriff, der destruktiv noch bis in die »totalitären« Konzeptionen wirksam war, weil er dort mit dem »vitalistischen« Prinzip gekoppelt wurde, das aber nur den vitalen Aspekt der »Zeit« darstellt, gilt es näher zu definieren. Eine Ganzheit ist keine Zusammenfassung vieler materieller Teile; wäre sie das, wäre sie nur ein voluminöser Teil oder eine Summe. Eine Ganzheit ist aber auch nicht die Zusammenfassung materieller Teile mit *einem* der möglichen Zeitaspekte, wie sie beispielsweise im Totalitarismus statthatte. Echte Ganzheiten konstituieren sich nur dort, wo wir räumlichen und zeitlichen Komponenten in der ihnen gemäßen Art zu gemeinsamem Wirkungsbestand verhelfen. (Eine echte Ganzheit in diesem Sinne ist »Der Mensch als Ganzheit seiner Mutationen«, wie er in Kapitel IV des ersten Teiles dargestellt worden ist.) Ganzheiten sind also nicht Summierungen von Teilen, sondern ergeben sich dort, wo Teile, die stets raumgebunden sind, bewußt mit den sie bewirkenden Kräften zusammen wahrgenommen werden: »zeitliche« Funktionalen zusammen mit räumlicher Materie sind Ganzheiten.

Eine ganzheitliche Betrachtungsweise, wie sie heute bereits

einige wissenschaftliche Disziplinen vertreten, konnte sich im allgemeinen Bewußtsein noch nicht durchsetzen, da der Mensch von heute noch immer gemäß der dreidimensionalen Vorstellungswelt dachte und handelte. So betrachtete er nach wie vor nur einen Aspekt der Welt als wirklich, nämlich den räumlichen, und die Zeit blieb, was sie gewesen war: Uhrenzeit, bestenfalls noch Lieferfrist, Verfallstermin, und nebenbei noch etwa Lebensdauer, an die man möglichst nicht dachte, da man vor dieser Zeit, die hier besonders begrenzt wirkt, Angst hatte. Was aber bedeutet es denn, wenn man dergestalt nur einen Aspekt der Welt sieht, wenn man nur einen Teil der Wirklichkeit sieht? Es bedeutet, daß man nicht ganzheitlich sieht, sondern die Welt teilt. Wer aber nur einen Teil der Welt realisiert oder anerkennt, zum Beispiel den räumlichen, und dies zu einer Stunde, da auch der andere Teil, der zeitliche, bereits zu bewußter Wirkung und Wirklichkeit im Menschen erwacht ist, sollte sich nicht wundern, wenn er eines Tages selber geteilt wird oder nur noch als Teil einer Masse erscheint. Das aber bedeutet, daß er, und mit ihm seine Welt, zerstückelt und zerstört wird, oder daß er sich selber zerstückelt und zerstört, wie es die Atomspaltung in Aussicht stellt.

Unser Europa hat mit den zwei Weltkriegen, die es auslöste, diese Selbstzerstörung in selbstmörderischem Ausmaße begonnen. Vielen wird dieses Beispiel nicht behagen, weil sie glauben, man könne noch immer irgendeinem Nachbarn die Schuld für alles Unglück aufbürden. Aber es gibt noch andere Beweise für die zumindest vorübergehende, keineswegs unverschuldete Ohnmacht unseres Kontinents. Die Theorien, die das Antlitz der heutigen Weltstunde von Grund auf veränderten, wurden – und wir wollen das keineswegs vergessen – in Europa geboren. Aber es scheint, daß wir von der folgenschweren Tragweite dieser Theorien zuerst einmal wie betäubt waren. Wir haben sie zwar geschaffen, aber wir haben sie nicht verwalten können. Um nur ein einziges Beispiel herauszugreifen, das sich für unsere Ohnmacht und Lähmung anführen läßt, sei auf das Schicksal der materialistischen Theorien verwiesen, die wie viele andere Theorien, welche wir in Europa erarbeiteten, weltverändernd wirkten, und die, wie vieles andere auch, von anderer Seite mißbraucht wurden, weil wir nicht die Bewußtseinsstärke aufbrachten, sie mit voller Verantwortung zu verwalten. Wir haben es zugelassen, daß die neuen soziologischen Theorien, statt daß wir ihre überholten dreidimensionalen Grundlagen umgestalteten, durch eine europäische Nachfolge-Kultur, die russische, mißbraucht wurden. Sie hat den auf Hegel, Marx und Engels zurückgehenden Marxismus in den Leninismus und dann in den Stalinismus übersteigert und umgefälscht, weil Europa an der dualistischen Weltvorstellung festhielt, als deren Zeit schon um war. Es ist uns, als europäisch-atlantischer Gesamtheit, in dem entscheidenden Moment noch nicht gelungen, den Sprung aus der dreidimensionalen Welt unserer Väter in die vierdimensionale Wirklichkeit unserer Tage zu vollziehen. Und solange wir ihn nicht vollziehen, werden Krisen, Unsicherheit und Angst weiterherrschen. Sie können uns über kurzem zerstören, es sei denn, es gelänge uns die Realisation der neuen Weltwirklichkeit. Mit andern Worten: wir müssen eine neue Einstellung zu den neuen Gegebenheiten der Wirklichkeit gewinnen, die sich in einer neuen Weltsicht kristallisiert. Die Realisierung der neuen Haltung durch uns wird deshalb entscheidend zur Lösung der uns bedrängenden Probleme beitragen, weil die aus ihr hervorgehende neue Einstellung der heutigen Wirklichkeit entsprechen würde und somit gesund wäre. Gesünder jedenfalls, als es die des eiskalten dogmatischen Fanatismus östlicher Prägung ist; und damit wäre sie auch sicherer und stärker als diese und ihr deshalb überlegen! Denn der Stärkere, nicht der Mächtigere siegt, weil Macht auch immer von Ohnmacht bedroht ist. *Wer den Machtanspruch zurückstellt, entgeht der Ohnmacht.* Da wir bereits in einer vierdimensionalen Wirklichkeit leben, ist es nicht mehr statthaft, noch unbesonnen so zu denken und zu handeln, als lebten wir noch immer in der dreidimensionalen Welt unserer Väter und Vorväter. Ist es deshalb wirklich berechtigt, daß uns das heutige Nicht-zu-Rande-Kommen unsicher macht und bedrückt? Dafür ist es nachgerade doch wohl zu offensichtlich geworden, daß irgend etwas Fundamentales nicht stimmt.

Um diese unsere Situation ganz kraß zu schildern, möchten wir ein drastisches Beispiel gebrauchen: Wir bewegen uns in unserer modernen Welt so, wie sich ein »Wilder«, den man gerade aus dem Urwald geholt hat, in der Welt unserer Väter bewegt haben würde. Der primitive Mensch ist in der praerationalen, bestenfalls der irrationalen Welt beheimatet, die er vornehmlich vegetativ erlebt, also ohne die Stützen des begrifflichen Denkens und somit ohne die Kenntnis eines Raumbegriffes. Anders unsere Väter, die in der dreidimensionalen, mental-rationalen, also der begrifflichen Raum- und Denkwelt zu Hause waren und sich so lange in ihr wohlbefanden, als die Möglichkeit einer anders dimensionierten Welt für ihr Bewußtsein noch nicht bestand.

Oder ein anderer Vergleich: Wir verhalten uns wie einer, der versucht, in einem Zimmer mit einem Ultraschallflugzeug zu fliegen. Mit anderen Worten: wir versuchen in einer Welt, dem Zimmer, das ein dreidimensionaler Raum ist, ein Produkt vierdimensionaler Art, ein Ultraschall-Flugzeug, anzuwenden, das unser bisheriges, nur räumlich orientiertes Wahrnehmungsvermögen übersteigt.

Ein drittes Beispiel kann uns eine Ahnung davon vermitteln, was durch die Hereinnahme des Zeitthemas in unsere Betrachtungsweise zu gewinnen ist. Es zeigt deutlich, was für uns erreichbar wird, wenn es uns gelingt, nicht nur räumlich und damit teilhaft und teilend zu denken, sondern auch die »Zeit« in ihrer ganzen Komplexität in unsere Wirklichkeit einzubeziehen.

Das dritte Beispiel betrifft das bisherige Verhaftetsein an den Nationalismus. Das nationalistische Denken ist ein Prototyp des dreidimensionalen Denkens. Der Mensch als Kind einer Nation faßt nämlich Art und Wesen der eigenen Nation als ideale Konstante auf; das aber ist ein statisches Konzept und damit eine dreidimensionale, perspektivische, fixierte Vorstellung. Heute müssen wir, wie neueste geschichtsphilosophische und soziologische Überlegungen erweisen, die Nationen als dynamische Einzelentfaltungen eines größeren Kulturkreises betrachten.[5] Sobald wir uns dieser Tatsache bewußt werden, ist der Nationalismus zwar nicht abgeschafft, aber überwunden. Er ist dann in einer weiteren, umfassenderen Wirklichkeit integriert worden, weil nicht mehr die Teile, die Nationen, sondern die sie umfassende Ganzheit, der betreffende Kulturkreis, Wirkungs- und Bewußtwerdungsmöglichkeit erhält.

Gerade dieses Beispiel scheint wertvoll und aufschlußreich, denn es zeigt nicht nur, daß eine neue, konstruktive Weltsicht oder Betrachtungsweise der Gegebenheiten möglich ist, sondern enthält als wesentlich vor allem zwei Komponenten, welche ausschlaggebend dafür sein dürften, daß diese neue Weltsicht realisierbar wird. Diese beiden Komponenten sind die zeitliche und die ganzheitliche. Die zeitliche wird in der Auffassung sichtbar, daß Nationen keine statischen Ideen seien, sondern dynamische Einzelentfaltungen eines größeren Kulturkreises. In dem Moment, da die zeitliche Komponente in die Betrachtung hineingenommen wird, kommt auch das ganzheitliche Moment zum Durchbruch, denn es schließt sich zu einer Ganzheit zusammen, was, bloß räumlich gesehen, sich feindlich und gegensätzlich gegenüberstand. Eine neue Ausgangsbasis ist gewonnen, die neue Weltsicht ist auf einem wesentlichen Gebiet vollzogen. Deshalb ist es bemerkenswert, daß sich heute überall in den Wissenschaften eine Neigung zu ganzheitlicher Betrachtung zeigt, wenn sie auch nur dort positive Resultate zeitigt, wo diese oder jene der vielfältigen Manifestationsformen der »Zeit« in die Betrachtung hereingenommen werden. So war es möglich, daß der alte Gegensatz zwischen Anorganisch und Organisch als nicht bestehend erkannt wurde. An seine Stelle tritt eine Annäherung zwischen Physik und Biologie, die nicht nur in der Quantenbiologie sichtbar wird. Dasselbe gilt für die Biologie hinsichtlich der Psychologie; statt des alten Dualismus: hier Körper, dort Seele, finden wir die Psychosomatik, der eine ganzheitliche Auffassung des Menschen gelungen ist, und die es bereits vermag, den *ganzen Menschen* (so bei G. R. Heyer und bei Arthur Jores, s. S. 598) wahrnehmbar zu machen. Von der Psychologie führt eine Brücke hinüber zur Philosophie, die in der Existenzphilosophie Karl Jaspers' einen Ganzheit anstrebenden Ausdruck erfuhr. Und die Philosophie bewerkstelligt sogar die Fühlungnahme mit einem ihr bisher diametral gegenüberstehenden Felde unserer Kultur: eine Fühlungnahme mit der Literatur, die unter der Bezeichnung »Literaturmetaphysik« [6] versucht wurde.

Diese ganzheitlichen Leistungen, die zugleich eine Auflösung einstiger Antagonismen und Dualismen darstellen, waren aber nur möglich, weil, gewußt oder ungewußt, für alle, die sie vollbrachten, das dreidimensionale räumliche Weltgefüge nicht mehr ausschließliche Gültigkeit hatte.

Überall dort, wo wir ganzheitlichen Bestrebungen begegnen, die auch die Zeit-Thematik in ihrer vollen Wirksamkeit und verschiedenartigen Äußerungsform berücksichtigen, nähern wir uns begrifflich jenem Ganzen an, das nur durch eine Realisationsform wahrnehmbar werden kann, welche den Mut aufbringt, »über« die bloße Begriffsbildung hinauszugehen, ohne deshalb etwa in die psychische Bilderwelt oder in die magische Erlebnissphäre abzusinken.

Da die Realisierung der Zeitfreiheit Vorbedingung für die Realisierung des Ganzen ist, ist es nötig darauf hinzuweisen, daß beide dafür jenes zusätzlichen Bewußtseinsvermögens bedürfen, das in der Bewußtseinsmutation akut wird, die sich in unsern Tagen vollzieht und die nachzuweisen Aufgabe dieser Seiten ist.

Bloße mentale Wachheit reicht zur Realisierung der genannten Wirklichkeit nicht aus. Die Tageswachheit ermöglicht nur die Realisierung des Teilenden und Einteilenden, läßt Licht auf den Weg, den »Tao«[7], fallen, solange das mentale Bewußtsein in den Gegebenheiten des hellen Tages lebt, der nur Teiler ist: Teiler der Nacht, des Traumes, des Schlafes, der Welt, gleichwie der Begriff Zeit nur Teiler ist; solange ihr Teilen nicht Selbstzweck ist, geben sie uns indirekt auch gültige Kenntnis vom Ungeteilten. Wird die Welt jedoch nur als Wachheit gesehen, so bedeutet dies den Verlust des ungeteilten Traum- und Schlafhaften und bringt das Abgeteiltsein von diesen Komponenten mit sich: die teilende Tat führt zum Tod – des Menschen und seiner ganzen Kultur. Wachheit allein also genügt nicht, schon gar nicht jene Haltung des Nichts-als-Wachseins. Wohl aber Klarheit. Nur sie ist frei von Helligkeit, Zwielicht und Dunkel und deshalb fähig, das Ganze zu durchblicken, in welchem schlafhafte Zeitlosigkeit, traumhafte Zeithaftigkeit und mentale Begriffswelt diaphan werden. Der so wahrnimmt, ist zeitfrei. Und wer zeitfrei ist, durchsieht das Ganze, dem er nicht als ein Teil, sondern als Ganzheit eingewirkt ist.

Zweites Kapitel
Die neue Mutation

1. Das Klima der neuen Mutation

Mutationen sind immer dann aufgetreten, wenn die herrschende Bewußtseinsstruktur zur Weltbewältigung nicht mehr ausreichte. So war es auch bei der letzten historisch überblickbaren Mutation, jener, die um 500 v. Chr. aus dem Mythischen ins Mentale führte. Das damalige psychistische, defizient mythische Klima war bedrohlich; der Durchbruch des Mentalen brachte die entscheidende Wandlung. Das heutige rationalistische, defizient mentale Klima ist ebenso bedrohlich; der Durchbruch zum Integralen wird auch hier die neue entscheidende Wandlung bringen.

Die Kriterien, die es uns gestatten, die einzelnen Phänomene dieser Vorgänge sowohl als Ausdruck bereits realisierter Bewußtseinsstrukturen zu werten als auch als Manifestationen der neuen, wurde durch die Zuschreibungen festgelegt, die wir den einzelnen Bewußtseinsstrukturen geben konnten. Die synoptische Übersicht (am Schluß dieses Bandes) orientiert über diese Zuschreibungen. Als Hauptkriterien seien nochmals festgehalten:

1. der »Ursprung«, der nicht identisch mit dem »Anfang« ist, da er in keiner Weise raum- und zeitgebunden, der »Anfang« aber stets zeitverhaftet ist;
2. die »Gegenwart«, die nicht identisch mit dem »Augenblick« ist, sondern die ungeteilte Präsenz von Gestern, Heute und Morgen, die in einer bewußt vollzogenen Aktivierung zu jener »Gegenwärtigung« führen kann, welche auch den »Ursprung«, der unverlierbare Gegenwart ist, einschließt;
3. die »aperspektivische Welt«, die eine »Welt« ist, deren Struktur nicht nur in der vorperspektivischen, unperspektivischen und perspektivischen Welt mitgründet, sondern die in wesentlichen Eigenheiten und Möglichkeiten aus diesen Welten hinausmutiert, sie integriert und sich damit *von der ausschließlichen Gültigkeit dieser sie mitkonstituierenden Welten befreit.*

Durch die Herausarbeitung dessen, was den einzelnen Bewußtseinsstrukturen je nach ihrer Dimensionierung zu realisieren möglich ist, durch die Darstellung, wie gewisse Manifestationen sich ohne weiteres einem der bisher wirksam gewordenen Bewußtseinsgrade zuordnen, ist uns auch für alle heutigen Manifestationen ein Prüfstein gegeben, um »neue« von »alten« unterscheiden zu können. Jedenfalls ist es möglich, an Hand unserer Strukturierungen der verschiedenen Bewußtseinsgrade (beziehungsweise Bewußtseinsfrequenzen) feststellen zu können, ob und inwieweit sie der magischen, mythischen oder mentalen Sphäre entstammen. Lassen sie sich dort nicht einordnen, so dürfen wir schließen, daß sie Ausdruck, also Sichtbarwerdung (Manifestation) der von uns als Möglichkeit aufgezeigten neuen Bewußtseinsstruktur sind.

Die Vielzahl, ja Unzahl dessen, was sich heute auf allen Gebieten sowohl des täglichen als auch des künstlerischen und des wissenschaftlichen Lebens einer im wahrsten Sinne des Wortes ent-setzten Menschheit als »Neues« anbietet, würde in seiner Massenhaftigkeit jeden überschwemmen, der von bloß willkürlichem Standpunkte aus diese Manifestationen einer sich selber auflösenden Welt betrachten wollte. Selbst mit dem Wunsche, vor allem das Positive und Konstruktive aus ihnen herauslesen zu wollen, ist wenig getan, so begrüßenswert eine solche Einstellung auch sein mag. Sie bleibt trotz aller guten Absicht eine Einstellung, also eine einseitige Fixierung, welche sich auf die Dauer der umfassenden Umbildung nicht gewachsen zeigt.

In den seltenen Augenblicken wirklicher, also wirkender Mutationen werden die bis dahin gültigen oder gesetzten Kriterien stets bis zu einem gewissen Grade hinfällig, ja sie werden weitgehend illusorisch und irrelevant. Im Augenblick einer Mutation wird nicht nur ein bis dahin latenter Weltaspekt frei, sondern seine Freisetzung läßt während einiger Jahrzehnte in der Gegenwart den Ursprung als solchen stärker aufscheinen. Diese Tatsache aber enthebt unsere Mutationszeit weitgehend der Kriterien, die uns die bloß magische, mythische oder mentale Beheimatung oder Verwaltung der Welt (welche sich uns als Fundamente unserer Mutation darstellen) an die Hand geben.

Diese Feststellung enthält den Ausgangspunkt für unsere Untersuchung. Seiner Wichtigkeit wegen wiederholen wir ihn: All das, was in der Spontaneität einer Mutation als »Neues« in Erscheinung tritt, all das, was in ihr und durch sie schöpferisch wirklich wird, hebt sich auf eine grundlegende und durchaus verändernde Weise von allen Manifestationen ab, die »vorher« auf ausschließliche Weise wirklich und somit wirkend waren.

Wenn wir uns an die im ersten Teil erarbeiteten Kriterien für die bisherigen Bewußtseinsstrukturen und deren Erscheinungsformen halten, so wird es bei der Betrachtung gewisser Phänomene offensichtlich werden, daß sie mit den bisherigen Manifestationsformen nichts gemein haben; daß sie, mit anderen Worten, nicht bloße magische oder mythische oder mentale Reaktivierungen sind, sondern genuin dem neu sich konstituierenden integralen Bereich, also der Manifestation des neuen Bewußtseins eignen und somit erste Sichtbarwerdungen dessen sind, was wir als die »aperspektivische Welt« bezeichnet haben.

Mutationszeiten sind stets auch Zeiten der Störung, ja der Zerstörung. Daß ein gegebenes Gefäß – hier der Mensch – eine zusätzliche Möglichkeit, eine zusätzliche Weltmöglichkeit zu wirklichen gezwungen oder befähigt wird, bringt zuerst einmal den bis dahin bestehenden und eingespielten vital-seelisch-mentalen Haushalt und Bestand ins Wanken, bringt naturnotwendig Unordnung mit sich, die, wird sie nicht kraft der Einsicht in die geschehende Mutation gemeistert, zum Chaos führt, statt eine Umordnung, eine Neukonstellierung auszulösen.

Die Neigung zu Chaos, Zersetzung, Zerfall, Untergang und Zerstörung, der Verlust und Verzicht auf einst gültige Werte und das Heraufkommen des Entwerteten, welche in so vordergründiger Weise Ausdruck unserer Epoche sind, erschweren eine Interpretation der Manifestationen des neuen Bewußtseins außerordentlich: denn es ist alles außer seiner Ordnung. Und selbst die sogenannten positiven Versuche zur »Rettung« der Menschheit oder Europas, wie sie hier und da unternommen werden, sind in ihrer überwiegenden Zahl genau so skeptisch einzuschätzen wie die Versuche zur Zerstörung der Menschheit, die gleichfalls eine unableugbare Tatsache sind.

Wenn wir nun auf den folgenden Seiten hin und wieder auf Phänomene hinweisen müssen, die ohne Zweifel ein vorwiegend negatives Gepräge haben, so machen wir uns – und dies sei mit allem Nachdruck festgestellt – deshalb in gar keinem Falle zum Befürworter ultramoderner Äußerungsformen, wie sie in Alltag, Kunst und Wissenschaft anzutreffen sind. Nehmen wir sie als das, was sie sind: als Wirklichkeiten, die nicht nur sinngemäß sind, sondern die wir als sinnvoll oder sinnerfüllend betrachten müssen, wenn anders wir nicht von vornherein alle Gewißheit für einen Weiterbestand der Erde und der Menschheit aufgeben wollen. Es handelt sich also nicht darum – und auch dies sei ausdrücklich betont –, daß sogenannten negativen Äußerungsformen eine positive Seite abgewonnen werden soll. Damit wäre nur eine Seite gewonnen, während es uns auf das Ganze ankommt. Es wäre jedoch unverantwortlich, es sich nicht einzugestehen, daß vieles, was zu sagen sein wird, schmerzlich ist, auf eine durchaus unsentimentale Weise schmerzlich, weil jede Verantwortung für denjenigen Schmerz bedeutet, der um die Gefahren weiß, welche ein bloß blinder Mut mit sich bringen würde. Eines freilich dürfte Gewißheit sein: die Menschheit steht durchaus nicht auf »verlorenem Posten«. Aber sie steht auf einem, den sie nicht aufgeben will oder noch nicht aufgeben kann, obwohl er sich selber schon aufgibt, ändert, mutiert. Die verlorengegangene Einsicht in die Interdependenz von menschheitlichen, irdischen Geschehnissen mit solchen kosmischer, ja selbst »außer«-kosmischer Art, verführt den heutigen rationalen Prototyp des Erdbewohners nur allzu leicht dazu, sich selbst als einmalig und einzigartig, damit aber auch als verloren zu betrachten. Diese Abschnürung des Menschen von wissenschaftlich nicht nachweisbaren Kräften schnürt ihn gleichzeitig von seiner Vergangenheit ab, die sich damit ins Ungewisse verliert; wobei er aber auch des Spiegels der Vergangenheit, nämlich der Zukunft, verlustig geht. Dies um so mehr, als ihm selbst das, was er Gegenwart nennt, irrelevant werden muß: ein Nihil, ein Nirgends, der ungreifbare Punkt des Abgeschnittenseins und der Verlorenheit. Hier jedoch muß festgehalten werden, daß es uns nicht um die Eroberung einer Zukunft geht. Jedenfalls nicht um jene zeitliche Zukunft, als welche generell jede »Zukunft« noch immer betrachtet wird. *Wohl aber handelt es sich um das Zukünftige in uns, das in demselben Maße Gegenwart ist, wie alles Vergangene in uns Gegenwart ist.*

Mit dieser Einstellung entgehen wir einer Gefahr: daß alles, was im folgenden zu schildern sein wird, als Entwurf einer zukünftigen Welt aufgefaßt werden könnte oder dürfte. Uns darf nur die Sichtbarmachung der in uns liegenden Zukunft beschäftigen. Ihre Ausgestaltung in der »Zeit«, da diese Art »Zeit« zu Ende geht, ist nicht das Anliegen dieser Schrift. Da die Zeit als solche zu Ende geht, weil sie von der Zeitfreiheit abgelöst wird, so wäre jede zeitliche Projektion nach vorwärts illusorisch und illusionistisch. Damit aber entgehen wir einer weiteren Gefahr: daß unsere Ausführungen und Aufzeigungen der Manifestation eines neuen Bewußtseins die »Zukunft« in irgendeiner Weise fixieren könnten, daß wir unverantwortend dem, was aus sich heraus geschieht, absichtsvoll und damit unfrei und begrenzend ins Handwerk pfuschten: kein Mensch ist so einzigartig, wie manche glauben, daß er als Mensch diese Verantwortung je auf sich nehmen könnte. Und es kommt noch etwas hinzu, was dem Bewußtsein der meisten heute nicht mehr gegenwärtig zu sein scheint: daß bisher noch in jeder echten Mutationszeit jene Kräfte in menschlicher Form Gestalt annahmen, die dann während längerer Zeiten wirkend das jeweilige Mutationsprinzip sichtbar verkörperten. Gestalten wie Zarathustra, Kungfutse, Dschuang Dsi, Laotse, Buddha, Mahavira, Sokrates und Platon[1], vor allem aber wie Jesus Christus erscheinen nicht zufällig gerade in dem Moment, da eine Mutation sich vollzieht. Und ohne daß man deshalb Prognostik, geschweige denn Prophetie triebe, dürfte es einleuchtend sein, daß auch diesmal, im Moment der jetzt sich vollziehenden Mutation, diese Mutation eine Inkarnation erfahren werde. Daß diese Inkarnation jedoch diesmal anderer Art und anderen Wesens sein dürfte, da sie sich nicht mehr »in der Zeit«, sondern in der Zeitfreiheit manifestieren muß, daß sie nämlich durchsichtiger Art sein wird, dies wird implizit aus dem Folgenden hervorgehen.

Diese Manifestationsmöglichkeit, die der raum- und zeitfreien Diaphanität eignet, sollte nicht übersehen werden. Bald wird dieser oder jener Machthaber kommen, der sich fälschlich als »Retter« und Heilbringer ausgeben und anbeten lassen wird. Jeder aber, der in noch kommenden Tagen dies tut und dabei in der Zeit befangen bleibt und in ihr sichtbar ist, hat mit der wahren Manifestation desjenigen, der in der zeitfreien Durchsichtigkeit das »Zukünftige« gegenwärtig machen wird, nichts zu tun. Der also noch Zeitbefangene wird weniger als bloßer Widerpart sein, nämlich der verderbliche Ausdruck für den letzten Abfall des Menschen von sich selbst und der Welt.

Es ist heute noch Zeit, dies zu sagen. Es wird aber – vielleicht früher als viele ahnen – das Ende der Zeit kommen, da es nicht mehr gesagt werden kann. In welcher Form sich die Ablösung der Zeit durch die Zeitfreiheit vollziehen wird, steht nur zu vermuten. In jedem Falle tragen die Formen dieser Ablösung bereits heute Katastrophen- und Weltuntergangs-Charakter, so wie ja auch die Ablösung der mythischen Zeithaftigkeit durch die mentale Zeit Weltuntergang war: Untergang der defizient gewordenen mythischen Welt, während es sich heute um den Untergang der defizient gewordenen mentalen Welt handelt. Irgendwelche Daten zu nennen, selbst wenn diese durch gewisse erfahrungsmäßig bestätigte Andeutungen aus uralter Weisheit nahegelegt werden, wäre eine unverantwortliche Aussage, weil sie die Zukunft fixieren würden, die nicht wir festzulegen haben, da sie sich, höchstens unter unserer Anteilnahme, von sich aus gestalten wird. Eines jedoch darf wohl gesagt werden: die nächsten Jahrzehnte werden die Entscheidung darüber bringen, ob sich die fundamentale Umgestaltung innerhalb der nächsten beiden Generationen oder erst innerhalb der nächsten zwei Jahrtausende vollziehen wird. Da das Geistige, das weder erdgebunden ist wie das Vitale, noch schicksalsgebunden wie das Seelische, noch kausalgebunden wie das Mentale, in diesem Geschehen die ausschlaggebende Rolle spielt, weil es Auslöser der Mutationen sein dürfte, so wird es entscheidend sein, ob die erreichte Bewußtseinsstärke um diese ursprunghafte Gegenwärtigkeit des Geistigen wissen wird oder nicht. Darüber hinaus sei nicht vergessen, daß, was »hier« geschieht, seine Korrespondenz »dort« hat (um es rational auszudrücken). Die Erde ist nicht nur Stern unter Sternen, sondern sie ist Stern *mit* den anderen Sternen. Einschneidende Änderungen der Erde sind nicht nur Änderungen der Erde. Sie werden nicht nur »hier« (auf der Erde) ausgelöst, sondern auch »dort«. Ob aber die Änderungen, die hier geschehen, »drüben« ähnliche auslösen, oder ob es Änderungen im »Drüben« sind, welche die »hiesigen« auslösen, das ist eine müßige Frage für jeden, der sich zumindest über den unleugbaren Zusammenhang der materialisierten Erscheinungen klar ist, zu denen die Erde wie jeder andere Stern gehört.

Je nachdem nun, wie sich die Menschheit in den kommenden Jahrzehnten entscheidet, oder je nachdem nun, wie es der Menschheit gegeben sein wird, sich in den nächsten Jahrzehnten entscheiden zu können, und je nachdem, wie es ihr möglich sein wird, jene Kraft zu ertragen und zu bewahren, die in der sich vollziehenden Mutation akut wird, wird sich das »Gesetz der Erde« (s. S. 135 f.) erfüllen. Erträgt sie die neuen Spannungen, die durch den Einbruch neuer Himmel und durch die Wanderung unserer Erde durch neue Weltgegenden auch auf ihr und damit auch im Menschen akut werden, so wird der sich vorbereitende Untergang nur ein Untergang der ausschließlichen Gültigkeit der bisher vorherrschenden mentalen Struktur sein. Ertragen Mensch und Erde diese Spannungen nicht, so werden sie von ihnen zerrissen werden; mit andern Worten: es werden beide in ihrer heutigen Form untergehen und nach der großen, dann eintretenden Atempause wird eine neue Erde und ein neuer Mensch erstehen. Das Schicksal von Erde und Mensch wird von der Bewußtseins-Intensität abhängen, die der Mensch erreichen soll und die er erreichen würde, gelänge es ihm, die neue Mutation zu leben.

Immerhin spielt der Zeitpunkt, jener Schlußpunkt nämlich, welcher der Zeit gesetzt ist, eine nicht zu übersehende Rolle. Und zwar deshalb, weil alles, was durch uns geschieht, weil alles, was wir tun, seine Nachwirkung hat; und weil das hier Getane nur hier aufgelöst werden kann; weil wir auf diese oder jene Weise an die Erde gebunden sind, weil Fehlgetanes aufgearbeitet werden muß, und immer, gleichgültig ob im Leben oder im Tode, hier, wo es stattfand, hier, wo es in Raum und Zeit Frucht trug oder Unfrucht. Deshalb ist es gewiß nicht gleichgültig, ist es für keinen klar lebenden Menschen gleichgültig, ob ihm noch einmal eine Frist gegeben wird oder nicht, ob ihm erlaubt wird, die Frist der Zeit hier in die Zeitfreiheit zu verwandeln, oder ob er unverwandelt unter die Grenzen des Wirkenden herabzusinken bestimmt ist: ein fehlgeschlagener Versuch der größeren Natur statt ihre erfüllte Blüte zu sein.

In diesem Zusammenhange muß noch einmal auf den grundlegenden Sachverhalt hingewiesen werden: unsere Ausführungen über die Manifestationen des neuen Bewußtseins, die auf eine Konkretion des Geistigen schließen lassen, beziehen sich nicht auf ihre »zeitliche« Sichtbarwerdung, sondern auf ihre zeitfreie Möglichkeit in uns und in der Welt; sie beziehen sich auf die ursprüngliche Konstellation des zum *Sichbewußtsein* mutierenden ursprünglichen Bewußtseins: auf sein Manifestwerden im Menschen. Was sich heute bereits als erste Manifestation eines zeitfreien Bewußtseins zu erkennen gibt, nur das ist durchsichtig zu machender »Gegenstand« unserer Untersuchung. Was unausweichlich aus dieser ersten Manifestation hervorgehen wird, insoweit sie Gelegenheit findet, sich im Menschen konsolidierend zu entfalten, ist ein zweiter, noch erwägbarer Punkt. Wann und wo aber diese Entfaltung Wirklichkeit werden wird, entzieht sich jedem Kalkül, ist von der Fähigkeit und dem Vollzug der Bewußtseins-Intensivierung durch den Menschen derart abhängig, daß jede Aussage über Zeit und Ort bloße Spekulation wäre. Dies um so mehr, als die Wirklichung der neuen Struktur sich nicht in Zeit und Raum abspielt, sondern in jener Raum- und Zeitfreiheit, die sie mutierend selber bewirkt. Ohne Zweifel darf auf Grund der darzustellenden ersten Manifestationen des neuen Bewußtseins angenommen werden, daß heute viele zu dieser Mutationsleistung imstande sein werden; dies um so mehr, als bereits in früheren Zeiten einzelne dazu imstande gewesen sind [2]. Und für diese heutigen, auf die es übrigens wohl ankommen dürfte, spielt es keine Rolle, ob die ganze Fülle, die sich durch die geleistete Mutation als neue Weltwirklichkeit entfaltet, ihren generellen Träger in einer Menschheit findet, die nur durch einen Untergang der rationalen Welt hindurchging, oder in einer Menschheit (sofern diese dann noch als solche bezeichnet werden darf), die von Grund auf einen Untergang der bisherigen Erde (also eine grundlegend umgestaltende Erdmutation) erleiden mußte.

Dies festzuhalten ist schon deshalb wichtig, weil ohne das Verständnis für diese Konstellation unsere Ausführungen den lebendigen Wert verlieren würden, der ihnen innewohnen sollte. Denn die Formen und Begleiterscheinungen, die der Mutations-Durchbruch im irdischen Geschehen annehmen wird, hängen weitgehend, wenn nicht sogar vornehmlich von uns ab, die wir auf dem irdischen Plane Träger der Mutation sind. Ob sie sich an und in uns vollziehen kann, das heißt: an der heutigen Menschheit, oder ob erst an einer späteren, ist somit weitgehend in unsere Hand gegeben, ohne daß diese Teilhabe und Verantwortung als anthropozentrisches Konzept gewertet werden dürfte. Anders ausgedrückt: die Frage nach dem Wie und Wann der Mutation ist an die andere gebunden: ob es uns vergönnt sein wird, durch einen bewußten Vollzug, nämlich durch die geforderte neue Bewußtseinsleistung, standhaltend und mitgestaltend der neuen Mutation zum Durchbruch zu verhelfen. Mit nochmals anderen Worten: was jetzt wichtig ist, ist nicht so sehr die Zukunft in ihrem zeitlichen und äußeren Aspekt, sondern ihre Präsenz in uns.

Der erste Teil hatte unseren ersten Leitsatz (s. oben S. 32) erhärtet: *Das Verborgene (die Latenz) ist die nachweisbare Gegenwart (Präsenz) der Zukunft.* Offensichtlich wurde seine Gültigkeit gemäß der Strukturgesetzmäßigkeit (um nur ein Beispiel zu wählen), mit welcher durch die verschiedenen Mutationen hindurch das, was man als die »Zeitkomponente« bezeichnen kann, einer fortlaufenden Umgestaltung unterlag, die, um in jeweils anderer Form in Erscheinung treten zu können, vom Ursprung her in uns als Wirklichkeit veranlagt sein muß. Und nur das klare Wissen darum, daß in der sich vorbereitenden »Welt«, der aperspektivischen, nicht mehr der Begriff »Zeit« die ausschließliche Bedeutung hat, sondern daß ihr die »Zeitfreiheit« (oder: das Befreitsein von der Zeit, und damit das

Freisein zum Geistigen!) das Gepräge gibt, kann uns vor einer vollständigen Verkennung der Gegebenheiten bewahren.

Diesem wahrhaft umgestaltenden Tatbestand wird unser Hauptaugenmerk gelten müssen, wenn wir der Bedeutung der ersten Manifestationen des neuen Bewußtseins gewahr werden sollen. Er ist aber vor allem auch deshalb von ausschlaggebender Bedeutung, weil das »Geistige«, um dessen Konkretion sich dieser zweite Teil unserer Schrift bemüht, nur dann evident werden kann, wenn es uns gelingt, das dreidimensionale Koordinatensystem zu überwinden, in dem nur Sichtbarkeiten Gültigkeit und Relevanz haben. Wir müssen versuchen, die vierdimensionale Ganzheit wahrzunehmen, die raum- und zeitfrei ist, denn nur diese Raum-Zeitfreiheit, nur »in« ihr, ist die Durchsichtigkeit des Geistigen, ist das Diaphainon wahrnehmbar, das in keiner Sichtbarkeit manifest werden kann. Dabei sei vorsorglich betont, daß es sich hier um keinen irgendwie gearteten Versuch einer wirklichkeitsfernen Spiritualisierung der Welt handelt. Jede Spiritualisierung wird nur mit dem Verzicht auf gewesene Bewußtseinsstrukturen oder mit deren Negation und Unterdrückung erkauft. Das Wahrnehmen aber kann so wenig des Fundamentes der mentalen Struktur entbehren, wie diese der mythischen und diese ihrerseits der magischen, wenn wir »ganze« Menschen sein wollen. Mit anderen Worten: *wir müssen die neue integrale Struktur gewinnen, ohne der effizienten Formen der bisherigen Strukturen verlustig zu gehen.* Gelingt uns dieser Vollzug, gelingt es unserem Bewußtsein, den, diesmal das Ganze »erschließenden«, Dimensionsgewinn in der Mutation zu leisten, so wird jener zweite Leitsatz dieses Werkes (s. oben S. 32) evident werden: *Das Durchscheinende (das Diaphane oder die Transparenz) ist die Erscheinungsform (Epiphanie) des Geistigen.*

Es ist der begreifliche Fehler unserer heutigen Rationalität, zu glauben, irgendwelche Lösungen könnten, sei es durch Macht, durch Einvernehmen, Kompromiß, sei es durch Reformen, Revigorisierungen oder dergleichen, dem amoklaufmäßigen Ablauf der Geschehnisse Einhalt gebieten –, wobei natürlich stets unterstellt wird, daß dabei der Mensch von sich aus der Gestalter der Zukunft sei. Wer sich diesem Irrglauben anthropozentrischer Art, wer sich dieser Illusion rationaler Hybris hingibt, darf getrost auf das »Ende mit Schrecken« gefaßt sein. Er hat nur in einem Punkte recht: daß ein Ende kommt, nämlich das seiner Zeitepoche, was für ihn gleichbedeutend ist mit einem »absoluten Ende«, da er sich aus dem Gefängnis seiner dreidimensionalen Vorstellungswelt nicht zu befreien vermag.

Das Dilemma der heutigen Erde und Menschheit wird sich nicht durch irgendwelche menschlichen Machenschaften lösen. Es wird, falls der Mensch dazu noch imstande ist, nur durch den Vollzug der diesmaligen Bewußtseinsmutation zu leisten sein. Sie bringt jene Umgestaltung zustande, für welche die bloß magische Bitte, der mythische Wunsch oder der mentale Wille und die mentale Zielsetzung allein nicht mehr ausreichen. *Sie bewirkt, daß zu unserer Vitalität, zu unserer Psychität und zu unserer Mentalität, diese integrierend, die Diaphanität hinzukommt.*

Ist dies die Grundeinstellung, die ja bereits aus den Ausführungen des ersten Teiles hervorgeht, so sei daran erinnert, daß wir drei Hauptkriterien für die Erscheinungs- und Ausdrucksweise der aperspektivischen Welt herausgearbeitet haben. Es handelt sich um:

1. die *»Temporik«*, worunter wir nunmehr alle jene Versuche zusammenfassen, die sich um eine Konkretion der »Zeit« bemühen;
2. das *»Diaphainon«*, das Durchscheinende und Durchschienene, das wir als Erscheinungsform des Geistigen wahrnehmen können, welches aber nur in einer »Welt« wahrnehmbar ist, die, durch die Konkretion der Zeit, diese Zeit in die Zeitfreiheit umgestaltete und damit erst die Konkretion des Geistigen ermöglichte;
3. das *»Wahren«*, welches als ganzheitliches Wahrgeben-Wahrnehmen die Realisationsform der integralen Bewußtseinsstruktur ist und damit der aperspektivischen Welt einen durchsichtigen Wirkcharakter verleiht.

In dieser zusätzlichen Fähigkeit des »Wahrens«, welche mit der neuen Mutation Wirklichkeit wird, dürfte die Gewähr dafür liegen, daß der Mensch, der die Wirkungen und Umgestaltungen erträgt, die durch die vierdimensionale Integration in ihm manifest werden, seinerseits auf das Geschehen umgestaltend wirken wird. Und dies nicht etwa in dem Sinne, daß er eine neuartige magische Macht oder eine neuartige mythische Gleichgewichtung oder Polarisierung, noch eine neuartige mentale Überlegenheit auf die Menschen, Geschehnisse und Entfaltungen ausüben würde; sondern in dem Sinne, daß sein Gegenwärtigsein von sich aus genügt, um Entfaltungen und Neu-Kristallisationen zu bewirken, die ohne sein Gegenwärtigsein nirgends manifest werden könnten.

Es ist das bloße Inerscheinungtreten, das wirkt. Mit der Manifestation, *mit der Präsenz ist stets auch mittelbar die Wirkung gegeben.* Magisch-mythische Haltung defizienter Art zerbricht und wird wehrlos angesichts der mentalen Haltung. Dies zeigt sowohl das mexikanisch-spanische als auch das österreichisch-schweizerische Beispiel (s. oben S. 30ff.). Die eine Bewußtseins-Dimension mehr, die der mentale Mensch dem mythischen voraushat, und die für den mythischen unerreichbar war, ist ausschlaggebend dafür, daß der mythische Mensch den mentalen Menschen nicht mehr erreicht, wohl aber der mentale Mensch den mythischen, weil in ihm die zusätzliche Kraft der neugewonnenen Dimension wirksam ist.

Mit Macht, Herrschen, Überwältigen hat die neue Bewußtseinsstruktur nichts zu tun. Sie kann deshalb auch nicht angestrebt, sondern höchstens wachgerufen werden. Wer sie anstrebt und somit mental erreichen will, ist von vornherein zum Scheitern verurteilt. Das gleiche gilt für jene, die glauben, der bloße Wunsch und die Kraft ihrer Imagination, also ein mythisch gefärbtes Wollen, könne dem Vollzug der neuen Mutation dienlich sein; und das gleiche gilt für jene, die glauben, durch irgendwelche Machenschaften diese Mutation meistern zu können, die aber damit nur in das magische Zwingen und Gezwungensein zurückfallen.

Es bedarf einer gewissen Behutsamkeit, es bedarf vieler Geduld, der Abstreifung vieler vorgefaßter Meinungen, vieler voraussträumender Wünsche, vieler blindwaltender Forderungen, es bedarf eines gewissen Abstandes zu sich selber und zur Welt, eines langsam ausreifenden Gleichgewichtes aller in uns veranlagten Komponenten und Bewußtseinsstrukturen, um die Absprungbasis in die neue Mutation in uns vorzubereiten. Inwieweit dabei das Moment der Gnade, jene christliche Konzeption, eine Rolle spielen mag, dies zu entscheiden, sei den Theologen überlassen. Es soll nicht unsere Sache sein, das Element der Gnade als Hilfe für die Loslösung aus der mentalen Haltung anthropozentrischen Charakters zu betrachten oder ihm eine Wirksamkeit zu leihen, als erwähle dieses Element die Auserkorenen, um sie in einen »höheren« Stand zu versetzen. Zudem: die neue Bewußtseinsstruktur ist keine »höhere« Struktur; einmal, weil sie mit räumlichen Begriffen nicht fixierbar oder bewertbar ist; dann, weil sie keinen Anspruch enthält, der aus einer »Erhöhung« erwächst; schließlich, weil sie eine integrale Struktur ist, in der Wertungen bloß drei-, zwei- oder eindimensionalen Charakters irrelevant sind.

Betreffen die bisherigen Ausführungen das Klima der neuen Mutation, so müssen wir uns jetzt ihrem Thema zuwenden. Das aber bedeutet, daß wir die Frage nach dem Warum und Wohin unserer Weltstunde zu beantworten wagen.

2. *Das Thema der neuen Mutation*

Es bedarf heute keiner Mühe mehr, die Tatsachen aufzuzählen, die vordergründig unsere Epoche als eine der Wirrnis und des Überganges kennzeichnen. Es wird nur immer noch der Kardinalfehler begangen, diese Tatsachen, wie jene der Maschinisierung und Kollektivierung, wie jene des Religionsverlustes und der Spezialisierung, als Urheber für unsere Bedrängnis anzusehen. Und in dieser vollständig falschen Begründung liegt die Fehlerquelle für alle bisher vorgeschlagenen »neuen Wege« und für alle, wie immer nutzlosen Reformen. Diese Tatsachen sind lediglich Symptome der Wirrnis. Das ist grundlegend.

Wenden wir uns einem konkreten Beispiel zu: der heutigen Technisierung. Es ist falsch, die Maschine als den Auslöser aller heutigen Schrecken anzusehen. Wir müssen den Grund aufzeigen können, der zur Erfindung der Maschine, und zwar zur Erfindung der Dampfmaschine durch James Watt im Jahre 1782, führte. Dabei ist festzuhalten, daß diese Erfindung sieben Jahre vor Ausbruch der Französischen Revolution geschah, die man als soziologische Äußerung der gleichen Grundkraft werten darf, welche sich in der technischen Erfindung ankündigte.

Wieso kam es also zur Erfindung der Maschine? Dadurch, daß die Zeit zum Durchbruch kam. Die Maschine, die Dampfmaschine ist Erzeugerin motorischer Kraft. Sie zerriß das bloß statische, räumliche Gefüge, das seit 1500 n. Chr. erreicht worden war. Bei dieser Begründung ist festzuhalten, daß hier von einem »Durchbruch der Zeit« gesprochen wird. Diese Formulierung ist insofern wichtig und richtig, als es sich noch nicht um den »Einbruch der Zeit in unser Bewußtsein« handelte. Gerade das Bewußtsein von dem Geschehenden war damals durchaus noch nicht vorhanden. Das ist erst heute der Fall, und dieses Werk bemüht sich ja gerade um die Bewußtmachung dieses Tatbestandes. Somit war jener Durchbruch der Zeit mental oder rational nicht handhabbar. Das ist entscheidend. Dadurch blieb er autonom, das heißt, er wurde nicht vom Menschen, beziehungsweise von seinem wachen Bewußtsein, gesteuert, sondern die Motorik der Maschine begann eigenmächtig zu herrschen und den Menschen in ihre Abhängigkeit zu zwingen. Daß Motorik ein Aspekt des Zeitphänomens ist, wurde bereits angedeutet (s. oben S. 382). Wir kommen im nächsten Abschnitt noch darauf zurück. Hier müssen wir in unserer Fragestellung konsequent noch weitergehen, wenn wir den Grund für unsere heutige Situation finden wollen. Das Weshalb der Maschine, die eines der deutlichsten Symptome unserer Zeit ist, wurde klargestellt. Die Antwort aber auf die Frage: warum kam es überhaupt zu der (die *Motorik* auslösenden!) Maschine, gibt uns noch nicht die endgültige Antwort, deren wir für die Klärung unserer Übergangsepoche bedürfen. Diese bisherige Antwort lautete lediglich: die Erfindung der Maschine ist ein Ausdruck des Durchbruchs der Zeit. Die entscheidende Frage, die sich jetzt stellt, lautet daher: Wieso kam es zu diesem Durchbruch der »Zeit«?

Es dürfte offensichtlich sein, daß hier durchaus logisch und kausal gefragt und gefolgert wird. Und dies bei einem Phänomen komplexer Natur, das seiner Komplexität wegen über dem bloßen Kausalkonnex steht. Die in diesem Zusammenhange leistbare Antwort ist also nur mental befriedigend; ihre integrale Gültigkeit muß vorerst noch verborgen bleiben. Aber die Möglichkeit der mentalen, logischen Beantwortbarkeit wird, wenigstens für den Augenblick, den Vorteil haben, die Rationalisten überzeugen zu können. Deshalb sei diese Art der Beweisführung hier zu Ende geführt.

Die entscheidenden Fragen, die sich nun stellen, lauten: Warum kam es zu dem Durchbruch der Zeit, und warum kommt es heute zu dem Einbruch der Zeit in unser Bewußtsein?

Die Antwort wurde im ersten Teile vorbereitet, und bei sinngemäßer Anwendung geben uns die allerneuesten Erkenntnisse der Völkerkunde zusätzliches Beweismaterial an die Hand. Wenden wir uns zuerst der schon vorbereiteten Antwort zu.

Der Mensch hat von Mutation zu Mutation jeweils neue, zusätzliche Bewußtseinsdimensionen zu den je bereits vorhandenen hinzugewonnen. Das raumzeitlose Schlafbewußtsein des Magischen wurde von dem raumlos-zeithaften Traumbewußtsein des Mythischen überlagert, das Traumbewußtsein von dem tagwachen Raumbewußtsein des Mentalen. Die Mutationen erfolgten dabei jeweils in dem Moment, da die vorhergehende Bewußtwerdung geleistet worden war und die Bewußtseinshaltung sich mit dem Erreichten zufrieden gab. Das will besagen: in dem Moment, da beispielsweise das mythische Bewußtsein die Tatsache Seele: Leben in Form der Zeithaftigkeit, realisiert hatte, war dieses Bewußtsein konsolidiert, die durch die Mutation ermöglichte Arbeit des Bewußtseins war geleistet, und der Mensch hatte sich neuen Aufgaben zuzuwenden. Er hatte dies zu tun, weil bloßes Beharren zum Verfall führt. Aber seiner Natur gemäß verharrte er zuerst einmal, um sich gewissermaßen des erworbenen Besitzes und Vermögens zu erfreuen. Damit setzt die Defizienz, der Verfall, ein. Wer verharrt, verfällt. So verfielen die Mythen, so wurde die zeithaft geordnete Welt zum psychischen Chaos. Erst als der Mensch den weiteren Schritt in der Bewußtwerdung leistete, wurde dieses Chaos überwunden. Vom 8. Jahrhundert v. Chr. an spielt sich dieser Prozeß ab, der in zwei kontrapunktischen Abläufen sichtbar wird: das Raumbewußtsein nimmt in dem Maße positiv zu, in dem negativ das Mythenbewußtsein defizient wird. Mit anderen Worten: dem Verfall des mythischen Bewußtseins, der in der (im ersten Teile beschriebenen) Quantifizierung der Mythen sichtbar wird, wird durch das Wachstum des erwachenden Raumbewußtseins begegnet. Oder noch anders gesagt: in dem Menschen, der im Mythischen verharrt, der in der geleisteten Bewußtseinsarbeit ausruht, beginnt die neue Bewußtwerdungsarbeit. Es erfolgt der Einbruch des Raumes in sein Bewußtsein, die notwendige Mutation, die einzig imstande ist, die psychische Überschwemmung durch die Mythen aufzufangen. Platon leistet diese Arbeit. Durch ihn gewinnt das Raum-Denken Bewußtseins-Charakter. Die nicht mehr beherrschte Flut des Mythisch-Psychischen wird durch das mentale Denken aufgefangen und beherrscht. Die Defizienz des Mythischen wird durch die Effizienz des Mentalen annulliert. Dabei bedingen sich beide gegenseitig. Erst durch das Verharren des mythischen Menschen im mythischen Bewußtsein, als dieses effizient konsolidiert war, erst durch die Situation, daß er nicht mehr gezwungen war, an seiner Konsolidierung zu arbeiten, sondern sich dem konsolidierten Bewußtsein überließ, erst infolge dieser Haltung setzte die Defizienz des Mythischen ein. Sie äußerte sich darin, daß dieses Bewußtsein von dem Moment an selbsttätig zu arbeiten begann, als der Mensch selber nicht mehr an seiner Konsolidierung zu arbeiten brauchte. Das mythische Bewußtsein wurde autonom:

es arbeitete von sich aus, der in ihm verharrende Mensch wurde sein Opfer. Er war es so lange, bis sich unausweichbar die Frage stellte: entweder Untergang in der erworbenen und nicht weiter ausgestaltbaren Bewußtseinshaltung oder Gewinn einer neuen Bewußtseinsstruktur, die sich in dem Moment anzukündigen begann, da das Maximum, die Konsolidierung des Mythischen – im 8. Jahrhundert v. Chr. – erreicht war. Die endgültige Bewußtwerdung der neuen Mutation, die in der damals neuen Bewußtseinsstruktur zum Ausdruck kam, vollzog sich dann bei Platon. Die auf ihn folgenden zwei Jahrtausende waren der Festigung dieses neuen Bewußtseins gewidmet. Aber um 1480/1500 n. Chr. war es konsolidiert. Die Perspektive, die Leonardo da Vinci zur Vollkommenheit ausgestaltete, war die endgültige Konsolidierung und Bewußtwerdung des Raumes.

Ohne jetzt mit den nachfolgenden Ausführungen einem stets verdächtigen Parallelismus der Ereignisse, wie sie sich in verschiedenen Zeitepochen abspielen, das Wort reden zu wollen, muß doch auf eine vermutbare Ähnlichkeit hingewiesen werden. Diese Ähnlichkeit gründet in der Tatsache, daß jeweils der Mensch Träger und Manifestationsobjekt der Ereignisse ist. Aber er ist es nicht ausschließlich, und es ist ein jeweils veränderter Mensch. Dies ist auch der Grund, warum sich anscheinend alles auf Erden wiederholt und eigentlich nichts Neues geschieht. Doch dies ist (s. S. 70) ein Oberflächenurteil. Es geschieht Neues, zumindest Neuartiges. Und zwar deshalb, weil der Mensch in den einzelnen »Epochen«, beziehungsweise infolge der einzelnen Bewußtseinsstrukturen, jeweils neuartig auf die Wirklichkeit reagiert, weil sich seine Bewußtseinsstruktur von Mutation zu Mutation ändert. Unter diesem Vorbehalt, beziehungsweise nach dieser Klarstellung, können wir es wagen, jetzt die Folgen zu betrachten, welche die Konsolidierung des Raumbewußtseins um 1480/1500 haben mußte, ohne daß man uns dabei biologisierende Absichten unterschieben könnte. Der gesamte Ablauf ist nur insofern biologisch mitbedingt, als ein auch biologisch wertbares Geschöpf der Träger ist. Er ist aber ursprünglich vom Ursprung, vom Geistigen her bestimmt, wodurch die bloße Parallelitätstheorie ihres möglichen Kausalcharakters teilweise verlustig geht. Es handelt sich also heute um einen ähnlichen, nicht um einen gleichen Ablauf des Mutationsvorganges. Damit sind wir wieder bei der eindeutigen Frage angelangt: Warum kam es zum Durchbruch der Zeit, welchen wir als das Thema der diesmaligen Mutation namhaft gemacht haben?

Als um 1480/1500 n. Chr. das Raumbewußtsein konsolidiert war, war von jenem Zeitpunkt ab das Bewußtsein frei zu neuen Aufgaben. Das wache Tagesbewußtsein war gefestigt, der Raum bewußt, das Denken leistbar geworden. Auch der moderne europäische Mensch glaubte nach dieser Leistung, wie einst der mythische Mensch, er habe das zu Leistende nun erfüllt, und so verharrte er vorerst einmal in dem Erreichten. Mit dem Verharren aber beginnt auch diesmal der Verfall. Seit der Renaissance fängt das Mentale an defizient zu werden; es deformiert sich ins Rationale. Es setzt nun in der neuen mentalen Bewußtseinsstruktur jene Quantifizierung ein, der wir bereits in der Defizienzepoche des Mythischen begegnet sind. Aber zugleich setzt, allmählich und durch die Jahrhunderte hindurch immer deutlicher werdend, die neue Mutation ein. Und sie wird in dem Moment allgemein bewußt werden, da die defiziente Haltung das Maximum des rationalen Chaos erreicht, dem wir uns in diesen Jahrzehnten endgültig nähern. Das dürfte heute jedermann offensichtlich sein.

Unsere heutige Situation ist also kausal auf die Tatsache zurückzuführen, daß wir seit der Renaissance nur allmählich die neue Aufgabe realisieren, die uns aus der Tatsache erwächst, daß die letzte große Bewußtseinsleistung erfüllt worden ist und sich somit zwingend die Arbeit an einer neuen Bewußtseinsleistung stellt. Diesem Anspruch des Ursprungs kann nicht eine, können selbst nicht zehn Generationen genügen. Aber in ihnen konnte er sich vorbereiten. Und dies ist geschehen.

Damit haben wir die Antwort auf die entscheidende Frage gegeben. Und diese Antwort selbst ist durchaus entscheidend. Sie verläßt den Bereich der Symptome und ist eine gültige Diagnose, die ihre Beweiskraft aus dem Überblick über die großen Zusammenhänge erhält, die vom Ursprung her das Irdische konstellieren.

Aber inwiefern ist es die »Zeit«, die in diesem Vorgang die Hauptrolle spielt?

Es dürfte bereits deutlich geworden sein, was wir hier grosso modo unter »Zeit« verstanden wissen wollen. Begnügen wir uns zunächst mit der bisherigen Definition: sie stellt einen *Aspekt des die Welt konstituierenden intensen Elementes* dar. Und wagen wir es ruhig, dieses *in*tense Element den *ex*tensen Raum- und Materiegegebenheiten dual gegenüberzustellen. Das erleichtert für den Rationalisten das Verständnis. Daß es darüber hinaus auf etwas mehr ankommt als auf ein bloßes

Verstehen, und daß der Konnex zwischen Intensitäten und Extensitäten kein dualer Gegensatz ist, wird noch deutlich werden.

Selbst wenn wir sie nur in dieser reduzierten Bedeutung betrachten, ist es einleuchtend, daß *die Zeit als Intensität das Hauptthema der neuen Mutation* sein muß. Sie ist das einzige Thema, dem wir in den bisherigen Mutationen noch nicht begegnet sind, und sie ist, wie sich noch auf das deutlichste zeigen wird, das Hauptanliegen unserer Epoche.

Rekapitulieren wir kurz die bisherigen Bewußtseinsleistungen. Raum und Zeit sind für den magischen Menschen inexistent. Der Raum bleibt es selbst noch für den mythischen Menschen, dem jedoch der natürliche, lebendige Aspekt der Zeit, die in sich selbst befangene kreisende Naturzeit und ihre lebendige Bewegung bewußt wird. Dieser Zeitaspekt wird dann in dem Moment geräumlicht und gemessen, da der mentale Mensch den Raum realisiert. Während der mythische Mensch aus der inneren Bewegung heraus lebte, dachte der mentale Mensch dank der äußeren Raumgegebenheiten: alles wurde ihm Raum. Selbst die Zeit. Und wir haben (s. S. 251 und 258) gesehen, in welchem Maße er dann die Zeit besonders in der rationalen Defizienzepoche verfälschte, aus der Teilerin eine Zerteilerin machte, bis sie schließlich vollständig negiert wurde. Der Raum wurde realisiert; die »Zeit« als Weltkomponente und Weltkonstituante, als Intensität und Qualität, wurde bisher nicht realisiert. Qualität wurde schließlich einzig dem Raume zugesprochen, und alles hatte räumlich zu sein, wurde räumlich erfaßt. Wie konnte es auch anders sein, da ja das Denken selbst nur räumlich, systematisierend ausübbar ist und Bestand hat! Was Wunder, daß sich dieses Zeitthema zum Wort meldete in dem Moment, da das Raumthema realisiert war? Es *mußte* zum Durchbruch drängen. Diese Weltwirklichkeit mußte in ihrer ganzen ungeahnten Fülle zur Mutation im Bewußtsein des Menschen ansetzen in dem Moment, da dieses Bewußtsein nicht mehr durch die Arbeit an der Raumrealisierung in Anspruch genommen wurde. Und diese Weltwirklichkeit kam denn auch unmißverständlich und unübersehbar zum Durchbruch. Und unmißverständlich genau in dem Moment, da der Raum geleistet worden war: bereits bei Pontormo, dem Schüler des Leonardo da Vinci (s. S. 168). Und seitdem ohne Unterlaß in immer neuen Hinweisen, Manifestationen, Ausdrucks- und Ankündigungsarten, die schließlich ein erstes Mal in dem gravierenden Doppelereignis der Erfindung der

Dampfmaschine und der Französischen Revolution kulminierend sichtbar wurden.

Daß diese beiden Ereignisse hier stets zusammen genannt werden, hat seine guten Gründe. Die Maschine ist die Existenzbasis jener »Linken«, die in dem Moment erwacht und sich selber findet, da auch die Maschine erfunden wird. Soziologisch gesehen ist die eine ohne die andere nicht denkbar. Und mit diesen beiden Ereignissen beginnt ein neuer Abschnitt, ein neues Zeitalter in der Geschichte der Menschheit.

Was nun die neuesten Ergebnisse der Völkerkunde anbelangt, so haben sie uns zwei große aufeinanderfolgende Kulturepochen unterscheiden gelehrt. Die erste ist jene der Züchtung. Wir werden noch sehen, daß diese wiederum in zwei grundsätzlich verschiedene Epochen zerfällt. Die andere ist die des Handwerks, die das Gesicht und die Lebensformen des Menschen während der letzten 5000 bis 6000 Jahre entscheidend mitbestimmte.

Die Züchterkulturen legten die Grundlagen für unser Leben: Haustiere und Feldfrüchte sind ihr Ergebnis. Diesen Züchterkulturen verdanken wir die Tiere und Pflanzen, die uns ernähren. Dabei ist aber im Sinne der von uns aufgezeigten Mutationsfolgen zu berücksichtigen, daß die Tierzüchter, die Jäger- und Hirtenvölker, vorwiegend in der magischen Struktur beheimatet sind. Dagegen haben die Ackerbauvölker bereits an der mythischen Struktur teil, sind vorwiegend matriarchalisch und schon in den zeithaften Ablauf von Blühen und Verwelken bewußter eingespannt als die Tierzüchter, sind dem mütterlichen Bereiche, der Erde, zugewandt: hier entstehen die Vegetationsmythen, hier dämmert das Bewußtsein von dem dunklen unterirdischen Bereich auf, der im oberirdischen seine Früchte trägt.

Während die Tierzüchtung noch von einer Gruppe, dem Stamm, der sich unter das Totemtier stellte, magisch geleistet wurde, spielte sich die Pflanzenzüchtung bereits unter anderen soziologischen Formen ab, den matriarchalischen und mythischen. Erst mit dem Aufkommen der Werkzeugkulturen, die dann in der Handwerkskultur ihren Höhepunkt erreichten, änderte sich nochmals das soziologische Bild, denn im Handwerk ist es der einzelne, der die ausschlaggebende Rolle spielt. Nicht zufällig fällt die Blütezeit dieser Handwerkskultur in die mentale Struktur, die patriarchalisch ist und den Akzent aus dem lebendigen Geschehen auf die Materie, die räumlich greifbaren und begreifbaren Dinge verlegt. Denn als Züchter formte der Mensch noch das Lebendige: Tier und Pflanze; als Handwerker formte der Mensch nur noch tote Werkzeuge. An Stelle einer natürlichen Kultur tritt eine künstliche Kultur. Die Natur wird von der Kunst überlagert, der Mensch beginnt sich zu entnatürlichen, wendet sich von der Natur, der er die ihm notwendigen Dinge abgerungen hat, ab und einem neuen Felde der Betätigung zu: dem Kunsthandwerk, das ihm neue, zusätzliche Mittel ermöglicht, mit deren Hilfe er das Leben erträglicher zu gestalten vermag.

Die letzte große Kulturepoche, die der Werkzeugtechnik, des Handwerks und damit des Kunsthandwerks, ging vor 200 Jahren mehr oder weniger zu Ende: mit der Erfindung der Dampfmaschine und der Abdankung des Individuums, das seit der Französischen Revolution von der Masse verschluckt wird, die seit 1789 in immer neuen Revolutionen die sichtbarsten Repräsentanten des patriarchal-individuellen Handwerkszeitalters, die Könige, beseitigte, so wie die Maschine auf ihrem »Siegeszuge« allmählich das Handwerk zerstörte. Die unkontrollierte Intensität der »Linken« (s. S. 360 ff.) und die unkontrollierte Motorik der Maschine, diese beiden negativen Äußerungsformen »zeitlichen« Charakters, sind die Sichtbarwerdung eines neuen Zeitalters, besser: die einer neuen Mutation. Dabei ist dieses negative Moment durchaus symptomatisch; es ist dadurch bedingt, daß das Geschehende dem Menschen, dem es geschieht, noch nicht bewußt ist und daß es zuerst einmal Verwirrung anrichtet und zur Zerstörung des Bisherigen, des Überlebten führt.

Die Maschine ist nicht mehr Handwerkszeug: sie ist emanzipiertes Werkzeug, das heißt: der Hand entglittenes Werkzeug. Sie ist dies im wörtlichsten Sinne, denn dieses Werkzeug glitt dem Menschen ex manu (e-man-zipierte sich), geriet ihm aus Hand und Herrschaft, wurde autonom, selbstherrlich. Hinzu kommt, daß die tote Bewegung und Dynamik, die der Motorisierung eignet, so lange tödlich wirken muß, als der Mensch nicht realisiert, welcher Art fundamentaler Kräfte er sich begab, als er es zu der Eigenmächtigkeit der Maschine kommen ließ, die von sich aus Vorgänge und Abläufe produziert, welche einst und so lange vom Menschen selber gesteuert wurden, bis sie in der materiellen, *physischen Projektion*, der Maschine, unkontrollierbar wurden (s. S. 198).

Begab sich der Mensch der handwerklichen Technik bereits der Natürlichkeit des züchterischen Menschen, so begibt sich der heutige Mensch auch der mühsam eroberten zweiten Natur, der Kultur, da er der eigenen Kunstfertigkeit verlustig geht. Zur

Denaturalisierung tritt die Dekultivierung. Entwurzelung und Heimatlosigkeit des heutigen Angestellten und Arbeiters einerseits, die Entfernung vom Kunstempfinden und die nachgerade anrüchig gewordene Sachlichkeit des heutigen Bureau- und Fabrikmenschen andererseits sind ja nur allzu deutliche Beweise für den *Verlust an Natur und Kunst*, den er seit einigen Generationen erleidet.

Wer erfreut sich heute noch an der Natur? Wer an einem Kunstwerk, etwa einem Gedicht? Bestenfalls entsinnt sich der Erwachsene, daß er als Kind Freude an der Natur hatte (als er noch im magischen Bereich lebte), daß er in der Jünglingszeit an Gedichten Freude hatte (als er im mythischen Bereich lebte). Aber das Natürliche und das Schöne sind ihm illusorische Werte geworden. Wert hat nur das wertlos Sachliche, Materielle, Rationale. Alles andere sind belächelte Sentimentalitäten. Mit diesem hybriden Belächeln vollzieht der heutige Mensch das Todesurteil an sich selbst, da er den größeren Teil dessen, was ihn konstituiert, verneint. Gelingt ihm nicht eine neue Bejahung, ohne daß er damit krampfhaft das Gewesene wiederzubeleben versucht, so wird die Selbstverurteilung vollzogen werden. Nur die Realisation der neuen Mutation als einer integralen Haltung und nicht etwa als einer zusätzlich quantifizierenden »Anreicherung« kann ihn vor dem gänzlichen Verlust an Menschsein bewahren.

Nachdem als das Thema der neuen Mutation die »Zeit« in ihrem umfassendsten Sinne erkannt ist, bleibt die Frage zu beantworten: Welcher Mittel bedarf es, um die neue Wirklichkeit darstellen zu können? Die neue Mutation ist eine neue Gegebenheit. Neuen Gegebenheiten wird man nur fragmentarisch mit alten Mitteln gerecht. Versuchen wir nun, eine Aussageform zu skizzieren, die über das bloß mentale Begreifen hinausführt und uns möglicherweise die neuen Bereiche der Wirklichkeit erschließt, welche die neue Mutation unserem Bewußtsein zugänglich machen will.

3. Die neue Aussageform

War der erste Teil dieser Schrift gewissermaßen ein Setzen, so muß dieser zweite Teil ein Ent-Setzen sein. Die neue Sicht bedingt, daß zuerst jene Fixierungen, Systeme, Erstarrungen und Materialisierungen ent-setzt werden, die das Unwesen des letzten Jahrhunderts ausmachten. Mit anderen Worten: vieles des bis jetzt rational Gesetzten, vor allem die rationalen Denkklischees und Systeme, müssen defixiert, ent-setzt werden, um jener Kraft, jener Intensität, die zur Manifestation drängt, ein Spielfeld einzuräumen. Solange wir glauben, wir könnten Intensitäten wie die »Zeit« dadurch meistern, daß wir sie in ein System zwängen, werden sie lediglich bewirken, daß diese Systeme zerspringen.

Die neue Situation erfordert neue Mittel der Darstellung und Aussage. Neue Komponenten, die in unsere Wirklichkeit eingebrochen sind, verlangen neue »Konzepte«. Das wirklich Neue aber, wenn wir es zu ahnen beginnen, ist schon gar nicht mehr neu, es ist bereits geschehen. Nicht wir entwerfen es, sondern unser Bewußtsein muß es nachholen.

Dieser Situation verstandesmäßig bestenfalls »Herr« zu werden, ist in einer Welt des sich auflösenden Patriarchates undienlich; wohl aber können wir dieser Situation menschlich begegnen und sie überwinden, indem wir uns auf unser ganzes Menschsein besinnen und jene Verbauungen und Vorstellungen beseitigen, die sich dem Neuen entgegenstellen, bevor dieses Neue sie – und damit auch uns – beseitigt.

Kurz nach der Französischen Revolution haben zwei große Geister, Novalis und Hufeland, das Notwendige gesehen und umschrieben. Die Worte des Novalis sind eindeutig:

»Wenn nicht mehr Zahlen und Figuren
Sind Schlüssel aller Kreaturen,
Wenn die, so singen oder küssen,
Mehr als die Tiefgelehrten wissen,
Wenn sich die Welt ins freie Leben
Und in die Welt wird zurückbegeben,
Wenn dann sich werden Licht und Schatten
Zu echter Klarheit wieder gatten,
Und man in Märchen und Gedichten
Erkennt die wahren Weltgeschichten,
Dann fliegt vor einem geheimen Wort
Das ganze verkehrte Wesen fort.«

In diesen Versen kommt zum Ausdruck, daß sich »die Welt in das *freie* Leben« des Ursprungs jederzeit zurückbegeben kann (worunter kein Regredieren, sondern eine Revigorisierung zu verstehen ist), so es sich in jene »echte Klarheit« zu stellen vermag, der nicht mehr »Zahlen und Figuren«, das Quantifizierte und rational Systematisierte, »Schlüssel aller Kreaturen« ist: damit ist nichts anderes bezeichnet als das, was wir die aperspektivische Welt nennen.

Nur diese Klarheit, diese Durchsichtigkeit – und nicht die bloße mentale Wachheit – ist jene »neue Kraft des Geistes«, von der Hufeland spricht, welche uns die Wahrung der neuen Wirklichkeit ermöglichen könnte: »Nur eine neue Kraft des Geistes, aus göttlichem Urquell entzündet, und ein reines Herz, das Einfalt und Sitte zurückführt, können eine neue Lebensquelle in der erstorbenen Masse erschaffen, wodurch dann auch sicher ein neues Leben, Reinheit, Frischheit und Kraft in der physischen Natur geboren werden wird. *Der Halbgeborene muß ganz geboren werden.*« [3]

»Der Halbgeborene...« – fragen wir jetzt nicht nach der vermutbaren Bezüglichkeit dieses Schlußsatzes der Schrift, die Hufeland 1812 dem »jetzigen Zeitalter« widmete. Dieser Satz hat jene Allgemeingültigkeit, die jeder echten Aussage eignet. Was halbgeboren ist: die einbrechende »Zeit«, jene »neue Kraft des Geistes« – muß ganz geboren werden: muß bewußt werden und Aussagemöglichkeiten erhalten. Darum geht es.

Wir leben heute in einer Welt der Ent-setzung und der Entstellung. Nichts ist mehr an seiner einstigen Stelle. In den letzten 200 Jahren ist unsere Welt langsam aber unaufhaltsam zerbrochen: ihre religiösen Bande, ihre alte gesicherte soziale Struktur, die handwerkliche Geborgenheit des Menschen, die politische Struktur der Nationen, ja der Kontinente. Die Welt freilich kann nicht zerbrechen, wohl aber der Raum, die perspektivische Raumwelt, das räumliche Denkgefüge, von dem wir uns vorstellten, es sei die Welt, und das uns die echte Welt in dem Moment zu verstellen begann, da die neue Wirklichkeit zu leisten war.

Warum aber zerbrach diese Welt? Warum trat an Stelle des Individuums die Masse? Warum verlor der Mensch den Rest seiner Würde und wurde zum Objekt? Warum verlor er den letzten Rest an Sicherheit, wurde aus einem Bürger, dem Geborgenen und Verbürgten, ein Entbürgerter und lebt in einem haltlosen Vakuum, ein »Geworfener« (Heidegger), ein Ausgesetzter, ein Entsetzter? Weil seine ihm Halt und Sicherheit gebende Raumwelt zerbrochen wurde. Und weil er die Kräfte, die dieses Zerbrechen bewirkten, noch nicht zu meistern weiß; weil diese insofern noch halbgeborene sind, als sie sich zwar bereits wahrgeben, aber der Mensch sie noch nicht wahrnimmt. Mit anderen

Worten: weil der heutige Mensch sich der zur Wirklichkeit drängenden Kräfte noch nicht bewußt ist.

Die Grundkraft, das Thema der neuen Mutation, muß also bewußt werden. Und es kann bewußt werden, unter der einen Voraussetzung, daß wir uns die gestaltende Aussageform erarbeiten, die ihm Klarheit gibt. Dabei kann es sich heute, in der Epoche des Überganges und belastet mit der Nähe defizienter Haltungen, nur um einen Versuch, bestenfalls um ein Initium handeln. Mit anderen Worten und um mitten in die Problematik hineinzugehen: eine Kraft, eine Intensität läßt sich durch das bloße Denken deshalb nicht bewußt machen, weil das Denken nur das räumliche Nacheinander kennt. Aber die neue Kraft des Geistes, um die es sich hier handelt, ist *achronisch*. Sie läßt sich nicht zeiteln, sie ist zeitfrei. Und damit auch raumfrei! Keines der bisherigen Denksysteme reicht aus, um sie wahrnehmbar zu machen. Welche Mittel sind nötig, um sie in eine gültige, klare Wahrnehmbarkeit zu rücken und um von ihr sprechen zu können, wie es ihr Wesen fordert? Es wurde bereits (s. S. 382 f.) ausgeführt, daß wir jene Phänomene, die »Zeit«-Charakter tragen, nicht kategorial systematisch fassen können. Kategorial betrachtet sind die verschiedenen Manifestationsformen der »Zeit« untereinander unvereinbar. Kein rationaler Methodiker wird einräumen, daß Energie, Dynamik, Bewegung, Intensität, Motorik, Arbeit, Latenz und so weiter in das gleiche »System« gehören; dies um so weniger, als jede dieser Äußerungsformen je nach dem Manifestationsort vital, psychisch oder mental integriert werden kann, und es ihm gegen jede Ordnung scheinen muß, beispielsweise psychische Energetik und motorische Energetik als ungetrennt zu betrachten.

Wenn wir uns nicht entschließen, das Ent-setzende zu wagen, die Systeme mit ihren kategorialen Fixierungen als unausreichend zu bezeichnen, werden wir uns der neuen Weltwirklichkeit nicht nähern können. Was Zeitcharakter hat, ist räumlich nicht fixierbar. Es ist überhaupt nicht fixierbar; versuchten wir es trotzdem, so wäre es durch die Messung in eine räumliche Größe umgedacht worden und seines genuinen Charakters verlustig gegangen. Dies zeigt deutlich, daß Zeitqualitäten, die heute zur Bewußtwerdung drängen, durch bloße kategoriale Systeme nicht ausdrückbar sind. Und solange sie nicht ausdrückbar sind, können sie auch nicht wirkend bewußt werden. Mit andern Worten: wir sind gezwungen, eine neue Aussageform zu finden.

Diese an sich nicht leichte Aufgabe wird noch dadurch erschwert, daß wir darauf bedacht sein müssen, der neuen Aussageform nicht Charakteristika zu verleihen, die zwar »neu« erscheinen könnten, tatsächlich aber nur Entlehnungen aus bereits geleisteten Bewußtseinshaltungen wären. Angenommen, wir fänden ein »Ordnungsschema« für die nicht kategorial erfaßbaren »Größen«, so darf es nicht eines der Bezüge oder der Relativierung sein, noch darf es dual im Gegensatz zu den Systemen stehen, *die im mentalen Bereich auch forthin ihre mentale Gültigkeit behalten werden.* Ein Ordnungsschema, das sich auf eine Welt der Bezüge stützt, wäre ein magisches Postulat; eine bloße Relativierung der systematischen Standpunkte wäre ein bloß mythisches Konzept, demzufolge der Bewegungsfaktor und der »andere« Standpunkt mentalisiert würden; einem bloßen Dualismus dagegen würden wir huldigen – und damit im dreidimensionalen Raumdenken befangen bleiben –, betrachteten wir die vorzuschlagende Aussageform als Gegenspiel der Systeme, weil bei ihr, im Gegensatz zu der Raumhaftigkeit der Systeme, der Akzent dualistisch auf ihre Nichträumlichkeit gelegt würde; und schließlich darf sich nicht die Vorstellung einnisten, daß die Systeme in einem Kausalverhältnis zu der neuen Aussageform stünden.

Diese Vorbehalte aber besagen nichts anderes, als daß die neue Aussageform weder eine Einigung durch Bezüge, noch eine Entsprechungslehre oder eine Relativierung, noch eine duale oder kausale Abhängigkeit auslösen darf. Diese drei Realisationsformen werden nach wie vor durch die magische, mythische und mentale Haltung geleistet. Die neue Aussageform muß integrierender Art sein.

Es wird hier wohlweislich von »Aussageformen« gesprochen und nicht etwa von einer »Darstellungsform«. Nur unser Begriff »Zeit« ist eine Darstellungsform, die wie jede an den Raum gebunden ist. Würden wir nach einer neuen Darstellungsform suchen, so verfielen wir in den Fehler, ein neues Philosophem in dem Moment aufzustellen, da das Zeitalter der Philosophie zu Ende geht. Denn dies sei festgehalten: die systematische Philosophie individueller Prägung ist zu Ende. Nicht Philosopheme wie beispielsweise phänomenologische, ontologische oder existentielle sind heute notwendig, sondern *Eteologeme.* Die Eteologie tritt an Stelle der Philosophie, so wie einst diese an Stelle der Mythen trat. Das ἔτεον (eteon)[4] als das Wahrseiende wird in den Eteologemen zur Aussage, durch die das Wahre »gewahrt« wird, durch die es also jene Wahrung erfährt, die aus dem Wahrnehmen-Wahrgeben erwächst. Somit ist die Eteologie keine bloße Ontologie, also keine Seinslehre, noch ist sie eine Existenzlehre. Mit ihr wird die dualistische Fragestellung nach Sein/Nichtsein, die nur dem Mentalen gemäß ist, überwunden; mit ihr auch die säkularisierte Seinsfrage, die nichts mehr als das Dasein, die Existenz, zum Inhalt, besser zur Leerheit hat. Jedes Eteologem ist Wahrung, die als solche stets nur Gültigkeit hat, wenn sie den Ursprung in der Gegenwart durchsichtig werden läßt, und sie kann dies nur, wenn sie ichfrei und damit nicht nur subjektfrei, sondern auch objektfrei formuliert wird, denn dann erst wahrt sie das Ganze. Mit Darstellung hat das nichts zu tun; nur *dem philosophischen Denken stellt sich die Welt dar; dem integralen Wahrnehmen ist die Welt reine Aussage und damit Wahrung.*

Das Hilfsmittel, das diese Aussage ermöglicht, ist die Systase. Mit dem Ausdruck »Systase« umschreiben wir die Wirksamkeit aller akategorialen Elemente, also alle Manifestationsarten und Aspekte der »Zeit«, die ihres raumlosen Charakters wegen nicht Gegenstand kategorialer Systematik sein können, weil sie keine »Gegebenheiten« sind, sondern gewissermaßen »Gebungen«. Die Systase ist ein Zusammentreten oder ein Zusammenfügen der Teile zur Ganzheit. Ihr akategoriales Element ist die integrierende Dimension, durch welche die dreidimensionale Raumwelt, die stets eine Welt der Teile ist, aussagbar zur Ganzheit zusammengeschlossen wird. Damit ist bereits gesagt, daß sie nicht ein Ordnungsschema *neben* dem des Systems ist. Vor allem aber dürfen wir nicht in den Fehler verfallen, sie, die Vorgang und Wirkung ist, als das Bewirkte aufzufassen. Tun wir es doch, so reduzieren wir die Systase zu einem Kausal-System. Es muß uns klar sein, daß die Systase innerhalb jeden Systems Wirkcharakter hat. Sie ist kein mentales Konzept. Sie ist aber auch kein mythisches Bild etwa im Sinne des πάντα ῥεῖ (panta rhei = alles fließt) des Heraklit; noch ist sie ein magisches, das nichts als die Bezogenheit von allem zu und mit allem postuliert. Sie ist aber auch nicht integral, sondern integrierend. Jedes System, das ja von sich aus ein statisches Abstraktum ist und stets nur Augenblicksgültigkeit besitzt, wird in dem Moment aus seiner Isolation herausgehoben und konkret, da uns bewußt wird, daß das Wandlungsprinzip alle sogenannten »idealen Größen« illusorisch macht und alle Fixierungen zerstört. Die Anerkennung der Wirksamkeit innerhalb jeden Systems dessen, was wir als akategoriale Systase bezeichnen, befähigt uns, an Stelle einer bloß mentalen Synthese die integrale Synairese [5] zu setzen.

Die Synairese ist der aperspektivische Vollzug des zusammenfassenden Wahrnehmens von Systase und System. Dieses synairetische Wahrnehmen ist die Vorbedingung für die Diaphanik, die dann vollziehbar wird, wenn außer der Systase und dem System auch das Symbol in seiner mythischen Wirksamkeit unter Einschluß der magischen Symbiose präsent, also »gegenwärtig« ist.

Die Aufgabe, welche die neue Mutation an uns stellt, ist nur lösbar, wenn wir die rein mentale Raumwelt des systematischen Denkens überwinden. Und wir überwinden sie, indem wir die Gültigkeit der Systase anerkennen, welche die Wirksamkeit der nicht kategorialen Elemente in den Bereich der Wahrnehmbarkeit rückt. Sie stellt das Hilfsmittel dar, welches es uns ermöglicht, dem konsolidierten Raumbewußtsein das integrierende Bewußtsein vom Ganzen zu erschließen. Dieses integrierende Bewußtsein befähigt uns zur Wahrnehmung und Gegenwärtigung des Ganzen.

Mit der Konsolidierung des Raumbewußtseins hatte der Mensch sich auf eine höchst gefährliche Art an den äußersten Rand aller Manifestationen gestellt. Mit dieser Leistung hatte er die Isolation des Menschlichen vollzogen, und sein einzig noch gültiger Rückhalt war die Materie.

Heute hat das Festhalten und Beharrenwollen in dieser Bewußtseinsstruktur zu jenen defizienten Resultaten geführt, die wir als rationale Defizienz des Mentalen bezeichnet haben. Dieser Verhärtungsprozeß dauert noch an. Dabei entleert sich das Bewußtsein erstarrend immer stärker der von ihm negierten »Zeit«, die, infolge dieser Einstellung, selber zu einer toten Raumkomponente wird: zur quantifizierenden Motorik der Maschine, die in ihrer Leblosigkeit nur eine andere Ausdrucksform der geräumlichten Begriffszeit ist. Diese überlebte Raumwelt wird zerbrechen, wie alles zerbricht, was erstarrt. Und dieser Vorgang des Zerbrechens, dessen Zeitgenossen wir sind, wird Formen annehmen: *Unformen, welche bis zur nächsten Jahrhundertwende die ganze Erde und Menschheit mit Schrecken ungeahnten Ausmaßes überziehen werden. Ist bis dahin die für uns neue Kraft des Geistes nicht wahrgenommen worden, so werden alle Leiden und Ängste unserer Tage vergeblich gewesen sein.*

Solange wir mit akategorialen Elementen so umgehen, als

wären sie kategoriale Größen, so lange halten wir die Bewußtwerdung der neuen Mutation nicht nur auf, sondern laufen Gefahr, durch den Umgang mit verfälschten Intensitäten uns selber zu töten.

Intensitäten sind nicht meßbar; es sei denn, man verwechsle sie mit Druck, Pression, Spannung. Wo wir sie messen, zerstükkeln wir sie; und diese zerstückelten Rest-Intensitäten sind noch immer virulent genug – wie beispielsweise der Begriff »Zeit« –, dort das Raumgefüge aufzulösen, wo wir sie als mißverstandene vierte Dimension in das dreidimensionale Weltsystem hineinnahmen. Damit wird nur auf negative Weise der Anforderung an unser Bewußtsein entsprochen. Denn statt daß wir uns der »Zeit« bewußt werden, vergewaltigt uns die »Zeit«. Statt daß wir eine Zeitklarheit, die letztlich Zeitfreiheit ist, erreichen, unterliegen wir dem Zeitrausch. Denn es ist der Zeitrausch, das Spiegelbild der Zeitangst, der heute über uns herrscht: die Massenproduktion der Maschine, die künstliche Beschleunigung atomarer Abbauprozesse, auf der die Atombombe beruht, die Atemlosigkeit unseres Stadtlebens. (Und der Atem ist die Grundlage des irdischen Lebens, was wir anscheinend vergessen haben!)

Man wende nicht ein, es habe die sogenannte dynamische Mathematik, die Galilei 1638 mit seiner »Unterredung über zwei neue Wissenschaften« vorbereitete und die Newton 1687 mit seinen »Mathematischen Prinzipien der Naturphilosophie« begründete, etwas mit dem Konzept der Systase zu tun. Dies deshalb, weil seine Mathematik das Rechnen mit sehr kleinen, sich *verändernden* Größen erlaubt. Diese Größen, die er Fluenten nannte, und ihre Relationen, die er als Fluxionen bezeichnete, sind lediglich Rechnungsgrößen, die, heute als Differentiale und Differentialquotienten definiert, Kausalabläufe dadurch meßbar machen, daß man Intensitäten abspaltend mathematisierte. Diese geräumlichten Intensitäts-»Größen« sind es, die durch ihre kategoriale Handhabung das Raumgefüge des abendländischen Bewußtseins auf negative Weise so lange bedrohen werden, als man sich über diesen rationalen Fehler nicht klargeworden ist.

Und nochmals sei darauf hingewiesen, daß System und Systase nicht etwa als gegensätzliche Ordnungsschemata aufgefaßt werden dürfen und daß auch kein ausschließlicher Kausalzusammenhang zwischen ihnen besteht. Die systatischen Werte oder Kräfte sind in jeder systematischen Größe enthalten. Diese Tatsache war dem Bewußtsein so lange nicht gegenwärtig, als es gezwungen war, die Raum-Realität zu realisieren, sich also ausschließlich mit dem Raume und seinen Dimensionen zu befassen. Dabei ergab sich überdies die folgenschwere Verkoppelung des Raumes mit der Materie, die diesen begrenzt und »sichert«. Von hier aus wird auch die rationale Fehlentwicklung verständlich, die zu jenem Materialismus und Mechanismus führte, welchem die letzten Generationen huldigten. Das dreidimensionale Bewußtsein erstarrte systematisierend in den materiellen Raumgegebenheiten. Über diesen Bezug zwischen Raum und Materie muß man sich klar sein, wenn man die Systase nicht als Systemersatz auf perspektivisch-dreidimensionale Weise mißverstehen will. Seit Einstein wissen wir, daß Energie und Masse/Materie äquivalent, ja identisch sind; ihr Unterschied besteht lediglich in der vorübergehenden Erscheinungsform. Die akategoriale Systase »erfaßt« somit im meßbaren Raum/Materie-Zustand die stets latent vorhandene unmeßbare Zeit/Energie-Komponente. Sie ist ein Ausdruck für die Anerkennung des Wandels aller Erscheinung, welchem keine Systematik gerecht werden kann. Die durch die Systase ermöglichte Synairese integriert die Erscheinungen und befreit uns von Raum und Zeit in der diaphanierenden Wahrnehmung. Denn Raum und Zeit sind nur bedingte Realitäten und als solche doppelt bezogen: erstens »objektiv« als transitorische Struktur unseres Universums, zweitens »subjektiv« als transitorische Struktur und Spiegelung durch unser Bewußtsein. Dieser transitorische Charakter verweist uns auf den Ursprung, der dann bewußtseinsmäßig raumzeitfrei wird, wenn wir die Synairese, diese aperspektivische Wahrgebung, vollziehen. Damit konsolidiert sich jene Klarheit und Durchsichtigkeit von Mensch und All, in welcher der Ursprung Gegenwart wird. Dies insofern, als der vor aller Raum- und Zeitlosigkeit »liegende« Ursprung sich im Bewußtsein als raumzeitfreie Gegenwart manifestiert.

Es ist also die Anerkennung der akategorialen systatischen Werte (oder Elemente), welche die integrale Weltsicht erst ermöglicht. Ohne sie bleibt die Welt ein nichts als materiell- und raumverhaftetes System ohne Diaphanität.

Dieser Entwurf, mit Hilfe der unsystematischen Systase die notwendige Integration zu ermöglichen, die in der Synairese vollziehbar wird, verläßt den dreidimensionalen Bereich des Rationalen, ohne deshalb in die bloß zweidimensionale Welt der bewegten Polarität zurückzuführen oder womöglich Zuflucht zu der Einheits-Bezüglichkeit des Magischen zu nehmen.

Sie ist keineswegs irrational noch praerational, sondern arational.

Die neue Aussageform, die sich auf Systase und Synairese stützt und der Symbiose[6], dem Symbol und dem System effiziente Mitgültigkeit beläßt, ist ein Ausdrucksmittel und eine Realisationsform, welche den Inhalt und das Thema der neuen Mutation wahrnehmbar macht und zugleich bewußt ihre Wahrgebung vollzieht.

Drittes Kapitel
Vom Wesen des Schöpferischen

1. Das Schöpferische als Urphänomen

Im Schöpferischen ist der Ursprung Gegenwart. Das Schöpferische ist an Raum und Zeit nicht gebunden, und seine echteste Auswirkung findet es in der Mutation, die als solche nicht kontinuierlich in der Zeit verläuft, sondern spontan, akausal, sprunghaft ist. Es ist ein sichtbar werdender Impuls des Ursprungs, der seinerseits zeitlos, besser: vor oder über aller Zeit und Zeitlosigkeit »ist«. Und es ist etwas, das uns geschieht, das sich in und an uns vollzieht. Dieser Umstand macht es für jeden Rationalisten verdächtig. Es zeigt die Grenzen des Verstandes auf und stellt jede Anthropozentrik in Frage. Es scheint ein irrationaler Vorgang, ist aber ein arationaler. Die bloß psychologische Deutung reicht nicht aus, ihn zu umschreiben. Die naheliegende theologische Interpretation ist Sache der Theologen, an deren Streit sich vor allem Außenstehende nicht beteiligen sollen. Damit scheidet die demiurgische Frage aus unserer Betrachtung aus. Wir sprechen vom Ursprung und seiner Manifestation, dem Schöpferischen, das, insofern es sich im Menschen vollzieht, sich bewußtseinsgestaltend auswirkt. Durch das Schöpferische wird der vorbewußte Ursprung bewußte Gegenwart. Es ist der direkteste, aber auch seltenste Vorgang der Gänzlichung, die einmal, und sei es auch nur für Bruchteile von Sekunden, realisiert, unverlierbar bleibt.

Jede Aussage über das Schöpferische ist Zweifeln ausgesetzt. Da es eine Kraft ist, ist es systematisch nicht faßbar, sondern höchstens systatisch wahrnehmbar. Da es zudem eine Kraft ist, die sich in ihrer ganzen Trächtigkeit nur höchst selten manifestiert, ist das empirische Vergleichsmaterial ungemein beschränkt. Hinzu kommt, daß es sich meist nur bruchstückhaft und dann vornehmlich psychisch manifestiert, so daß die meisten Aussagen darüber nur reduzierte Gültigkeit haben. In jedem Falle ist das Schöpferische mehr als nur ein kreatives, imaginatives, intuitives, produktives oder reproduzierendes Element. Es gelangt dort zu sichtbarer Wirksamkeit, wo die Stärke der inneren Konstellation und der Grad an Intensität seiner Kraft gewachsen sind, dort also, wo sein Anspruch Antwort zu finden vermag. Es vollzieht sich im einzelnen in dem gleichen Maße wie an ganzen Generationen, sofern sie bereit sind.

Seit der Renaissance, seit das Raumbewußtsein geleistet war, ist das Bewußtsein des abendländischen Menschen durch die geleistete Konsolidierung zu einer neuen schöpferischen Leistung disponiert. In der sich seitdem vorbereitenden und sich heute mehr und mehr vollziehenden Mutation wird das bewußtseinsumgestaltende Schöpferische sichtbar. Das vom Ursprung her Vorgegebene kommt zur Wirksamkeit: der Ursprung leuchtet in der Gegenwart auf, sie verwirrend, umgestaltend und lösend.

Aussagen über das Schöpferische sind ungemein selten. Es ist möglich, daß der »Daimon« des Sokrates und der »Eros« Platons zumindest Teilaussagen darüber darstellen. Der Daimon, jene Kraft, die in der Mutation der letzten vorchristlichen Jahrhunderte das Mythische zerriß und damit den Weg ins Mentale freimachte, in jenes Mentale, das auch in der gerichteten Energie des platonischen Eros Ausdruck fand. Dagegen dürfte das, was die heutige Tiefenpsychologie als »Libido« bezeichnet, nur sehr entfernt, wenn überhaupt, etwas mit dem Urphänomen des Schöpferischen zu schaffen haben. Sie ist, sofern man sie als einen disponiblen Betrag psychischer Energetik oder besser noch: psychischer Spannung auffaßt, bestenfalls Mitträgerin, möglicherweise Teilhaberin des Schöpferischen, nicht aber das Schöpferische an sich.

Bevor wir uns im nächsten Abschnitt dem zuwenden, was man als die Wirksamkeit des Schöpferischen im Individuellen bezeichnen kann, sei hier noch die älteste uns bekannte Aussage über das Schöpferische an sich zur Klärung dieses Urphänomens herangezogen. Sie ist chinesischer Herkunft und findet sich in dem »I Ging«, dem »Buch der Wandlungen« [1]. Die Aussage über das Schöpferische, das »Kiän«, bildet das *erste* Kapitel dieses wohl ältesten Weisheitsbuches der Menschheit.

Die Entstehung des »Buches der Wandlungen« gehört nachgewiesenermaßen der vorgeschichtlichen Zeit an. Fu Hi wird als sein erster »Verfasser« genannt, der »der Repräsentant des Zeitalters der Jagd, des Fischfangs und der Erfindung des Kochens« [2] ist. Diese alten Angaben zeigen, daß die Ursprünge dieses Buches in die magische Struktur zurückreichen. Es war durch Jahrtausende hindurch ein Wahrsage- und Orakelbuch, das um 1000 v. Chr. durch den König Wen und seinen Sohn, den Herzog von Dschou, in ein Weisheitsbuch umredigiert wurde. »Sie versahen die bisher stummen Zeichen und Linien«, aus denen die ursprünglichen Orakelzeichen bestehen und »aus denen jeweils von Fall zu Fall die Zukunft divinatorisch erraten werden mußte, mit klaren *Ratschlägen für richtiges Handeln.* Dadurch wurde die divinatorische Antwort des einstigen Orakelbuches auf die Frage: Was wird geschehen? in die Anweisung des Weisheitsbuches umgeschaffen, die zugleich auch die Frage beantwortet: Was soll ich tun? Damit wurde der Mensch zum Mitgestalter des Schicksals, denn seine Handlungen griffen als entscheidende Faktoren ins Weltgeschehen ein, um so entscheidender, je früher man durch das Buch der Wandlungen die Keime des Geschehens erkennen konnte; denn auf die Keime kam und kommt es an. Solange die Dinge noch im Entstehen sind, können sie geleitet werden. Haben sie sich erst in ihren Folgen ausgewachsen, so werden sie zu übermächtigen Wesen, denen der Mensch machtlos gegenübersteht.« [3]

Diese letzten Sätze wurden angeführt, weil sie dem Nachdenklichen einen Hinweis darauf geben können, wie wichtig es ist, die Keime zu erkennen. Dabei handelt es sich diesmal und heute um jene der aperspektivischen Welt: um deren erste Manifestationen.

Die soeben beschriebene Umredigierung des einstigen Orakelbuches in ein Weisheitsbuch enthält den grundlegenden Hinweis, daß der Mensch damals, um 1000 v. Chr., zum Tages- und Wachbewußtsein zu erwachen begann: er nahm die Welt nicht mehr nur hin, sondern er entschied sich für »richtiges Handeln«, er erlitt nicht mehr einfach das Schicksal, sondern wurde zu seinem Mitgestalter. Zweihundert Jahre später vollzog sich in der »Ilias«, mit der Preisung der »Menis«, des richtenden, richtigen Denkens, der gleiche Vorgang (s. S. 127 u. ö.), der die Mutation aus dem Mythischen ins Mentale ankündigte und das denkende, richtige, gerichtete Handeln zum Siege führte. Und bezeichnenderweise ist es kein anderer als Kungfutse, der Begründer des patriarchalen Denkens in China (s. oben S. 136), der sich in seinem Alter intensiv mit dem Buche der Wandlungen beschäftigt hat und von dem auch der »Kommentar zur Entscheidung« zu diesem Werk stammen soll. Übrigens begannen die beiden frühesten Fassungen des »I Ging« nicht mit dem Zeichen für das »Schöpferische«, sondern mit den mütterlichen Zeichen »Gen«, das »Stillehalten, der Berg«, beziehungsweise »Kun« das »Empfangende« [4]: ein deutlicher Hinweis auf die Entsetzung des mythisch-matriarchalischen Prinzips, wobei diese Umredigierung als der mildere Schritt zu jenem in Parallele gesetzt werden darf, der sich – Entsetzen erregend – in dem Muttermord des Orest vollzog (s. oben S. 223).

Die soeben erfolgten Angaben vermitteln das nicht unwichtige, bereits mental getönte Klima, aus welchem heraus die Aussage über das Schöpferische redigiert wurde. Dabei darf aber keinesfalls übersehen werden, daß die Aussage als solche älter ist als der mentale Akzent, den Wen ihr verliehen haben mag. In diesem Sinne ist ohne Zweifel auch eine Anmerkung R. Wilhelms zu der chinesischen Aussage über das »Schöpferische« zu verstehen: »Das Schöpferische bewirkt Anfang und Zeugung aller Wesen. Man kann es daher bezeichnen als Himmel, lichte Kraft, Vater, Herr. Es ist nun eine Frage, ob das Schöpferische im Chinesischen persönlich gedacht ist wie Zeus bei den Griechen. Die Antwort lautet, daß dieses Problem für das Chinesentum gar nicht das wichtigste ist. Das Göttlich-Schöpferische ist sozusagen überpersönlich. Es macht sich nur fühlbar und bemerkbar durch seine übermächtige Aktivität. Wohl hat es sozusagen ein Äußeres, das ist der Himmel. Und der Himmel hat wie alles Lebende ein seelisches Selbstbewußtsein, das ist Gott (der höchste Herrscher). Allein ganz objektiv redet man von dem allem als dem Schöpferischen.«[5]

Erst diese Einschränkung gibt der chinesischen Aussage über das Schöpferische ihr ganzes Gewicht. Sie wird durch die Tatsache unterstrichen, daß der Name für das Schöpferische (beziehungsweise für sein Zeichen oder Bild) genauso wie der der übrigen sieben Urzeichen »sonst in der chinesischen Sprache nicht vorkommen«, wodurch das hohe Alter gerade dieser Aussage erhärtet wird. Und auf dieses Alter weist wohl auch der K-Laut des Wortes »Kiän« hin, über dessen urtümliche, magische Ausdruckshaftigkeit im ersten Teile berichtet worden ist (s. oben S. 248f.).

Nach diesen Vorbemerkungen können wir die Tragweite der chinesischen Aussage ihrem Werte entsprechend beurteilen: Das Schöpferische ist die »lichte, starke, *geistige, tätige Urkraft.* Es ist seiner Eigenschaft nach *die Kraft.* Sein Bild ist der Himmel. Die Kraft wird dargestellt *als nicht gebunden an bestimmte räumliche Verhältnisse.* Darum wird sie aufgefaßt als Bewegung. *Als Grundlage dieser Bewegung kommt die Zeit in Betracht.* So ist denn auch die Macht der Zeit und die Macht des Beharrens in der Zeit, die Dauer, in dem Zeichen begriffen.« Wem dieses Zeichen bei der Befragung des »I Ging« zufällt, dem wird »Gelingen aus den *Urtiefen des Weltgeschehens* zuteil werden«. Und das Bild, durch welches das Schöpferische dargestellt wird – nämlich das verdoppelte Zeichen für »Kiän, das Schöpferische, der Himmel« – »erzeugt die Vorstellung der Zeit und zugleich, da es (in der Verdoppelung) derselbe Himmel ist, der sich in unermüdlicher Kraft bewegt, (erzeugt es die Vorstellung) der kraftvollen Dauer *in und über der Zeit*, einer Bewegung, die nie stillsteht oder erlahmt, wie *Tag um Tag* (und nicht: Nacht um Nacht!) einander dauernd folgen. Diese Dauer in der Zeit ist das Bild der Kraft, wie sie dem Schöpferischen eigen ist.«[6]

Kungfutse schreibt zu dieser Aussage in seinem Kommentar, der sich übrigens auf uralte, inzwischen verlorengegangene Fassungen des »I Ging« stützt: »Groß fürwahr ist die Erhabenheit des Schöpferischen, der alle Dinge ihren Anfang verdanken und die den ganzen Himmel durchdringt«.[7]

Was aber den Himmel durchdringt, durchdringt auch die Seele. Schon deshalb ist das Durchdringende, das Schöpferische, geistiger Art.

2. Wesen und Wandel des Dichterischen

Es war nötig, von der »Urkraft« des Schöpferischen zu sprechen. Sie erinnert uns an die »Urtiefen des Weltgeschehens«. Während der Bewußtseinsmutationen wird sie im menschlichen Bereiche auf eine allgemeine Weise sichtbar. Sie ist nicht der Ursprung selbst, aber sie macht ihn wahrnehmbar. Als *»kraftvolle Dauer in und über der Zeit«* ist sie das Element, das heute zur vollen Bewußtwerdung drängt. In den Aussagen des frühesten »I Ging« war sie schlafhaft dem Bewußtsein präsent. In der Aussage des späten »I Ging« setzte die Mentalisierung ein. Trotzdem scheint ihre geistige Art deutlich durch diese Aussagen durch. Dadurch, daß sich jene Urkraft in der heutigen Mutation wahrgibt, wird sie dem menschlichen Bewußtsein wahrnehmbar, wenn es – infolge der neuen Mutation, infolge dieser »objektiven Gegebenheit« – fähig wird, subjektiv nun seinerseits, diese Kraft zu wahren.

Es ist der schöpferische Vollzug und nur dieser, der diese Realisation, dieses bewußtseinsmäßige Nachholen vorgegebener Tatsachen durch den Menschen ermöglicht. Deshalb ist es nötig, daß wir nach der Manifestationsart dieses schöpferischen Vollzuges zuerst fragen. Denn es ist nur natürlich, daß die Art dieses

Vollzuges ausschlaggebend für die Art der aus ihm hervorgehenden Manifestationen des neuen Bewußtseins sein muß. Und nach diesen Manifestationen der aperspektivischen Welt wird ja hier in erster Linie gefragt.

Das Schöpferische im Menschen ist eine Auswirkung des Schöpferischen in der Welt; das der Welt, beziehungsweise »des Himmels«, ist genuin; das des Menschen sekundär: ein bewußtseinsmäßiges Nachholen, gleichsam der Ton, der im Echo zu sich selber erwacht.

Die schöpferische Fähigkeit ist nicht an einzelne Gebiete gebunden. Sie wirkt überall. Aber Aussagen über sie finden sich eigentlich nur in der sprachlichen Gestaltung; vor allem in der Dichtung. Das Wesen des Dichterischen kann uns Heutigen Aufschluß über den schöpferischen Vollzug im Menschen geben. Diesen Vollzug zu kennen, ist wichtig, weil er die Quelle des neuen Bewußtseins im Menschen ist.

Und wichtig ist weiter: die heutige Art des dichterischen Vollzuges muß anders sein als die bisher gültige. Die bisherige mußte mental sein, die heutige, will sie einem integralen Bewußtsein zum Durchbruch verhelfen, muß integral sein.

Zur Erklärung des schöpferischen Prinzips im Menschen können wir uns nicht mit verhängnisvollen Begriffen wie Intuition, Imagination, Ergriffenheit, Offenbarung begnügen –, die zudem noch den Rationalisten höchst verdächtige und unzuverlässige Arbeitsbegriffe sind. Darum werden wir etwas ausführlicher auf das Thema des Dichterischen einzugehen haben.

Die Beantwortung der beiden Fragen, die sich stellen, wird für unsere Untersuchung und unser Verständnis der Manifestation des aperspektivischen Bewußtseins von grundlegender Bedeutung sein. Diese beiden Fragen lauten: Welcher Art war das Wesen des Dichterischen? und: Welcher Art ist es heute?[8]

Es ist durchaus nicht eine nur persönliche Neigung, die es veranlaßt, daß das Dichterische und Sprachliche hier wieder einmal in den Vordergrund gestellt werden, sondern die Tatsache, daß sie für die jeweiligen Bewußtseinsstrukturen am aufschlußreichsten sind. Auf seine Weise formulierte der Bergsonianer A. N. Whitehead die gleiche Ansicht: »It is in literature that the concrete outlook of humanity receives its expression. Accordingly, it is to literature that we must look, particularly in its more concrete forms, namely in poetry and drama, if we hope to discover the inward thoughts of a generation. (In der Literatur erhält der konkrete Ausblick auf die Menschheit seinen Ausdruck. Dementsprechend ist es die Literatur, die wir betrachten müssen, besonders ihre konkrete Form, nämlich die Poesie und das Drama, wenn wir die inneren Gedanken einer Generation zu entdecken wünschen.)« [9]

Als der erste abendländische Dichter zu singen beginnt, nennen gleich seine ersten Worte die wesentliche Quelle seines Gesanges: es ist die Muse. Die ersten Worte der Ilias lauten: »Μῆνιν ἄειδε θεά ...«, »Den Zorn singe, Göttin, ...«; und die der Odyssee: »Ἄνδρα μοι ἔννεπε Μοῦσα«, »Den Mann nenne mir, Muse...« Auch eine große Anzahl der »Homerischen Hymnen«, jene an Hermes, an Aphrodite, an Pan, an Selene, jene an die Dioskuren und an die Mutter der Götter heben mit der Aufforderung an die Muse an, daß sie singen möge.[10] Und auch noch später begegnen wir immer wieder dieser Anrufung: außer bei Hesiod in seiner Theogonie, deren erste 150 Verse ausschließlich den Musen gewidmet sind, bei Pindar zu Beginn der ersten und der vierten »Pythischen Siegesode«, dann bei Vergil, ja selbst noch bei Dante, im Anfang des »Purgatorio«, wenn er sagt: »O sante Muse, poi che vostro sono...«, »O heil'ge Musen, der ich euer bin...«

»Jedes Blatt in der europäischen Literatur spricht von ihnen«, bemerkte auch E. R. Curtius.[11]

Was nun bedeutet es, daß diese Dichter die Muse anrufen, damit *sie* singe? Was bedeuten die Musen? Homer sagt von ihnen im zweiten Gesange der Ilias: »Ihr waret bei allem und wißt es, / Sterbliche horchen allein dem Gerüchte.« [12] Aus anderen antiken Quellen geht hervor, daß sie »Mütter der Sänger« genannt wurden.[13]

Die Bedeutung des Wortes »Muse« und seine Etymologie sind aufschlußreich. Μοῦσα (Musa) bedeutet die »Sinnende« und ist noch heute in diesem Wortsinne lebendig. Das heutige Englisch kennt die ihm sehr geläufigen Ausdrücke: »to muse« für »sinnen, nachdenken, versonnen sein« und »the muser«, der »Sinnende, der Träumer«. Etymologisch leiteten es die Alten von μυεῖν (myein), »sich schließen«, ab, wobei sich dieses Schließen vornehmlich auf Auge und Mund bezog.[14] In dieser unwissenschaftlichen Ableitung kommt jedoch ein nicht unwichtiger Bezug der Muse zum Ausdruck, der mythische, der zu der seelischen Bilderwelt des Mythischen. Denn »myein« selbst steht ja (s. oben S. 111 f.) in unmittelbarer Nähe zum Worte »Mythos«.

Die heutige wissenschaftliche Etymologie leitet das Wort »mousa« aus »montja«, »die Sinnende«, ab[15], das die gleiche Wurzel enthält wie: mens, μῆνις (menis), μαίνω (maino) (s. S. 127 u. 131[113]). Damit aber werden wir darauf verwiesen, daß das Wort »Muse« nicht zuletzt auch mentalen Charakter trägt: es bringt das sinnende Element zugleich mit dem des »zornigen«, richtenden Denkens zum Ausdruck, das der mythischen Bilderwelt nachsinnt und diese richtet. In diesem Worte sind noch die heute gegensätzlichen Elemente vereint, die im Deutschen in die Wörter »Muße« und »Müssen« (s. S.188f. u. 112[80]) auseinanderfielen.[16] Muße, das ist Ruhe haben, besinnlich sein; Müssen, das ist Getriebensein, welches ja auch das Wesen des »maino« ausmacht. Diese teils mentale, teils mythische Komponente des Wortes »Muse« spiegelt sich in zwei Aussagen Platons. Als wohl Zwanzigjähriger schrieb er, nachdem er seine eigenen Dichtungen verbrannt hatte und Schüler des Sokrates geworden war, in seinem Jugenddialog »Ion«: »Und gerade wie die Bacchantinnen nur im Zustande der Verzückung aus den Strömen Milch und Honig schöpfen, nicht aber, wenn sie ihres Bewußtseins mächtig sind, so vermag auch die Seele des Liederdichters nur in Begeisterung und Verzückung ein Ähnliches zu tun, wie sie auch selbst behaupten ... Denn ein Dichter ist ... nicht eher imstande zu dichten, als bis er in Begeisterung gekommen und außer sich geraten ist und die klare Vernunft nicht mehr in ihm wohnt; solange er aber diese klare Besinnung noch besitzt, ist jeder Mensch unfähig, zu dichten und zu weissagen ... Ein jeder (aber vermag) das schön zu dichten, *wozu die Muse ihn antrieb*, der eine bloße Dithyramben, der andere Loblieder ... (usw.). Und zwar hängt der eine Dichter an dieser, der andere an jener Muse; wir nennen das zwar ›er ist von ihr ergriffen‹, aber dies läuft ja auch ziemlich auf dasselbe hinaus, denn er wird doch eben auch von ihr festgehalten ... Wenn aber jemand eine Weise von diesem (oder jenem) Dichter ertönen läßt (so bist du) sogleich wach *und deine Seele jubelt.*«[17] In einem Altersdialog aber, dem »Philebos«, von dem einige annehmen, er sei sein letztes Werk gewesen, nennt er die sokratischen Dialoge »jene Reden, in welchen die *Muse der Philosophen* jedesmal weissagt«.[18]

Aus diesen Ausführungen geht hervor, daß die Bedeutung des Wortes Muse sehr komplexer Natur ist und in engstem Zusammenhange mit der Fähigkeit des Dichters steht. Dieses Wort tritt nicht zufällig, zusammen mit der Menis, zum ersten Mal in betonte Erscheinung, da Dichtung im abendländischen Sinne Gestalt annimmt: in dem ersten Verse der »Ilias« und in dem ersten Verse der »Odyssee«.

Was sie *bedeutet*, das beginnt jetzt klarzuwerden. Aber wer *ist* sie? In seinem Artikel über die Musen bezeichnet O. Bie jene, die Homer anruft, sehr treffend als die »Urmuse«.[19] Diese Urmuse, die »Mutter der Musen« (welche Musen, wie Plutarch in seinen »Tischreden« berichtet, an einigen Orten den gemeinschaftlichen Namen Mneiä führten[20]), ist Mnemosyne. Sie ist das Urbild, das sich zuerst in drei Musen, ihre Töchter, auseinanderfaltet, in Melete, Mneme und Aoide (Nachdenken, Gedächtnis und Gesang), die goldene Stirnbänder tragen: welch auffällige Betonung der denkenden Stirn und des Hauptes! Später erst ging dann aus ihnen in einem weiteren Entfaltungsprozeß ihre Neunzahl hervor.[21] Was aber bedeutet der Name der Urmuse? Was also heißt sowohl Mneiä als Mnemosyne? Eine gute Definition findet sich bei Preller-Robert: »Mnemosyne, d. i. Gedächtnis, Erinnerung, eine Göttin der titanischen Weltordnung, war als Mutter der Musen allgemein bekannt und gefeiert... (Sie) ist wesentlich Erinnerung an die große Tatsache (der Begründung einer neuen Weltordnung durch den Kampf der Titanen) und die natürliche Begeisterung, welche von der Schönheit und Harmonie der Welt ausgeht. Später ist daraus eine Göttin der Erinnerung und des Gedankenausdruckes und der Namengebung überhaupt geworden. Mnemosyne pflegte mit den Musen zusammen verehrt und abgebildet zu werden.«[22] Und Rudolf Otto weist darauf hin, daß Mnemosyne das alte Sanskritwort »manana« enthält, welches »heiliges Sinnen« und »Versenkung« bedeutet.[23] Es ist also das gleiche Element, welches auch das Wort »Muse« zum Ausdruck bringt, das »Mnemosyne« bestimmt.

Halten wir also fest: die Urmuse, die Mnemosyne, ist *Erinnerung*, das heißt, sie ist der Vorgang oder das Vermögen, sich eines Geschehens oder Sachverhaltes *inne* zu werden; sie ist Gedächtnis, ist die Fähigkeit des Gedankens und Denkens, sie ist also letztlich Dank, weil »denken« und »danken« des gleichen Stammes sind.[24] Denken aber und Danken sind die subtilsten Qualitäten der Seele, sind Vorgänge à fleur d'eau, sind Vorgänge à fleur d'âme. Was aber wird *erinnert*, was wird verdankt? Und man kann hinzufügen: was wird diktiert?, da »dichten« sich ja von »dictare« ableitet. Auch diese Frage wird sich am besten aus den alten Quellen selbst ableiten lassen. In einer der »Orphischen Hymnen« [25], in jener, die an die Musen gerichtet ist, werden sie die »Vielgestaltigen« genannt und »Nährerinnen der Seele«. Diese Bezeichnung legt die Vermutung nahe, ob die Musen, diese »Nährerinnen der Seele«, in der antiken Mythologie nicht mit dem Wasser in Beziehung gesetzt worden sind, das ja den Lebens-Pol, den schöpferischen Aspekt der Seele, symbolisiert (s. S. 306 f.). Dafür aber gibt es nun, wenn man den Quellen sorgsam nachgeht, eine große Zahl von Anhaltspunkten und Belegstellen. Die Musen sind ursprünglich Wassernymphen, Quellnymphen, worauf sowohl Usener in seinen »Sintflutsagen« [26] als Friedrich Creuzer in seiner »Symbolik« und in seinen »Deutschen Schriften« [27], sich dabei auf Ciceros »De natura Deorum« (III, 21) stützend, hinweisen, während sowohl von Ed. Jacobi [28] als auch in Hastings »Encyclopaedia of Religion and Ethics« [29] verschiedene Belegstellen genannt werden, die diesen Nymphencharakter der Musen bezeugen. So nimmt es denn nicht wunder, daß es außer einigen Bergen vor allem Quellen sind, die ihnen heilig waren: so die Quelle Hippokrene und, wie E. Peterich schreibt: »Jene Kastalia bei Delphi, von der römische Schriftsteller sagen, daß ein Trunk ihres Wassers die Dichter zu Gesängen mitreiße« [30]; so zwei weitere, die Karl Philipp Moritz [31] erwähnt: die Quellen Aganippe und die in *immerwährender Fülle* sich ergießende Pimplea, welchen vier Quellen Ed. Jacobi [32] noch die von Peirene in Korinth hinzuzufügen vermag. Darüber hinaus sagt Hesiod in seiner Theogonie (Vers 6), daß ihnen auch ein Fluß, der auf dem Helikon entspringende Olmeios, heilig war. Und in Athen, wo sie, wie Polemon [33] berichtet, verehrt wurden, teilten sie den Kult mit ihrer Mutter, wobei ihnen Opfergaben, bestehend aus *Wasser* oder aus Milch und Honig ohne Wein, dargebracht wurden. Eine andere Spur der Verehrung der Mnemosyne findet sich bei dem Orakel des Trophonios in Lebadeia, welches P. Philippson aus seiner Landschaft heraus darstellte [34], und in welchem, wie Pausanias berichtet, der Orakelbefragende zuerst vom Wasser der Lethe trinken mußte, um alles zu vergessen, was er bisher gedacht, und dann vom Wasser der Mnemosyne, um sich all dessen zu erinnern, was er drinnen (in der Orakelhöhle) gesehen und gehört hatte.[35]

Fügen wir diesen Überlieferungen noch jene hinzu, die auch R. von Scheliha erwähnt, daß Homer selber Sohn eines Flußgottes, des Melas, gewesen sei, »während für Aristoteles, der die Überlieferung ehrt, der Vater des Dichters ein Musengeist (δαίμων τῶν συγχορευτῶν ταῖς Μούσαις) war«[36], so rundet sich das Bild, das wir aus der mythischen Überlieferung erhalten.

Die Musen sind ein Bild für das, was die durch das Wasser symbolisierte Lebensseele ernährt: sie sind Abbild des Schöpferischen in der Welt. Und zugleich, in dem Moment, da der Dichter sie anruft, sind sie Abbild des Schöpferischen im Menschen: die geweckte Erinnerung an alles Bewirkte, das seine Kräfte in die Lebensseele strömen ließ, in welche der Dichter sich versenkt oder von der er ergriffen wird, so daß er singen *muß*.

Die Muse ist das latente Gedächtnis der Welt; sie ist die Erinnerung an das Schöpferische, an alles durch das Schöpferische je Bewirkte und je noch Bewirkbare. Daß sie mit diesem Schöpferischen in engster Beziehung steht und deshalb im Menschen das Dichterische auszulösen vermag, geht aus den angeführten Qualitäten der Muse hervor, denn – dem Schöpferischen verwandt – ist sie Quelle, immerwährende Fülle, Nährerin der Seele, ist Mutter des Sängers, also selber Empfangende, nämlich Empfängerin und Erinnernde des Schöpferischen, die im Dichter diese Erinnerung weckt, ist Gedächtnis, Dank und ist Denken-Müssen.

So wie es auf Erden stehende Gewässer gibt, aber auch Quellen, so gibt es Menschen, die – stillen Teichen gleich – nur Spiegel des Himmels sind, und andere, die den Quellen gleichen. Von diesen aber spricht man als den musischen Naturen.

Es ist gewiß kein Zufall, daß im Deutschen das kreative Vermögen mit dem Worte »schöpferisch« bezeichnet wird: der schöpferische Mensch schöpft aus den lebendigen Wassern, aus der Lebensseele, und holt das Vergessene und das noch Unrealisierte ins Bewußtsein herauf an den Tag, in den denkenden und denkbaren Bereich. Durch ihn *entäußert* sich das *Erinnerte* (s. S. 271): Erinnerung wird Gedächtnis. Der Dichter schreibt, dank der Muse, die unsichtbare Geschichte der Welt. Denn *Dichtung ist Geschichts-Schreibung*, nicht jene der Daten, sondern *des Datenlosen*. Sie ist dies vor allem dann, wenn man dem Worte »Geschichte« jenen komplexen Sinn zuerkennt, von dem im ersten Teile (s. S. 268 ff.) gesprochen worden ist. Dichtung als Geschichte ist Bericht über Geschehenes, über das vom Schöpferischen Bewirkte, und ist »Sinngebung des Sinnlosen«, also des »Richtungslosen«, das, weil es »immerwährende Fülle« ist, an sich keine Richtung hat.

Durch die Dichtung stellte der mentale Mensch Elemente des Schöpferischen erinnernd und aussagend in den richtunggebenden Raum seines Denkens. Die Muse ist ein Ausdruck für den mentalen Versuch, des Nichtmentalen, vornehmlich der mythischen Wahrheit, habhaft zu werden. Solange die Muse herrscht, bewegt sich der Mensch in der mentalen Sphäre. Heute – und dies ist ein bedeutsamer Hinweis – heute, nachdem die Musen fast dreitausend Jahre geherrscht haben (nämlich seit Homer), heute beginnen die Musen zu sterben. Oder sie werden zu sirenengleichen Todesengeln wie bei Rilke.[37] Und während die heutige Generation Dichtung und Lyrik ablehnt, weil sie, aus Zeitangst, Furcht vor dem Erinnern hat, das aller Dichtung zugrunde liegt, will der heutige Dichter die zeitgebende Erinnerung überwinden und sagt sich von den Musen los. Auch darin kommt sein aperspektivisches Trachten zum Ausdruck und daß es ihm nicht mehr so sehr um das nur Nachdenkbare (Mentale) geht oder um das Denkbarmachen des Nicht-Mentalen (des Mythischen), sondern um die Wahrnehmung und Wahrgebung der »immerwährenden Fülle«, des Ganzen, das von der geistigen Urkraft durchwirkt ist, das von der psychischen Bilderwelt nur getrübt, vom Denken nur beschränkt wird.

Ehe wir jedoch die Belege für die soeben erfolgten Hinweise geben, müssen wir noch einen Blick auf den Wandel des Dichterischen werfen, der in dem, was soeben das Sterben der Musen genannt wurde, heute offensichtlich geworden ist.

Von Homer bis zu Dante präsentiert sich uns Dichtung in der anfänglichen Qualität. Die durch das »Müssen« des Dichters geformte Bild-Welt, die durch sein Denken in einem kontinuierlichen Bericht gestalteten Ereignisse und Geschehnisse, formte und gestaltete den Zuhörer und Leser. Er wird »wach und seine Seele jubelt«, wie Platon sagt, weil hier das an sich Unsagbare, das als solches dem Denken bedrückend ist, ausgesagt wird: die stärkste Wirkung dieser Dichtung geht von der Allgemeingültigkeit und Echtheit aus, mit der ganze Ur-Situationen oder selbst Ur-Ereignisse bildhaft dargestellt werden. Um nur einige zu nennen: die Hadesfahrt des Odysseus, der Zornausbruch des Achill, der Abschied des Hektor, die siebentorige (planetare) Stadt bei Dante.

Hier auf die Theorien des Aristoteles über das Dichterische einzugehen, die er in seiner »Poetik« formulierte, würde die große Linie unterbrechen. Nur das von ihm erwähnte Element, die Katharsis, die moralische Läuterung, auf die er in dieser Schrift zu sprechen kommt[38], sei erwähnt. Er will es freilich nur der Tragödie zugebilligt wissen. Es stellt wirkungsmäßig ein starkes pädagogisches Element dar, das sich aber in den frühmittelalterlichen Oster- und Mysterienspielen genauso stark auswirkte, wie es heute durch ein Schauspiel wie Hofmannsthals »Turm« oder T. S. Eliots »The Family Reunion«, wie es sogar durch Romane, beispielsweise durch Thornton Wilders »The Bridge of San Luis Rey« oder durch Ernest Hemingways »The old man and the sea«, ausgelöst werden kann. Auch die Dichtung hat, wenn auch weniger verborgen als die einstigen Mysterien, ihren ihr eigenen Mysteriencharakter, auch sie kann, aber wohl nur auf vorübergehende, abgeschwächte Weise, eine Initiation durch die Katharsis auslösen. Doch da diese schon wieder Wirkung einer Wirkung, weil Auswirkung des vorangehenden Ergriffenseins, ist, soll diesem Thema hier nicht weiter Raum gegeben werden. Diese Wirkung wenigstens gestreift zu haben, war insofern wichtig, weil sie mit die auslösende Kraft gewesen sein mag, die einen wesentlichen Bewußtwerdungsvorgang in der Seele des abendländischen Menschen bewirkte: die Auslösung des Ichbewußtseins, die uns in der Dichtung zum ersten Male um die Wende des 13. Jahrhunderts entgegenklingt.

Daß die Antike bereits Ansätze zu ihr aufweist, so die lyrische Ichform der Sappho, vor allem aber in dem erschütternden: »Bin Odysseus«, wovon ja bereits die Rede war (s. oben S. 121 und 151f.). Wer je Gelegenheit hatte, nach dem Sonnengesang des Franz von Assisi die Gedichte Cavalcantis aufzuschlagen, oder nach dem »Cid« die persönlichen Marienlieder des Berceo, oder nach dem »Chanson de Roland« die Sonette eines Charles d'Orléans, der wird nicht ohne Betroffenheit vor der persönlichen Innigkeit dieser drei Dichter gestanden haben, die in einer fast noch kollektiv fühlenden, in den Goldgrund der Sieneser Meister eingebetteten Welt bereits ihr persönliches Empfinden, ihr persönliches Leid, ihre persönliche Freude zu singen wagten und jenes Wort gebrauchten, das uns heute bereits zum überselbstverständlichsten wurde: das Wort »ich«. Dies geschah gewiß nicht zufällig genau in jener Zeitspanne, während welcher Petrarca die Landschaft und damit den Raum entdeckte, während welcher Giotto und die Brüder Lorenzetti sich von der unperspektivischen Malweise lösend eine perspektivische vorausnahmen (s. oben S. 45). Seit jener Zeit beschränkt sich der Inhalt eines Gedichtes nicht mehr auf die Evokation kollektiver vorbewußter Inhalte, sondern ihr gesellt sich die bereits halb-bewußte Aussage über Stimmungen und Erfahrungen zu, die, soweit sie von allgemein-menschlicher Gültigkeit sind, ihr Echo sowohl im

Gefühl als in dem verstandesmäßigen Verstehen des Hörers oder Lesers haben: seit jener Zeit also gibt es das, was man das lyrische Gedicht nennt. Dieses wirkt kaum noch durch die Nachgestaltung von Ur-Erfahrungen. Aber es gestaltet doch wenigstens noch die unruhige Trächtigkeit der Seele: Schmerz, Freude, Leid, Verzweiflung, Klage, Grauen und andere psychische Zustände. In diesem Gestalten liegt der Wert des lyrischen Gedichtes, ein reduzierter Wert verglichen mit dem des Epos. Daß es wie dieses hilft, dem Leben Halt und Raum zu geben, zeigt sich daran, daß der Trauernde in seiner Trauer meist nicht etwa nach fröhlichen Gedichten greift, sondern nach traurigen; in ihnen ist das, was ihn zu überwältigen droht, gestaltet. Dies richtet ihn auf, gibt seiner Trauer Ausdruck und Gestalt, so daß er ihrer Meister wird. Daß es seit jener Zeit das lyrische Gedicht gibt, das schließt natürlich nicht aus, daß die sogenannte »große Dichtung« sich bis auf den heutigen Tag aus der gleichen Quelle nährt, aus der schon Homer schöpfte. Unnötig ist es, dafür Beispiele anzuführen. Keiner der wirklich großen Dichter selbst der letzten Generationen enträt der mythischen Stoffe: weder Goethe noch die englischen Romantiker. Hölderlin formt sie neu. Die Themen Racines bis zu denen Cocteaus sind Zeuge dafür, wobei allerdings nicht übersehen werden darf, daß Cocteau ein Maximum an mythischer Defizienz manifest werden läßt.

Selbst dort, wo man auf den ersten Blick hin vielleicht keiner Anrufung der Musen mehr gewahr wird, werden sie in verschleierter Form doch noch angerufen. Beschränken wir uns auf *ein* Beispiel: auf den ergreifenden Anfang des »Hyperion« des jungen Hölderlin: »Der liebe Vaterlandsboden gibt mir wieder Freude und Leid. Ich bin jetzt alle Morgen auf den Höhn des Korinthischen Isthmus, und, wie die Biene unter Blumen, fliegt meine Seele oft hin und her zwischen den Meeren, die zur Rechten und zur Linken meinen glühenden Bergen die Füße kühlen.« – Das ist ein urtümliches Bild. Und wir erinnern uns jetzt, daß die Musen schon in der Antike mit der Biene in Beziehung gesetzt wurden: in Athen gehörte, wie wir durch Polemon erfuhren, außer Wasser auch Honig zu den Opfergaben, die ihnen dargebracht wurden. Und bei F. Nork finden wir die Bemerkung: »Varro nennt die Bienen Vögel der Musen.« [39] Und an anderer Stelle zitiert der gleiche Nork Pausanias, demzufolge es Bienen waren, die Pindar im Schlafe mit Honig ernährten.[40] Auch Rilke wußte oder ahnte um diese symbolhaften Zusammenhänge, wenn er in einem seiner bedeutendsten Briefe (einem der Hulewicz-Briefe über die »Elegien«) schreibt: »Wir sind die Bienen des Unsichtbaren. Nous butinons éperdument le miel du visible, pour l'accumuler dans la grande ruche d'or de l'Invisible. (... Wir sammeln, außer uns [als Sterbliche, als Verlorene], den Honig des Sichtbaren, um ihn im goldenen Bienenstock des Unsichtbaren anzuhäufen.)« [41] – Daß Rilke, nebenbei bemerkt, mit diesen Sätzen an eine alte Symboltradition anknüpft, geht aus einem antiken Zitat hervor, das Robert Eisler erwähnt, demzufolge es Bienen sind, die den unsichtbaren Tempel Gottes bauen.[42]

Mit Rilke sind wir in unserer Zeit. Auch er ruft, gleich zu Beginn seines Hauptwerkes, den »Duineser Elegien«, die Musen an, indem er – und es ist dies der einzige uns bekannte Fall, der zudem für unsere Zeit symptomatisch ist – ihr Gegenbild beschwört:

> »Wer, wenn ich schriee, hörte mich denn aus der Engel
> Ordnungen? und gesetzt selbst, es nähme
> einer mich plötzlich ans Herz: ich verginge von seinem
> stärkeren Dasein. Denn das Schöne ist nichts
> als des Schrecklichen Anfang ...«

Dieser Engel ist nicht Ausdruck der Lebensseele, wie es bei den Musen der Fall ist, sondern er steht für die Todesseele oder für die Todesmacht. Er ist jener ägyptische Seelenvogel, der auf dem Wege über die Sirenen und die schreckgestalteten Harpyien zum rächenden, raubenden Todesengel wurde (s. oben S. 295 f.). Und K. Kerényi verweist darauf, wie sehr die Sirenen Ausdruck des hadesmäßigen, schemenhaften Nichtseins wären.[43] Ist das zu weit hergeholt? Es sind nur die dem Bewußtsein verborgenen Bezüge, die aufzudecken gerade bei einem Dichter wie Rilke, der, obwohl er vieles vorausnahm, zugleich auch der magische Statthalter einer Welt der Bezüge war, besonders angebracht ist. Die ersten Zeilen der zweiten Elegie nämlich lauten:

> »Jeder Engel ist schrecklich. Und dennoch, weh mir,
> ansing ich euch, fast tödliche Vögel der Seele,
> wissend um euch ...«

Diese Abwendung von der lebendigen, durch Wasser, Nymphe oder Muse symbolisierten Kraft des Dichterischen ist einzigartig; ihr Radikalismus symptomatisch für die extreme Verfallenheit des negativ Befangenen. Andere erreichten diese Ablösung auf andere Weise: durch Überwinden. Gerade an der Wertung des Wassers – Rilke verneint hier dies schöpferische Element mit dem Anruf des Todesengels – und an dem Wandel, den diese Wertung erfuhr, läßt sich Bedeutsames für den Wandel der Bewußtseinsstruktur ablesen und somit auch für die Konstituierung des neuen Bewußtseins: dieses neue Bewußtsein läßt sich vielleicht dort am deutlichsten erkennen, wo es nicht nur als Aussage erfaßt wird, sondern im Hinblick auf die »Quelle«, an die sich der aussagende, schöpferische, dichterische Mensch wendet.

Bei Franz von Assisi hatte das Wasser den Aspekt der Keuschheit angenommen: er nennt es: »sor aqua ... casta«; dieses Abblassen des antiken »begeisternden« Aspektes läßt sich auf Grund der asketischen Lebenshaltung erklären, die eine Abtötung des Natürlichen, im franziskanischen Sinne eine Läuterung des Nur-Natürlichen, erstrebte, wie sie dem Christentum gemäß ist. Spinoza hatte diese Abtötung des Fleisches zugleich reduziert und übersteigert mit seiner Forderung: »Exeundum est de statu naturae«, und bei Hölderlin, der ja Spinoza in seinen Briefen stets (und zwar gegen Fichte) verteidigte, finden wir eine Wendung, die nur von einem geistigen Gesichtspunkt aus »verstanden« werden kann. Es ist ein Gesichtspunkt, der außer der durch das Denken gezähmten naturhaft-seelischen mythischen Struktur eine neue zuläßt, die gleichzeitig eine Überwindung der intellektuell-rationalen darstellt. Und diese Struktur ist im Unterschied zu jener des ergriffenen, spiegelhaften Denkens die aperspektivische des Geistigen, das nur der »nüchternen« Einsicht wahrnehmbar ist. Hölderlin nennt als erster das Wasser »heilig nüchtern«.[44] Damit ist ein Sprung vollzogen: das Wasser ist zwar noch »heilig«, also numinos und manahaltig, aber diese Manahaftigkeit ist nicht mehr »ergreifend«, also vergewaltigend, sondern »nüchtern«. Mit einem Schlage spielt das »begeisternde«, das mythische, das ergreifende Moment nicht mehr die ausschlaggebende, jedenfalls nicht mehr die alleinige Rolle. Es sind nicht mehr Geister, die beschworen oder gebannt werden; es ist der Geist, der sich aussagt, jener Geist, den Hölderlin in der metrischen Fassung seines Hyperion besingt:

»Der leidensfreie reine Geist befaßt
Sich mit dem Stoffe nicht, ist aber auch
Sich keines Dings und seiner nicht bewußt,
Für ihn ist keine Welt, denn außer ihm
Ist nichts.«[45]

Später, in seiner großen Hymne »Patmos«, sehen wir Hölderlin über die Abgründe der Seele und der Natur und über die Einengungen des Ich hinwegschreiten:

»......................
Im Finstern wohnen
Die Adler, und furchtlos gehn
Die Söhne der Alpen über den Abgrund weg
Auf leichtgebaueten Brüken.
Drum, da gehäuft sind rings, um Klarheit,
Die Gipfel der Zeit,
Und die Liebsten nahe wohnen, ermattend auf
Getrenntesten Bergen,
So gieb unschuldig Wasser,
O Fittige gieb uns, treuesten Sinns
Hinüberzugehn und wiederzukehren«.[46]

Hier klingt ein neuer Ton auf. Und so vieldeutig auch das Bild von den »Gipfeln der Zeit« sein mag, die »ringsum gehäuft« sind, so darf nicht übersehen werden, daß hier die Zeit zum Wasser in Beziehung gesetzt wird. Die »Zeit« (und damit auch das Erinnern) hat ihr Maximum erreicht: ringsum ist sie in Gipfeln gehäuft, »so (deshalb) gieb *unschuldig* Wasser ... uns«, nicht begeisterndes, erinnern-weckendes, auch nicht das vergessen-machende der Lethe: kein seelisch aufgeladenes oder seelisch aufladendes: »denn der reine Geist befaßt sich mit dem Stoffe nicht«, während dieser reine Geist, der »sich keines Dings und seiner nicht bewußt« ist, sich durch die dichterische Aussage im Menschen seiner selbst bewußt wird, sofern dort Unschuld herrscht, »treuester Sinn« und Nüchternheit, also Befreitsein von den Fesseln des Psychischen und Mentalen: geistige Klarheit.

Es dürfte zum Nachdenken stimmen, daß nach Hölderlin neben Stefan George vor allem R.M. Rilke diese Formulierung Hölderlins aufgegriffen hat. Bei Rilke finden sich die Zeilen:

»Quellen, sie münden herauf
heiter und heilig.«

Und Stefan George bedient sich der Hölderlinschen Formulierung »heilig-nüchtern«.

Die Umlagerung des Dichterischen, die aus diesen Fakten spricht, dürfte nun deutlich sein: das Abrücken von der Erinnerung ist der erste Schritt zur Überwindung der »Zeit«. Erinnerung ist stets zeitgebunden, und was schlimmer ist: Erinnerung zeitelt zwar das Zeitlose, aber sie verwandelt es nicht in Zeitfreiheit. Die Abwendung von der Erinnerung ist eine Hinwendung zur Freiheit. Der Akzent verlagert sich in der Poesie aus der erinnerten Vergangenheit in die Gegenwart. Hugo v. Hofmannsthals Notiz besagt es: »Poesie als Gegenwart. Das mystische Element der Poesie: Überwindung der Zeit«.[47]

Das kommt nicht etwa nur bei Hölderlin und in seinem Gefolge bei Rilke und George zum Ausdruck; diese Hinwendung, die eine neue Bewußtseinsstruktur einschließt und fordert, ist nicht national beengt, sie ist europäisch und bahnt sich seit der Französischen Revolution an. Sie erfährt Gegenströmungen, besonders in der späten Romantik und im Naturalismus. Dann aber wird sie unverwechselbar deutlich sichtbar.

In diesem Zusammenhange ist es wichtig, wie André Gide Baudelaire beurteilt: »Das außergewöhnlich Neue, das Baudelaire auf dem Felde der Dichtung leistete, blieb freilich anfangs unbemerkt; lange Zeit wollte man in den *›Blumen des Bösen‹* nur die Neuartigkeit der behandelten Themen sehen (was eben nicht sonderlich von Belang war); das eigentlich Umwälzende seiner Leistung lag jedoch darin, daß hier zum ersten Male ein Dichter sich der lyrischen Flutung nicht mehr widerstandslos überließ, daß er nicht leichthin der ›Inspiration‹ folgte; sondern daß er sich den Verführungen der Rhetorik, der Worte und Bilder und der veralteten Konventionen entgegenstemmte, daß er die Muse wie eine Widerspenstige behandelte, die man sich zähmen muß, statt sie nach ihrem Belieben schalten zu lassen und seinen Geist und kritischen Sinn vor ihr abzudanken; kurz, daß er *der Kunst auftrug, die Poesie zu meistern.* Hierin ein Widerpart seiner Zeitgenossen, verpflichtete Baudelaire, von Poe ermutigt, seine Kunst auf Wissenschaft und Gewissenhaftigkeit, sich selbst als Künstler zu Geduld und Entschlußwilligkeit.«[48] (Es fragt sich, ob der letzte Satz [vgl. den Originaltext in Anm. 48] nicht anders zu übersetzen wäre, wortgetreuer etwa: »Hierin ein Widerpart seiner Zeitgenossen, verwandte Baudelaire, von Poe ermutigt, auf seine Kunst Wissen und Gewissen [Bewußtheit], Geduld und Entschlossenheit.«)

Diese »science et patience« sind es auch, die Mallarmé anstrebt. In seinem für seine Kunst programmatischen Gedicht »Prose pour des Esseintes« stehen, nach vorangegangener Zurückweisung der »mémoire«, des Gedächtnisses, die Verse:

»Car j'installe, par la science,
L'hymne des cœurs spirituels
En l'œuvre de ma patience,
Atlas, herbiers et rituels.« [49]

Bevor versucht wird, eine Übersetzung dieser Verse zu geben, sei darauf verwiesen, daß Mallarmé selbst die Reichweite der drei letzten Wörter definiert hat, da er mit ihnen »la cristallisation d'une contrée (atlas), d'un vocabulaire (herbier) et d'un culte (rituel) nouveaux« meint [50], ein Umstand, den übrigens alle seine bisherigen Übersetzer ins Deutsche unberücksichtigt gelassen haben.[51] In nicht gebundene Form übersetzt, wobei allerdings die Betontheit der Reimwörter, zu denen auch »spirituel« gehört (!), verlorengeht, würden diese Zeilen etwa lauten dürfen: »Denn ich stifte mit Hilfe des Wissens im Werke meiner Geduld die Hymne geistiger Herzen, die Kristallisierung (Durchsichtigkeit) einer neuen Landschaft, einer neuen Ausdrucksweise, eines neuen Dienstes.« Und es sei wiederholt, daß Mallarmé in der vorangehenden, einleitenden Strophe das »Gedächtnis« zurückweist, denn er »stiftet aus Wissen«. Nicht zufällig ist es das in der Natur verhaftete Wesen, der Faun, der im »Après-Midi d'un Faune« die Nymphen, die Musen beschwört: »O nymphes, regonflons des Souvenirs divers (O Nymphen, laßt uns von neuem die mannigfaltigen *Erinnerungen* beleben).« Diese satirisch ausgedrückte Abwendung von den die Erinnerung weckenden Musen wird noch durch die Majuskel des Wortes »Souvenirs« unterstrichen [52].

Man kann diese Strophe Mallarmés auch noch anders übersetzen. Immer aber wird bestehen bleiben, daß er hier die bewußte Arbeit preist, die sich von den Musen abwendet und neue Setzung anstrebt, in der sich drei Bereiche: die »contrée«, der Raum, das »vocabulaire«, das Wort, und der »culte«, also in einem gewissen Sinne das mentale, mythische und magische Element, kristallisieren. Dies ist die »neue Pflicht«, »ce nouveau devoir«, von der Mallarmé in dem gleichen Gedichte spricht, und von der André Gide sagt: »... es ist nicht zu leugnen, daß diese ›neue Pflicht‹ der Ordnung des Geistes angehört« [53].

Gide selber bringt den neuen Sachverhalt unmißverständlich zum Ausdruck: »Cette *Muse* des romantiques, avec qui dialogue Musset dans ses *Nuits*, nous paraît aussi écaillée aujourd'hui que celle de Cherubini dans le portrait d'Ingres. (Diese ›Muse‹ der Romantiker, mit welcher Musset in seinen ›Nächten‹ Zwiesprache hält, scheint uns heute ebenso abgeblättert [wörtlich: geschuppt!] wie die Cherubinis auf dem Portrait von Ingres.)«[54]

Paul Valéry drückt die gleiche Bemühung aus. Eine der Strophen[55] seines Gedichtes »Le Rameur« sagt es mit aller Deutlichkeit, sie lautet in der Nachdichtung R. M. Rilkes:

»Vergebens sucht der Arm der riesig immerzu
flutenden Nymphe meine Kraft zu ändern;
ich zerre langsam mich aus ihren kalten Bändern,
und ihre nackte Macht bezwingt nicht, was ich tu.«[56]

An anderer Stelle unterstreicht Valéry den Sinn dieser Aussage, wenn er schreibt: »Ich würde es vorziehen, mit vollem Bewußtsein und gänzlicher Klarheit irgend etwas Schwaches zu schreiben, als – begünstigt von einer Trance und außer mir seiend – selbst eines der schönsten Meisterwerke hervorzubringen.« Man meine nicht, dies wäre ein Hinweis auf die Gültigkeit des Mentalen. In »L'Idée fixe«, der Verurteilung des perspektivischen Denkens, steht gleich eingangs der Satz: »... l'amertume et l'humiliation de me sentir vaincu par des choses mentales, c'est-à-dire, faites pour l'oubli (... die Bitterkeit und Demütigung, mich von den mentalen Dingen, das will sagen von jenen, die für das Vergessen gemacht sind, besiegt zu fühlen).«[57] T. S. Eliot spricht von der »höchstgesteigerten Bewußtheit« Valérys.[58] Diese schließt die Absage an die Musen in sich. Und in Valérys »Politik des Geistes« findet sich die aufschlußreiche Bemerkung, daß »der Mensch, indem er die Zeit erschuf«, einen »Mißbrauch« beging, wodurch er sich zwar »Perspektiven gewonnen« habe, dafür aber überhaupt nur mehr in geringem Maße in der Gegenwart lebe.[59] In der gleichen Schrift schreibt er kurz vorher, das Wort »Geist« konkret fassend, mit dem er »keineswegs eine metaphysische Wesenheit bezeichnen« will, daß er damit ganz einfach eine *»Kraft der Umgestaltung«* bezeichne, deren Wirken »sehr verschieden von dem der Naturkräfte ist; denn es besteht im Gegenteil darin, die uns gegebenen Kräfte einander entgegenzusetzen oder zuzuordnen«, woraus sich unter anderem auch ein *»Zuwachs an Freiheit«* ergibt.[60] Das ist nicht mehr mental-systematisch gedacht. Das ist die Auswirkung systatischer Elemente, ihre Zuordnung zueinander der Ansatz zu einem synairetischen Wahrnehmen. Denn »Achille ne peut vaincre la tortue s'il songe à l'espace et au temps (Achill kann die Schildkröte nicht besiegen, solange er dem Raum und der Zeit nachsinnt).«[61]

Nur wer Raum und Zeit überwand, kann alles in ihnen Erstarrte und Sich-Abspulende besiegen oder überwinden. Dies macht auch seinen Satz verständlich: »C'est l'exécution du poème qui est le poème (Der Vollzug des Gedichtes ist das Gedicht).«[62] Denn: »L'œuvre est pour l'un le *terme;* pour l'autre, *l'origine*... (Das Werk ist dem einen *Ziel* [Ende]; dem anderen *Ursprung*...).«[63] Dieses Hinausgehen aus dem, was wir als dreidimensionale, perspektivische Welt bezeichnen, in eine aperspektivische Welt, dieses Sich-Entfernen von der Mentalität der Musen in eine Diaphanität höchstgesteigerter Bewußtheit kommt in einer Bemerkung Valérys zum Ausdruck, die auch T. S. Eliot aufgefallen ist: »Meiner Ansicht nach hat die echteste Philosophie nicht so sehr mit den Gegenständen der Reflexion zu tun als mit dem Akt des Denkens selber und mit seiner Handhabung.«[64] Welch deutliche Absage an die raumfixierte Systematik zugunsten dessen, was auf diesen Seiten als *Systase* bezeichnet worden ist. Und zugleich, welche Negierung der heutigen Philosophie zugunsten einer *Eteologie,* die nicht bloß Dinge und im Hinblick auf Dinge denkt, sondern das Denken selber wahrnimmt: also Distanz zur mentalen Welt, ohne daß diese irrationalisiert wird, während noch Platon die »Musen der Philosophie« pries.

Die gleiche Einstellung wie bei Mallarmé und Valéry findet sich auch bei T. S. Eliot selbst: »Beim Dichten ist ein gut Teil, der bewußt und wohlerwogen sein muß. In der Tat, der schlechte Dichter ist gewöhnlich dort unbewußt, wo er bewußt sein sollte, und bewußt, wo er unbewußt sein sollte. Beide Irrtümer zielen darauf ab, ihm eine ›persönliche‹ Note zu geben. Dichtung ist nicht ein Andrehen des Gefühls, sondern ein Entkommen (ein Gerettetwerden) von dem Gefühl; sie ist nicht der Ausdruck der Persönlichkeit, sondern ein Entkommen (ein Gerettetwerden) von der Persönlichkeit. Jedoch nur jene, die sowohl Persönlichkeit als auch Gefühl besitzen, wissen, was es bedeutet, von diesen Dingen entkommen (oder gerettet werden) zu wollen [oder wie H. Hennecke übersetzt: ›von ihnen freiwerden zu wollen‹].«[65] Auch hier also nicht ein Ichlos-Werden, ein Instrument der Musen sein, sondern ein über das mentale Ich-sein Hinauswachsen in die Ich-Freiheit, in jene Freiheit, die Bürge des Geistigen ist.

Zehn Jahre später finden sich bei T. S. Eliot in der 1942 publizierten Dichtung »Little Gidding« Verse, in denen er von dem »detachment from self and from things and from persons«

(vom »Befreitsein vom Ich und von den Dingen und von den Menschen«) spricht und sagt: »This is the use of memory: For liberation – (Zweck des Erinnerns ist die Befreiung)«[66] – also nicht die Gefangennahme durch die Musen, nicht eine Erinnerung, die zeitelt. Und kurz darauf die Verse:

»The moment of the rose and the moment of the yew-tree
Are of equal duration. A people without history
Is not redeemed from time, for history is a pattern
Of timeless moments...
History is now...

(Der Rose Augenblick und jener der Eiben
sind von gleicher Dauer. Nicht erlöst von der Zeit
ist ein Volk ohne Geschichte, denn Geschichte ist ein
Gewebe
aus zeitlosen Momenten...
Geschichte ist Gegenwart...).«[67]

Diese Zeilen bedürfen kaum eines Kommentars. Aber auf etwas sei hingewiesen, weil es nur indirekt ausgedrückt ist, und worauf der Kommentator dieses Gedichtes, Raymond Preston, aufmerksam macht: daß die tausend Jahre einer Eibe im *Werte* gleich der Stunde einer Rose sind; mit anderen Worten: nicht die Zeit als (meßbare) Zeit oder Dauer soll erfaßt werden, sondern die Zeit als »quality and intensity«, als »Wert und Intensität« [68] – ein Konzept, das uns nicht mehr seltsam anmutet.

Während von der Antike bis zur Renaissance aus dem musischen Vermögen heraus gedichtet wurde, das von Homer über Hesiod und Platon zu Vergil und Dante das mentale Vermögen des Erinnerns war, das platonische μετέχειν (metechein), das Teilhaben (s. oben S. 55 [54]) an dem zeitlosen Gedächtnis der Welt, an dessen »immerwährender Fülle«, die durch den Dichter gezeitelt wurde, finden wir – kurz nach der Französischen Revolution – schon bei Novalis (siehe das Zitat, oben S. 415) und dann anhaltend eine immer bewußter zum Ausdruck gebrachte Abkehr von dieser Art des Schöpferischen. Die »neue Pflicht«, die nicht mehr der Ordnung der Seele und des Denkens (der Musen), sondern die, wie André Gide betont, »der Ordnung des Geistes« angehört, wird allmählich bewußt: in dem Maße, wie die Mutation zum Durchbruch kommt, ändert sich die Quelle der schöpferischen Kraft im Menschen. Sie verlagert sich aus der mentalen in die entstehende integrale Bewußtseinsstruktur.

Denn dies wird man zubilligen müssen: diese Abkehr ist kein Generationsproblem, so als wäre die Einstellung eines Novalis oder Hölderlin ein Pendelausschlag in das Gegenteil dessen, was die vorangehende Generation vertrat. Das ist sie nicht. Sie hielt an und festigte sich im Laufe der letzten Generationen. Solange man keinen Einblick in das hatte, was sich hier an grundlegendem Wandel vollzog, durfte man, da man die Arationalität nicht wahrzunehmen vermochte, einen Novalis als magischen Dichter abstempeln; durfte von dem mythischen Hölderlin sprechen, der selber die anti-mythischen Zeilen par excellence schrieb (siehe das Zitat, oben S. 172); durfte einen Mallarmé dunkel nennen, obwohl er überlichtig ist; durfte einem Valéry Intellektualismus nachreden, obwohl er Arationales anstrebte.

Die Konstanz des Themas von der Ablösung der Musen durch das Geistige, der Ablösung des Gezeitelten durch das Zeitfreie dürfte auf Grund der gegebenen Beispiele deutlich geworden sein. Dabei handelt es sich nicht einmal nur um eine Konstanz, sondern auch um die Tatsache, daß das Thema selbst geklärter und bewußter formuliert wird. So etwa in verbindlich-höflicher Form durch Aldous Huxley in seinem Werk, das den mehr als bezeichnenden Titel führt »Time must have a stop (Zeit muß enden)«. Dort führt er aus:

»Denn die neun Musen sind die Töchter der Mnemosyne; Erinnerung ist der wahre Stoff und die Substanz der Poesie. Und Poesie ist natürlich das Beste, was das menschliche Leben zu bieten hat. Aber es gibt auch das Leben des Geistes, und das Leben des Geistes entspricht, auf einer höheren Windung der Spirale, dem Leben des Tieres. Der Weg führt von der tierischen Ewigkeit in die Zeit, in die streng menschliche Welt der Erinnerung und Vorahnung; und aus der Zeit, wenn man sich fürs Weitergehen entscheidet, in die Welt der geistigen Ewigkeit, in den göttlichen Urgrund. Das Leben im Geiste ist ausschließlich ein Leben in der Gegenwart, nie in der Vergangenheit oder Zukunft; das Leben hier und jetzt, nicht ein Leben, dem man entgegensieht oder dessen man sich erinnert. Es ist ganz und gar kein Platz darin für Pathos oder Reue oder ein wollüstiges Wiederkauen des köstlichen Futters von vor dreißig Jahren. Sein intelligibles Licht hat gar nichts zu tun mit der Sonnenuntergangsverklärung jener herzzerreißenden guten alten Zeiten vor dem vorletzten Krieg und auch nichts mit dem Neonschein aus dem technischen Neuen Jerusalem jenseits der Horizonte der nächsten Revolution. Nein, das Leben des Geistes ist ein Leben außerhalb der Zeit, das Leben in seiner Wesenheit und in seinem ewigen Prinzip. Und darum behaupten sie alle – alle Menschen, die die beste Eignung haben, es zu wissen –, daß das Gedächtnis überlebt werden und man ihm zuletzt absterben muß. Wenn es einem gelungen ist, das Gedächtnis abzutöten, sagt Johannes vom Kreuz, ist man in einem Zustand, der nur um einen einzigen Grad weniger vollkommen und nutzbringend ist als der Zustand des Einsseins mit Gott. Das ist eine Behauptung, die ich beim ersten Lesen unverständlich fand. Aber nur, weil ich mich damals vor allem mit dem Leben der Poesie befaßte, nicht mit dem Leben des Geistes. Heute weiß ich durch demütigende Erfahrung, was alles das Gedächtnis tun kann, um die Erkenntnis des ewigen Grundes zu verdunkeln und zu hindern«.[69]

In der jüngsten Generation, jener, die auf George, Rilke und Valéry folgte, scheint die ganze Problematik des Überwindens bereits in solchem Maße geleistet, daß von ihr ausdrücklich kaum mehr gesprochen wird. Hier sei vorerst auf Paul Eluard, für den deutschen Sprachbereich auf Friedrich Hagen hingewiesen.

Von Paul Eluards Dichtung sagt André Gide: »une telle poésie devient extraordinairement spirituelle (eine solche Poesie erhebt sich zu äußerster Geistigkeit).« [70] Und Eluard selbst spricht vom »Ende des Imaginären«; sagt ausdrücklich: »Die Perspektive gilt nicht mehr für mich ...«; äußert sich zu seinem kongenialen Nachdichter, Friedrich Hagen, bei der Durchsicht seiner von diesem ins Deutsche übertragenen Verse: »Fassen Sie nichts als intellektuellen Vergleich oder im übertragenen Sinne auf, sondern durchaus konkret.« [71] Und in seinem Gedicht »November 1936« findet sich die Zeile: »que l'homme délivré de son passé absurde ... (möge der Mensch vom absurden Vergangenen erlöst ...).« [72] An anderer Stelle steht der Zweizeiler »Retraite«:

»Je sens l'espace s'abolir
Et le temps croître en tous sens

(Ich fühle den Raum sich aufheben
Und die Zeit in alle Richtungen wachsen)« [73]:

das ist Freiheit von Raum und Zeit, denn hier ist der Raum aufgelöst, und die Zeit, die messende und gemessene, wird zu einer Kraft (sie wächst), die aperspektivische Reichweite (»in *alle* Richtungen«) erhält: sie wird Gegenwart.

Das gleiche, grundlegende Thema kommt in dem Verse von Friedrich Hagen zum Ausdruck, der seinem einzigen bisher veröffentlichten Gedichtbande den Titel verlieh: »Weinberg der Zeit«.[74] Seine Dichtung ist ursprüngliche, geläuterte Dichtung, frei von allem Ballast des Vergangenen; es sind Verse reiner Aussage: ein Wahrgeben, kein Evozieren; manche sind von einer bisher kaum erreichten Schwerelosigkeit und Durchsichtigkeit, die sich zu jener »universellen Bewußtheit« erhebt, welche Hagen für die Dichtung Paul Eluards nachweist.[75] Eines der Gedichte Hagens, das diese drei wesentlichen Komponenten enthält, lautet:

»Aber unter den schwarzen Steinen
die fahlen Gräser des Lachens der Freude

Kommt wir sammeln die Steine auf
Und decken die Schatten mit ihnen zu

und die Gräser richten sich auf und der Tag
erhebt sich zum Tanz auf ihren Spitzen

und das Licht vereinigt unsere Gesichter
zu einem einzigen Antlitz des Menschen.«[76]

Das Bekenntnisbuch von Paul Eluard trägt den Titel: »Donner à voir«[77], den man gut mit »Wahrgeben« übersetzen darf. Bei beiden Dichtern kommt das eteologische Moment zum Ausdruck. Für Hagen wird es offensichtlich werden, sind erst einmal alle seine Gedichtbände veröffentlicht. In einem von ihnen findet sich die Zeile, daß »Worte Sonnen seien, die morgen aufgehn werden«. Dies gilt in jedem Falle für seine Worte, die man »morgen« zu schätzen wissen wird: denn in ihnen ist das »Morgen« bereits Gegenwart. Aus seinen Versen spricht die gleiche Hinwendung zu den neuen Gegebenheiten des Bewußtseins, der Mallarmé kurz vor seinem Tode Ausdruck verlieh: »... l'astre mûri des lendemains«[78] (»... der Stern reift aus dem Morgen her«; in der Übersetzung R. M. Rilkes: der »reife Stern von bald«)[79].

Was hier noch als morgig und zukünftig angesprochen wird, das ist bereits Gegenwart für die, welche die »neue Pflicht« zu erfüllen trachten. Und diese Seiten mögen gezeigt haben, daß nicht nur neue Konzepte zum Durchbruch gelangen, sondern daß der Realisationsprozeß selber ein neuer ist: eine grundlegend neue »Einstellung«, die an dem Wandel der Wertschätzung ablesbar ist, welche den »Musen« zuteil geworden ist.

Dem Schöpferischen, wie es im ersten Abschnitt dieses Kapitels dargestellt wurde, entspricht heute bei sich veränderndem, mutierendem Bewußtsein ein veränderter schöpferischer Bezug im Menschen zu der »Urkraft«, die zur Bewußtwerdung drängt. Erst dieser Sachverhalt, daß die »Quelle« der Manifestationen eine andere ist als jene, die der mentalen Struktur eignet, berechtigt uns, von genuin »neuen« Manifestationen zu sprechen, die ja keineswegs allein der alten Bewußtseinsstruktur und deren Quelle entspringen können.

Damit ist aber ein wesentlicher Schritt in unserer Untersuchung vollzogen. Wir nähern uns nun den Manifestationen, die Ausdruck oder Ankünder der aperspektivischen Welt sind.

Viertes Kapitel
Die neuen Konzepte

1. Die Ansätze des neuen Bewußtseins

Ehe wir uns den Manifestationen des neuen Bewußtseins zuwenden, müssen wir uns darüber klarwerden, wo wir sie zu suchen haben und in welchen Formen sie sich abspielen. Rein systematisch werden wir ihrer nicht habhaft werden. Wir müssen also auf Ordnungsschemata sinnen, die dem Hauptthema der neuen Manifestationen gemäß sind. Das Konzept der Systase gibt uns hierfür die Möglichkeit.

Ein systatisches Konzept ist das der Temporik (s. oben S. 63 ff.). Eine ihrer Ausdrucksformen, und zwar ihre vordringlichste, ist die vierte Dimension. Beide werden wir kurz betrachten müssen, wenn wir einer Grundlage für unsere Nachweise nicht entbehren wollen. Sich allein auf eine Methode zu verlassen, ist nicht mehr möglich. Gingen wir nur methodisch vor, so gelänge uns bestenfalls die Systematisierung der neuen Manifestationen. Das wäre aber gleichbedeutend mit einem Mißlingen unseres Versuches, da jede Systematisierung das Erfaßte räumlicht: wir befänden uns wieder im dreidimensionalen Bereich, statt in den vierdimensionalen vorgedrungen zu sein. Indem wir jedoch die Systase in die bloß systematische Methodik hineinzunehmen vermögen, entsteht eine neue »Methode« nicht dreidimensionaler Art, sondern: die vierdimensionale Diaphanik. In ihr wird das nur Denkbare und Begreifliche durchsichtig. Die Diaphanik aber gründet in der Synairese, dem eteologischen Vollzug von Systase und System zu einer Ganzheit. Denn Ganzheit ist nur dort, wo »zeitliche« Elemente und räumliche Größen synairetisch zusammengefaßt werden. Das Konzept jedoch, welches die »Erfassung«, besser: Wahrnehmung der »zeitlichen Elemente« ermöglicht, ist die Systase. Berücksichtigen wir auch die systatischen Konzepte, so wird die bloß systematische Methodik zu einer synairetischen Diaphanik intensiviert. Dies aber muß erreicht werden, weil wir anders im dreidimensionalen Denkschema hängenbleiben würden.

Bevor wir uns den beiden Themen »Vierte Dimension« und »Temporik« zuwenden, müssen wir noch auf die beiden Ansätze des neuen Bewußtseins kurz eingehen. Diese beiden Ansätze sind der geistige einerseits, der physische andererseits.

Der geistige Ansatz wurde bereits geschildert: er liegt in dem seit 1790/1800 veränderten Bezug des schöpferischen Menschen zum Schöpferischen selbst. Die Veränderung betrifft hauptsächlich seine Einstellung zu einem »Zeit«-Phänomen: zu der Erinnerung. Dabei ist festzuhalten, daß die Abwendung von ihr nicht eine »Verdrängung« ist, sondern der Versuch einer Überwindung. Diese ist zugleich eine Überwindung der »Zeit« und damit Hinwendung zur Zeitfreiheit. An Stelle des Hineintauchens ins Zeitlose und des Heraufschöpfens in unsere meßbare Zeit tritt der Versuch, in Klarheit (lucidité), Durchsichtigkeit (cristallisation), gesteigerter Bewußtheit die »neue Pflicht«, die als »devoir« auch eine »neue Aufgabe« ist, zu leisten.

Dieser neue geistige Ansatz ist die neue Quelle, der die neuen Manifestationen ihre Möglichkeit zur Manifestation verdanken. Wir haben diese neue Quelle für das Feld der Dichtung nachgewiesen. Es ist nur natürlich, daß sich der veränderte schöpferische Vollzug in seiner veränderten Form, die ihm neue Kräfte erschließt, nicht nur dort vollzieht. Man mag einen ähnlichen Vollzug auch bei den Urhebern neuer Konzeptionen auf anderen Gebieten vermuten dürfen. In der Physik ist in dieser Hinsicht der Bericht von de Broglie, des Begründers der »Wellenmechanik«, beweiskräftig, mit dem er das Zustandekommen neuer Konzepte schildert, und von der wir an anderer Stelle ausführlich gesprochen haben [1].

Es drängt sich nun die Frage auf, ob diesem neuen geistigen Ansatz auch ein neuer physischer Ansatz entspreche. Was sich im Bereiche des Nichtfaßbaren konstelliert, hat ja stets auch eine Tendenz, direkt im Allerfaßbarsten sichtbar zu werden. Die Vermutung liegt nahe, daß sich nicht nur die geistige Struktur, sondern auch die physische Struktur des Menschen ändert, daß diese desgleichen mutiert.

Es ist gewiß gewagt, heute bereits von physiologisch nachweisbaren Strukturveränderungen im Menschen sprechen zu wollen, die mutationsbedingt wären. Erlaubt dagegen ist es, auf diese natürliche Möglichkeit hinzuweisen. So ist beispielsweise die Körperhaltung des mythischen Menschen eine durchaus andere als jene des mentalen Menschen. Zwei Tanagrafiguren mögen das veranschaulichen (s. Abb. 44 u. 45, Tafel 9 u. 10). Die der mythischen Sphäre entstammende ist im 4. Jahrhundert v. Chr. entstanden, die der mentalen Sphäre entstammende, die desgleichen eine Kore darstellt, im 3. Jahrhundert v. Chr. Der

Unterschied der Haltungen ist offensichtlich. Die frühere Gestalt weist einen deutlich naturhaften Rhythmus auf, während die spätere, unverkennbar aufgerichtet, erhobenen und nicht, die Monde nachträumend, geneigten Hauptes dargestellt ist. Das durch die vollzogene Mutation aus der mythischen in die mentale Struktur gesteigerte und gefestigte Selbstbewußtsein des griechischen Menschen, seine stärkere Ichhaftigkeit, wird hier strukturmäßig sichtbar.

Übrigens spiegelt sich das Erwachen zum mentalen Bewußtsein, das sich im 10. und 11. Jahrhundert n. Chr. in unserem Europa wiederholt, auf eine offensichtliche Weise in den Bildwerken jener Zeit. Die Mutation, die der europäische Mensch in jenen Jahrhunderten nachholt (s. oben S. 37), wird, wie im 6. bis 3. Jahrhundert Griechenlands, in dem Lächeln sichtbar (s. oben S. 133), das die romanischen Madonnen noch nicht tragen, das im Antlitz der frühgotischen bereits aufblüht, um in denen des 13. Jahrhunderts erwacht zu sein. Und während das Kind bei frühromanischen Madonnen noch in die Mitte gestellt ist und mit der Madonna eine fraglose, ungestörte Einheit bildet, bemerken wir bei den späteren jenen auffälligen Ruck nach rechts, aus der Mitte heraus, da das Kind nun die rechte Seite der Gestalt betont: die kreisförmige Geschlossenheit ist mit dieser Akzentverlagerung zerbrochen, der mythische Kreis, die unperspektivische Welt ist zerrissen, die mentale Gerichtetheit und Rechtsbetontheit ist zum Durchbruch gelangt und wird von dem zu sich selber erwachenden Antlitz des Lächelns gespiegelt. (In frühen Madonnenbildern wird das Kind häufig auch oder noch auf der *linken,* der Herzseite [!], getragen; später, im mentalen Zeitalter, ist es fast immer rechts.)

Ist es in diesen beiden Beispielen noch vornehmlich die Haltung, die einen mutationsbedingten Wandel der inneren Struktur, nämlich der Bewußtseinsstruktur, erkennen läßt, so läßt sich vielleicht auch ein auffälliges Symptom rein physischer Art nachweisen. Dieses Symptom glauben wir in der frappierenden Ausbildung der Stirn des griechischen Menschen erblicken zu dürfen. Es handelt sich um die deutliche Herausbildung des Großhirns in der Frontalstirn bei gleichzeitigem Nachlassen des Hinterkopfvolumens. Noch das ägyptische Profil ist ein stirnfliehendes. Und es ist bezeichnend, daß der magisch-mythisch gebundene Ägypter der Entfaltung der Frontalstirn (und damit der Entfaltung des mentalen Großhirns) dadurch Einhalt gebot, indem er sie durch Bandagierung unmöglich machte. Dieses

Zurückbinden der Frontalstirn durch Bandagierung des Kopfes im frühen Kindesalter trifft man ja noch heute bei gewissen Eingeborenenstämmen Afrikas an. In der vorchristlich-mittelmeerischen Kultur tritt die Frontalstirn erst langsam beim griechischen Menschen in Erscheinung. Alle Bildnisse des 7. bis 4. Jahrhunderts v. Chr. lassen das deutlich erkennen. Zuerst ist es eine kurze, steile Stirn, die noch von der in sie hinunterreichenden Haartracht verdeckt wird, die uns dann aber *nach* der vollzogenen Mutation im 4. Jahrhundert klar, hell, unverdeckt und hoch aus den griechischen Bildwerken entgegenleuchtet. Der Profilkopf der ägyptischen Nofretete einerseits, das steilere Profil irgendeines Kopfes des 3. griechisch-vorchristlichen Jahrhunderts andererseits machen diesen Sachverhalt für jeden Kenner jener Kunstwerke deutlich.

Was nun unsere heutige Zeit anbetrifft, so dürfte es einleuchtend sein, daß wir derartige Strukturveränderungen, sei es haltungsmäßiger, sei es physiognomischer Art, die Rückschlüsse auf eine erfolgte Mutation zuließen, noch nicht nachweisen können. Physiologische Ansätze, die Ausdruck der neuen Bewußtseinsstruktur wären, sind heute noch nicht beweisbar, was nicht ausschließt, daß beispielsweise gewisse physiognomische schon heute sichtbar werden, die hier zu nennen jedoch einer Voreiligkeit gleichkommen würde. Die Tatsache aber, daß sich eine Umlagerung wichtiger Prozesse aus dem Großhirn in die Hirnrinde zu vollziehen scheint und daß die humoralen Funktionen differenzierter werden, sollte man bei einer späteren Erwägung dieses Fragenkomplexes nicht außer acht lassen. Sie wurde bereits im ersten Teile (s. S. 215 u. 369, Querschnitte 10 und 15) angedeutet. Darüber hinaus scheint die Gehirnforschung der letzten zehn Jahre (1950 bis 1960) Anhaltspunkte dafür zu geben, daß das menschliche Gehirn noch bisher unausgeschöpfte Entfaltungsmöglichkeiten birgt, auf welche Lecomte du Noüy und Hugo Spatz (s. unten S. 591 f.) hingewiesen haben. Mehr läßt sich darüber heute wohl kaum sagen. Dies um so weniger, als es noch nicht gewiß ist, ob es sich auch bei der diesmaligen Mutation lediglich um eine solche handelt, die sich für ihre Manifestation mit der bisherigen Gestalt des Menschen begnügen kann, also »nur« zusätzliche und verändernde Fähigkeiten an und in ihr zur Entfaltung bringt. Denn es könnte sehr wohl sein, daß eines Tages das Vorhaben intensiver wäre, so intensiv, daß die bisherige Gestalt des Menschen für die Mutationsverwirklichung nicht ausreichend wäre, derart, daß diese Mutation nicht bloß zusätzliche Fähigkeiten hervorbrächte, sondern prinzipieller Natur und durchaus umgestaltend wäre. Der Umstand, daß heute die Frage nach dem Menschen in Form der anthropologischen und existentialistischen Diskussion das rationale Feld mit offensichtlicher Ausschließlichkeit beherrscht, zeigt deutlich, daß der heutige Mensch (zumindest der nichts-als-rationale) sich nicht nur fragwürdig geworden ist, sondern sich selbst und seine Existenz in Frage stellt.

Vorerst freilich will es noch so scheinen, als seien die bisherigen Fundamente, jene, die im ersten Teile dargestellt worden sind, tragfähig genug, um ausreichende Grundlage für eine neue Mutation zu sein. Ehe ein gänzliches Versagen des Menschen nicht unwiderlegbar offensichtlich wurde, wäre es verfrüht, von einer notwendig vollständigen Umwandlung seiner selbst (und damit auch der Erde) sprechen zu wollen.

Man könnte – dies sei nebenbei angemerkt – nun auf die Vermutung kommen, daß die heutige existentialistische Fragestellung ein positiver Hinweis auf die akut werdende Mutation sei. Sie so auslegen zu wollen, wäre jedoch falsch. Sie stellt lediglich den bisherigen Menschen in Frage; letztlich negiert sie ihn. Eine Negation des Bisherigen ist jedoch noch keine Affirmation des jetzt sich Vollziehenden, das der effizienten Kräfte des Bisherigen für seine Manifestation bedarf. Die anthropologische und existentielle Infragestellung ist die Bankrotterklärung der Philosophie. Seit der Totsagung Gottes durch die Philosophie, die, von der Aufklärung vorbereitet, durch Hegel postuliert wurde (s. oben S. 360[33]), stand zu vermuten, daß ihr auch eine Totsagung des Menschen folgen müsse. Diese vollzieht sich heute in den denkbar unwürdigsten Formen, voller »Ekel«, der »nausée« Sartres, wobei die entfesselte Psyche, deren religio zerstört wurde, in der Formlosigkeit einer triebbetonten Psychologisierung der Philosophie mitwirkt. Dieses Selbstmordbekenntnis ist das Eingeständnis jener rational erstarrten Repräsentanten unserer Epoche, die aus der Erstarrung heraus der »neuen Aufgabe« nicht gewachsen sind.

Auffallend ist der Zeitpunkt, da die Totsagung Gottes erfolgte: in dem Jahrzehnt nach der Französischen Revolution, wobei der Satz Fichtes, daß der »Mensch prädikatlos« sei, die Reduzierung Gottes auf menschliche Maße unterstreicht und jener Tendenz entspricht, die in der Französischen Revolution Ausdruck fand und sich als Lösung aus dem Patriarchat bezeichnen läßt: Gottvater wurde genauso gestürzt wie der Landesvater. Dies ist ein Parallelvorgang zum Muttermord, durch welchen das Matriarchat beseitigt wurde (s. oben S. 223 u. 350).

Diese Abschweifung war nötig, um nicht den Verdacht aufkommen zu lassen, daß die neue Mutation etwa als Vergöttlichungsvorgang des Menschen gewertet werden dürfe. Die neu in den Menschen einbrechende Kraft ist keine Macht; sie macht ihn nicht mächtiger; aber sie soll ihn wahrmachen; sie intensiviert die Bewußtwerdung, hebt ihn aus der Materie- und Psychegebundenheit heraus, wandelt ihn, daß ihm das Geistige durchsichtig wird. Wo dieser Kraftzuwachs in Mächtigkeiten umschlägt, statt als »neue Aufgabe« bewußt zu werden, zerstört er den Menschen. Wer der Mutation nicht gewachsen ist und ihren Anspruch mißdeutet, zerbricht an ihr: die negative Anthropozentrik der letzten Philosophen stellt diese Aussage unter Beweis.

Die beiden neuen Ansätze, der geistige und der physiologische, sind also durchaus nicht im Sinne einer Überheblichkeit zu werten, sondern im Sinne einer Aufgabe. Wo Mut sich nicht mit Demut paart, hat der Mensch verspielt.

Die Weisheit der Kirche hat den neuen Anforderungen der Mutation weiser entsprochen, als es dem bloßen Wissen der säkularisierten Theologie, der Philosophie, möglich war. Das neue Marien-Dogma (an Allerheiligen 1950 durch Papst Pius XII. verkündet [2]) darf man als einen Verzicht auf den überbetonten Vater-Aspekt Gottes ansehen, durch welchen Aspekt das Göttliche an sich reduziert wurde. Die Wiedereinsetzung des Mutterprinzips in ihre Rechte, will sagen: in ihre Linke, die dadurch erfolgende Minderung des überbetonten Vaterprinzips zeigt deutlich, daß die Kirche den *ganzen* Menschen anerkannt wissen will. Die Betonung der leiblichen Himmelfahrt verlagert die religiöse Akzentuierung in die Sphäre der *Verklärung*, die als transparenter Vorgang eine der Formen der geistigen Durchsichtigkeit, der *Diaphanität*, ist. Nach der Kreuzigung, dem physischen Tode, tritt das Element der Verklärung, die geistige Geburt, in den Vordergrund. Wird der erfolgenden Mutation entsprechend sich das Christentum den Möglichkeiten gemäß, die ihm eingezeichnet sind, wandeln? Wird die Kirche des Gekreuzigten zu einer des Auferstandenen? Übernimmt Rom, was seit der patristischen Zeit in der Ostkirche vorbereitet wurde, der nicht das Fest der *leiblichen* Geburt, Weihnachten, sondern das Auferstehungsfest der *geistigen Geburt* das wichtigere war?

Wie dem auch immer sei, so steht fest, daß die Ausrufung des neuen Dogmas noch vor zwei Generationen, wegen der damaligen Materiegläubigkeit, auf äußersten Widerstand gestoßen wäre, während sie heute nur noch von dem am stärksten rational eingestellten Orden und dem rational eingestellten Ultraprotestantismus abgelehnt wird. Auch dies ist ein Hinweis darauf, in welchem Maße das dreidimensionale Bewußtsein erschöpft ist.

Das Marien-Dogma war die fruchtbarste und genialste Antwort auf den Existentialismus. Deshalb mußte es in diesem Zusammenhang gestreift werden. Der neue geistige Ansatz, den wir zu schildern versuchten, erhält durch dieses Dogma eine positive Unterstützung, während der Existentialismus dadurch als Ende der Philosophie nur noch offensichtlicher wird. Im Marien-Dogma spricht sich die Überwindung von Raum und Zeit durch die Hinwendung auf das Geistige aus. Es ist eine große Botschaft und eine Mahnung an die »neue Aufgabe«, welcher die bisherige Philosophie nicht gewachsen ist und an der sie endgültig zu scheitern droht.

Die Tatsache, daß die beiden neuen Ansätze keinen wie auch immer gearteten Anspruch rechtfertigen, dürfte nun klargeworden sein. Sie sind eine Aufgabe. Dies galt es zu unterstreichen, um jeder hybriden Interpretation dieser neuen Ansätze von vornherein zu begegnen. Da dies jetzt geschehen ist, können wir uns den neuen, den systatischen Konzepten zuwenden, vermittels derer jene Manifestationen wahrnehmbar gemacht werden können, die ihre Manifestationsmöglichkeit der Realisation der neuen Ansätze verdanken.

2. *Die vierte Dimension*

Die vierte Dimension ist die Zeitfreiheit, das Achronon. Die vierte Dimension ist schlechthin nicht der Begriff der nur meßbaren Zeit, sondern jene »Form« des zeitlichen oder zeithaften Prinzips, welche wir als Zeitfreiheit bezeichnet haben. Das ist von ausschlaggebender Bedeutung.

Da sie, vor allem seit Einstein, eine bestimmende Rolle spielt, ja zur Signatur unserer Epoche geworden ist, müssen wir diese Dimension näher betrachten. Dabei sei klarstellend sogleich festgehalten, daß alle Bestimmungen der vierten Dimension, die sich einer der bisherigen Zeitformen bedienen, *temporische Versuche* sind: Ausdruck des neuen Bemühens, das Zeitproblem, nachdem es Jahrhunderte hindurch bewußt unterdrückt worden war, zu lösen. Und des weiteren sei festgehalten, daß alle bisherigen Versuche kategorialer Art, da der Komplex »Zeit« akategorialer Natur ist, inadäquate waren. Das Problem wurde zwar gestellt, aber nicht gelöst. Vor allem aber: kategorial kann es überhaupt nicht gelöst werden.

Die in diesem Werke durchgeführte Strukturierung der Bewußtwerdung, die sich dimensionsmäßig vollzog, ist ein weiterer Grund, das Wesen der neuen Dimension zu untersuchen.

Auf einen Umstand muß noch hingewiesen werden: nur die Zeit als Uhrenzeit oder geometrisierte Größe ist im eigentlichen Sinne des Wortes eine Dimension, ein Ausmessen; die echte vierte Dimension im Sinne der Zeitfreiheit als akategorialem Element ist eine *Amension.* Wenn der Ausdruck Dimension trotzdem beibehalten wird, so läßt sich das damit rechtfertigen, daß die vierte Dimension eine Auflösung und Integrierung der drei Raumdimensionen bewirkt: sie löst die Meßbarkeiten und sie »mißt« gewissermaßen »hindurch«. Nur so gesehen ist es statthaft, den überkommenen Begriff der Dimension auch auf die akategoriale, integrierende vierte Komponente anzuwenden.

Daß nämlich die »Zeit« eine »heterogene Dimension« des Raumes sei, daß sie gewissermaßen »quer« zu den »senkrecht auf ihr stehenden« Raumdimensionen liege, darauf verweist kein Geringerer als der Ontologe Nicolai Hartmann in seinem letzten, 1950 publizierten Werk »Philosophie der Natur« [3]. Die 18 Kapitel des ersten Teiles dieses Werkes sind den »Dimensionalen Kategorien« gewidmet und bringen eine ontologisch-kategoriale Analyse der Dreidimensionalität und Vierdimensionalität, die aber daran scheitert (und sich damit philosophisch gleichzeitig erfüllt), daß sie über die obengenannten Definitionen nicht hinauskommt, weil der Systemzwang und das ihm inhärente kategoriale Denken philosophisch ausweglos sind und die Wahrnehmung der systatischen Elemente nicht zulassen. Dieser Hinweis erfolgt, um zu zeigen, daß die terminologische Schwierigkeit selbst dem kategorialen Denken bereits aufgefallen ist, das sich mit der Definition der vierten Dimension als einer heterogenen begnügt und damit lediglich in den Dualismus ausweicht.

Um jedoch diesem für die neue Weltsicht zentralen »Begriff« zu genügen, ist es angebracht, dem Zustandekommen des Konzeptes der vierten Dimension nachzugehen, zu sehen, welchem Denkbereich und welcher denkerischen Disziplin es entsprang und welche Disziplinen es adaptierend und umgestaltend übernahmen.

Der Ausgangspunkt für das Konzept eines mehr als dreidimensionalen Raumes, sei dieser nun vier-, fünf-, sechs- oder n-dimensional, war das Parallelenaxiom Euklids. Die Unbeweisbarkeit dieses Axioms wurde zuerst von Fr. K. Gauß (1777 bis 1855) anerkannt. Da er jedoch das »Geschrei der Boeoter« fürchtete, veröffentlichte er nichts über jene Geometrie, die er ohne Berücksichtigung des Parallelenaxioms aufstellte und die damit zum Grundstein der nichteuklidischen Geometrie wurde. Die Deutschen Schweikart und dessen Neffe Taurinus beschäftigten sich (1825) mit ihrer Möglichkeit; ihre Begründung erfolgte unabhängig von Gauß und dann wieder unabhängig von diesen sowohl durch den Russen N. J. Lobatschefskij (1829) als auch durch den Ungarn J. Bolyai (1832). Nach ihnen war es dann B. Riemann, der (1854) mit seiner Habilitationsrede »Über die Hypothesen, welche der Geometrie zugrunde liegen« eine weitere Möglichkeit einer nichteuklidischen Geometrie nachwies. Der von Lobatschefskij aufgestellten Geometrie, in der die Winkelsumme kleiner als 180 Grad ist und welche als »Nichteuklidische Geometrie erster Art« oder als hyperbolische Geometrie bezeichnet wurde, stellte Riemann seine elliptische Geometrie zur Seite, in der die Winkelsumme größer als 180 Grad ist und welche auch als »Nichteuklidische Geometrie zweiter Art« bezeichnet wird. Durch diese nichteuklidischen Geometrien wurde die Vorstellung mehr als dreidimensionaler Räume ermöglicht.

Eine besondere Art dieser n-dimensionalen Raumvorstellungen ist dann durch Einstein ausgebildet worden, der, sich der Riemannschen Konzeption bedienend und sie verallgemeinernd, mit seiner ersten Relativitätstheorie (1905) die vierdimensionale Raum-Zeit-Einheit postulierte und für gewisse Phänomene nachwies, wobei die Konstante, die Raum und Zeit eint, die Lichtgeschwindigkeit ist. Zu den drei Raumkoordinaten a, b, c trat als neue, vierte die Zeit t (tempus = Zeit) in der Form it, wobei $i = \sqrt{-1}$ die Einheit der imaginären Zahlen ist. Damit war es möglich, gewisse Raumvorgänge mathematisch zu erfassen, nämlich solche, die sich zufolge zweier Beobachter relativ zueinander verhalten. Und durch den zusätzlichen Nachweis der Äquivalenz von Energie und Masse war die rein physikalische Geltung des vierdimensionalen Koordinatensystems gesichert.

Halten wir vorerst einmal inne. Stellen wir lediglich fest, daß Einstein die Zeit als vierte Dimension einführte und damit für gewisse Phänomene und Gegebenheiten auf dem Felde der Physik und der Mechanik grundlagenverändernde Erkenntnisse ermöglichte.

Wenn man heute von einer vierten Dimension spricht, so drängt sich aber noch ein weiterer Vorstellungskreis als der, welcher durch die Einsteinsche Relativitätstheorie gegeben ist, dem Betrachter auf. In ihm verbindet sich mit der vierten Dimension nicht etwa die Zeit, und sei dies auch nur die meßbare Zeit bestimmter Bewegungen und Geschwindigkeiten, wie bei Einstein, sondern in diesem Falle verbindet sich mit ihr die Annahme einer unsichtbar wirkenden Komponente. Schon E. Mach hatte in seinem Kolleg über Psychophysik, das er im Winter 1864–1865 an der Grazer Universität hielt, die Idee einer um eine Dimension vermehrten Raumvorstellung vertreten und diese zur Erklärung bisher unerklärbarer physikalischer Erscheinungen in Vorschlag gebracht, ohne von der Riemannschen Konzeption Kenntnis zu haben, die erst 1867 veröffentlicht wurde[4]. Hinweise auf diese Konzeption publizierte Mach in Fichtes Zeitschrift für Philosophie der Jahre 1865 und 1866 und Ausführungen zu ihr in seinem Buche »Die Geschichte und Wurzel des Satzes von der Erhaltung der Arbeit«[5]. Wie schon der Titel erkennen läßt, in dem der Begriff Energie durch den der Arbeit ersetzt wird, handelt es sich hier bei Mach, wie wir noch sehen werden, um ein der »Zeit« verwandtes Prinzip. Hat die Einsteinsche Konzeption der vierten Dimension einen rein erkenntnistheoretischen und physikalisch-geometrischen Charakter, so hat dagegen die Machsche Konzeption trotz seines positivistisch-phänomenologischen Standpunktes, seines sogenannten Empiriokritizismus, eine psychophysische Tönung.

Einen vorwiegend psychischen Charakter dagegen erhielt das Konzept der vierten Dimension durch jene materialistischen Psychisten, welche die »okkulte« Komponente der Natur als vierte Dimension in ihr trübes Versuchsfeld einzubauen sich bemühten und damit die nur halbmanifesten Untergründe der Natur spiritistisch zu erklären suchten. Zu ihnen gehört der Astrophysiker Friedrich Zöllner mit seiner Schrift über »Naturwissenschaft und christliche Offenbarung«[6], die 1886 erschien. In seinem Gefolge finden wir ideenmäßig dann alle jene Kreise, die das »Übersinnliche«, nachdem sie es mediumistisch-materialistisch kitzelten, als »vierte Dimension« ansprechen, wenn es sich in ihren spiritistischen Sitzungen manifestiert. Und wir finden in seinem Gefolge jene brache Art verspäteter Mystiker, als deren bester Vertreter Maurice Maeterlinck [7] zu nennen ist, welche die Wirkung ihrer mystischen Haltung, das ausschließliche Zurücktauchen in die reine Polarität der Psyche und die Manifestation der daraus resultierenden Kräfte als »vierte Dimension« bezeichnen, ohne zu bemerken, daß sie, statt die dreidimensionale Welt zu überwinden, diese gewissermaßen nur unterwinden, indem sie in die zweidimensionale Welt zurücksinken. Oder, um noch eine letzte Interpretation der vierten Dimension zu erwähnen, die in diesem Zusammenhange nicht übergangen werden darf, so ist auf jene hinzuweisen, die von den heutigen Traditionalisten Frankreichs in den Kreisen um R. Guénon, beispielsweise von Raoul Auclair [8] und von Raymond Abellio [9] (um damit gleichzeitig auch einige Verteidiger der großen und starken esoterischen Richtung in Frankreich zu nennen, die in der Nachfolge eines Saint-Martin, Fabre d'Olivet, St. de Guaita, Eliphas Levi, Saint-Yves d'Alveydre, Matgioi, Papus und anderer stehen) vertreten wird; sie betrachten den Äther, den sie nicht im griechisch-mentalen Sinne als Element interpretieren, sondern als »primordiale«, außerräumliche und außerzeitliche Gegebenheit, als vierte Dimension.

Schon dieser kurze Aufriß läßt zwei Sachverhalte erkennen, die äußerst aufschlußreich sind: erstens der merkwürdige Umstand, daß die nichteuklidische Geometrie gleichzeitig und unabhängig von mehreren entdeckt wird; zweitens die weitgehende Adaption dieses Begriffes der vierten Dimension durch Vertreter der verschiedensten Disziplinen und Geisteshaltungen.

Betrachten wir zuerst die Tatsache der Entdeckungsgleichzeitigkeit, die übrigens nicht nur uns aufgefallen ist, auf die auch Egmont Colerus [10] hinweist, was um so gravierender ist, als die Konzeption nichteuklidischer Geometrien, die er als die vielleicht größte Revolution in der bisherigen Wissenschaftsgeschichte bezeichnet, erst die Konzeption der vierten Dimension ermöglichte. Wir haben gesehen, daß Gauß, der sich schon 1799 mit dem Parallelenaxiom beschäftigt hatte, der erste gewesen ist, der eine nichteuklidische Geometrie konzipierte, aber nichts darüber veröffentlichte – ein Umstand, auf den wir sogleich noch eingehen werden. Er äußerte sich andeutungsweise über diese Entdeckung in einem Brief aus dem Jahre 1829 an den großen Astronomen Bessel.[11] Dafür erntete aber der Jurist Schweikart Gauß' Lob, als er diesem seine Gedanken über eine grundsätzlich gleiche Geometrie weitergab. 1825 veröffentlichte der Neffe Schweikarts, Taurinus, Erörterungen über dieses Problem, 1829 legte J. N. Lobatschefskij seine Entdeckung der nichteuklidischen Geometrie der Universität Kasan vor, 1832 veröffentlichte, wiederum unabhängig von allen anderen, J. Bolyai seine mit der Gaußschen identische »nichteuklidische« Geometrie. Mit Gauß sind es also nicht weniger als vier beziehungsweise fünf Gelehrte (Gauß und Schweikart/Taurinus in Deutschland, Lobatschefskij in Rußland, Bolyai in Ungarn), die in der Zeitspanne eines Jahrzehnts unabhängig voneinander diejenige Geometrie realisieren, die jene Folgerungen zuließ, aus welchen die vierdimensionale Welt hervorgehen konnte. Diese Quadruplizität bei der Entdeckung eines Konzeptes, welches weltumgestaltend wirken sollte, ist jedenfalls eine äußerst bemerkenswerte Tatsache. Und hier ist der Ort, noch auf jene höchst merkwürdige andere Tatsache zurückzukommen, daß nämlich Gauß selber nichts über seine Entdeckung veröffentlichte, sondern sie nur einmal in seinem Brief (von 1829) an den berühmten Astronomen Bessel andeutete. Colerus schreibt dazu: »Dieses rätselhafte Verhalten des größten aller Mathematiker harrt auch heute noch der psychologisch-geschichtlichen Aufklärung.« [12] Vielleicht wird das Verhalten Gauß' verständlich, wenn man es in Parallele setzt zu dem Verhalten Petrarcas in einer ähnlichen Entdeckersituation. Als nämlich Petrarca 1336 (etwa 500 Jahre vor Gauß) die Landschaft entdeckte, damals als er den Mont Ventoux bestieg (s. S. 41 f.), eine Entdeckung, die raumerschließend war und somit die Realisierung der dritten Dimension ermöglichte, war er von dieser weltumgestaltenden Entdeckung so erschüttert, daß er nur einem einzigen Menschen davon Kenntnis gab; und dies in einem Briefe. Als Gauß die nichteuklidische Geometrie entdeckte, die infolge ihrer n-Dimensionalität die Realisierung des vierdimensionalen Kontinuums ermöglichte, gab er von diesem weltumgestaltenden Funde nur einem einzigen Menschen Kunde; und dies in einem Briefe.

Diese durchaus unverbindliche, in jedem Falle aber bemerkenswerte, wenn nicht sogar merkwürdige Parallelität läßt sich bis zu einem gewissen Grade, unter den notwendigen Vorbehalten, auch auf eine parallele Quadruplizität der Entdeckung der Landschaft ausdehnen, die sich desgleichen, soweit wir dies übersehen, in etwa einem Dezennium abspielt. Denn unabhängig voneinander kommt das erwachende Raumbewußtsein in den Jahren 1327–1337 viermal genuin zum Durchbruch: in den

Fresken zu Assisi der Brüder Lorenzetti (1327/1328), in den letzten Werken Giottos (gestorben 1337), in den arabischen Sufi-Handschriften der gleichen Jahre und eben in dem Briefe Petrarcas an Francesco Dionigi von Borgo San Sepolcro vom Jahre 1336 (s. S. 42f.).

Mit diesen beiden Hinweisen auf eine gewisse Parallelität der Entdeckungsform und Äußerung zweier Wirklichkeitsmöglichkeiten, die wie keine anderen der letzten 600 Jahre für die bewußten Realisationsformen des europäischen Menschen ausschlaggebend, ja fundamental gewesen sind, möchten wir keinesfalls einer immer verdächtigen Parallelismuslehre der Ereignisse das Wort reden, so als ließe sich diese dahingehend verallgemeinern, daß man alle Abläufe in ein genau passendes Zwangssystem von Gleichläufigkeiten, in eine Art ewig sich wiederholender kosmisch-irdischer Fahrplanordnung zyklischen Charakters eingliedern könnte. Andererseits darf aber auch nicht außer acht gelassen werden, daß alle Manifestationen, wenn sie im irdischen und menschlichen Spielfeld ihren Schauplatz haben, zum Teil jenen Gesetzen und Äußerungsformen notwendigerweise unterworfen sind, die von Natur aus auf der Erde Gültigkeit haben und weitgehend die Wachstumsformen jeder Manifestation mitbestimmen.

Trotz dieses Vorbehaltes und gleichzeitigen Zugeständnisses sei noch auf einen Umstand hingewiesen, der unsere Aufmerksamkeit verdient, weil in ihm auf eine überraschende Weise eine gewisse Strukturgesetzmäßigkeit zum Ausdruck kommt. Freilich muß man bei ihrer Betrachtung ungemein behutsam sein und fähig, kategorialen Erwägungen, die unser Denken aufstellte, kein zu großes Spielfeld in Geschehnissen einzuräumen, die von sich aus und ursprunghaft ihre eigene Ordnung haben; mit anderen Worten: es ist erlaubt – und dies ist eine keinesfalls unwichtige Feststellung – fundamentale Manifestationen, die aus eigener ursprunghafter Freiheit genuin sichtbar werden, auch frei und somit, ungebunden an von uns konstruierte Kategorien, als übereinstimmend zu betrachten. Und dies vor allem auch da, wo sich zwei genuine Mutationsphänomene erstmals äußern, dabei aber als Feld ihrer Äußerung verschiedene Bereiche (oder Disziplinen) der menschlichen Realisationsmöglichkeiten in Anspruch nehmen. Dieser Hinweis ist nötig, um von vornherein Einwänden zu begegnen, die hinsichtlich der jeweils ersten Manifestation einer dreidimensionalen und dann einer vierdimensionalen Wirklichkeit auftauchen könnten, wenn man es wagt, diese miteinander in Beziehung zu setzen. Denn bei Petrarca spielt sich der Durchbruch der neuen Dimensionsmöglichkeit im seelen- und geistesgeschichtlichen Bereiche ab, bei Gauß (und seinen Zeitgenossen) spielt sich der Durchbruch einer wiederum neuen Dimensionsmöglichkeit in dem rein mathematischen, also vorwiegend mentalen Bereiche ab. Beide Bereiche entsprechen somit der jeweiligen Bewußtseinsstruktur der Epoche, in der die Betreffenden lebten. Mit diesem Vorbehalt geistesgeschichtlicher Art gegenüber einer nur naturwissenschaftlichen oder nur exaktwissenschaftlichen Interpretation lebendiger Zusammenhänge und Äußerungen dürfen wir es wagen, auf den soeben anvisierten Umstand einzugehen.

Als Petrarca die Landschaft entdeckte, entdeckte er potentiell, wie wir im ersten Teile gesehen haben, den Raum. Bei ihm, wie gleicherweise bei den Brüdern Lorenzetti, bei Giotto und bei den Sufi-Miniaturisten, wird die Möglichkeit des »Raumes« sichtbar. Er ist dimensionenmäßig exakt noch nicht realisiert. Das wird erst, wie wir gesehen haben, etwa 150 Jahre später, im Ausgang des 15. Jahrhunderts, durch die Verwirklichung der raumerschließenden Perspektive, vornehmlich durch Leonardo da Vinci, geleistet. Aber wir dürfen sagen, wenn wir uns dafür eines gebräuchlichen, aber nicht ganz treffenden Ausdruckes bedienen, daß der Raum (und mit ihm die Perspektive und die dritte Dimension) in den Äußerungen der Vier auf eine imaginäre Weise bereits präsent ist. Jener Ausdruck in Petrarcas Brief: »a locis« (s. S. 43), jene »Örter«, von denen er dort spricht, sind bereits der »Raum«, der ihre Vielfalt in der Perspektivierung zu eben diesem »Raum« zusammenschließt. Diese »Örter« sind, wie man es wohl am besten bezeichnen darf, der »imaginäre (dreidimensionale) Raum«, oder anders ausgedrückt: die von Petrarca entdeckte Landschaft mit ihren »Örtern« ist der »imaginäre Raum«, der erst durch Leonardos Perspektivlehre und deren Anwendung dem Imaginären enthoben, zu einem reellpunktigen Raume wird.

Betreffen diese Daten und Formulierungen die Wachstumszeiten und Phänomenologisierungen des dreidimensionalen Raumes, so lassen sich für das vierdimensionale Kontinuum, welches als »gekrümmter Raum« seinen Ausdruck in der Kugel findet, fast die gleichen Wachstumszeiten nachweisen, die diese neue Wirklichkeitsmöglichkeit benötigt, um von einer ersten »imaginären« Form zur reellpunktigen Wirksamkeit zu gelangen.

Es ist uns nicht bekannt, ob Gauß in Verbindung mit seiner

Entdeckung der »nichteuklidischen Geometrie«, deren Name jedenfalls von ihm stammt, auch von der vermutbaren Form des Kontinuums gesprochen hat, das Träger und Verwirklicher dieser Geometrie sein könnte, und es als »imaginäre Kugel« bezeichnete.[13] Dagegen wissen wir, daß F.H. Lambert (1728 bis 1777) im Anschluß an die Arbeit des Jesuiten G. Saccheri, die dieser unter dem Titel »Euklid, von jedem Makel gereinigt« im Jahre 1733 veröffentlichte, bereits von der »imaginären Kugel« sprach, die einer Geometrie zugrunde liegen müßte, welche von dem unbeweisbaren Parallelenpostulat absehen wollte.[14]

Was uns hier interessiert, ist die Tatsache, daß die Vorstellung einer »imaginären Kugel«, daß dieser Begriff aufs engste mit der Überwindung der euklidisch bedingten Raumvorstellung zusammenhängt; und dies in dem gleichen Maße wie der von uns eruierte »imaginäre Raum« eines Petrarca mit der Überwindung der nur zweidimensionalen Welt verbunden ist. Und so wie etwa fünf Generationen nach Petrarca, dessen »imaginärer Raum« zu einem reellpunktig bewußten Raum dreidimensionalen Charakters durch die Perspektivlehre Leonardos wurde, so wurde etwa fünf Generationen nach Lambert die »imaginäre Kugel« zu einer reellpunktigen bewußten Kugel (physikalisch ausgedrückt: zum »gekrümmten Raum«) vierdimensionalen Charakters durch die Relativitätslehre Einsteins. Dabei darf nicht außer acht gelassen werden, daß zwischen Lambert beziehungsweise Gauß und Einstein genauso starke Zwischenglieder eine Rolle spielen wie zwischen Petrarca und Leonardo da Vinci, welche wir bereits in unseren Ausführungen zur Geschichte der Perspektive, die man auch als »Geschichte der dritten Dimension« bezeichnen könnte, genannt haben (s. S. 45 ff.). Hinsichtlich der hier behandelten »Geschichte der vierten Dimension« ist festzustellen, daß einerseits die Riemannsche Entdeckung der »nichteuklidischen Geometrie zweiter Art« mit grundlegend für die Anwendungsmöglichkeit der vierten Dimension in der Physik durch Einstein war, wobei Beltrami und F. Klein in den Jahren 1868 und 1871 die letzte und ausschlaggebende Tat vollbrachten, da sie »die Reellpunktigkeit auch der negativ konstant gekrümmten Fläche, also der angeblich imaginären Kugel, nachwiesen«.[15] Auf die entscheidenden Beiträge zu Einsteins Relativitätstheorie durch H. Minkowskis Geometrie der Zahlen sowie auf die spezielle Relativitätstheorie als einer Geometrie im vierdimensionalen Raum, oder auf das nach H. A. Lorentz benannte Verfahren der »Lorentz-Transformation«, durch welches verschiedene, zueinander sich relativ verhaltende, vierdimensionale (raumzeitliche) Koordinatensysteme ineinander übergeführt werden können, hier einzugehen, würde uns zu weit von unserm Thema fortführen.

Mit diesen Ausführungen haben wir nunmehr den ersten der Sachverhalte untersucht, der sich uns aus dem kurzen Aufriß einer Geschichte der vierten Dimension aufdrängte und in der Feststellung der merkwürdigen Entdeckungsgleichzeitigkeit für die nichteuklidische Geometrie bestand, welche ja erst das Konzept von n-dimensionalen und damit auch von vierdimensionalen »Räumen« möglich machte.

Bei dieser Gleichzeitigkeit ist es interessant, daß es sich bei ihr nicht bloß um die so oft beobachtete Duplizität handelt, sondern daß eine Quadruplizität statthatte, daß also die Basis eines neuen Weltkonzeptes und damit einer neuen Bewußtseinsstruktur gleichzeitig und unabhängig voneinander von vier verschiedenen Forschern verschiedener Länder gefunden wurde. Es dürfte nicht allzu gewagt sein, in diesem Umstand eine Betonung gerade dieses Fundes sehen zu wollen, so als wollte sich das ursprüngliche Bewußtsein sichern, daß ein entscheidender Schritt in der Bewußtwerdung durch den Menschen geleistet werde.

Wir sind uns bewußt, daß wir mit dieser Überlegung der heute herrschenden anthropozentrischen Auffassung Ärgernis bereiten. Andererseits sollte aber auch berücksichtigt werden, daß wir mit ihr noch lange nicht einer nur glaubensmäßig vertretbaren Überzeugung von der »göttlichen« Lenkung der Ereignisse das Wort reden. Bescheiden wir uns, auch diese Mutation des Bewußtseins – wie alle anderen bisher erfolgten – als latent in uns veranlagt zu betrachten, die zu organisch bedingter Stunde zum Durchbruch kommen muß und sich dann, ihrer Virulenz entsprechend und ihrer umgestaltenden Kraft gemäß, auf eine derart betonte Weise manifestiert, daß jede Möglichkeit eines Übersehens oder Nichtbeachtens ausgeschlossen wird und ist.

Über einen Punkt dürfte aber – und er ist der grundlegende – nach unseren Ausführungen kein Zweifel mehr bestehen: darüber, daß die Entdeckung der Landschaft durch Petrarca und dessen Zeitgenossen zu der Entdeckung der nichteuklidischen Geometrie durch Gauß und dessen Zeitgenossen in Beziehung, ja in Parallele gesetzt werden darf. Das Konzept der Landschaft enthält vorausnehmend, und somit vorerst imaginär, bereits den später realisierten Raum, der dreidimensional und perspektivisch fixiert ist. Das Konzept der nichteuklidischen Geometrie enthält vorausnehmend, und somit vorerst imaginär, bereits die später realisierte Kugel, die vierdimensional und perspektivefrei (also aperspektivisch) unfixiert ist, da sie sowohl eine sich bewegende Kugel als auch eine durchsichtige ist.

Wir hatten bereits im ersten Teile (s. S. 168 f.) darauf hingewiesen, daß die Kugel das »Symbol« der vierdimensionalen, integralen Bewußtseinsstruktur sei. Das Konzept der »imaginären Kugel«, das in dem Moment auftaucht, da sich die Realisation nichteuklidischer Geometrien als unvermeidbar erweist, darf als Hinweis auf die Gültigkeit dieses Symboles für die aperspektivische Welt gewertet werden. Die Tatsache, daß diese »imaginäre Kugel« dann, aus dem Imaginären befreit, zumindest geometrisch bewußten, vierdimensionalen Charakter erhält, ist ein weiterer Hinweis auf die Gültigkeit dieses Symbols.

Daß wir im Anschluß an das Phänomen der Entdeckungsgleichzeitigkeit auch auf die Parallelität der anfänglich nur imaginären Ausdrucks- und Dimensionsformen beider Strukturen gestoßen sind, ist deshalb von besonderer Wichtigkeit, weil die vierdimensionale Kugel, geometrisch ausgedrückt: weil der (durch die Zeit!) gekrümmte Raum die einzige reale Grundlage ist, auf der sich ein vierdimensionales Koordinatensystem verwirklichen läßt. (Die einfache Kugel ist bloß dreidimensional, erst die sich bewegende und durchsichtige Kugel ist vierdimensional, und nur die Durchsichtigkeit gewährleistet die aperspektivische Wahrnehmung.) Diese Vierdimensionalität der durchsichtigen Kugelfläche wird in der Folge noch von entscheidendem Wert für den vierdimensionalen Charakter beispielsweise der heutigen Malerei sein. Diese Malerei nämlich verliert den abstrusen Aspekt, den sie heute noch für viele hat, in dem Moment, da man gewisse ihrer Produkte nicht mit den Augen eines nur dreidimensionalen Bewußtseins betrachtet. Was bei einer solchen Betrachtung sich oft als Verzerrung darstellen muß, löst sich dann – allerdings nur bei den besten Werken der neuen Malerei – in eine neuartige Harmonie auf, wenn man zu berücksichtigen imstande ist, daß dieser Malerei weder die einfache Fläche, noch der durch sie selber abstrakt vorgetäuschte Raum (Perspektivierung) zugrunde liegt, sondern die sich bewegende und zugleich durchsichtige Kugelfläche.[16]

Das durchaus nicht zufällige Konzept der »imaginären Kugel« ist von konstituierender Wichtigkeit und Wert für die aperspektivische Welt. Und wir werden noch sehen, daß es nicht nur in der Geometrie eines Beltrami und Klein, in physikalisch abgewandelter Art in der Relativitätstheorie Einsteins »reellpunktig« wurde, sondern beginnt, basisbildend auch weitere Bereiche des menschlichen Ausdrucks- und Betätigungsfeldes grundlegend umzugestalten. Die dafür nötigen Voraussetzungen sind bereits weitgehend erfüllt, bis auf eine, die entscheidend sein dürfte. Auf diese werden wir sogleich im Zusammenhang mit der Betrachtung des zweiten Sachverhaltes zu sprechen kommen, der sich aus unserem kurzen Aufriß der Geschichte der vierten Dimension ergeben hat.

Dieser zweite Sachverhalt betrifft die Adaption des Begriffes einer vierten Dimension durch Vertreter der verschiedensten Disziplinen.

Bevor wir auf diesen zweiten auffälligen Sachverhalt eingehen, müssen wir uns über einen grundsätzlichen Umstand klarwerden. Jede Adaption, ja selbst jede Realisierung einer vierten Dimension kann nur dann weltbildend sein, wenn sie nicht als eine nur zusätzliche Dimension betrachtet wird, sondern als integrierende. Mit anderen Worten: wird sie lediglich als Mehrdimension betrachtet und angewendet, so ergibt sich nur eine nochmalige »Raum«-Erweiterung, die aber nur weltzerstörend wirken kann und würde. Erste, äußerst handgreifliche Beispiele für die Wirkweise einer nicht ganz realisierten vierten Dimension liegen ja bereits – unter anderem in der negativ angewandten Atomspaltung – vor. Es sei deshalb festgehalten: die vierte Dimension der aperspektivischen Welt muß dem Bewußtsein als integrale Funktion, als Systase, dienen, dann wird sie weltbildend sein; dient sie ihm dagegen als bloß mehrende und erweiternde Größe, so wird sie nicht nur die bisherige mental-rationale Struktur zerstören, sondern auch die genuine Art der sich vorbereitenden integralen Struktur.

Nach diesem Vorbehalt grundsätzlicher Art wollen wir die verschiedenen Formen untersuchen, in welchen der Begriff »vierte Dimension« durch Vertreter verschiedenster Disziplinen adaptiert wurde. Wir werden dabei aber nicht chronologisch vorgehen, sondern ein anderes Ordnungs-Schema wählen: das der vier Bewußtseinsstrukturen. Es ergibt sich nämlich die überraschende Tatsache, daß die einzelnen Vertreter der verschiedenen Disziplinen die vierte Dimension je nach der in ihnen vorherrschenden Bewußtseinsstruktur adaptierten, ein Umstand, der jeweils die integrierende Funktionsfähigkeit dieses Konzeptes in Frage stellen könnte.

Ohne Zweifel ist das Konzept der vierten Dimension der Ausdruck par excellence, durch den sich die neue Bewußtseinsmutation ankündigt. Des weiteren dürfte auch darüber kein Zweifel bestehen, daß diese vierte Dimension in irgendeiner Form etwas mit der »Zeit« zu tun hat; oder besser gesagt: mit den verschiedenen »Zeitformen«, welche nach Maßgabe der verschiedenen Strukturen in uns wirksam sind. Welche dieser »Zeitformen« ist, wenn überhaupt, ausschlaggebend? Kann das, was einer Erscheinungsform zugrunde liegt, als bloßes Teilglied dieser Erscheinungsform behandelt und bewertet werden? Mit anderen Worten: kann die »Zeit« oder eine ihrer Formen einen Teil des dreidimensionalen Raumes bilden, da sie ja die »Grundlage«, besser: die Systase gerade dieses Raumes beziehungsweise des Raumsystems ist? Kann überhaupt »Zeitliches« oder »Zeithaftes«, das seinem Wesen nach – wenn wir es mental werten – das heterogene Element des statischen Raumes ist, in diese Raumkonzeption als »Viertes« eingegliedert werden, ohne daß es den Raum selbst sprengt? In dem Konzept der vierten Dimension spricht sich unmißverständlich die »neue Aufgabe« aus, die bisherige einseitige Raumfixiertheit des Bewußtseins zu überwinden. Aber man überwindet nie dadurch, daß man zerstört, sondern indem man integriert. Die »Zeit«, die Teiler ist, als vierte Dimension einzuführen, das heißt den Raum zerstören *und* die Zeit; die »Zeithaftigkeit« als vierte Dimension einzuführen, das heißt dem Raum eine inkongruente Dimension geben, da das »Zeithafte« sich nur im Zweidimensionalen wirkend erweisen kann; die »Zeitlosigkeit« als vierte Dimension einzuführen, ist ein Nonsens rationaler Art, denn das Zeitlose hat nur Wirklichkeit im Eindimensionalen. So offensichtlich diese Schlüsse auch sein mögen, besonders dann, wenn wir uns daran erinnern, was hinsichtlich dieser drei »Zeitformen« im ersten Teile (siehe dort Kap. V) ausgeführt wurde, genauso offensichtlich ist es, daß die verschiedensten Disziplinen den Versuch gemacht haben, die vierte Dimension, sei es magisch, sei es mythisch, sei es mental, zu interpretieren.

Magisch ist die Adaption, die diesem Konzept von jenen Kreisen zuteil wird, die letztlich mit diesem Begriff nichts anderes bezeichnen als die Manifestationen des »Übersinnlichen«; besser ausgedrückt: die Manifestationen dessen, was sie als das »Übersinnliche« bezeichnen, dessen sie über Medien habhaft zu werden glauben. Wenn wir diesen Schabernack pseudowissenschaftlicher Art ablehnen, so nicht deshalb, weil wir diese Manifestationen bezweifelten. Wenn die Materialisten ihnen nicht trauen und sie ablehnen, weil sie sie als zu wenig materialistisch empfinden, so lehnen wir sie ab, weil wir sie als zu materialistisch, oder besser: als kryptomaterialistisch werten müssen. Daß man vitale und psychische Absprengsel in Materialisationsformen treibt und zwingt, denen man dann »metaphysische« (»hinter dem Physischen liegende«) Bewertungen angedeihen läßt, obwohl es sich bei diesen Manifestationen bestenfalls um hypophysische (unter dem Physischen liegende) handelt, zeigt lediglich, daß alle derartigen »Okkultisten« gewissermaßen *Kryptomaterialisten* sind. Und die Tatsache, daß diese Art vierter Dimension nur über den mediumistischen Zustand manifest wird, also Resultat des Zurücktauchens der Versuchsperson in die magische Ich-Bewußtseinslosigkeit (Trance) ist, läßt erkennen, daß diese Ankurbelung einer »niedrigeren« Bewußtseinsstruktur für die heutige Bewußtseinsstruktur irrelevant ist und höchsten Kuriositäts-Charakter hat. Die offensichtliche Sinnlosigkeit und Wertlosigkeit der produzierten Phänomene spiritistischer und mediumistischer Art macht ihre Herkunft aus der magischen Verflochtenheit, die durch ihre Zufallshaftigkeit und Ungerichtetheit charakterisiert ist, evident. Das deutliche Hineinspiel der einseitig aktivierten Vitalströme (Magnetismus) und das Aufgehen des einzelnen in dem defizient wiederhergestellten Clan (Bildung einer *Einheit* [!] der Teilnehmer an derartigen »Sitzungen« durch Kreisschließung der Hände) sind zusätzliche Hinweise darauf, daß die auf diese Art produzierten Manifestationen des minderwertig »Übersinnlichen« (das ein »Untersinnliches« ist) nicht als manifest werdende »vierte Dimension« betrachtet werden dürfen. Auf diesem Felde wird lediglich die vergessene Kraft der »Zeitlosigkeit« revigorisiert, die aber defizienten Charakter annimmt, da die aus ihrem Vermögen heraus akut werdenden Phänomene Macht über jene erhalten, die sie naturwidrig hervorlocken. Dieses Vorgehen ist deshalb naturwidrig, weil es im Widerspruch zu der Natur der dreidimensionalen Bewußtseinsstruktur steht, welche dem heutigen Menschen noch weitgehend gemäß ist.[17]

Was ein Fr. Zöllner in seiner bereits zitierten Schrift (s. S. 459) als vierte Dimension bezeichnete, ist nichts anderes als die defiziente »Zeitlosigkeit«, die, durch mediumistische Versuchspersonen revigorisiert, dem rationalen Menschen insofern sichtbar wird, als sich Wirkweisen dieses zeitlosen Zustandes, reichlich materialistisch, im dreidimensionalen Raume manifestieren.

Der nichts als spiritistische Charakter der Versuche Zöllners unterstreicht die Richtigkeit unserer Interpretation. Wir nehmen ihn als Beispiel für die magische Adaption der »vierten Dimension«, da er, soviel wir sehen, als erster diesen Begriff bei magischen Phänomenen anwendet, der durch seine zahlreichen Nachfolger noch heute in spiritistischen und ähnlichen Kreisen mißbraucht wird. Jung-Stilling und Justinus Kerner, deren magische Experimente jenen Zöllners voraufgingen, begnügten sich noch, diese durch Od-Theorien, Lebensmagnetismus [18], Somnambulismus und ähnliches zu erklären. Zöllner bemächtigte sich eines an sich richtigen Konzeptes, um es auf einem diesem Konzept nicht adäquaten Felde anzuwenden. Darüber kann auch seine geschickte »wissenschaftliche« Bezugnahme auf Gauß, Riemann und Fechner nicht hinwegtäuschen. Er definiert die »vierte Dimension« als »complexe Raumkoordinate« imaginären Charakters, welche zu einer »erweiterten Raumanschauung« führe. Es ist symptomatisch, daß sich in dem Moment, da die vierte Dimension mißinterpretiert und mißdefiniert wird, sogleich auch die falsche Folgerung einstellt, sie müsse raumerweiternd wirken. Diese Definition seiner vierten Dimension vertrat Zöllner bereits in der Vorrede zu seinen »Prinzipien einer elektrodynamischen Theorie der Materie« (1882). Und zur Stützung der Realität imaginärer Ausdrücke, die seine Definition der vierten Dimension aufweist, beruft er sich auf Darlegungen von Gauß über die Gültigkeit algebraisch »imaginärer« Größen.[19] Schließlich zieht er noch die Äußerungen G. Th. Fechners heran, die dieser über die Einwandfreiheit der Zöllnerschen spiritistischen Versuche in seiner Schrift »Die Tagansicht gegenüber der Nachtansicht« (1879) macht, und dank dem Verflechten derart inkongruenter Strukturen stellt er dann die in spiritistischen Séancen auftretenden Phänomene, diese Raumwerdung des »Übersinnlichen«, als Ausdruck der vierten Dimension hin.[20]

Es war leider nötig, auf dies etwas quallige Gebiet einer Fehlinterpretation der »vierten Dimension« einzugehen, da diese Mißdeutungen noch heute im Gebrauch sind und – wenn unverantwortlich gehandhabt – zu unverantwortlichen Rückschlüssen und Irrlehren Anlaß geben. Das Element der Unverantwortlichkeit ist diesen Betätigungen und Interpretationen inhärent, da sie Folgen von Praktiken sind, während deren Ausübung sich die Beteiligten, vor allem aber die Versuchs- und Mittelsperson, das Medium, in einem Zustand befinden, der das verantwortende Ich-Bewußtsein nicht nur herabdämpft, sondern weitgehend ausschaltet.[21]

Mythisch dagegen, und – weil vorwiegend mythisch – desgleichen nicht ausreichend, ist jene Interpretation, welche der vierten Dimension durch die modernen Mystiker zuteil wird. Dabei begegnen wir den mannigfaltigsten Spielarten. Vertreter gewisser idealistischer Philosophien gehören zu diesen Interpreten genauso wie die Psychophysiker, die Neo-Mystiker oder die Mehrzahl der Traditionalisten. Alle diese Vertreter einer defizient mythischen Interpretation können wir als Psychisten bezeichnen (ein Begriff, den wir im ersten Teile [s. S. 64] bereits definiert haben). Die Ausschließlichkeit, mit der sie sich, meist ohne es zu wissen, auf dem psychischen Felde tummeln, gibt all ihren Äußerungen jenen Charakter des Ungeprägten und Unverbindlichen, welcher der defizient mythischen Struktur anhaftet. (Die Psychisten sind im mythischen Bereich dasselbe, was die Spiritisten im magischen Bereich sind; übrigens kommt der Begriff »Spiritismus« ja von den »spirits«, den Geistern; er hat mit »Geist«, geschweige denn mit dem »Geistigen«, sowenig zu tun, wie letztlich der zerstückelnde Psychismus noch etwas mit der »Seele« zu tun hat.)

E. Mach war, wie wir (s. S. 459 ff.) gesehen haben, der erste, der das Konzept der vierten Dimension zur Erklärung gewisser psychologischer Prozesse heranzog. Er ist trotz der Solidität seiner Arbeiten und Forschungen der erste Vertreter psychistischer Interpretationen der vierten Dimension. Seine Arbeiten zur Erkenntnistheorie wirken noch in der Einsteinschen Relativitätstheorie nach. Aber neben der Beschäftigung mit Philosophie, in der er Verfechter eines rein positivistisch-phänomenologischen Standpunktes war, gab er sich auch mit der Akustik ab, einem rein magischen Bereich, und vertrat vor allem die Ansicht, daß alle Erkenntnis lediglich auf Erfahrung beruhe. Damit wurde er zum Überwinder des mechanistischen Materialismus und gab das Primat – vielleicht »unbewußt« – dem energetischen (und psychischen) Prinzip, das sowohl in der »Erfahrung« wohnt wie auch in der »Arbeit«, der er ja eine seiner ersten Publikationen widmete. Die Eigengesetzlichkeit aller energetischen Abläufe, die ihr Grundmuster in der psychischen »Zeithaftigkeit« haben, gibt seiner Gesamtkonzeption die Norm. Genaugenommen ist diese Energetik, die einmal als »Erfahrung«, ein anderes Mal als »Arbeit« gefaßt wird, seine vierte Dimension: jener mythische Kreislauf des Geschehens, der, vom positiven

Pol zum negativen und vom negativen wieder zum positiven fließend, den psychischen und physikalischen Erscheinungen rhythmische Gesetzmäßigkeit gibt. Durch die Betonung des Wertes der Arbeit unterstreicht er dazu noch die Abwendung von dem statischen, raumfixierten Begriff des Besitzes. Da Arbeit bewegliches Vermögen, Besitz unbewegliches Vermögen ist, überwindet er auf seine psychisierende Weise die bloße Geltung des Dreidimensional-Räumlichen, das fixiert und statisch ist. Aber diese zeithafte Energetik, die ja die Grundlage des Zweidimensionalen ist, ist keinesfalls eine vierte Dimension, sondern bloße Revigorisierung der Wirksamkeiten der mythischen Struktur.

Übrigens ist das Konzept der Arbeit und seine Betonung, welche bereits bei Hegel (1807) in dessen »Phänomenologie des Geistes« einsetzt, gerade hier aufschlußreich, da dadurch die Konzipierung der vierten Dimension an die in der Französischen Revolution offensichtlich werdende neue Mutation gebunden wird. Das »Erwachen der Linken« war es, durch das an die Stelle des Besitzes, eines räumlich-körperlichen Konzeptes, das dynamische und energetische der Arbeit gesetzt wurde. In dieser Umbetonung der soziologischen Fundamente spiegelt sich der »Einbruch der Zeit«; in der Interpretation von Mach wird es deutlich, daß diese »Zeit« als eine psycho-physikalisch beschränkte Zeit mißverstanden wird.

Anders liegen die Verhältnisse bei den Neo-Mystikern. Die sie beherrschende Raumflucht läßt sie jenen Bereich suchen und finden, der raumlos ist, ohne deshalb leblos zu sein. Damit nähern sie sich, indem sie sich gleichzeitig zurückwenden, der mythischen Bewußtseinsstruktur, zu deren Charakteristika, wie wir gesehen haben, die Raumlosigkeit zählt, jene Flächenhaftigkeit, die aus der kreisschließenden Polarität lebt; und die weitgehende Identifizierung von Seele und Leben, die hier Gültigkeit hat, verleitet sie nur allzu schnell dazu, dieses mit den Sternen und Gezeiten übereinstimmende Leben, in dessen ewigen Fluß sie hineintauchen, als All-Leben in einer diesem entsprechenden All-Seele zu fühlen. Die Abwendung von der mentalen, dreidimensional gewordenen Außenwelt zurück in die bloß zweidimensionale Innenwelt, in die contemplatio, das Schauen, die Versenkung, verleiten dann dazu, diese »Unterwindung« des Dreidimensionalen als seine Überwindung zu bezeichnen, wobei der vergessene und wiedergefundene, revigorisierte Zustand friedlichen und ergebenen Aufgehobenseins ihnen als vierte Dimension durch die Sinne gaukelt, wenn sie mental diese nicht realisierte Rückkehr ins Mythische als Dimensionsgewinn statt als Dimensionsverlust beschreiben.

Für diese Haltung und diese Fehlinterpretation der vierten Dimension ist der ehrenhafte Maurice Maeterlinck ein hervorragender Vertreter. In seiner Schrift »Die vierte Dimension« kommt er nach einer kurzen Kritik der hauptsächlichsten mathematischen und physikalischen Lösungsvorschläge zu einer eingehenden Berücksichtigung jener, die von einigen wissenschaftlichen Außenseitern vorgebracht wurden, und setzt die Ewigkeit als vierte Dimension ein: eine Ewigkeit, die »immerwährende und allumfassende Gleichzeitigkeit« und die »Unendlichkeit« ist; in letzter Konsequenz ist sie die große »Unbekannte«, ist es »Gott«.[22]

Auch den Äther, sofern dieser eine Unbekannte ist, zieht Maeterlinck in Erwägung[23] und trifft sich hier mit jenem Vorstellungskreis, den gewisse Traditionalisten vertreten, wie der bereits erwähnte Raoul Auclair[24], der ihn als Grundsubstanz aller Materie betrachtet, als das Ur- und Ausgangselement aller Schöpfung, in welche als dem »vierten Element« (und zugleich ersten) alle Manifestation zurückkehre, wobei er die »Zeit« als vierten Terminus, nicht aber als vierte Dimension des dreidimensionalen Raumes gelten läßt. Die zyklische Interpretation, der er sich dabei bedient, zeigt, in welchem Maße er an die »Zeithaftigkeit« gebunden ist und letztlich diese mit der vierten Dimension verwechselt.[25]

Eine besonders kuriose (und nicht ungefährliche) Interpretation der vierten Dimension findet sich bei dem Pseudo-Esoteriker P. D. Ouspensky. Sie geht dahin, die Zeitdimension den drei Raumdimensionen durch Dreiteilung anzupassen, derart, daß ein sechsdimensionales Etwas entsteht, worin die drei Zeitdimensionen Vergangenheit, Gegenwart und Zukunft sind.[26] Diese Quantifizierung, diese Weiterteilung und noch stärkere Räumlichung der »Zeit«, die bereits Hegel vorgenommen hatte[27], ist wohl die bizarrste Form von mythisch-mentaler Defizienz, die möglich ist; sie wird noch durch die Betonung der »Ekstase« und die Bindung des Autors an die magische Grundhaltung seines schamanenhaften Lehrers George Gurdjeff, dem »Meister« der »Schule von Fontainebleau«, verwirrt und ist mit ihrer östlichen Unangepaßtheit an das westliche Denken von jener schillernden psychischen Vielfacettigkeit, die für desorientierte »Wahrheitssucher« nicht ohne Attraktionen ist.[28]

Mental dagegen ist das Konzept jener »vierten Dimension«, das aus der Geometrie Riemanns hervorging und dann, von Einstein verallgemeinert, in die Physik eingeführt wurde. Sie wird dort als »Zeit« bezeichnet und rechnungsmäßig als vierte Dimension des Raumes, und zwar des »gekrümmten Raumes« als eines »Kontinuums«, verwertet. Da die mathematische Formulierung und Einigung der heterogenen Elemente, als welche sich Raum und Zeit auch darstellen, gelang, geschah das auf Kosten der Zeit, die für die physikalische Forschung eine weitere Räumlichung (eine Geometrisierung) erfuhr. Durch den geglückten Einbau der Zeit als vierter Dimension in den dreidimensionalen Raum wurde jene »Raum-Zeit-Union« oder »Raum-Zeit-Einheit« verwirklicht, die vor allem in der Kernphysik zu praktischen Ergebnissen führte. Vielleicht darf man es als symptomatisch bezeichnen, daß die Hereinnahme des teilenden Prinzips, das als solches auch ein dynamisch-energetisches ist, den bloßen Raum in ein »Kontinuum« verwandelte. Aber es gibt noch ein weiteres Symptom, das die Definition unterstreicht, welche wir der »Zeit« zukommen ließen, indem wir sie als den Teiler par excellence evident machten, dem vornehmlich das »Zerstörende, Zerreißende« inhärent ist: daß durch den Aufbau der Atome oder durch deren Abbau (durch Atomspaltung), die ohne die Einsteinschen Formeln nie realisierbar geworden wären, der räumliche Zusammenhalt der Materie zerrissen werden kann; und es ist auffällig genug und nur konsequent, daß, wenn man die mentale »Zeit«, die an sich schon teilend und zerteilend ist, nun auch noch zum vierten Bestandteil des vierdimensionalen Kontinuums machte, das markanteste Resultat dieser rational realisierten und applizierten Vierdimensionalität die Erfindung der Atombombe und ähnlicher Zerstörungswaffen ist. Dieses »Kontinuum« wirkt sich hier jedoch auf negative Art aus: als nicht mehr kontrollierbare Auflösung.

Diese unsere Betrachtungsart wird mancherorts ohne Zweifel Ärgernis bereiten, und man wird ihr jede Relevanz für das »behandelte Gebiet« absprechen wollen. Wir werden auf die Irrelevanz eines derartigen Einwandes sogleich noch zurückkommen. Vorher möchten wir zur rationalistischen Konzeption des vierdimensionalen Kontinuums noch eine Feststellung machen, welche die Komplexität dieses Konzeptes unterstreichen kann. Dafür enthält ein Hinweis des großen französischen Gelehrten Paul Langevin die beste Formulierung: »Die Physik hatte als unerläßlichen Schauplatz den euklidischen Raum, in dem eine absolute Zeit herrschte. Das neue Konzept [Relativität] ist ein ganz anderes: es ist eine Fusion [Verschmelzung] der Geometrie und der Physik, durch welche die Existenz einer absoluten Zeit und eines absoluten Raumes unmöglich gemacht wird.« [29] Diese Umschreibung für das, was die euklidische Konzeption von der nichteuklidischen unterscheidet, ist in doppelter Hinsicht interessant. Sie zeigt einerseits, daß eine rationale Formulierung ihr weitgehend gerecht werden kann; andererseits verweist sie uns auf die magische Komponente, die dem Konzept der Relativitätstheorie innewohnt. Auf diese hatten wir bereits gelegentlich der Erwähnung der Einsteinschen Raum-Zeit-*Einheit* hingewiesen (s. S. 299) und auch darauf, daß es durch das mythische Konzept des Komplementaritätsprinzips ergänzt wurde (s. S. 299). Die rational hervorragende Formulierung von Langevin zeigt deutlich, daß bei der Konzeption eines vierdimensionalen Kontinuums die dualistische Interpretation nicht ausgeschaltet wurde, die stets nur zwischen zwei Alternativen zu wählen vermag, wenn ihr eine Synthese nicht gelingt. Hier stellen sich diese Alternativen in dem Konzept des Absoluten, das unbedingt ist, dar, dem das des Relativen, das bedingt ist, gegenübergestellt wird. Zu dem von Natur aus magisch betonten Einheitspostulat tritt das von der Relativität der Ereignisse. Es wird also durch die Konzeption des vierdimensionalen gekrümmten Raumes nicht etwa eine Ganzheit und Integrierung, sondern eine Einheit und Relativierung bewirkt. Und diese Relativierung ist die zweite magische Komponente, denn in ihr spielen die *Bezüge* der einzelnen Raum- und Zeitpunkte (oder der Raum-Zeit-Größen) die entscheidende Rolle, die, insofern sie meßbar werden, eine rationale Form der magischen Punktbezogenheit darstellen.

Die Schlußfolgerungen, die sich aus der Betrachtung des rationalistischen Konzeptes der »vierten Dimension« ergeben, wobei dieser Betrachtung als Kriterium jene Bewußtseinsstruktur zugrunde gelegt wurde, aus der heraus die Formulierung dieses Konzeptes hervorgegangen ist, sind folgende: die mentale Zeitform, nämlich die teilende und messende »Zeit«, als vierte Dimension in das geometrisch-physikalische Weltbild einzuführen, ist geglückt; der bisherige dreidimensionale Raum, also die bisher gültige Weltvorstellung der mentalen Struktur, ist überwunden; diese Überwindung stellt sich als Erweiterung der Weltvorstellung dar, da sie durch die Räumlichung der »Zeit« erreicht wird; sie ist damit eine nur scheinbare Überwindung, besser: sie ist vorerst nur ein Ansatz zu einer echten Überwindung, die als solche zwei bisher nicht eingelösten Forderungen entsprechen müßte: daß erstens die »Vierdimensionalität« nicht nur auf dem geometrisch-physikalischen Sonderfeld Realcharakter erhält, sondern konkret in allen Lebens- und Denkbereichen wirksam würde; daß zweitens für ihre ganzheitliche Wirkung das bloße teilende Element »Zeit«, selbst wenn es nicht als absolute, sondern als relative »Größe« (oder Dimension) gehandhabt wird, durch ein umfassendes zeitliches Konzept intensiviert werden müßte. Durch die Einführung der bloßen »Zeit« in die bisherige Raumvorstellung wird diese nur zum Teil überwunden; es muß aber eine Überwindung erreicht werden, die einer Befreiung gleichkommt und nicht bloß eine Raumerweiterung bewirkt, da diese zu einer Raumzerstörung führen muß. Der dreidimensionale Raum darf durch ein vierdimensionales Kontinuum sowenig zerstört werden als die zweidimensionale Fläche durch den dreidimensionalen Raum zerstört wurde. Die Befreiung von der jeweils um eine Dimension geringeren Welt ist vornehmlich eine Befreiung von der ausschließlichen Gültigkeit der wenigerdimensionalen Strukturen. So gesehen ist die Adaption des Konzeptes einer »vierten Dimension« durch die rationalistische Wissenschaft, indem sie sich dabei eines relativierten und nicht mehr absoluten Zeitbegriffes bedient, ein erster Ansatzpunkt zu einem vierdimensionalen Weltbewußtsein integralen und aperspektivischen Charakters.

Welcher Art nun jene intensivere »Zeitform« sein müßte, welche die Konsolidierung dieses Weltbewußtseins gewährleisten könnte, ohne in einer bloßen dynamisierten und erweiterten Raumvorstellung steckenzubleiben, das wird sogleich noch zu erörtern sein. Hier sei als Resultat unserer Untersuchung nur noch darauf hingewiesen, daß das physikalisch-geometrische Konzept der Einsteinschen vierten Dimension bereits deutliche Hinweise auf eine allgemeinere Gültigkeit enthält: es zeichnet sich durch Unanschaulichkeit aus, die nicht mit mentaler Abstraktion zu verwechseln ist; es ist mit der bloßen mentalen Vorstellung nicht realisierbar, enthält also den Keim zu einer neuartigen Realisationsart, welche nicht an das dreidimensional begrenzte Vorstellen gebunden ist. Diese neue Realisationsart haben wir mit dem Terminus des »Wahrens« umschrieben. Die erfolgte Herauslösung von Raum und Zeit aus der Absolutheit, die ein mentaler Begriff ist, enthält dann die Möglichkeit, die nunmehr relativierten Größen, besonders aber die Größe »Zeit«

zu konkretisieren, wenn man sich der vorerst nur magischen Bedingtheit dieser Relativierung bewußt wird und dabei dessen eingedenk bleibt, daß der notwendigen Integrierung stets eine Konkretion vorausgehen muß, die niemals dem Absoluten, sondern – mental formuliert – nur am Relativen vollziehbar ist; das Konzept des »vierdimensionalen Kontinuums« als eines »gekrümmten Raumes« enthält ansatzmäßig die Möglichkeit zur Realisierung des Integrums: der »vierdimensionalen Kugel« als einer sich bewegenden und durchsichtigen.

Wegen der Wichtigkeit all dieser Sachverhalte tragen wir keine Bedenken, uns zu wiederholen, wenn wir die soeben geschilderten Verhältnisse nochmals mit anderen Worten zusammenfassen: Durch die Einsteinsche Relativitätstheorie wurde zwar eine zumindest mathematisch formulierbare Einheit von Raum und Zeit hergestellt, die aber als eine dauernd zerfallende und sich gleichzeitig kontinuierlich erneuernde aufgefaßt werden muß; dabei bahnt sich, infolge der teilenden Kraft der heterogenen Größe Zeit, ein Prozeß an, den man als Ausweitungsprozeß bezeichnen darf: ein Rausch, die Grenzen, sowohl die Grenzen im Mikrokosmischen als auch im Makrokosmischen, immer weiter hinauszuschieben und auf diese Weise den Raum aufzulösen, ja zu zerstören, sein Gefüge zu sprengen, statt ihn zu überwinden. Das Phantom bloßer Erweiterungen und Grenzüberschreitungen bläht unsere Raumwelt ja nicht nur im physikalischen Sinne auf, sondern auch im psychologischen Bereich, wo man nicht müde wird von »Bewußtseins*erweiterungen*« zu reden. Selbst das Konzept von der augenblicklich stattfindenden Weltraumausweitung[30], daß sich nämlich das Weltall in einem Ausweitungsprozeß befinde, geht auf die gleiche Wurzel zurück wie die soeben angeführten Erweiterungsphänomene und -lehren. Der trügerische Zeitschwund und die trügerische Raum-»Überwindung«, wie sie in schnellen Verkehrsverbindungen Ungestalt angenommen haben, sind das negative Zerrbild eines mißverstandenen und mißangewandten »Wertes«: der rationalen Zeit, die immer teilend und zerstörend ist, so wie es Dais war, jenes dämonische (= teilende) Prinzip (s. S. 253ff.), das heute infolge seiner defizient-mentalen und ungewußt magischen Handhabung an Virulenz eher noch gewonnen hat.

Andererseits darf nicht übersehen werden, daß sich in diesem Konzept eines vierdimensionalen Kontinuums die drei strukturellen und bewußtseinsmäßigen Komponenten der magischen, mythischen und mentalen Struktur, wenn auch zum Teil in defizienter Form finden. Die magische Komponente gibt sich in den Postulaten von der Einheit (von Raum und Zeit) und von der Relativität (der Bezugspunkte) zu erkennen; die mythische Komponente wird in dem zusätzlichen Komplementaritätsprinzip sichtbar, welches Masse und Energie, Korpuskel und Welle als (polare) Erscheinungsformen wertet; die mentale Komponente kommt in der Räumlichung der Zeit zum Ausdruck und in der geometrisierenden Fixierung dieser als der vierten Dimension. Nur die raumzeitfreie Komponente fehlt und wird so lange fehlen, als man den Fehler nicht einsieht, der in der falschen Handhabung der vierten Dimension als der meßbaren Zeit besteht, statt sich dafür der integrierten und durchsichtigen zu bedienen. Das durch die Relativitätstheorie gegebene Verhältnis von Raum und Zeit zu- und ineinander, wobei die »Zeit« den Raum krümmt, der Raum aber die Zeit mißt, und somit die »Zeit« zur bloßen Vergleichskomponente, also zur Messend-Gemessenen wird (vergleiche dazu das Raum-Zeit-Modell Einsteins, das Waage-Modell), kann und muß überwunden werden, denn die echte Zeit krümmt den Raum nicht, sondern ist offen; mehr noch: sie öffnet ihn, da ihre Offenheit ihn durchsichtig zu machen vermag. Damit ist die nihilistische »Leere« überwunden und das Offene in einer intensiveren Bewußtseinsstruktur wiedererlangt, jenes Offene, von dem im ersten Teile gesprochen worden ist (s. S. 347).

Hier nun ist der Ort, auf jenen möglichen Einwand einzugehen, den man gegen unsere Betrachtungsart geltend machen könnte und auf den wir bereits (s. S. 474) hingewiesen haben. Um ihm begegnen zu können, müssen wir vor allem feststellen, daß wir mit unseren Ausführungen besonders über die Einsteinsche Relativitätstheorie nicht ihre Kritik anstreben, sondern den Versuch wagen, ihren Platz innerhalb der vital-psychisch-mentalen Gegebenheiten ersichtlich zu machen. Unsere Kategorien und Kriterien sind nicht irgendwelche »geistes«- oder naturwissenschaftlich bedingte, sondern sie sind die mutationsbedingten Bewußtseinsstrukturen. Wir geben keine fachwissenschaftlichen Beiträge, sondern versuchen, statt von einem Teilsektor aus die Phänomene sektorhaft, sektenhaft oder sezierend zu untersuchen, diese Phänomene von der allen Manifestationen innewohnenden lebendigen Strukturgesetzmäßigkeit als Ganzes zu erfassen. Wenn wir also beispielsweise bei der nicht rationalen Zahl ($t = \sqrt{-1}$) den Ton auf »irrational« und damit aufs Mythisch-Magische legen und nicht auf den Begriff Zahl als einer fast exakten Größe, die mathematisch interpretiert nur einen rational verwendbaren Annäherungswert darstellt, so ist der »Standpunkt«, den wir dabei einnehmen, entscheidend: daß wir nicht von einer Spezialwissenschaft ausgehen, sondern von einer Bewußtseinsstruktur. Hierin liegt der durchaus relevante Wert unserer Betrachtungsweise. Er schmälert beispielsweise nicht den Anspruch der Mathematik, die exakte und grundlegende Wissenschaft unter allen Wissenschaften zu sein. Da wir die von ihr formulierten Begriffe nicht usurpieren, sondern sie, statt sie sektorhaft zu verwenden, allgemeingültig interpretieren, hat der erwähnte Anspruch für uns nur insofern Relevanz und Gültigkeit, als wir der magischen Struktur eine grundlegende Bedeutung und Wirksamkeit für die verschiedenen Bewußtseinsstrukturen zubilligen, jener magischen Struktur, der dieser grundlegende Wissenschaftszweig vornehmlich zuzuzählen ist. Denn, ob Mathematik oder magische Struktur – wobei nicht zu vergessen ist, daß reine Mathematik eines der Produkte vornehmlich dieser Bewußtseinsstruktur ist –, in beiden gilt das Procedere des Gleichsetzens. Und nur das mental-rationale Verfahren der Mathematik, punkthafte Bedingtheiten, wie sie als Bezugsverhältnisse die magische Struktur konstituieren, zu Unbedingtheiten, zu Absoluta zu hypostasieren, täuscht die meisten Mathematiker über die eigentlichen und guten Wurzeln ihrer Wissenschaft hinweg. Dadurch wird diese »Königin der Wissenschaften« in den Bereich des Absoluten versetzt – eine Verabsolutierung, die ja anderen Königinnen auch zuteil wurde. (Übrigens ist die bekannte Disponiertheit vieler Mathematiker für die Musik ein zusätzlicher Hinweis auf das magische Kolorit dieser Wissenschaft; und die sattsam unter Beweis gestellte Unduldsamkeit, welche viele Mathematiker, so wie außer ihnen nur noch die Musiker, auszeichnet – falls dies eine Auszeichnung ist –, ist symptomatisch für den Herkunftsbereich ihres Arbeitsgebietes: nur das Magische kennt den Fanatismus, der höchstens noch in der perspektivischen Punktfixiertheit eine Parallele hat, die aber weitgehend gar nicht mental, sondern defizient-magisch ist, wie wir bereits gesehen haben [s. S. 229 u. 362].)

Dies war zu erwähnen, weil sich die wenigsten Fachwissenschaftler aus der von ihnen gewählten Situation heraus dazu bequemen können, die Gültigkeit einer Betrachtungsweise gelten zu lassen, die nicht von einem sektorhaft begrenzten Fachgebiet aus erfolgt. Es soll aber auch nicht verschwiegen werden, daß man doch schon hier und da einzusehen beginnt, wie mit dieser

Art der zerstückelten Betrachtung lebendiger und geistiger Phänomene nur das sicher nicht erstrebenswerte Resultat einer Zerstückelung der Welt selber droht. Mit alledem, und dies sei ausdrücklich betont, ist nichts gegen die Fachwissenschaft als solche gesagt, deren immense Arbeits- und Erkenntnisleistung außer Diskussion steht. Wohl aber ist etwas dagegen gesagt, daß etwa die Summe aller fachwissenschaftlichen Bemühungen und Resultate, die für einen einzelnen bei der heutigen Quantifizierung bereits nicht mehr ziehbar ist, sich in irgendeiner Weise noch dem realisierbaren Ganzen annähern könnte. Und gerade auf das Ganze muß es uns ankommen, wobei nicht zu vergessen ist, daß die uns konstituierenden Bewußtseinsstrukturen ein (mental formuliert:) ganzheitlicher Ausdruck sind und daß somit eine Betrachtung, welche wie die unsere, die von der Präsenz der ein Ganzheitliches bildenden Bewußtseinsstrukturen ausgeht, sich einer ganzheitlichen Erfassung der Teilphänomene nähert.

Wenn wir nun abschließend das Resultat unserer Untersuchung über die Adaption des Konzeptes einer vierten Dimension durch die Vertreter der verschiedensten Wissensgebiete zusammenfassen, so können wir sagen, daß die der Spiritisten nicht ausreichend ist, da in ihrer Adaption die vierte Dimension zu bloßer revigorisierter Zeitlosigkeit wird; daß die der Psychisten desgleichen nicht ausreichend ist, da in ihrer Adaption die vierte Dimension zu bloßer revigorisierter Zeithaftigkeit wird; daß die der Rationalisten dagegen fast ausreichend ist, wenn auch in ihrer Adaption die vierte Dimension noch immer die begrifflich-meßbare (Uhren-)»Zeit« ist, jedoch in einer entabsolutierten, nämlich relativierten Form.

Wir haben uns bei dieser Untersuchung auf wenige, aber für jede einzelne Adaption markante Vertreter beschränkt. Auf zahlreiche andere werden wir noch zu sprechen kommen. Hier sei als letztes Resultat unserer Bemühung festgestellt, daß keine der bisherigen Definitionen oder Adaptionen der vierten Dimension ausreichend ist, um der Mutation, der dieses Konzept entsprungen ist, zu voller Wirksamkeit zu verhelfen. Bisher sind es Fehlversuche mit einer vierten Dimension, Fehlhandlungen, vergleichbar jenen, die während hundertfünfzig Jahren, von Petrarca bis zu Leonardo da Vinci, mit der dritten Dimension unternommen wurden und sich damals in den falschen Perspektivzeichnungen (der umgekehrten, vertauschten, verkürzten Perspektive) zu erkennen gaben, die sich übrigens auch in den aus dem 5. Jahrhundert n. Chr. stammenden Fresken in den Höhlen von Ajanta (Indien) finden, dort aber, bezeichnenderweise, nicht zur reinen Perspektive vervollkommnet wurden, sondern nur als Ansätze dazu aufgefaßt werden können.[31]

Welcher Art aber soll die vierte Dimension sein? Dies ist die letzte der bereits gestellten Fragen, die wir noch zu beantworten haben. Welcher Art kann sie sein, wenn sie zwar mit dem Zeitproblem zusammenhängt, aber keine der bisherigen »Zeitformen«, also weder die Zeitlosigkeit, noch die Zeithaftigkeit, noch die Zeit selbst sein kann? Und welcher Art muß sie sein, wenn sie integrierend wirken soll? Integrierend würde sie raumüberwindend und damit auch zeitüberwindend sein, da die »Zeit« dem »Raume« zugrunde liegt, so wie die Zeithaftigkeit der Fläche, so wie die Zeitlosigkeit dem raumlosen Punkt: sie muß selber frei von diesen Zeitformen sein, denn die Befreiung vom Raum, also die Raumfreiheit, setzt Freiheit von der Zeit, also Zeitfreiheit, voraus. *Diese Zeitfreiheit ist die vierte Dimension.* Sie gilt es zu realisieren. Ohne Zeitfreiheit ist eine wirkende Überwindung der dreidimensionalen Raumgebanntheit nicht möglich. Und es sei wiederholt: um diese Zeitfreiheit zu realisieren, muß die »Zeit« nicht nur durch ihre Relativierung, sondern durch Konkretion überwunden werden; das heißt: die Zeit muß zuerst in allen ihren Formen konkret und bewußt werden, weil nur Konkretes überwindbar und integrierbar ist. Dieser Versuch einer Zeitkonkretion, der mithin zur Zeitfreiheit führt, ist die *Temporik.* Auf diese vierdimensionalen Versuche, auf diese ersten Manifestationen, die sich auf allen Gebieten zu erkennen geben, werden wir in den nächsten Kapiteln eingehen. Für diese Betrachtung der aperspektivisch-vierdimensionalen Manifestationen ist es aber unabdingbar, uns an ihren »Ort« und ihre »Bewegung«, an das »Wo« und »Wie« der zu untersuchenden Manifestationen zu erinnern. Mit anderen Worten: wir dürfen das Vermögen des Menschen, der Träger des Mutationsgeschehens ist, nicht aus den Augen verlieren. Dieses Vermögen ist, wie wir gesehen haben, das »Schöpferische«, jene merkwürdige Begabung des Menschen, durch welche die bewußtseinsentscheidenden und bewußtseinskonstituierenden Vorgänge manifest werden. Um es bildlich auszudrücken: man soll die Quelle kennen, deren Wasser man trinkt.

Wir haben gesehen, daß ein Ausdruck des neuen Bewußtseins mit der plötzlich und gleichzeitig vierfach in Erscheinung tretenden Entdeckung der nichteuklidischen Geometrien verbunden ist, da diese die Findung und Formulierung des Konzeptes einer vierten Dimension nicht nur vorbereitete, sondern überhaupt erst ermöglichte. Wir haben dann die verschiedenen Adaptionen dieses Konzeptes untersucht, und es wurde ersichtlich, daß keine der bisherigen vollständig hinreichend ist, um eine Wirkung der neuen Mutation zu gewährleisten. Es wurde deutlich, daß diese vierte Dimension die Zeitfreiheit sein müsse. Der Wichtigkeit dieses Konzeptes wegen wollen wir abschließend das *Wesen der Zeitfreiheit, des Achronons,* zu definieren versuchen. Da aber eine bloße Definition, also die begriffliche Abgrenzung eines Terminus, dessen »Eigenschaft« es ist, grenzen- und fristenfrei, ja offen zu sein, inkongruent wäre, wollen wir uns damit bescheiden, dem Wesen dieses »Terminus« durch die Stellung dreier Fragen und deren Beantwortung näherzukommen.

Was ist Zeitfreiheit; inwiefern ist sie realisierbar; inwiefern ist sie die vierte »Dimension«? Dies die drei Fragen. Die drei Antworten sind:

1. *Zeitfreiheit ist die bewußte Form des archaischen, ursprünglichen Vorzeithaften.*

2. Realisierbar ist die Zeitfreiheit, indem wir die einzelnen bisher aus der archaischen Vorzeitlosigkeit herausmutierten »Zeitformen« realisieren; mit anderen Worten: indem wir der magischen Zeitlosigkeit, der mythischen Zeithaftigkeit und der mentalen Begriffszeit ihren ganzheitlichen Wirkcharakter zuerkennen und sie der Stärke ihrer Bewußtseinsgrade gemäß leben. Diese Konkretion der bisherigen drei Entfaltungen der ursprünglichen Vorzeitlosigkeit erschließt uns instantan die vorbewußte Vorzeitlosigkeit. So gesehen ist die Zeitfreiheit nicht nur, wie wir gesagt haben (s. S. 63), die Quintessenz der Zeit, sondern sie ist, wie wir jetzt sagen können, die bewußte Quintessenz aller bisherigen »Zeitformen«. Und deren Bewußtwerden, das selbst ein Konkretionsprozeß ist, ist zugleich die Befreiung von allen diesen Zeitformen: alles wird Gegenwart, konkrete und damit integrierbare Gegenwart. Das aber heißt: vorbewußter Ursprung wird bewußte Gegenwart; eine jede der Zeitformen, die für die ein-, zwei- und dreidimensionale Welt grundlegend war, ist integriert und damit auch überwunden. Damit ist zugleich gegeben, daß wir die Welt in ihren Grundlagen wahrnehmen und nicht mehr ausschließlich an die Erlebnis-, Erfahrungs- und Vorstellungsformen der Welt gebunden sind. Wir sehen nicht mehr nur, um nur ein Beispiel herauszugreifen, diese Welt perspektivisch fixiert, sondern wir nehmen sie aperspekti-

visch und unfixiert wahr. Wer sich der Fundamente bewußt wurde, ist nicht mehr durch die Mannigfaltigkeit, Veränderlichkeit oder Fixiertheit der aus ihnen hervorgehenden Formen verwirrbar. *Wer die drei bisher jeweils grundlegenden Zeitformen realisierte und damit zu konkretisieren vermochte, steht bewußt in der Vierdimensionalität.*

3. Die Zeitfreiheit ist deshalb die vierte Dimension, weil sie die soeben geschilderte Vierdimensionalität konstituiert und erschließt: in ihr, oder besser: durch die Zeitfreiheit werden die Fundamente durchsichtig bis hin zu der ursprünglichen und vorbewußten Vorzeithaftigkeit: ihre bewußte Form, die Zeitfreiheit, ist die vierte Dimension; sie ist eine *integrierende Dimension* (genauer ausgedrückt: sie ist die *Amension*) und nicht irgendeine Raumdimension erweiternden oder zerstörenden Charakters; ist ein akategoriales Element systatischer Wahrnehmbarkeit, das den synairetischen Vollzug ermöglicht; ist somit die bewahrende, ja wahrende *Amension* durchsichtiger, nicht räumlich faßbarer Art.

3. Die Temporik

Die Temporik ist die Bemühung um die »Zeit«. Diese Bemühung ist heute überall feststellbar, ja das Grundanliegen unserer Epoche. Überall treffen wir auf Versuche, die Zeit in unsere Weltvorstellung einzufügen, nachdem diese allzu lange, sei es einseitig geräumlicht, und damit denaturiert, sei es gänzlich übersehen worden ist. Diese temporischen Versuche sind ein erster Schritt zu einer neuen, der aperspektivischen Weltsicht, sind ein erstes Bemühen, sich aus der »Mentalität« zu lösen, das heißt aus der Alleingültigkeit des messenden Denkens, das in der »Rationalität« defizient wurde, sind ein erster Anlauf, die Diaphanität zu gewinnen. Dort, wo dieser Anlauf gelingt, wo sich der Mensch dem Systemzwang des Dreidimensionalen zu entziehen vermag, überwindet er die mental-rationale Struktur und damit die bloße Begriffszeit, verwandelt er das Mental-Rationale aus einer Hauptkomponente in eine bloße Komponente neben und mit dem Magischen und Mythischen, die zusammen in der Diaphanität integriert werden. Eine mögliche Hilfe zu diesem Vollzug kann das Konzept der akategorialen Elemente sein, die als Systasen den bloßen Begriff »Zeit« überwinden und alle Aspekte dessen wahrnehmbar machen, was sich, nur noch auf das Mentale reduziert, in dem Begriffe »Zeit« begrenzt und, fast zur Unkenntlichkeit entstellt, ahnen läßt: daß sie eine »immerwährende Fülle«, nicht psychischer, sondern geistiger Art ist. Dort aber, wo diese temporischen Versuche mißlingen, bewirkt die »Zeit«, bewußtseinsmäßig aktiviert, ihrem teilenden Wesen gemäß, die Zerstörung; bewirkt eine negative Überwindung, gewissermaßen die Unterwindung der mentalen Bewußtseinsstruktur.

Unsere Epoche der Temporik ist eine des Übergangs, der Umgestaltung. Unsere Aufgabe ist es, die Zeit aus ihrer rationalen Vergewaltigung zu befreien. Diese Problemstellung klingt einfach, die Aufgabe aber ist von kaum vorstellbarer Schwierigkeit. Generationen hindurch ist »unbewußt« um die Lösung dieses Problems gekämpft worden. Seit etwa zwei Generationen nimmt diese Bemühung immer bewußtere Formen an. Die Notwendigkeit dafür entspringt der Tatsache, daß seit der Französischen Revolution, ja seit der Aufklärung, die religiösen Bindungen im Abendlande zerrissen wurden. Diese religiösen Bindungen ordneten das ganze uns heute bedrängende Problem dem Irrationalen zu und entzogen es damit der mental-bewußtseinsmäßigen Sphäre. Schöpferische Allmacht, Ewigkeit und Unendlichkeit waren fraglose Postulate des Glaubens, und die Verbürgtheit des bürgerlichen Menschen in seiner Welt störte ihn nicht auf, nach neuen Sicherungen zu suchen. Erst als infolge der Revolution diese verbürgte Welt zerbrach, begann sich das Problem zu stellen, besonders als das flutartige Anwachsen der Linken, die durch Jahrtausende hindurch zurückgestauten »unbewußten« Kollektivkräfte, die mentale Struktur mit dem Untergange nicht nur bedrohte, sondern diesen Untergang beschleunigte und so weit trieb, daß ihr rationaler Verfall heute eine nicht mehr zu leugnende Tatsache ist. Dabei ist wichtig, den Mut aufzubringen, diesen Untergang nicht als Untergang zu bezeichnen, sondern als das, was er tatsächlich ist: als Selbstmord des Abendlandes.[32] Soziologisch gesehen begann er mit dem Jahre 1789; vorbereitet wurde er seit der Renaissance; religiös gesehen wurde er in der Aufklärung angezettelt und mit der *Totsagung Gottes* effektiv, die ein Mord am innersten Wesen des Menschen war; machtpolitisch begann er mit dem ersten Weltkrieg; endgültig vollzogen hat ihn der Existentialismus mit der *Totsagung des Menschen*[33], die nur die Konsequenz dessen war, daß der Europäer sein innerstes Wesen durch den Selbstmord des Göttlichen in sich vernichtet hatte, daß er rational alle irrationalen und praerationalen Gegebenheiten leugnete und sich damit seiner eigenen Fundamente beraubte. Die Vorherrschaft Europas ist zu Ende, die Abdankung ist vollzogen, zumindest auf machtpolitischem Gebiet. Und geistig gibt der begangene Selbstmord, der vor allem der des europäischen Rationalismus ist, den Weg frei zur Gewinnung einer neuen Absprungsbasis. Während nämlich ein Teil der Europäer sich der Selbstaufgabe befleißigt, sich also selber verneint, stellt sich ein anderer Teil die neue Aufgabe, welcher der verneinende Teil nicht mehr gewachsen ist. Das »Ich« ist dürftig geworden und hält der Welt nicht mehr stand oder verfällt der Kollektivierung. Die einstige Übermacht des »Ich« schlägt in Ohnmacht um, die zum Selbstmord führt, und manifestiere sich dieser auch nur im Zurücksinken in eine Masse, die, der Wurzel beraubt, kein »Wir« ist, wie einst die Sippen und später die Gemeinden (der Gläubigen), sondern der Ausdruck amorpher Ichlosigkeit. Diese Problematik Ich: Masse, Isolation: Kollektivierung wurde bereits dargestellt (s. S.57 u.229f.). Sie ist die heutige Situation. Es gibt nur eine Befreiung aus ihrer Ausweglosigkeit: nicht das Zurücksinken des Ich in die Anonymität der Masse, sondern Überwindung von Ich und Masse durch Erreichung der »überindividuellen« Anonymität des »Sich«.[34] Das wäre Gewinnung der Ichfreiheit, wäre Wirklichung eines intensiveren Bewußtseins, das zugleich auch die Distanzierung zum eigenen »Ich« aufrechterhält; wäre Erkenntnis der Zeitbedingtheit des Ichhaften und aller Wünsche, Gefühle und Willensäußerungen, die ihm anhaften. Die scheinbare Alternative unserer Zeit mit ihrem schizoiden Charakter: – entweder Individualität oder Massenmensch – ist eine Pseudoalternative, die nur noch für den Rationalisten und Existentialisten Gültigkeit hat und die, welche Wahl er auch immer trifft, in den Selbstmord führt: entweder in die Isolation oder in die Kollektivierung; entweder Abschließung von der Welt oder Aufgesogenwerden von der Masse. Nur die Befreiung von dieser Alternative und von ihrer Zeitgebundenheit ist Gewähr für Weiterbestand. Und dieser ist ohne die Mutation in die Zeitfreiheit nicht gewährleistet.

Es wird dem Leser aufgefallen sein, daß das Grundthema der neuen Mutation bisher mit verschiedenen Ausdrücken umschrieben worden ist. Terminologisch wird ihn dies, infolge seiner Denkgewöhnung, verwirren.

Dieses Thema wurde als *»Einbruch der Zeit«* bezeichnet, wobei die *»Zeit als Intensität« und Qualität* gefaßt wurde, die alle bisherigen Zeitformen umfaßt, also sowohl die magische Zeitlosigkeit, die mythische Zeithaftigkeit als auch die mentale Begriffszeit. Dieses Thema wurde *als Bewußtwerdung der* durch das Bewußtsein reflektierten und nachgeholten *»Urkraft«* bezeichnet. Und schließlich wurde es als *»Zeitfreiheit«* und *»offene Zeit«* namhaft gemacht.

Rational betrachtet sind das terminologisch zumindest teilweise einander ausschließende Begriffe. Und hier liegt der Grund für die scheinbare Wirrnis des Ausdrucks. Die heutige Unsicherheit hat besonders in den Wissenschaften zu einer Überängstlichkeit geführt. Nie ist so viel und oft wie gerade in den letzten Jahren zu »methodologischer« und »terminologischer« Exaktheit aufgerufen worden. Ein alarmierendes Zeichen, das voller Hinweise darauf ist, daß sich mehr und mehr neu auftauchende Phänomene einer nichts als methodischen und terminologischen Erfassung zu entziehen drohen. Das zur Mutation drängende Element ist begrifflich, das will sagen: dreidimensional, nicht faßbar; es läßt sich denkerisch jeweils nur annähern; aber es läßt sich nie »be-*greifen*«! Das ist für den Rationalisten ein äußerst leidiger Umstand – und für ihn, aus seiner einseitigen Haltung heraus, ist dieser Umstand Grund genug, die aufgezeigten Phänomene als inexistent zu betrachten. Wer aber den Sprung aus der zerbrechenden Raumwelt heraus zu wagen gewillt und befähigt ist, der wird zu realisieren vermögen, daß alle die von uns vorgebrachten »Determinierungen« kongruent sind. Arational wahrgenommen und nicht rational vorgestellt, beziehungsweise dualistisch-alternativ gedacht, sind alle diese Ausdrücke, mit denen das Thema der neuen Mutation umschrieben worden ist, ein Hinweis auf die Manifestationsformen der Vorzeitlosigkeit, der Urkraft, die in der sich heute realisierenden Mutation bewußtseinsmäßig als Zeitfreiheit erscheint.

Diese Weltwirklichkeit, die immer zugleich auch eine Weltunwirklichkeit ist, »entbehrt« weitgehend des Kausalitäts-Charakters. Sie ist im Ganzen. Rational gesehen scheint sie einmal das Bewirkende zu sein, ein anderes Mal das Bewirkte. Dies erschwert das Verständnis, erleichtert aber im gleichen Maße die Wahrung. Seiendes und Gewordenes zu trennen, ist eine begriffliche Systematisierung. Im Universum und auf der Erde manifestiert sich das Ursprüngliche als transitorische Wirkung, also auch als Bewirktes; aber dies nur im Universum und hier, und am Menschen, soweit er raumzeitgebunden ist.

Es kann nicht deutlich genug gesagt werden, daß *die neuar-*

tige Fülle und Transparenz (Diaphanität), die in der neuen Mutation sichtbar wird, alle Phänomene tangiert und wahrnehmbar macht. Die Wirrnis, welche der Reichtum und die Intensität der von uns genannten Umschreibungen des Mutationsthemas verursachen könnte, ist um so verständlicher, als sie sich nicht nur auf die Denkbarkeiten der mentalen Bewußtseinsstruktur beschränken. Man sollte niemals vergessen, daß wir uns in der zu Ende gehenden Epoche daran gewöhnt haben, alles nur vom Mentalen her als gültig und verbindlich zu betrachten. Das Mentale reicht aber bereits nicht einmal dazu aus, das Mythische, geschweige denn das Magische zu »begreifen«. Wir billigten nur einer ungemein eingeschränkten Welt Wirklichkeit zu, kaum dem dritten Teile dessen, was uns und sie konstituiert. Dagegen verlangt die neue Struktur, die integrale, die Anerkennung aller »vorangegangenen« und aller ihrer unverlierbaren effizienten Wirksamkeiten, die durch sie integriert und wahrnehmbar werden. Diese systematisch nicht zu fassende Fülle wird Unmut auslösen. Unmut grenzt bereits an Angst. Die Systeme drohen zu zerbrechen. Es wird zu offensichtlich, daß sie, weil mental begrenzt, nur einen Teil der Wirklichkeit fassen, nämlich den faßbaren, räumlich begrenzten. Dagegen erschließen die Systasen alle Strukturen.

Aus diesem Grunde sind systatische Versuche heute unerläßlich. Ohne sie zerfielen auch die Systeme. Die Temporik ist Ausdruck dieser systatischen Versuche, hinsichtlich aller Strukturen und auf allen Gebieten für unsere ganze Wirklichkeit das bewußt zu machen, was sich »hinter« dem Begriff Zeit an Fülle und Freiheit verbirgt.

Die hervorstechendste Manifestation der Temporik ist ohne Zweifel die *Zeitangst unserer Epoche*. Sie ist der deutliche Hinweis darauf, daß es das Zeitproblem ist, das nach einer Lösung durch uns verlangt. Es ist immer aufschlußreich, wovor ein Mensch oder eine Epoche Angst haben. Das Objekt der Angst ist stets die Aufgabe, die unserem Bewußtsein gestellt ist. Paul Valéry hat diese Zeitangst bestanden, in dem Moment, da er vermochte, sich von der Übermächtigkeit der Erinnerung – den Nymphen (s. S. 443) – zu befreien.

Jede objektbezogene Angst ist vornehmlich ein psychisches Problem. Über die bloße Angst ist im ersten Teile gesprochen worden (s. S. 199). Hier muß ergänzend über die objektbezogene, in unserem Falle ist es die zeitbezogene Angst, gesprochen werden.

Alles was in uns Angst auslöst, löst sie aus, weil es übermächtig ist. Neue, unbekannte Situationen, denen wir nicht gewachsen sind, Phänomene, die sich plötzlich in den Vordergrund drängen und derer wir erstmalig ansichtig werden, können angstauslösend sein. Die Zeitangst unserer Übergangsepoche ist ein Beweis dafür, daß das Zeitproblem uns überfallen hat, dem wir noch nicht gewachsen sind, das wir noch nicht realisiert haben, das uns noch nicht bewußt geworden ist. Solange dies nicht geschehen ist, solange wird dieser neue Bewußtseinsinhalt uns bedrängen, uns ängstigen.

Es gibt verschiedene Arten, auf eine Angstsituation zu reagieren. In der Ohnmacht verharren, welche durch die Übermacht des angstbereitenden Objekts oder Phänomens bewirkt wird, das ist Abdankung und Selbstaufgabe. Diese Art des Sich-Abfindens ist heute häufig. Eine andere Reaktionsform auf die Übermacht ist es, mit dem Aufwand an eigener Macht zu antworten. Mit anderen Worten: der Versuch, über das uns ängstigende Phänomen Macht zu gewinnen. Das ist eine magische Reaktion, die mit Hilfe der Abstraktion durchgeführt wird: das betreffende Phänomen oder Objekt wird seiner Mächtigkeit scheinbar entkleidet, es wird abgesondert, isoliert; es wird gewissermaßen unter einer luftleeren Glocke in die Ecke gestellt. Das ist jedoch keine echte Lösung, sondern nur ein Verschieben, ein rationaler Trick; das nur ausgesonderte, nicht gelöste Problem bleibt mit seiner Virulenz bestehen. Diese Reaktionsart ist gerade hinsichtlich der Zeit schon seit langem üblich: seitdem sie zu einer abstrakten Größe, zu einem bloß messenden Begriff des rationalen Denkens erklärt wurde. Durch die Abstraktion sucht sich der von einem Phänomen oder Objekt angstgequält Übermächtigte möglichst weit von diesem Objekt zu entfernen. »An sich ist ... die Abstraktion eine magische Handlung, ein Weg zur Beherrschung der Welt.«[35] Dieser Satz des Indologen Herbert Günther, der sich durchaus mit unserer Darstellung des Magischen und seiner Bezogenheit zum Rationalen deckt, wird noch ergänzt durch einen von H. Günther zitierten Satz C. G. Jungs: »Der Abstrahierende findet sich in einer schreckhaft belebten Welt, die ihn übermächtig zu erdrücken sucht...«.[36] Auch die Abstraktion ist also eine Art der Kapitulation, ist nur eine Scheinbewältigung. Aber vor allem: es kommt gar nicht auf die Bewältigung an, sondern auf die Überwindung. Um sie zu leisten, oder, um unseren konkreten Fall zu nehmen: um die Überwindung der Zeitangst zu leisten, was einem temporischen Versuch gleichkommt, müssen wir einsehen, daß auch die Zeitangst eine Projektion ist. Seit der Renaissance drängt die »Zeit« zur Bewußtwerdung, zur Zeitfreiheit. Sie wird, immer vordergründiger, das Zentralproblem, ohne daß der Mensch – wie das immer zu geschehen pflegt – die ganze Reichweite des zur Bewußtwerdung drängenden »Komplexes« bemerkt. Bemerkt er sie, dann ist die geforderte und aufgegebene Bewußtwerdung geleistet. Die Fülle dessen, was sich in uns konstelliert, ist das jeweils Neue (oder Neuartige), das zur Bewußtwerdung drängt. Je stärker und länger dieser Prozeß ist, desto stärker wird die Übermacht der Kräfte in uns, deren wir ansichtig werden können, wenn wir sie ins Außen stellen. Mit anderen Worten: die Übermächtigkeit der »Zeit« in uns, unsere sich in aller Fülle vorbereitende Disponiertheit zur Zeitfreiheit, wird in das Phänomen projiziert, das in unserer Vorstellungswelt mit dem inneren Komplex korrespondiert. Die Kraft der Zeitfreiheit leuchtet dem Bewußtsein als Übermächtigkeit der Zeit auf: daraus resultiert, solange die Bewußtwerdung nicht geleistet ist, sowohl die Zeitangst als auch die Zeitabstraktion. Beide sind vorübergehende Zwischenstadien innerhalb der sich vollziehenden Bewußtseinsintensivierung, sind die verwirrenden Manifestationen temporischen Charakters der neuen Mutation.

Bereits im ersten Teile (s. S. 168) ist von der Notwendigkeit der »Konkretion der Zeit« gesprochen worden. Diese ist nur erreichbar, wenn es uns gelingt, die Projektion der Zeit zurückzunehmen. Mit anderen Worten: die Zeitangst verwandelt sich in Zeitüberwindung, die Zeitabstraktion in Zeitkonkretion, wenn wir bewußtseinsmäßig das zum Bewußtsein Drängende realisieren, indem wir, uns der verschiedenen Formen der Zeit bewußt werdend, die Zeitfreiheit gewinnen. Darin besteht zum größten Teil die »neue Aufgabe«.

Die Bemühungen um diese Aufgabe nennen wir Temporik. Sie wird, besonders seit Einsteins Relativitätstheorie, überall sichtbar. Sie spielt sich in den allerverschiedensten Formen, auf den allerverschiedensten Gebieten, unter der allerverschiedensten Scheinthematik ab. Wenn wir jedoch sehr genau hinsehen und dabei dessen eingedenk bleiben, was den einzelnen uns konstituierenden Bewußtseinsstrukturen entstammt, so wird es überdeutlich, daß sich die neue Mutation überall manifestiert.

Das Streben nach Ganzheit, ja dem Ganzen; das Streben nach Durchsichtigkeit; das Streben nach Überwindung des Systematischen durch bewußte Wahrnehmung der Herkunft und Art der intensiven, energetischen, motorischen, dynamischen, vitalen, psychischen und ähnlichen Elemente: alle diese zahlreichen Strebungen sind Hinweise auf die neue Mutation; und die dadurch bisher bewirkten Resultate sind die ersten Manifestationen der aperspektivischen Welt.

In dem, was hier Temporik genannt wird, verrät sich das Grundanliegen unserer Übergangsepoche: die Auseinandersetzungen mit allen bisher vom Bewußtsein geleisteten Zeitformen. Es gibt nicht ein einziges Gebiet unseres heutigen Lebens, auf welchem diese Auseinandersetzung nicht im Gange wäre. Das ganze sich vollziehende Geschehen ist von so komplexer Natur, daß die Angst vor der Zeit nur allzu verständlich ist. Die Intensität des Bewußtseins ist noch nicht derart, daß sie dem gesamten Mutationsgeschehen gewachsen wäre. Aber mit der wachsenden Forderung wächst auch die Bewußtseinsintensität.

Es mag vermessen scheinen, daß ein einzelner es wagt, »gegen« die Zeit (und damit auch gegen seine Zeit), aber im Schutze der Zeitfreiheit (weil nicht persönlich und ichhaft denkend, sondern das jedem innewohnende »Überpersönliche«, nicht das »Ich«, sondern das »Sich« meinend) an die Aufgabe herangeht, diese Mutation wahrnehmbar zu machen. Nicht nur sind die Schwierigkeiten des sprachlichen Ausdrucks [37] zu meistern: eine an sich schon äußerst anspruchsvolle und mühselige Aufgabe. Es ist auch die geradezu unübersehbare Fülle der neuartigen Manifestationen zu meistern, welche ein einzelner infolge der Aufgesplittertheit der heutigen Wissensgebiete kaum mehr zu überblicken vermag.

Die geforderte Disziplin und die nötige Differenziertheit, der Kampf mit einer den neuen Aussagen noch nicht angepaßten Sprache: dies alles sind Dinge, die jeden einzelnen angesichts eines solchen Unternehmens entmutigen können. Da aber, was auf den Seiten dieser Schrift vorgebracht wird, gelebt, erfahren und durchdacht wurde, da es also keine Konstruktion ist, sondern die Echtheit aller Erfahrungsweisen wahrt, darf, ja muß dieses Unternehmen gewagt werden. Wer den Verführungen des magischen Vermögens, alles zu einheitlichen, zu entgehen sucht, den Blendungen des Psychischen nicht zu erliegen trachtet, die Sicherungen der rationalen Systeme als fragwürdig erkannte und doch alle die Hilfen, die diese Bereiche bieten, anerkannte, mag befugt sein, den entscheidenden Schritt weiterzugehen. Wer die Bedingtheit, Befristetheit und Begrenztheit, die den verschiedenen Bewußtseinsstrukturen eignen, kennt und akzeptiert, darf nach der Befreitheit fragen. Denn die Angst der Menschheit wächst. Dieser Angst bedienen sich viele zu zweifelhaftem Zweck und Ende. Daß sie wächst, ist ein Zeichen dafür, daß sie ihrem Gipfelpunkt zueilt, wo sie in sich zusammenstürzt: sei es, daß sie den Selbstmord auslöst oder die Befreiung. Dieser Befreiung zu dienen, die sich nur noch durch die Bewußtwerdung des Geistigen vollziehen kann, ist Aufgabe dieser Schrift. Und es sei hinzugefügt: es kommt nicht darauf an, daß man »Recht hat«; es kommt darauf an, daß man wahr ist. Dies ist ein größerer Anspruch als das bloße mentalbedingte Recht-haben-Wollen, das zudem noch patriarchalisch und ichbetont ist.

Halten wir nun, bevor wir in den nächsten Kapiteln zur Darstellung der Manifestationen des neuen Bewußtseins übergehen, jene Charakteristika fest, die Ausdruck dieses neuen Bewußtseins sein können, weil wir von ihnen gesehen haben, daß sie in den bisherigen Bewußtseinsstrukturen keine entscheidende Rolle spielen. Überall dort werden wir von Manifestationen der aperspektivischen Welt sprechen dürfen, wo wir auf Themata stoßen, die mehr oder weniger mit folgenden Stichworten umschrieben werden können:

Das Ganze,
Ganzheit,
Durchsichtigkeit (Diaphanität),
das Geistige (Diaphainon),
Überwindung des Ich,
Realisierung der Zeitlosigkeit,
Realisierung der Zeithaftigkeit,
Realisierung des Begriffes Zeit,
Realisierung der Zeitfreiheit (des Achronon),
Zerbrechen des Räumlichen,
Zerbrechen des nur Systematischen,
Eindringen des Dynamischen,
Anerkennung des Energetischen,
Meisterung der Bewegung,
Vierte Dimension,
Überwindung des Patriarchats,
Verzicht auf Herrschaft und Macht,
Gewinn an Intensität,
Klarheit (statt bloßer Wachheit),
Wandel des schöpferischen Ansatzpunktes.

Diese Stichwörter setzen voraus, daß gewisse »Ismen« überwunden werden, oder daß zumindest der Versuch zu ihrer Überwindung sichtbar wird. Ansätze zur Überwindung der folgenden »Ismen« sind stets Ansätze zu ersten Manifestationen des Aperspektivischen: Perspektivismus, Dualismus, Materialismus, Dialektismus, Positivismus, Nihilismus, Existentialismus, Pragmatismus, Psychismus, Vitalismus, Mechanismus, Rationalismus, Spiritismus – um nur einige zu nennen. Dabei ist stets vorausgesetzt, daß das Arationale nicht mit dem Irrationalen oder womöglich mit dem Praerationalen verwechselt wird, und es sei deshalb auf die diesbezüglichen Ausführungen im ersten Teil (s. S. 219) mit besonderem Nachdruck verwiesen.

Aus der Überfülle des zur Verfügung stehenden und in Jahrzehnten erarbeiteten Materials werden wir versuchen, jene Hinweise und Beweise auszulesen, die am gewichtigsten sind. Diese Auswahl zu treffen, ist schwer, die parallelen Stützungen nicht aufzuzählen, ein nötiger Verzicht, denn anders würde diese Schrift eine Enzyklopädie, ein Katalog.

Damit wären die Grundlagen für das Verständnis der Phänomene aperspektivischer Art gelegt: die *Systase* und die *Synairese* ergänzen, durchwirken und fassen zusammen, was sich dreidimensional nicht erfassen läßt. Die *Temporik als systatisches Konzept* macht wahrnehmbar, um welche Inhalte und Intensitäten es geht. So können wir uns nun den Manifestationen der aperspektivischen Welt zuwenden.

Fünftes Kapitel
Die Manifestationen der aperspektivischen Welt
I. Die Naturwissenschaften

1. Mathematik und Physik

In den folgenden Kapiteln wird das Wagnis unternommen, in den verschiedenen Wissenschaften jene Grundströmung nachzuweisen, die Ausdruck der sich vollziehenden Mutation ist. Dabei wird es sich herausstellen, daß sich gewisse neuartige Betrachtungsweisen und Ergebnisse alle auf eine gewußte oder ungewußte Prädominanz des Zeitthemas stützen.

Es gibt innerhalb des wissenschaftlichen Bereiches wohl kaum etwas, das so sehr Ärgernis bereitet und auf Ablehnung stößt, wie eine Untersuchung fachwissenschaftlicher Einzelergebnisse durch einen Autor, der »nicht vom Fach« ist. Nur zu gern ist man bereit, ihm ungemäße philosophische Ausbeutung von Resultaten vorzuwerfen, an deren Zustandekommen er selbst nicht mitgewirkt hat.

Der Versuch, der auf diesen Seiten unternommen wird, ist keine philosophische Interpretation exakter Forschungsergebnisse. Es ist nicht einmal der Versuch einer Synthese. Auch stützt er sich nicht auf eine subjektive Meinung oder Neigung. Er hat andere Grundlagen und Wertungen. Diese sind bewußtseinsmäßiger Art. Unser Kriterium ist kein philosophisches, sondern ein eteologisches. Wir versuchen keine Deutung, sondern ein Wahrgeben, keine Synthese, sondern eine Synairese. Das will sagen: unser Kriterium gründet in der Sichtbarmachung des Wirklichen, in der Wahrung dessen, was sich wahrgibt und dank eines intensivierten Bewußtseins wahrnehmbar wird. Angewandt auf unsere Untersuchung bedeutet das, daß wir die verschiedenen parallel zueinanderlaufenden neuen Betrachtungsweisen und Ergebnisse der Fachwissenschaften und der Künste erstmals als parallellaufende »Symptome« und damit auch als Manifestationen des neuen Bewußtseins sichtbar machen und betrachten: als temporische Versuche, die Dreidimensionalität und den ihr inhärenten terminologischen Systemzwang zu überwinden.

Es sei geflissentlich nochmals gesagt: unsere Interpretation wissenschaftlicher Fachresultate ist nicht eine philosophische Ausmünzung dieser Resultate. Sie ist weit mehr eine Bestandsaufnahme, welche das Grundthema unserer Epoche ersichtlich machen soll. Sie steht im Zeichen der erfolgenden Bewußtseinsmutation. Sie steht damit im Zeichen dessen, was allen gewichtigen Äußerungen unserer Tage, sei es negativ, sei es positiv, das Gepräge verleiht.

Die Tatsache, daß es uns gelungen ist, die verschiedenen Bewußtseinsstrukturen ersichtlich zu machen und nachzuweisen, daß sich seit der Renaissance naturnotwendig eine Umstrukturierung, eine Mutation vollzieht, sowie aufzuzeigen, welcher grundsätzlichen Art sie ist, ja sein muß, enthebt uns des Vorwurfes, wir träten subjektiv oder philosophisch spekulativ an unsere Aufgabe, die nicht nur eine europäische Aufgabe ist, heran.

Hinzu kommt, daß wir klargemacht haben, inwiefern kategorial scheinbar inkongruente Ausdrücke in Beziehung zueinander gesetzt werden dürfen, ja müssen. *Der Nachweis der akategorialen Elemente und die Ergänzung der Systeme durch die systatischen Konzepte* machte deutlich, daß mit einer bloßen Berufung auf die fachwissenschaftliche Terminologie zumindest hinsichtlich jener Begriffe, die nur Spielarten und Aspekte des Hauptthemas der neuen Mutation sind, unser Vorgehen nicht wegdisputiert werden kann.

Und schließlich kommt noch hinzu, daß wir nicht nur eine bloße mental-rationale Strenge anstreben, sondern auch noch jene zusätzliche psychische Unbestechlichkeit und außerdem jene vitale Bändigung, über deren Möglichkeit sich selbst die strengsten Logiker bisher noch nicht bewußt geworden zu sein scheinen. Wie weit uns dies gelang, ist eine andere Frage. Aber die verantwortungsbewußte Bemühung ist jedenfalls ein Hinweis auf eine nicht nur mentale, also teilweise angewandte Strenge, sondern auf versuchte ganzheitliche Diszipliniertheit.

Nur wer sich aus der rationalen oder fachwissenschaftlichen Zwangsjacke nicht befreien kann, wird diesen Versuch als philosophische Mißdeutung auffassen; nur wer aus rationaler Armut der »neuen Kraft« nicht gewachsen ist, wird uns in der dadurch bewirkten Verwirrung und aus der eigenen Unkenntnis über seine abgestorbene irrationale Komponente vorwerfen, daß wir mystifizieren und irrationalisieren – wir bewegen uns aber bereits im Bereiche des Arationalen. Man sollte kritisierend nie vergessen, daß jede Kritik in erster Linie niemals Kritik des anderen, sondern Selbstkritik ist. Die Unkenntnis dieses höchst einfachen, aber gerade deshalb heutzutage höchst unbekannten Sachverhaltes läßt gar manchen zum ungewollten Verräter seiner selbst werden. Dem Aufgeschlossenen leistet er damit unschätzbare Dienste.

Unser Kriterium ist also, kurz zusammengefaßt, kein philosophisches. Noch interpretieren wir. Unser Kriterium ist die nachgewiesene Bewußtseinsmutation, und die verschiedenen fachwissenschaftlichen und künstlerischen Ergebnisse werden lediglich im Hinblick auf diese Mutation untersucht, da sie die Sichtbarwerdung, die Manifestationen des sich bildenden, aperspektivischen, integralen Bewußtseins sind. Diese Klarstellung sollte bei der Lektüre der folgenden Darstellung keinen Augenblick aus dem Auge gelassen werden.

Wenden wir uns nun diesen Manifestationen selbst zu. Wie nicht anders zu erwarten, finden wir sie besonders ausgeprägt in der Grundwissenschaft aller exakten Wissenschaften, in der Mathematik. Es ist kein Zufall, daß wir von ihr schon so oft – im ersten wie im zweiten Teile – handeln mußten und dabei bereits das Wichtigste ersichtlich machen konnten. Im 17. Jahrhundert, während der Hochblüte des Barock, das ja auch in den Künsten die perspektivische Strenge des Renaissanceraumes zu überwinden versuchte, findet jener »geradezu rasende Vorwärtssturm ... in der Mathematik statt«, von dem Colerus [1] spricht. Die alte, vorwiegend statische Maßgeometrie Euklids wird nach fast zweitausendjähriger Alleingültigkeit 1637 durch die »Analytische Geometrie« des Descartes, 1639 durch die *auf Anschauung* (und nicht auf Messung!) beruhende »Projektive Geometrie« des Desargues (siehe oben S. 168), 1638/1687 durch die »Dynamische Mathematik« eines Galilei und Newton (siehe oben S. 421) abgelöst. Vor allem die projektive Geometrie befruchtete wie keine andere die modernen »Nichteuklidischen Geometrien«,[2] aus denen jene vierte Dimension erwuchs, die Einstein als »Zeit« in die Physik einführte. Diese neuen mathematischen Konzepte waren zudem die Grundlage, auf der sich die heutige Technik überhaupt erst entwickeln konnte.

Allein schon diese Tatsachen – neben vielen parallelen, die jedem Mathematiker vertraut sind – sprechen eine deutliche Sprache, sind Hinweis auf den »Einbruch der Zeit« in das mathematische Denken und lösen eine Fülle von Phänomenen aus, von denen die vordergründigsten, die Technisierung und die Vierdimensionalisierung unserer Welt, eine unmißverständliche Sprache sprechen. Es erübrigt sich daher, auf weitere umwälzende und geniale Leistungen dieser »Königin der Wissenschaften« einzugehen. Es sei lediglich auf die Gruppentheorie (Speiser) verwiesen; auf »die heute bereits zu unerhörter Durchbildung gelangte Wahrscheinlichkeitsrechnung, die in alle Wissenschaften stets siegreicher eindringt und die im Begriffe ist, das von ›Gesetzen‹ [!] beherrschte klassische Weltbild in ein ›Statistisches Weltbild‹ umzumodeln, in dem es keine Sicherheit, sondern nur mehr Grade der Wahrscheinlichkeit gibt« [3]; und ferner auf das Axiomensystem David Hilberts, dessen Axiomatik es erlaubt, »sämtliche Typen von Geometrien in ihrem Aufbau und ihrer Bedingtheit klarzustellen«, und die zeigt, »warum Geometrien (wie die euklidische, nichteuklidische und andere) widerspruchsfrei möglich sind«,[4] wodurch die Gültigkeit der verschiedenen Bewußtseinsstrukturen, deren Ausdruck die verschiedenen Geometrien auch darstellen, mitbewiesen ist.

Daß diese letzten Resultate, nämlich sowohl die Folgen des gruppentheoretischen Denkens als die des postulierten »Statistischen Weltbildes« als auch die der Hyperlogisierung der Mathematik durch David Hilbert große Gefahren enthalten, ist bereits dem einsichtigen Colerus aufgefallen. Alle heutigen Versuche zur Realisierung der neuen Weltsicht sind während des Realisationsprozesses, also bevor das neue Bewußtsein erreicht ist, der Gefahr des Abgleitens in revigorisierte Bewußtseinsstrukturen ausgesetzt. Diese werden deshalb nicht sogleich als solche erkannt, weil sich die Realisierenden über die Konstanz, ja über das Nochvorhandensein dieser vergessenen Bewußtseinsstrukturen nicht im klaren sind. Nicht umsonst warnt daher Colerus davor, die Mathematik möge nicht in einer bloßen Logistik stekkenbleiben und wähnen, »die letzte Instanz eines vollendet logisch-mathematischen Kosmos zu sein«, denn »... dieser durchaus magische Gedanke widerspricht ... den Tatsachen der Geschichte«.[5] Diese Warnung ist um so notwendiger, weil anders die bereits erreichten Realisationen wieder in Frage gestellt würden, weil sie aber auch auf den aufreibenden Kampf hindeutet, der sich, wie überall, heute auch in den hervorragendsten Vertretern dieser Wissenschaft abspielt, da man zu fassen und zu festigen sucht, was in seiner ganzen Klarheit noch gar nicht offensichtlich zu sein scheint.

Was nun die Physik anbetrifft, so können und müssen wir uns hier kurz fassen, um uns nicht unnütz zu wiederholen.

In dem Buche »Abendländische Wandlung« [6] haben wir die letzten Ergebnisse der physikalischen Forschung unseres Jahrhunderts dargestellt und vor allem die prädominante Rolle, die das Zeitthema gerade in ihr spielt, herausgearbeitet. Es erübrigt sich also hier, auf das dort geschilderte Zustandekommen der neuen physikalischen Theorien einzugehen, diese Theorien nochmals zu schildern und verständlich zu machen. Es genügt, daß wir kurz die wesentlichen Charakteristika herausgreifen, an Hand derer das Generalthema unserer Epoche offensichtlich werden kann. In jener Schrift hatten wir dieses Generalthema als »Überwindung der Zeit«, auch als »Überwindung des Zeitbegriffs« umschrieben.

Da heute die Allgemeinheit keiner anderen Wissenschaft so viel Kredit gibt, ja Glauben schenkt, als gerade der exakten physikalischen Forschung, ist es nicht unwichtig, deren Ergebnis bevorzugt heranzuziehen. Nichts hat die Ansichten unseres Jahrhunderts so stark beeinflußt und so grundlegend verändert wie gerade gewisse von der Physik erarbeitete neue Konzepte. Die verschiedenen Relativitätstheorien Einsteins und die Quantentheorie Plancks haben unsere gesamte Einstellung und unsere Wertung der Welt derart verändert, wie es in früheren, weniger mentalen Zeitläuften nur durch die großen Weisheitslehrer geschehen ist, deren nicht experimentell oder rechnerisch nachprüfbare Aussagen und Behauptungen einst geglaubt wurden, heute aber bezweifelt werden, während sich die heutige Glaubensbereitschaft jenen Männern zuwendet, die in unanschaulichen mathematischen Formeln, welche für die überwiegende Mehrheit der Menschen nicht nachrechenbar noch prüfbar sind, die neue Weltsicht zum Sieg über das Allgemeinbewußtsein führen. Dabei ist auf ein wichtiges Merkmal der neuen Physik hinzuweisen: sie findet und drückt ihre Ergebnisse nicht etwa in Abstrakta aus, sondern im Unanschaulichen. Vor allem auch dadurch gelang es, die bloße Dreidimensionalität zu überwinden.

Diese Überwindung der Dreidimensionalität durch die Physik ist das Ausschlaggebende. Die Hereinnahme der »Zeit« in den dreidimensionalen Raum änderte diesen Raum, änderte die Struktur unserer Wirklichkeit. Und vor allem: diese Strukturänderung ist Ausdruck und Sichtbarwerdung jener, welche mutierend unser Bewußtsein vollzieht.

Von dem mechanischen Weltbild der klassischen Physik, das bis zum Jahre 1900 Gültigkeit hatte, sagte C. F. v. Weizsäcker, es »ist zerstört, gründlicher als man es hätte erwarten können. Das ist kein Unglück, sondern eine heilsame Lehre. Ein Weltbild ist mehr als eine wissenschaftliche Theorie; es soll, wenigstens symbolisch, das Ganze der Wirklichkeit umfassen. Diese Berücksichtigung des Ganzen ist, von den beweisbaren Einzelerkenntnissen aus gesehen, stets ein Glaube; es ist der Glaube, der die Voraussetzung unseres Lebens ist. Auch das alte physikalische Weltbild versuchte, das Ganze darzustellen, aber mit unzureichenden Mitteln, und darum mußte es scheitern. Die Physik war aber die erste Wissenschaft von der Natur, die ein geschlossenes System besaß, und so spielte sie unabhängig von dem ›Weltbild‹ gleichsam die Rolle eines Mustergutes unter den Wissenschaften. Vielleicht fällt ihr diese Rolle jetzt in einem neuen Sinne zu. Die neue Physik ist das erste geschlossene, mit mathematischer Exaktheit faßbare System einer Naturerkenntnis jenseits der Grenzen des mechanischen Weltbildes.« [7]

Wodurch zeichnet sich das neue »physikalische Weltbild« aus? Da müssen wir zuallererst feststellen, daß es sich bei ihm nicht mehr um ein »Bild« von der Welt handelt, sondern eher um eine Sicht der Welt. Zudem: bereits das sogenannte mechanische Weltbild war kein Bild der Welt, das wir uns machten, sondern eine Vorstellung. Zum Wesen der neuen Weltsicht der Physik gehört es aber, daß sie nicht mehr vorstellbar ist. Doch greifen wir nicht voraus. Fragen wir sorgsam nach den Gegebenheiten, die uns die neuesten, umwälzenden physikalischen Erkenntnisse und Lehren vermitteln. Wenn wir das tun, zeigen sich in ihnen deutliche Hinweise auf das, was wir die aperspektivische Welt nennen. Wir finden in der neuen Physik ansatzmäßig die neuen Komponenten, die wir als Charakteristika der neuen Bewußtseinsmutation ersichtlich gemacht haben. Denn in ihr wird:

1. erstmals die »Zeit« berücksichtigt und der bloße Begriff »Zeit« überwunden;
2. desgleichen der forciert rationale Dualismus;
3. wird die »Wirklichkeit« mit den alleinigen Mitteln der mentalen Vorstellung und der handgreiflichen Anschaulichkeit als nicht mehr ausreichend realisierbar erwiesen.

Begnügen wir uns mit diesen drei Punkten. Sie sind Hinweise auf Konsequenzen, die sogleich ersichtlich gemacht werden sollen. Es handelt sich also im folgenden erstens um die Feststellung von physikalisch erarbeiteten Gegebenheiten, zweitens um eine Ablesung der in ihnen schlummernden Tendenzen, nicht aber um eine philosophische Deutung. Diese Tendenzen sind offensichtlich, weil wir ihr Grundanliegen aufzuzeigen vermochten. Sie sind teils keimhafte, teils bereits sich entfaltende Manifestationen der neuen Bewußtseinsstruktur. Der Nachweis einer weniger sinngemäßen als *sinnvollen,* sinnerfüllten Bezogenheit neuer, vorerst verwirrender Konzepte auf eine sich im menschlichen Bewußtsein vollziehende Mutation, deren Thema wir umschrieben haben, rückt alle diese beunruhigenden und widerspruchsvollen Forschungsergebnisse in ein neues Licht.

Untersuchen wir jetzt die drei aufgezählten Punkte, indem wir zuerst die Gegebenheiten feststellen und dann jeweils sogleich die Tendenzen aufdecken, die in ihnen enthalten sind.

Zu 1: Das Zeitthema, das als das vordergründigste aufgezeigt worden ist, beherrscht auch die Physik. Die primordiale Rolle des Zeitbegriffes in der Einsteinschen Relativitätstheorie wurde auf den vorangegangenen Seiten und in unserer Schrift »Abendländische Wandlung« bereits ausführlich dargestellt. Die Berücksichtigung der »Zeit«, und zwar der Uhrenzeit als vierter Dimension, kommt, wie Raymond Jouve betont, einer »découverte du temps« (einer »Entdeckung der Zeit«) [8] gleich. Diese »Entdeckung« war durch das, was wir als den »Einbruch der Zeit« bezeichnet haben, konstelliert und vorbereitet worden. Wir haben gesehen, daß die geniale Tat Einsteins die »Zeit« aus der bloßen Abstraktion befreite, bis zu einem gewissen Maße sogar aus ihrer Rationalisierung, da sie zu einem »relativen« Element (außer dem rational messenden) innerhalb eines »Weltbildes« wurde, das nun nicht mehr eine bloß statische (dreidimensional begrenzte) Welt vorstellte, sondern sie in Fluß brachte und in das neu konzipierte »Raum-Zeit-Kontinuum« verwandelte. Der Wandel ist offensichtlich: statt der klassischen Raumwelt als System nun die neue Raum-Zeit-Welt als Kontinuum. Dies die Gegebenheiten. Die Tendenzen, die aus ihnen ersichtlich sind, wenn wir sie als Ausdruck des sich bildenden neuen Bewußtseins betrachten, sind grundlegender Art. Die aufgezeigten Gegebenheiten lassen keinen Zweifel daran, daß der Einbruch der Zeit gerade in die handgreiflichste aller Wissenschaften nicht nur die Bewußtwerdung (oder Entdeckung) der Zeit als Begriff, sondern der Zeit als einer Weltkonstituante mit sich bringt, was natur-, bild- und denknotwendig allmählich zu einer gänzlich neuartigen (jedenfalls unserem mentalen Bewußtsein neuartig erscheinenden) Konzeption des Zeitfaktors führen muß.

Der entscheidende Schritt in dieser Richtung wurde durch die Quantentheorie Plancks vollzogen. Durch seinen Nachweis, daß, wie man es ausgedrückt hat, die Natur doch Sprünge mache, brach das Bild, das wir von der Zeit hatten, endgültig zusammen. Unsere Welt baut sich nicht, wie die klassische (mechanische) Physik glaubte, kontinuierlich, also (im Hinblick auf die

Zeit) stetig verlaufend auf, sondern diskontinuierlich, sprunghaft, nicht voraussehbar. Planck fand auch den Auslöser dieser Unstetigkeit. Es ist die neue physikalische »Größe«, das Plancksche *h*, die man »Wirkung« nennt; es ist das sogenannte »Wirkungsquantum«, das eine universale Konstante mit der »Dimension der Wirkung« ist. Dies die Gegebenheiten. Wohin führen sie? Erstens spricht sich darin aus, daß die »Zeit« keine lineare, stetige, kausal bestimmbare Größe ist, sondern eine »Intensität« sui generis. Das aber besagt nichts anderes, als daß uns die physikalische Erkenntnis die Komplexität dessen erschließt, was sich »hinter« dem bloßen Begriff »Zeit« verborgen hatte, besser, was »hinter« ihm verborgen wurde. Ohne Zweifel dürfen wir, entgegen der dreidimensionalen Terminologie, das »Wirkungsquantum« mit dem Komplex »Zeit« in Beziehung setzen. Dazu berechtigt uns unsere Unterscheidung zwischen systatischen Elementen und systematischen Größen. Indirekt darf für die Gültigkeit unserer Betrachtung die Bemerkung von Ernst Zimmer[9] herangezogen werden, der von dem Wirkungsquantum, dem Planckschen *h* sagt, es »scheint nämlich eine Größe zu sein von einem höheren Grad von Wirklichkeit als die meisten anderen Größen, die in der Physik gebraucht werden«. Doch nicht genug damit. Der gleiche Autor betont in seiner physikalischen Terminologie: »Im Wirkungsquantum haben wir also eine Größe vor uns, die in Raum × Zeit gemessen wird«, wobei hier unter »Zeit« die physikalische, meßbare Zeit verstanden wird. Und er fährt fort: »Die Relativitätstheorie lehrt, ... daß wir zu einer allgemein gültigen Einsicht nur kommen, wenn wir die Ereignisse nicht in Raum und Zeit zerlegt ansehen, sondern die vierdimensionale Welt, gebaut aus Raum und Zeit, betrachten. Die ›Wirkung‹ als ein Bürger der vierdimensionalen Gedankenwelt hat im Gegensatz zur Energie [die Zimmer als ›räumliche Größe‹ definiert] die Eigenschaft der Allgemeingültigkeit. Sie ist *nicht so etwas Anschauliches* wie alles das, was in Raum und Zeit [welche ihm physikalische Maßgröße ist] zerlegt werden kann. *Dafür gehört sie einem tieferen, umfassenderen Bezirk der Wahrheit an.* Plancks Einsicht, daß sie atomistisch gedacht werden muß, ist also eine Erkenntnis, die an das Tiefste bisheriger physikalischer Erkenntnis rührt.«

Vergessen wir jetzt nicht, daß wir uns hier auf dem Felde physikalischer Forschung bewegen. Hüten wir uns davor, deren Ergebnisse und Formulierungen auch nur im geringsten auf ausgedehntere Gebiete zu übertragen. Dies ist um so weniger nötig, als wir sehen werden, daß die anderen Gebiete von sich aus, jeweils in der ihnen eigenen Terminologie, ratlos vor den gleichen »Tendenzen« stehen, die wir hier für die Physik auf unsere Weise, im Hinblick auf die Bewußtwerdung der Vierdimensionalität, untersuchen. Aber selbst wenn wir zwar undogmatisch, so doch strikt im physikalischen Rahmen bleiben, sind es aus der Definition Zimmers, die physikalisch von Planck selbst als relevant anerkannt wurde,[10] drei Aussagen, die unsere Aufmerksamkeit verdienen: daß erstens das Wirkungsquantum eine *universelle* Größe mit einer *Dimension* der Wirkung sei; daß es zweitens einen höheren Grad von Wirklichkeit habe, beziehungsweise einem tieferen, umfassenderen Bezirk der *Wahrheit* angehöre; daß drittens die »Wirkung« atomistische *Struktur* habe, worauf außer Zimmer[11] auch Heisenberg[12] hinweist, der von der »atomaren Struktur der Energie« spricht, ein Strukturbegriff, der in beiden Fällen jeder Anschaulichkeit entbehrt und die »materiellen« Gegebenheiten nur noch mathematisch »erfaßt«. Nicht nur ist es symptomatisch, daß hier die Ausdrücke: Dimension, Wahrheit und Struktur fallen; symptomatisch ist auch, daß die Auffindung des Wirkungsquantums mit seiner Dimension der Wirkung einen tieferen (beziehungsweise höheren) Bezirk der Wahrheit erschließt, daß es letztlich universeller Art und amaterieller Struktur ist. Prinzipiell ist hier festzuhalten, daß eine jeweils neue, sei es tiefere, sei es höhere Wahrheit, Wirklichkeit oder Struktur stets nur durch eine neue Dimension erschließbar wird. Jede neue ist hinsichtlich der »unter« ihr liegenden überdeterminiert; in diesem Sinne überdeterminieren sowohl das *it* als auch das *h* die nur dreidimensionale Struktur, wobei *i* in jedem Falle und mathematisch gesprochen als $\sqrt{-1}$ die »imaginäre Zahl« ist, welche das nächsthöher dimensionierte Koordinatensystem erschließt (s. S. 458).

Auf den Strukturbegriff, der hier physikalisch in amaterieller Weise vorformuliert ist, werden wir noch im nächsten Abschnitt zurückkommen. Was die Definition der »Wirkung« als einer Dimension betrifft, so können wir sie als systatisches Element betrachten. Nicht daß wir damit das Wirkungsquantum als vierte Dimension postulierten. Aber als systatisches Element gewertet, da es ein potentieller Wirkfaktor ist, welcher sich nur raumzeitlich, also vierdimensional, manifestiert und »faßbar« ist, steht es in einem systatischen Bezug zu der »Zeit« als vierter Dimension. Das Plancksche *h* ist, zumindest als physikalisches Strukturelement primordialer Wirkung, jene »Dimension«, welche zu ihrer Selbstschilderung einerseits der *it*-Dimension Einsteins bedarf, andererseits die Vierdimensionalität der Raum-Zeit-Einheit intensiviert und überwindet. In letzter Konsequenz leuchtet hier die universelle und damit integrale Möglichkeit der vierten Dimension auf. Wie weit es der Physik möglich sein wird, das *h* als Intensität des extensiven *it* zu fassen, wird weitgehend von den mathematischen Möglichkeiten abhängen, die sich der Kenntnis des Schreibenden entziehen. Unmöglich freilich ist dieses In-Bezug-Setzen von *h* mit *it* so lange, als man sie nur als kategoriale Größen faßt und für ihre Akategorialität keine Ausdrucksmöglichkeit findet. Ob und wie dieser hier angeregte Weg oder Bezug für die Physik realisierbar ist, ist Angelegenheit der Grundlagenforschung; wir können, wie wir es getan haben, lediglich das Konzept dafür geben. Erleichtert könnte die Aufdeckung dieses Bezuges durch eine nicht zu unterschätzende Tatsache sein, in welcher sogar hinsichtlich der Physik jene Möglichkeit der vierten Dimension aufscheint, die wir als ihr »Wesen« bezeichneten: daß sie achronisch ist, das heißt zeitfrei, und damit auch raumfrei, weil ja das Raumzeitliche, vierdimensional oder synairetisch gesehen, nicht in Raum und Zeit zerlegbar ist. Die Tatsache, auf die wir anspielen, ist in der Mikrophysik gegeben, da der quantenhafte Energieaustausch sich im Bereiche der sogenannten Elementarteilchen vollzieht. Zu ihnen gehören auch die Elektronen, von denen Planck schreibt: »Nach dem Heisenbergschen Gesetz ..., welches eine Grundlage der Wellenmechanik bildet, ist der Ort eines Elektrons, welches eine bestimmte Geschwindigkeit besitzt, völlig unbestimmt, nicht allein in dem Sinne, daß es unmöglich ist, den Ort eines solchen Elektrons anzugeben, sondern in dem Sinne, daß das Elektron überhaupt keinen bestimmten Ort einnimmt. Denn einem Elektron von bestimmter Geschwindigkeit entspricht eine einfache periodische Materiewelle, und eine solche Welle ist weder räumlich noch zeitlich begrenzt, sonst wäre sie nicht einfach periodisch. Das Elektron befindet sich also an gar keinem Ort, oder, wenn man will, es befindet sich an allen Orten zugleich.« [13]

Die neue Physik enthält aber einen weiteren Hinweis auf eine durchaus neuartige Zeitauffassung, besser noch: sie enthält eine neuartige Wertung. Diese betrifft die von ihr vertretene Ansicht, daß die Welt endlich sei. Der Satz von der Endlichkeit (aber Unbegrenztheit) der Welt ist eines der Axiome der Einsteinschen Relativitätstheorie. Diese Endlichkeit bezieht sich dem Raum-Zeit-Kontinuum gemäß, für das sie festgestellt wurde, auf seine räumliche wie auf seine zeitliche Komponente. Neueste Untersuchungen, über die unter anderen auch Pascual Jordan berichtet hat, zeigen, daß das Universum kaum älter als zehn Milliarden Jahre ist.[14] Andere Physiker, wie beispielsweise Arthur March,[15] vermuten längere Zeiträume, nämlich 20 bis 100 Milliarden Jahre, wieder andere kürzere, wie Hoyle[16] (5 Milliarden Jahre), C. F. v. Weizsäcker[17] (2½ bis 3 Milliarden Jahre), Lecomte du Noüy[18] nur einen solchen von 2 Milliarden Jahren für unser Sonnensystem, jedoch von fünf Milliarden Jahren für das Universum. Alle aber vertreten den Standpunkt, daß die Welt irgendwann einmal entstanden sei. Sie ist in Raum und Zeit entstanden. Besser: mit ihr ist Raum und Zeit entstanden. Nebenbei bemerkt: die christliche Schöpfungslehre erhält von dieser Seite der neuen Physik wieder Gültigkeit. Auch enthält das »Samyutta Nikaya« eine Aussage Buddhas, die weitgehend mit der Formulierung Einsteins übereinstimmt: »Ne pensez pas: le monde est éternel, il n'est pas éternel; il est infini, il est limité.« Durch den einleitenden Gebrauch des Wortes »éternel« werden die folgenden Definitionen etwas verwirrt; aber man darf dem Sinn gemäß ohne Zweifel übersetzen: »Denkt nicht: die Welt sei ewig, sie ist nicht ewig; sie ist ohne Endpunkt (unbegrenzt), sie ist endlich (nämlich zeitlich limitiert und nicht ewig, unlimitiert).«[19]

Das wissenschaftlich auf den verschiedensten Wegen ermittelte Alter des Universums und der zu ihm gehörenden Erde ist für unsere Überlegungen insofern von Belang, als sie jenen »Zustand« als real beweist, welchen wir als die Vor-Raumzeitlosigkeit bezeichnet haben. Diesen »Zustand« schildert C. F. v. Weizsäcker, indem er feststellt, daß wir heute annehmen dürfen, die Welt habe ein wirkliches Alter. »Vor diesem Zeitpunkt muß die Welt, wenn sie überhaupt existierte, in einem Zustand gewesen sein, der vollkommen verschieden war vom heutigen, und den wir uns nicht ausmalen können, da selbst die Anwendbarkeit eines Begriffes wie Zeit für ihn nicht besteht.«[20]

Realisieren wir jedoch diesen zeitlosen Zustand mit unserem Bewußtsein, so wandelt er sich in die Raum-Zeit-Freiheit, die bewußtseinsmäßig nicht nur die tiefste Wirklichkeit und Wahrheit, sondern die amaterielle und atemporelle, also eine sowohl materie- als zeitfreie Grundstruktur des Universums ist, soweit wir diese mit unserem Bewußtsein durchblicken können. Denn das, was wir Raum-Zeit-Freiheit nennen, ist ja nichts anderes, wie wiederholt auf diesen Seiten ausgeführt worden ist, als der uns bewußt gewordene »Zustand«, der noch vor der magischen Raumzeitlosigkeit liegt.

Es gibt einen Satz Eddingtons, welcher dem dreidimensionalen Denken vollständig unverständlich ist, der aber dem vierdimensionalen Wahren durchaus durchsichtig sein dürfte, wenn wir das Konzept der Raum-Zeit-Freiheit dabei gegenwärtig haben. Er lautet: »Die Ereignisse kommen nicht; sie sind da, und wir begegnen ihnen auf unserem Wege. Die ›Formalität‹ des Stattfindens ist ganz einfach der Hinweis, daß der Beobachter an dem in Frage stehenden Ereignis vorübergekommen ist, und diese ›Formalität‹ ist nicht von Wichtigkeit.« [21]

Sehen wir davon ab, daß das Konzept der Raum-Zeit-Freiheit ein sehr erhellendes Licht auf die beiden östlichen Grundkonzepte wirft, die, als »Maya« und »Nirwana« bisher mystisch gedeutet, jetzt unserem Bewußtsein durchsichtig werden können [22], wie alles durchsichtig zu werden vermag, sobald wir die vierte Dimension als Zeitfreiheit zu realisieren imstande sind.

Die Gegebenheiten der neuen Physik, die wir bisher aufgezählt haben, machen es deutlich, daß das Zeitproblem in ihnen – durchaus im Gegensatz zu der klassischen Physik oder selbst der vorklassischen – eine entscheidende Rolle spielt. Die Trächtigkeit der neuen Beurteilung und Wertung der »Zeit« enthält Tendenzen, die wahrscheinlich von der Physik nicht ausgewertet werden können, obwohl die Tendenzen auf die Raum-Zeit-Freiheit hin selbst dem Physiker durchscheinend sein müssen, ohne daß er aber, gebunden an die Begrenztheiten seiner wissenschaftlichen Realisationsformen, an das Messen, die Raum-Zeit-Freiheit selbst »erfassen« könnte.

Und doch ist gerade in dieser Richtung und in den letzten Jahren ein äußerst bedeutungsvoller Schritt getan worden. Fußend auf seiner 1951 publizierten Arbeit über die »Paradoxien des Zeitbegriffs in der Theorie der Elementarteilchen«,[23] hat Werner Heisenberg in seinem Vortrag über »Atomphysik und Kausalgesetz«, den er im Februar 1952 im Rahmen der zweiten Vortragsreihe über »Die neue Weltschau« (St. Gallen) gehalten hat, für die Mikrowelt der Elementarteilchen und das in ihr statthabende Geschehen einen »Zustand« evident gemacht, der durchaus die Charakteristika dessen trägt, was wir als Zeitfreiheit beschrieben haben. Dort führt er aus, »daß in ganz kleinen Raum-Zeit-Bereichen, also in Bereichen von der Größenordnung der Elementarteilchen, Raum und Zeit in einer eigentümlichen Weise verwischt sind, nämlich derart, daß man in so kleinen Zeiten selbst die Begriffe früher oder später nicht mehr richtig definieren kann. Im Großen würde sich an der Raum-Zeit-Struktur natürlich nichts ändern können, aber man müßte mit der Möglichkeit rechnen, daß Experimente über die Vorgänge in ganz kleinen Raum-Zeit-Bereichen zeigen werden, daß gewisse Prozesse scheinbar zeitlich umgekehrt ablaufen, als es ihrer kausalen Reihenfolge entspricht.«[24] Damit wird für die Grundstruktur der Materie, für das atomare Geschehen, welches für die Materie das ursprüngliche sein dürfte, jene Freiheit von Raum und Zeit in Erwägung gezogen, die dem Ursprünglichen dann eignet, wenn wir uns, wie dies hier durch Heisenberg geschieht, diesen »Zustand« bewußt machen können.[25]

Aber nicht darauf kommt es an, daß die Physik »materiell« und »meßbar« eines der Grundkonzepte der neuen Bewußtseinsstruktur unter Beweis stellt. Dies dürfte unmöglich sein oder bestenfalls nur in Jahrzehnten erreicht werden, wofür dann die soeben erwähnte Formulierung Heisenbergs wegbereitend sein dürfte. Worauf es vor allem ankommt, ist, daß die Physik Grundeinstellungen herausgearbeitet hat, die potentiell nicht nur über sie hinausweisen, sondern sogar eindeutig auf Komponenten des neuen Bewußtseins hinweisen. Dies dürfte für das »Zeit«-Thema der Physik und der ihm innewohnenden Zeitfreiheitstendenz offensichtlich geworden sein.

Diese Aufdeckung potentieller Ansätze, die keine philosophierende Interpretation ist, sondern Sichtbarmachung von Bewußtwerdungsprozessen, die selber Manifestation der neuen Bewußtseinsmutation sind, könnte nur dann als irrelevant abgetan werden, wenn sie sich lediglich auf das immerhin zentrale Zeitthema beschränkte. Ähnliche Tendenznachweise können jedoch noch für andere wichtige Resultate des neuen physikalischen Denkens erbracht werden. Wenden wir uns deshalb dem zweiten Punkt zu.

Zu 2: Die Überwindung des Dualismus ist ein weiteres Ergebnis der neuen Physik. Angebahnt wurde sie durch Einstein, der das Gegensatzpaar Raum : Zeit zur Raum-Zeit-Einheit zusammenschmolz. Und sein Nachweis, daß Energie und Masse/Materie nicht Gegensätze sind, sondern, wie bereits oben ausgeführt worden ist, verschiedene Erscheinungsformen des Gleichen, zielt in die gleiche Richtung. Eddington formulierte diese neue Erkenntnis am schärfsten: »Masse ist nur ein anderer Name für Energie« und legte damit den Akzent auf das physikalisch energetische Moment.[26] Die konsequente Auswertung der durch die Quantentheorie nachgewiesenen Gegebenheiten wie der »Unschärfe-Relation« brachte es dann mit sich, daß Arthur March die sachliche (und nicht etwa philosophische!) Feststellung machen konnte: »Die Welt ist vom beobachtenden Subjekt nicht trennbar und somit nicht objektivierbar.«[27] Also selbst das alte Gegensatzpaar Welt : Mensch, beziehungsweise Objekt : Subjekt und damit die mentale Perspektivität sind, physikalisch gesehen, hinfällig geworden. In der Weiterentwicklung der Quantentheorie, wie sie in der »Wellenmechanik« Gestalt annahm, wurde nachgewiesen, daß Licht (und damit Materie) stets sowohl als »Korpuskel« wie auch als »Welle« in Erscheinung tritt.[28] Die rationale Unvereinbarkeit dieser physikalischen Grundtatsache wurde nicht etwa durch ein »Dualitätsprinzip« faßbar gemacht, sondern durch die Ausarbeitung des »Komplementaritätsprinzips« durch Niels Bohr. Welche Hinweise enthalten diese Gegebenheiten? Jedenfalls auch diesen, daß das rein rationale Denkschema als nicht mehr ausreichend bezeichnet werden darf. Freilich, man behilft sich noch immer damit. Aber seine Alleingültigkeit ist erschüttert. Jene großen dualistischen Konzepte, die ihm die gedachte Spannung gaben, sind in Frage gestellt. Formal sucht man sie noch zu retten, beispielsweise in der Aufstellung der sogenannten »dreiwertigen Logik«, die durch H. Reichenbach[29] eine Systematisierung erfuhr, welche aber unzulänglich sein dürfte, da sie in der bloßen Systematisierung stecken bleibt. Darüber wird voraussichtlich bei ihrer Publikation die von C. F. von Weizsäcker ausgearbeitete »Quantenlogik« Aufschluß bringen. Hiervon soll noch (in Kapitel VI, 2) die Rede sein, da philosophische Versuche uns hier noch nicht zu interessieren brauchen. Was dagegen interessiert, ist, daß das dualistische Denken, das dreidimensionaler Struktur ist, den neuen physikalischen Erkenntnissen kaum mehr gerecht wird. Wer gezwungen ist, die Dualismen als irrelevant anzuerkennen, kann sich nicht mehr einer Realisationsweise bedienen, deren Grundlage das Konzept der Gegensätze, das der These – Antithese – Synthese darstellt. Die neue Physik »überschreitet« auch hier die Begrenztheit des Mentalen. Sie bewegt sich auf eine Realisationsform zu, die ihr noch nicht bewußt ist, die sich aber bereits in Form der vierdimensionalen, integralen abzuzeichnen beginnt. Konzepte und Einsichten wie die soeben angeführten der neuen Physik, die sich aus der starren Vorstellungswelt der mechanischen Physik lösen, dürfen als erste Manifestationen des neuen Bewußtseins angesprochen werden.

Diese zweite Serie von Hinweisen auf die Aperspektivität kann durch weitere Gegebenheiten ergänzt werden, welche auf das gleiche hintendieren und mit dem soeben erörterten Problem der Dualismusüberwindung in genau dem gleichen innigen Verhältnis stehen, wie dieses mit der dargestellten »Zeitentdeckung« in Verbindung steht. Diese dritte Gegebenheit, die als letzte aufgeführt sei, betrifft die Anschaulichkeit oder Vorstellbarkeit des neuen physikalischen »Weltbildes«, die eine – Unanschaulichkeit ist.

Zu 3: Die Unanschaulichkeit des heutigen physikalischen »Weltbildes« ist eine Tatsache, auf die von der physikalischen Forschung immer wieder hingewiesen wird. Alle Versuche, die atomaren Strukturen und Vorgänge anschaulich zu machen, sie in den Raum der Vorstellbarkeit, also in die mentale Realisationsform zu zwingen, dürfen heute als gescheitert betrachtet werden. Ein solcher Versuch war unter anderen das Rutherford-Bohrsche Atommodell, durch welches die Vorgänge im Atom anschaulich gemacht werden sollten; »es mußte«, führt Arthur March aus, »von der Quantenmechanik aufgegeben und durch eine völlig unanschauliche, rein mathematische Konstruktion ersetzt werden, weil es sich in seiner Anschaulichkeit mit einem fundamentalen Naturgesetz, den Unschärferelationen,[30] nicht in Einklang bringen läßt«[31] und die tatsächlichen Vorgänge nicht nur vergröbert, sondern verfälscht darstellt. Heisenberg bemerkt dazu: »Wir können diese (atomaren) Gesetze doch nur ungenau in anschauliche Bilder vom Atom übersetzen; denn die Plancksche Quantenhypothese, auf der diese Gesetze beruhen, enthält ein prinzipiell unanschauliches Element.«[32]

Hinzu kommt, daß die Physik infolge der Quantentheorie das altehrwürdige Kausalitätsprinzip preisgeben mußte. Auf Grund des von Planck entdeckten universellen »Wirkungsquantums« wissen wir heute, daß die grundlegenden Abläufe akausal, unstetig, indeterminiert verlaufen. Sowohl die Stetigkeit und Folgerichtigkeit, die Grundgesetze des begrifflichen Denkens darstellen, sind, zumindest in der Physik, weitgehend illusorisch geworden. »Die heutige Physik ist nicht mehr in der Lage, einen strengen Determinismus zu vertreten, sondern muß die frühere Sicherheit ihrer Vorhersagen auf eine bloße Wahrscheinlichkeit ermäßigen. Sie ist dazu gezwungen, weil das Naturgeschehen nicht, wie man früher angenommen hatte, stetig zusammenhängt, sondern von Unstetigkeiten unterbrochen wird, durch die hindurch wir die Kausalität nicht verfolgen können.«[33] Diese Worte von Arthur March werden hinsichtlich der Fragwürdigkeit des begrifflichen Denkens noch durch folgende Ausführungen von ihm unterstrichen, daß nämlich die heutige Physik zugeben muß, »unser *Verstand* (sei) der Natur nicht gewachsen, so daß es uns nicht gelingt, ihren Mechanismus durch eine *gedankliche Konstruktion* nachzubilden.« Es sind »die Unvollkommenheiten unseres Intellekts, die uns daran hindern, die Wirklichkeit in unsere *Begriffswelt* einzufangen«.[34] Die Realisationsart der mentalen Bewußtseinsstruktur, die raumverhaftet ist, reicht nicht mehr zur Erfassung der »Wirklichkeit« aus. Nur eine neue kann dies leisten. Wie sollte denn auch die Natur von dem dreidimensionalen Denken erfaßt werden können, da ja ihre »Bausteine«, »die Erscheinungen des Atomkerns jenseits der räumlichen Dimensionen« liegen, wie C. F. von Weizsäcker ausdrücklich feststellt.[35] Diese »Entmaterialisierung«, die man auch als Entgrenzung bezeichnen darf, welche von einer Entfristung begleitet ist, da ja das »Wirkungsquantum« zeitlich nicht begrenzt beziehungsweise befristet ist, gibt der heutigen Physik ihr unanschauliches Gepräge. Um nochmals Arthur March zu zitieren: »Das ist der Standpunkt, zu dem die heutige Physik gelangt ist: das objektive Wesen der Dinge besteht in nichts Stofflichem, sondern in einer Struktur. Nehmen wir etwa ein Ding wie das Elektron. Es scheint etwas sehr Reelles zu sein, ein substantielles Teilchen, das uns nicht bloß unsere Phantasie vorgaukelt, sondern der wirklichen objektiven Welt angehört. Aber lassen wir uns durch den Schein nicht täuschen. Wenn wir die Erfahrungen, auf denen unser Glaube an die Existenz eines substantiellen Elektrons beruht, bis auf den Grund analysieren, so bleibt uns nichts in der Hand als ein System von konstanten Beziehungen [das mathematisch als Struktur bezeichnet wird], so daß es diese Beziehungen und nicht das substantielle Teilchen sind, die wir für das eigentlich Reale halten müssen. Und wie berechtigt diese unsere Zweifel an der objektiven Existenz eines substantiellen Elektrons sind, beweisen jene Erfahrungen, in denen das Teilchen seine körperlichen Eigenschaften ablegt und sich [nicht wie ein Korpuskel, sondern] wie eine Welle benimmt.«[36]

Es dürfte klar sein, daß diese Weltsicht nicht nur eine Entgrenzung vollzieht und damit das Eingeständnis, sie entziehe sich der mentalen Nachdenkbarkeit und Vorstellung; sie vollzieht auch eine Entfristung und entgleitet damit selbst dem psychischen Felde; ja sie vollzieht sogar eine Entdinglichung und entzieht sich damit selbst der Erfassung durch die vitalmagische Komponente. Alle bisherigen Realisationsformen versagen angesichts der neuen physikalischen Entdeckungen. Die Physik behilft sich angesichts dieses Umstandes damit, die »Wirklichkeit« in unanschaulichen mathematischen Formeln zu fassen. Pascual Jordan führt dazu aus: »Die wunderbare Entdeckung, welche durch die Quanten- und Wellenmechanik gemacht wurde, ist nun die, daß das fragliche Reich der mikrophysikalischen Gebilde *trotz* der Unmöglichkeit, es im Sinne der gewohnten Realitätsvorstellung zu beschreiben, einer *mathematischen* Beschreibung zugänglich ist, die – wenn man sich einmal in sie eingelebt hat – als von erstaunlicher innerer Einfachheit und durchsichtigster Klarheit zu erkennen ist.« [37]

Diese Ausführungen bedürfen keines weiteren Kommentars. Sie sprechen eine mehr als deutliche Sprache. Physikalisch gesehen ist die Aperspektivität dieser Weltsicht noch gerade mathematisch strukturierbar. Und es ist symptomatisch, daß einem Physiker an Stelle der bisherigen Realisationsart, der Vorstellung und Vorstellbarkeit, jenes Stichwort von der »durchsichtigsten Klarheit« zufällt, auf welche die Aperspektivität als der ihr inhärenten Realisationsform hintendiert. Damit ist nicht gesagt, daß die Aperspektivität mathematisch gebunden sei; dies ist sie lediglich auf dem physikalischen Forschungsfelde, welches an die Zahl gebunden ist. Daß aber gerade auf diesem Felde sich eine so konsequente Abwendung von den bisherigen Realisationsformen vollzogen hat, ist ohne Zweifel ein Hinweis auf den Durchbruch zu einer neuen Bewußtseinsstruktur. Und die erwähnten Ergebnisse der neuen physikalischen Forschung sind in diesem Sinne zumindest Ansätze und erste Sichtbarwerdungen der Manifestationen aperspektivischer Art.

Heisenberg spricht einmal von der fehlerhaften »Verallgemeinerung der rationalen (klassischen und mechanischen) Naturwissenschaft zum rationalistischen Weltbild« und führt dann aus: »Aber wie jene Verallgemeinerung gleichwohl fruchtbar wurde, indem sie dem Denken auf vielen Gebieten neue Wege zeigte, werden wir auch heute der Zukunft den besten Dienst erweisen, wenn wir den neugewonnenen Denkformen wenigstens die Wege ebnen und sie nicht um ihrer ungewohnten Schwierigkeiten willen bekämpfen. Vielleicht ist es nicht zu kühn, zu hoffen, daß uns dann neue geistige Kräfte der in den letzten Jahrzehnten so gefährdeten Einheit des wissenschaftlichen Weltbildes wieder näherbringen werden.«[38] Diese Sätze enthalten unausgesprochen die Warnung, daß die mathematisierte Naturwissenschaft nun ihrerseits nicht zu einem nichts als mathematischen Weltbild führen dürfe. Die ausgesprochene Hoffnung auf »neue geistige Kräfte« zielt durchaus, in unserem Sinne, auf die neue Bewußtseinsmutation hin, die bereits Hufeland ahnte, als er von der Notwendigkeit »einer neuen Kraft des Geistes« sprach (siehe oben S. 416).

Es wird notwendig sein, daß wir uns von der potentiellen Raum-Zeit-Freiheit Rechenschaft ablegen. In ihr vollziehen sich die entscheidenden atomaren Vorgänge. Anderenfalls werden wir von neuem die Welt in ein nichts als fälschlich erweitertes Maßgefüge zurückpressen oder an dem erzwungenen Verzicht auf dieses Maßgefüge verzweifeln. Die Tatsache, daß die Physik durch ihre eigenen Entdeckungen genötigt wurde, aus der bisher gültigen Dreidimensionalität herauszutreten und sich um neue Realisationsformen zu mühen, ist genau so symptomatisch wie die Tatsache, daß diese Entdeckungen überhaupt gemacht werden konnten. Die geleistete Entdeckung ist stets die Realisierung einer Disponiertheit; hier der Disponiertheit für eine intensivere Bewußtseinsstruktur.

Diese Disponiertheit spricht auch aus einer Aussage Leopold Infelds: »Die Gesamtheit aller möglichen Ereignisse bildet eine vierdimensionale Welt.«[39] In ihr kommt zum Ausdruck, daß wir uns die vierdimensionale Welt nicht vorstellen können, denn die »Gesamtheit *aller möglichen* Ereignisse« ist unserem bloßen Verstehen nicht realisierbar, ist rational nicht erfaßbar. Abgesehen von der damit festgestellten Unanschaulichkeit enthält dieser Satz Infelds noch einen weiteren, bedeutsamen Hinweis, denn das »Mögliche« ist Potenz beziehungsweise latente Intensität und somit eine Qualität. Die Vierdimensionalität hat also auch Qualitäts-Charakter, und dies im Gegensatz zur raumbetonten, ermeßbaren und somit vornehmlich quantitativen Dreidimensionalität. Es ist bemerkenswert, daß dieses qualitative Moment von einem Physiker und Mitarbeiter Einsteins implizite unterstrichen wird. Und wir können hinzufügen, daß diese Unanschaulichkeit des Vierdimensionalen, welche Vierdimensionalität als Ausdruck des Integrums stets das Ganze tangiert und qualitativ ist, durchaus arationales Gepräge trägt.[40]

Schließlich sei noch darauf hingewiesen, daß die letzten Folgerungen über das Wesen des Elektrons (eines der Elementarteilchen, die Bausteine unserer Welt und des Universums sind) dazu geführt haben, daß es als substanzlos zu bewerten ist. Das besagt nichts anderes, als daß es von *durchsichtiger Struktur* ist. Arthur March hat diesen Tatbestand der Substanzlosigkeit und des Strukturcharakters aufgehellt,[41] indem er die Konsequenzen aus dem »Ausschließungsprinzip« W. Paulis[42] gezogen hat. Diese »Entsubstantialisierung« verwandelt selbst im »materiellen« Bereich die bloße Unanschaulichkeit letztlich in Durchsichtigkeit (beziehungsweise in Diaphanität oder Transparenz).

Im April 1958 gab Werner Heisenberg seine »Weltformel« bekannt; sie basiert auf nichtlinearen Differentialgleichungen, welche das Superpositionsprinzip der Felder ausschließt. Dadurch wird auf die nur punktuell zählende (quantitative) Summierung zugunsten der (qualitativen) Potenzierung verzichtet, anstelle der Summe tritt das Produkt, die Elementarteilchen verlieren für uns den ihnen durch unsere bisherige Denkweise verliehenen Punktcharakter und können jetzt als Strukturen gesehen werden. Die Entstarrung des fixierten Denkens ist um einen entscheidenden Schritt vorangetrieben. Im April 1964 gelang dann George B. Cvijanovich und E. Jeannet in der Schweiz der Versuch – sie benutzten dafür die K^{+}-Mesonen – experimentell ersichtlich zu machen, daß die Elementarteilchen von einer gewissen Kleinstheit abwärts nicht punktförmig, sondern tatsächlich Strukturen sind. Der von ihnen als »Bakunin-Effekt«[43] bezeichnete Nachweis macht es unumgänglich, daß sich unsere bisher vornehmlich an die Vorstellung gebundene Denkgewohnheit, die punktfixiert rationalen Charakters ist, in eine Form der Wirklichkeitserfassung wandeln muß, die durchaus dem entspricht, was wir auf diesen Seiten als die Realisationsweise des neuen, arationalen Bewußtseins versuchen evident werden zu lassen.

Was sich in der Physik während der letzten sechzig Jahre vollzogen hat, ist kein vereinzelter Vorgang. Auch andere Gebiete des Forschens weisen die gleiche Grundströmung auf, die wir für die Physik ersichtlich zu machen versuchten. Wäre das nicht der Fall, so wäre unsere Unterstellung, die neuen Ergebnisse der Physik tendierten auf die Aperspektivität hin und wiesen sich als erste Manifestationen der aperspektivischen Welt aus, nichts als eine Umbenennung oder Eigenwilligkeit. Es handelt sich um weit mehr als um die Einbeziehung der Physik in die aperspektivische Weltsicht. Es handelt sich darum, daß sie selbst auf dem Wege zu ihr ist, daß sie beginnt, selber die Charakteristika herauszustellen, natürlich innerhalb des ihr gesteckten Rahmens, die, wie wir in den nächsten Kapiteln sehen werden, unabhängig von ihr und zum Teil bereits früher als durch sie von andern Wissensgebieten anvisiert wurden.

Wir haben uns geflissentlich jeder philosophischen, geschweige denn religiösen Interpretation der neuen physikalischen Erkenntnisse enthalten und es sorgfältig vermieden, die in dieser Hinsicht aufschlußreichen Formulierungen beispielsweise eines A. S. Eddington und James Jeans heranzuziehen. Die Fakten, die aufgezählt wurden, sprechen für sich. Dies um so mehr, als Parallelfakten anderer Gebiete die gleiche Sprache sprechen. Es ist nicht nötig, Übertragungen oder Weiterungen aus einem Wissensgebiete in das andere vorzunehmen, die immer befehdbar sind, da terminologische Eifersucht und die verschieden geartete Ausgangsbasis der verschiedenen Wissensgebiete nur zu Mißlichkeiten führen. Dagegen ist es von Nutzen, die *Zusammenhänge* zu sehen, denen sich auch der Fachwissenschaftler, sind sie erst einmal aufgezeigt, nicht verschließen kann noch darf. Im Physikalischen liegt der Akzent natürlicherweise auf den Beziehungen, also auf einem Teilaspekt, einer Sekundärform dessen, was wir den Zusammenhang, den synairetischen Vollzug nennen. Aber hin und wieder leuchtet ein Abglanz des größeren Zusammenhanges selbst durch die Sätze und Formulierungen der Physiker durch. So, wenn C. F. v. Weizsäcker, indem er betont, daß er mit der folgenden Aussage das Feld des physikalischen Experimentes überschreite, den Satz zu schreiben vermag: »Der Geist, der in der objektiven Natur dem Geheimnis seines eigenen Ursprungs begegnet, erlebt, wie das reine Sein gleichsam durchscheinend wird ...« [44]

2. *Biologie*

Es ist nicht unwichtig, darauf hinzuweisen, daß die Biologie eine noch junge Wissenschaft ist. Das Bedürfnis, den Bios, das Vitale, die Lebensvorgänge zu untersuchen und zu erforschen, meldet sich nicht zufällig in dem Moment zum Wort, da sich in der Französischen Revolution der »Einbruch der Zeit« ereignet. Es sind vor allem Goethe, Johannes Müller und Karl Ernst von Baer, denen wir das Entstehen der Biologie zu danken haben.[45]

Diese Wissenschaft ist ein Ausdruck der Grundströmung, welche seit der Wende des 18. zum 19. Jahrhundert unsere Epoche des Überganges beherrscht. Sie spielt in ihr eine bedeutsame Rolle; für das 19. Jahrhundert genügt es, an Darwin zu erinnern, für das 20. an die Auswirkungen des Vitalismus (ausführlich im Werk des Verfassers »Abendländische Wandlung« beschrieben). Historisch gesehen folgt auf die romantisch betonte Biologie die Gegenbewegung der verschiedenen materialistischen, positivistischen und mechanistischen Versuche, die, wie in der Physik, zu Anfang unseres Jahrhunderts überwunden werden. Damals beginnen sich, gefördert durch H. Driesch, J. v. Üxküll und de Vries, für die Biologie ähnliche Umwälzungen anzubahnen, wie wir sie in der Physik beobachten können.

Wodurch zeichnet sich die neue biologische Weltsicht aus? Welchem Wandel also war sie in den letzten Jahrzehnten unterworfen und inwiefern berechtigen uns ihre neuen Konzepte und Formulierungen, darin Hinweise auf erste Manifestationen der aperspektivischen Weltsicht zu sehen? Stellen wir wieder die hauptsächlichsten Ergebnisse, diesmal der neuen biologischen Forschung, heraus und untersuchen wir dann die ihnen innewohnenden Tendenzen, so wird offensichtlich werden, daß sie mit jenen, die wir soeben für die Physik aufgeführt haben, weitgehend parallel laufen. Dabei werden wir versuchen, selbst terminologisch strikt im Rahmen der gerade zu behandelnden Wissenschaft zu bleiben. Die übergeordneten Begriffe und Kategorien, vor allem aber die Systasen, welche die einzelnen terminologisch getrennten Gebiete verschränken, werden desto deutlicher sichtbar werden.

Die neue Biologie, die weitgehend in andere Gebiete hineinwirkt und gleichzeitig von anderen aus beeinflußt wird (Psychologie und Medizin gehören dabei an erste Stelle), strebt einer neuen Bewußtseinshaltung zu, einer neuen Art der Realisation, in der sich das Wirksamwerden der neuen Bewußtseinsmutation manifestiert. Denn in ihr wird

1. die »Zeit« als Qualität berücksichtigt;
2. wird damit der Dualismus überwunden und die »Ganzheit« postulierbar;
3. werden die rationale Erfassung und die prae- und irrationale Überwältigung dieser Disziplin durch eine sich anbahnende arationale Sicht überhöht beziehungsweise vertieft.

Beschränken wir uns auf diese drei Punkte. Halten wir einleitend nur einen wichtigen Sachverhalt fest, der es gerade der Biologie als Wissenschaft außerordentlich schwer macht, ein neues Verhältnis zur »Zeit« zu finden. Von der systatischen Betrachtungsweise her, für die die »Zeit« nur ein Aspekt jener Weltkonstituante akategorialer Art ist, welche die systematisch und kategorial erfaßbaren Bewirktheiten durchströmt, bindet, aber auch löst, ist es offensichtlich, daß die Biologie als Wissenschaft von den Lebensvorgängen, ja vom Leben selbst, tiefer in diesen akategorialen Bereich hineinreicht als die mit systematisch erfaßbaren Fakten und Mathematisierung arbeitende Physik. Hinzu kommt das vitale Moment, das magisch betont ist und beispielsweise in der anthropologischen Biologie stets die Tendenz hat, das Übergewicht zu erlangen. Der Mitbegründer der Biologie, Goethe, läßt seinen Faust, der zu dem Pseudo-Mythos des Faustischen Anlaß gab, das johanneische Ursprungswort nicht zufällig in das aggressiv-aktive umformulieren: »Im Anfang war die Tat.«[46] Dieselben Energien, die sozial in der Französischen Revolution zum Durchbruch kommen, treten mit gleicher Vehemenz bei Goethe dichterisch-wissenschaftlich in Erscheinung. Es sind jene Energien, die sich durch die Verleumdung all dessen, was »Zeit« in seiner Komplexität ist, aufgestaut hatten, nachdem das Mahnen des Barock überhört worden war und man sich einem exzessiven Rationalismus überlassen hatte. So gesehen ist die Biologie als Wissenschaft eine Rebellion gegen den Rationalismus. So gesehen ist sie nur die speziell biologische Form des »Einbruchs der Zeit«, der gleichzeitig in den roten Fahnen, im grellen, explosiven Pfiff der ersten Dampfmaschine, im »faustischen« Taten- und Todesdrang, im Bewußtwerden des »Unbewußten« und in manch anderen Manifestationen mehr sichtbar wird. Die biologische Fragestellung ist Jahrzehnte hindurch die nach den Kräften und damit eine Infragestellung jedweden Systems, sei dieses das der mental-rationalen Vorstellung, sei es das desgleichen überfällige und dem Mentalen gemäße Herrschaftssystem.

Nach dieser Feststellung der für ihr Wesen und ihren Charakter symptomatischen Entstehungsgeschichte der Biologie und ihrer Bedeutung als Aufbruch zur Aperspektivität können wir uns den aufgezählten drei Punkten zuwenden. An einigen Gegebenheiten der neuen biologischen Forschungsergebnisse lassen sich gewisse Tendenzen ablesen, die auf die Realisation der aperspektivischen Bewußtseinsstruktur hinweisen.

Zu 1: Das Zeitthema tritt erstmals zu Beginn unseres Jahrhunderts in der Biologie in den Vordergrund. Die Entdeckung der natürlichen Mutation durch de Vries verwischt die alte Denkschablone des nichts als rhythmischen und evolutiven, womöglich final und utilitär gerichteten Ablaufes im biologischen Geschehen. Wir haben bereits in der »Abendländischen Wandlung« darauf hingewiesen, daß zwischen der biologischen Mutationstheorie und der physikalischen Quantentheorie eine prinzipielle Übereinstimmung besteht. Durch beide wurde unsere Auffassung von der Zeit als kontinuierlichem Geschehen erschüttert. Die Tatsache diskontinuierlicher, spontaner schöpferischer Akte war nicht mehr ableugbar. Die Quantität Zeit nahm für unser Bewußtsein Qualitäts-Charakter an; sie verwandelte sich aus einer extensiven stetigen Größe meßbarer Art in ein intensives Element nicht vorausbestimmbarer Wirksamkeit.

Es war E. Minkowski, der als erster von einem »temps-qualité« (einer »qualitativen Zeit«) gesprochen hat. Und sein Begriff des »temps vécu« (der »gelebten Zeit«),[47] war nicht nur für die Neurobiologie, die Psychiatrie und allgemein für die Biologie äußerst fruchtbar, sondern überhaupt bahnbrechend, nicht zuletzt deshalb, weil Minkowski niemals dem Vitalismus verfallen ist. Später hat dann A. L. Vischer, verschiedene Untersuchungen zusammenfassend, über den Intensitäts-Charakter der biologischen Zeit, besonders des Alters, berichtet. Im Alter, das heißt für den alternden Menschen, ist der Zeitablauf ein wesentlich anderer als für den jugendlichen Menschen. Er ist qualitäts- und intensitätsmäßig in der Jugend und im Alter verschieden.[48]

Die Tatsache, daß es der Forschung später gelang, Mutationen auch künstlich im Laboratorium herzustellen und damit einer Pseudo-Kausalität wieder zur Geltung zu verhelfen, ist dabei von sekundärer Bedeutung. Dagegen ist es wichtig, darauf zu verweisen, daß die bisher beobachteten Mutationen von Erbanlagen vornehmlich Spezialisierungs-Prozesse betrafen; und W. Tritsch[49] verweist im Anschluß an die histologischen Arbeiten von Sauser (Innsbruck) darauf, daß durch die Mutationen Arten nicht entstanden sein können, sondern sich so nur verbrauchen. Dagegen hat die Entdeckung der spontanen »Zellkernverdoppelung« und der »biologischen Induktion« durch Sauser dem Verständnis für die Artentstehungen erstmals die Wege geöffnet, wobei jede Zelle ein »strukturiertes Kraftfeld« bildet, dem eine Struktur »zugrunde liegt«. (Auf den möglichen Minus-Charakter der biologischen Mutationen und den ihn kompensierenden Plus-Charakter der geistigen Bewußtseinsmutationen wurde bereits [siehe oben Seite 73] eingegangen.)

Was nun das Zeitthema anbelangt, so darf hier der sogenannte »élan vital« Bergsons und sein Einfluß auf den Vitalismus nicht übergangen werden. Von den verheerenden Folgen der fälschlichen Adaption dieses Begriffes durch die deutsche Biologie in den ersten Jahrzehnten unseres Jahrhunderts ist an anderem Ort ausführlich berichtet worden.[50] Bei Bergson ist der »élan vital« die im Menschen als »Lebensschwung«, als »schöpferische Entwicklung« erfaßbar werdende »durée«, die als das ungegenständliche Wesen des Seins aufgefaßt wird. In der Biologie verfälscht sich dieser Begriff des »élan vital« in den der »Lebenskraft«, wird zu einer magischen, unkontrollierbaren, vehementen Größe: das Nichts-als-Vitale, alle anderen Strukturen negierend, kommt zum Durchbruch. Es hat Jahrzehnte gebraucht, diesen Vitalismus zu überwinden, der als Pseudo-Vitalismus selbst noch heute in den »organismischen« Konzepten eines L. von Bertalanffy nachwirkt. Auf den Vitalismus geht auch der falsche, zum Schlagwort gewordene Ganzheits-Begriff zurück, der, von der Politik usurpiert, als Totalitarismus Ungestalt annahm und sich in seinen Folgen als defiziente Ganzheit zu erkennen gab. Der deutsche Vitalismus war die wissenschaftlich synchronisierte Begleitmusik zum wilhelminischen Hurra-Geschrei und später zum hitlerischen Heil-Gebrüll. Er war eine vorwiegend deutsche Angelegenheit. In England, Frankreich und der Schweiz faßte er nie richtig Fuß. In Frankreich stellten sich ihm Alexis Carrel[51] und später dessen Schüler Lecomte du Noüy[52] entgegen, letzterer das Religiöse betonend; in England war es vor allem J. S. Haldane;[53] in der Schweiz waren es Constantin v. Monakow[54] und Adolf Portmann.[55] In Deutschland wurden die vornehmlich aus dem Kreise um Viktor v. Weizsäcker hervorgehenden Reaktionen[56] erst während des Krieges sichtbar und erst nach seiner Beendigung wirkend.

Es war notwendig, noch einmal kurz auf diese Zusammenhänge zurückzukommen, weil eine bestimmte Leistung, diejenige von v. Monakow, angesichts der vitalen Überflutung der Biologie durch die einseitige Betonung der praerational-magischen Komponente, besonders hoch eingeschätzt werden muß. Diese Leistung besteht in der Einführung des Begriffes »Chronogeneität«, der dem zeitlichen Aufbau der Funktionen Rechnung trägt; durch ihn wurde die ehemals gültige, nur räumlich verfestigte Lokalisation von Vorgängen des Zentralnervensystems in eine vierdimensionale intensiviert. Dabei ist zu betonen, daß für v. Monakow das zeitlich Gewordene nicht nur als Niederschlag dessen aufzufassen ist, was sich durch Jahrtausende hindurch in den sich verfeinernden Organen als bloß Gewordenes organisch fixierte, sondern diese Zeitigungen werden als etwas betrachtet, das noch heute in seiner *zeitgewordenen Qualität* wirksam ist, da primitive Instinkte und sublimierte Denkvorgänge sich gleichzeitig in der *zeiträumlichen Struktur des Zentralnervensystems äußern.*[57]

Den bisher letzten und vorerst entscheidenden Schritt in der Richtung auf eine raumzeitliche Auffassung, wie sie aus dem Konzept v. Monakows spricht, hat Adolf Portmann in einem Vortrage getan, dem programmatischer Wert beizumessen ist und der auf die künftige wissenschaftliche Konzeption vierdimensionaler Art, nicht nur für die Biologie, sondern für die Mehrzahl der Wissenschaften, von nachhaltiger Wirkung sein wird.[58]

Auch Portmann anerkennt die raumzeitliche Struktur, und zwar für alle biologischen Lebensformen: »Als ein ungeheures und undurchdrungenes Ganzes ist uns die Fülle des Lebendigen gegeben. Rätselhaft ist sie in all seinen Formen, rätselhaft in der Vollendung, in der Sinnhaftigkeit der Anpassung an die verschiedenen Bedingungen der Umgebung, noch rätselhafter in jenen Gestaltungen, in denen jeder uns faßbare Lebenszweck überschritten erscheint, in jenen Formen, die wir nur noch in der Sprache unserer eigenen zweckfreien Schöpfung zu schildern vermögen, in der Sprache der Kunst. Schwer zu fassen sind diese Lebensformen, in denen eine lange Vergangenheit von Formwandlungen während Jahrmillionen noch heute volle Gegenwart ist und in denen zukünftige Gestaltungen bereits durch einen unfaßbaren Schatz von Bildungspotenzen mitten unter uns leben und die nächsten Wandlungen vorbereiten.« [59]

Hier findet sich, unserem Wissen nach zum ersten Male, bei einem Naturwissenschaftler die Tatsache jener Gegenwart berücksichtigt, die Vergangenheit und Zukunft einbezieht und damit auch »das Ganze« und die Potenzen, also die unfaßbaren, latenten Intensitäten. Dabei definiert Portmann »das Ganze« als »das reale Unbekannte«, das es zu erforschen gilt.[60] Als das »entscheidende Neue« der heutigen biologischen Forschung bezeichnet er »das Ernstnehmen ... der spontanen Aktivität der Lebensformen, in der die besondere unräumliche Realität der Innerlichkeit sich äußert«.[61] Diese »unräumliche Realität der Innerlichkeit« ist biologisch ausgedrückt ohne Zweifel dem verwandt, was wir generell als »Zeit-Intensität« beziehungsweise »Zeit als Qualität« bezeichnet haben, der die Zeitfreiheit »zu Grunde liegt«, die ihrerseits geistiger Art ist. Daß wir über die biologische Disziplin Portmanns und über unsere eigene hinausgehend diese Annäherung vollziehen dürfen, dazu berechtigen uns Portmanns Sätze: »... gerade das Nichtdimensionale, das Verborgenste und Unfaßlichste (ist) heute der Gegenstand exakter Forschung.«[62] Das Nichtdimensionale aber ist die archaische Vor-Zeitlosigkeit und damit auch Vor-Raumlosigkeit, die, wird sie von uns realisiert und integriert und tritt sie damit aus dem bloßen Vor-Bewußtsein ins Bewußtsein, sich in die Raum-Zeit-Freiheit wandelt. Die Einbeziehung des »Nichtdimensionalen« in die Hauptfragestellung der Forschung ist gleichbedeutend mit der Anerkennung der vierten Dimension im Sinne (und in der Fülle) der Zeitfreiheit. Denn die Zeit als Qualität ist nichtdimensional, da nur Räumliches Dimensionen hat, weshalb wir ja auch von der vierten Dimension als einer Amension gesprochen haben. Und fassen wir die Nichtdimensionalität im Sinne dessen, was wir als »Nulldimensionalität« bezeichnet haben, so wird auf andere Weise sichtbar, daß die Zeitfreiheit in ihrem vorbewußtseinsmäßigen Zustande die »Innerlichkeit« ist, von der Portmann spricht und mit welchem »Wort ... an das Besondere erinnert werden (soll), daß die Lebewesen alle aus sich selbst heraus, aus einer unräumlichen Tiefe heraus, tätige Zentren von Handlungen sind«.[63] Hierauf folgen dann einige Sätze konsequentester und mutigster Art: »Es erscheint besonders bedeutsam und zukunftsträchtig, daß mit dem neuen Erforschen der Innerlichkeit die Welt der Qualitäten wieder in die Mitte unserer Betrachtung tritt – nachdem sie eine Weile [seit Goethe und Müller] der Lebensforschung entfremdet, von ihr fast vergessen worden war. Lebten doch die Biologen selber eben noch – und viele noch immer – in der Meinung, die Verwandlung der Qualität in quantitative Beziehungen sei das wahre Ziel der naturwissenschaftlichen Arbeit! Tag für Tag gewinnt heute eine neue Ansicht an Boden. Wohl muß überall da, wo es um Exaktheit der Erfassung geht, das Mittel der quantitativen Darstellung, die Messung, erstrebt werden. Nach wie vor wird mit vollem Recht die größte Anstrengung auf das Ersinnen neuer Meßmittel für Qualitatives, gerade für Ereignisse der Innerlichkeit, aufgewandt: die Kurve, das Korrelationsschema als genauer Ausdruck, Streckenmaße als Manometer des Verborgenen, alles das ist Alltag der Verhaltensforscher. Aber die Einsichtigsten wissen längst, daß diese Verwandlung von Qualität in Quantität nicht das Wesen der Sache trifft, daß sie nicht das Ziel der Untersuchung sein kann, sondern lediglich ein Hilfsmittel, um vor Täuschungen bewahrt zu sein. Die messende Technik soll letztlich nicht die Innerlichkeit in Quantität umsetzen, sie soll sie uns nicht als Quantitatives verständlich machen, wie man früher etwa gefolgert hat, nein, das Messen soll uns lediglich zum objektiveren Ausdruck unserer Aussagen über diese schwer zugängliche Realität der Innerlichkeit helfen.« [64] »Die neue Sehweise, die Beachtung der Innerlichkeit, hat nicht nur das Reich der Qualitäten neu erschlossen, nicht nur die organischen Gestalten zu neuer Beachtung gebracht. Wesentliche Wandlungen in der Auffassung des Lebendigen bahnen sich heute gerade durch diese Vertiefung in das Besondere der Innerlichkeit an.« [65] (Portmann hat dann in den Jahren nach 1953 seine Einsichten in das Wesen des Lebendigen noch entscheidend vertieft. Er hat für die Biologie [aber nicht nur für sie!] eine gänzlich neue Ausgangsposition begründetster Art und eine dem neuen Bewußtsein entsprechende Grundeinstellung herausgearbeitet, die er auf beglückende Weise zu formulieren vermochte. Es sei hier lediglich sein Nachweis der nicht zweckgerichteten, also der zweckfreien Organbildungen erwähnt, sein Konzept von der »unadressierten Selbstdarstellung des Lebendigen«: Funde von epochaler Reichweite, die einerseits [und um nur diese zu nennen] von parallelen Erkenntnissen der Kernphysik und Tiefenpsychologie, der Rechts- und Geschichtswissenschaften und von unserer Bewußtseins-Phänomenologie sowie von den Gestaltungen der Künste unserer Zeit gestützt werden, andererseits diese Erkenntnisse und Gestaltungen stützen. Wir haben auf diesen Sachverhalt verschiedentlich und ausführlich hingewiesen.[66])

Was die Physik noch nicht zu leisten imstande war, das hat die Biologie geleistet. Alle temporischen Versuche, also jene, die sich um den Einbau der »Zeit« in die Denk- und Lebensvorstellungen bemühen, führen in der Physik nur dann zu einer qualitativen Auffassung des Zeit-Begriffes, wenn man den Mut hat, das Plancksche *h* qualitativ zu werten. Dann freilich leuchtet hinter ihm die »tiefere Wahrheit«, die der Zeitfreiheit, auf. Für die Biologie hat Portmann mit der Einführung des Ausdrucks der nicht-dimensionalen, unräumlichen, qualitativen Innerlichkeit eine noch stärkere Annäherung an die bewußtwerdende Zeitfreiheit geleistet. Es gibt heute dank seiner und v. Monakows sowie dank der Mutationstheorie von de Vries und der »biologischen Induktion« Sausers das, was man besten Gewissens eine vierdimensionale, aperspektivische Biologie nennen darf. Sie integriert das Zeitphänomen, sie achtet aperspektivisch auf »das

Ganze« und nicht perspektivisch fixiert auf das nur Meßbare, Teilbare und Geteilte, also Räumliche. »Denn« (um nochmals Portmann zu zitieren) »das ist das Entscheidende: die Methoden des physikalisch-chemischen Arbeitsbereichs sind ja nicht etwa als ›falsch‹ erwiesen, aber ihre ›Richtigkeit‹ geht an dem jetzt gestellten Ziel vorbei, sie sind ›unrichtig‹ in einem neuen, sehr exakten Sinn dieses Worten.«[67] Sie sind nicht mehr perspektivisch richtig im Sinne von zielgerichtet (siehe dazu oben S. 134 f.), sondern der sich erschließenden Fülle des Ganzen gemäß, »unrichtig« und »ungerichtet«, also aperspektivisch. Sie bleiben »richtig« vom Mentalen her gesehen. Sie sind »unrichtig« vom Integralen her wahrgenommen. Daß die Naturwissenschaften diesen Sprung aus dem Mentalen ins Integrale, aus der Perspektivität in die Aperspektivität vollziehen konnten, dies ist das große Ereignis unserer Epoche. Die Anerkennung der Zeit als Qualität ist eine zur Integration führende Auswirkung der zahlreichen temporischen Versuche, in welchen die Wirksamkeit der neuen Bewußtseins-Mutation manifest wird.

Dieser Integralität entsprechend, finden wir auch in der Biologie eine neuartige Einstellung zum rationalen Dualismus, die mit seiner Überwindung gleichbedeutend ist. Dies führt uns

zu 2: Die Überwindung des Dualismus in der Biologie. Sie vollzieht sich auch in dieser Wissenschaft von dem Moment ab, da der Faktor »Zeit« in ihr Berücksichtigung findet. Die klassischen Gegensatzpaare Anorganisch : Organisch und Körper : Seele werden hinfällig, denn sie werden als Einheiten betrachtet, nicht mehr als Gegensätze. Sir Jagadis Chandra Bose, der indische Gelehrte, erbringt den Nachweis für die Einheit des Anorganischen mit dem Organischen.[68] Vorbereitet durch Goethe und Carus, aber von ihnen noch nicht explizite postuliert, gelangt dann bei H. Driesch das Konzept der »Leib-Seele-Einheit« zum Durchbruch, das von J. v. Üxküll, H. Prinzhorn und vielen anderen aufgenommen und ausgebaut wird[69] und aus dem die »psychophysische«, später die »psychosomatische« Medizin der letzten vierzig Jahre hervorgehen.

Es dürfte nicht abwegig sein, das Postulat der »Leib-Seele-Einheit« der Biologie mit dem der »Raum-Zeit-Einheit« der Einsteinschen vierdimensionalen Physik in Parallele zu setzen. Bei beiden handelt es sich um systatische Vollzüge, die sich aber den Gegebenheiten der beiden verschiedenen Wissenschaften gemäß stark voneinander unterscheiden. Der durch C. G. Jung geführte Nachweis von der Energetik der Seele kapselt das energetische Prinzip nicht von der Zeithaftigkeit ab, die der Seele eignet; dagegen trennt die Physik noch »Zeit« von »Energie«, weil sie die »Zeit« nur als Maßgröße betrachtet, ja, in ihren Messungen gezwungen ist, sie als solche zu handhaben.

Von ganz anderer Seite kommt auch Arnold Gehlen zu einer, allerdings nicht konsequent durchgeführten Überwindung des Dualismus. Er greift einerseits (und zwar einschränkend, weil den »Geist« ausklammernd, da er den bloßen Intellekt meint) das Konzept Schelers von der »Weltoffenheit« des Menschen auf, welches später bei Heidegger in wiederum abgewandelter Form als »offene Welt« (siehe unten S. 556) eine Rolle spielt; andererseits stützt er sich auf das Konzept Novalis' von der »inneren Außenwelt«. Dabei ist für Gehlen die Weltoffenheit[70] »Struktur unseres Antriebslebens«, das weitgehend von der »Seele« bestimmt ist. Die Seele ist ihm nicht nur »innere Welt«, sondern, da der Mensch primär als ein »handelndes Wesen« definiert wird, »innere Außenwelt«. Dieser Ausdruck »soll bezeichnen, daß gewisse Vorgänge im Menschen sich unter dem Einflußbereich der Außenwelt abspielen, daß sie ›besetzt‹ werden mit Eindrücken der Außenwelt und so als Phasen der Auseinandersetzung mit der Welt zu verstehen sind, wie sie ein handelndes und weltoffenes Wesen zu leisten hat.«[71]

Hier ist festzuhalten, daß diese Überwindung des Dualismus, soweit sie vollzogen wurde, niemals mit einer Abschaffung desselben gleichgesetzt werden darf. *Es kann und darf sich nie darum handeln, diese Basis-Vorstellung des Mentalen abschaffen zu wollen, sondern lediglich darum, ihren Ausschließlichkeitsanspruch zu überwinden.* Das Mentale behält seine Gültigkeit, aber es behält nicht seine praedominierende Stellung. Das ist ausschlaggebend. Es wird auch nicht bloß »unterwunden«, indem an seine Stelle beispielsweise das Polaritätsprinzip träte. Es wird überwunden, indem an seine Stelle das Integrations-Prinzip tritt. Das Integrations-Prinzip ist aber die Zeit-Freiheit, das Achronon.

Gewiß, die rein sprachliche Formulierung dieser neuartigen Sachverhalte bereitet heute noch Mühe. Es trifft durchaus zu, was Portmann sagt: »Die wissenschaftliche Sprache ist hier eben noch nicht so weit wie das Forschen.«[72] Dieser Vorbehalt findet sich bei ihm nicht zufällig gerade dort, wo er das Qualitative dem Quantitativen gegenüberzustellen scheint. Es handelt sich aber dabei um keine Gegenüberstellung. Die qualitative »Innerlichkeit« ist in ihrem Verhältnis zur Welt der meßbaren Quantitäten kein dualistisches Prinzip, sowenig wie die Zeit ein solches hinsichtlich des Raumes, sowenig die Seele ein solches hinsichtlich des Körpers ist. Erkenntnismäßig läßt sich dieser Sachverhalt nur fassen, wenn man einerseits sowohl die Innerlichkeit und die Zeit (als Intensität), als auch die Seele als systatisch wahrnehmbare Elemente, wenn man andererseits sowohl das Quantitative und den Körper, als auch den Raum als systematisch erfaßbare Größen betrachtet, die synairetisch nicht etwa eine Systase oder Einigung oder Ganzheit eingehen, sondern dauernd wirkender Vollzug des Ursprünglichen im Gegenwärtigen sind und derart, nämlich synairetisch, das Ganze diaphan aufleuchten lassen.

Eine gleich große und einschneidende Wandlung, wie sie hinsichtlich der aufgeführten Gegensatzpaare stattgefunden hat, hat auch hinsichtlich der Gültigkeit der Aufspaltung der Welt in Subjekt und Objekt eingesetzt. Wir haben bereits im vorigen Abschnitt gesehen, daß dieser Dualismus sich von der Physik nicht mehr aufrechterhalten läßt. Dieselbe Einstellung setzt sich allmählich auch in der Biologie durch. Sie wurde durch die »Umweltlehre« J. v. Üxkülls eingeleitet, die eine Lehre der »Weltzusammenhänge«[73] ist, nicht aber eine der bis dahin gültigen Weltgegensätzlichkeiten. Nicht mehr irgendwelche perspektivisch fixierten Beziehungen zum Gegenüber sind heute herrschend, sondern überall, sogar in den Naturwissenschaften, drängt sich nicht etwa ein relativierendes In-Beziehung-Setzen in den Vordergrund, sondern das diaphane, aperspektivische Sichtbarwerden der Zusammenhänge. Die Überwindung der Subjekt-Objekt-Gegensätzlichkeit ist kein Verlust derselben und bedroht den Menschen nicht mehr, wie wir bereits auf den ersten Seiten des ersten Teiles (siehe oben S. 33) dargelegt haben, mit dem Subjektverlust oder mit der Objektidentifizierung. Im Gegenteil: hier bahnt sich das Entscheidende an, nämlich die Überwindung des personalen Ich und der unpersonalen Welt (oder Masse) durch das »überpersonale« oder besser: durch das apersonale Sich, das den Beziehungen, Abhängigkeiten, Bedingtheiten und Befristungen, das also den unterdeterminierten Strukturen und Realisationsformen nicht mehr blind unterworfen ist und demzufolge die Zusammenhänge wahrzunehmen vermag.

Dieser Sprung aus dem Mentalen ins Integrale, demzufolge die Überwindung des Dualismus auch durch die Biologie vollzogen wird, ist ein Geschehen von menschheitsgeschichtlicher Bedeutung. In ihm stellt sich eine der Manifestationen der aperspektivischen Welt dar. Und diese Feststellung führt uns zum letzten Punkte:

Zu 3: Die rationale Erfassung des Lebens wird überdeterminiert zu einer arationalen Sicht des Lebens. Dabei muß nochmals ausdrücklich darauf hingewiesen werden, daß arational keinesfalls mit irrational zu verwechseln ist. Das Irrationale gehört dem mythischen Bereich an; das Arationale dem integralen. Bereits die mathematischen Strukturen der Physik, die nicht mehr rational erfaßbar sind, die unvorstellbar sind und sich einer Realisation durch unser dreidimensionales Denken entziehen, sind in diesem Sinne Vorformen der arationalen Wahrnehmung. Diese neuartigen Strukturen der Physik sind Ausdruck eines vierdimensionalen Bewußtseins. Dies um so mehr, als das Bewußtsein und seine Art, die Welt nicht mehr vorzustellen, sondern, wie wir es nennen, auf durchsichtige Weise wahrzunehmen, sich auch in den neuen Konzepten der Biologie zu manifestieren beginnt. (Neuerdings hat neben anderen auch der bedeutende Biopsychologe Armin Müller dieser unserer Ansicht beigepflichtet, daß »eine neue Bewußtseinsstruktur zu ergänzendem Ausdruck drängt«, wobei das Magische, das Mythische und das Mentale »zu neuer Aneignung auf höherer Bewußtseinsebene emporzuläutern sei«.[74])

Goethes Idee der »Urphänomene«, wie beispielsweise das der »Urpflanze«, brachte auf romantisch-idealistische Weise erstmals zum Ausdruck, daß allen Erscheinungen je eine Urkonzeption, ein ursprüngliches (und damit trächtiges und potentielles) Urmuster zugrunde liegt. Dieser potentielle Faktor nähert übrigens sein Konzept der platonischen Konzeption an; beide weisen damit über den rationalen Bereich hinaus. Seit der Mitte des letzten Jahrhunderts herrschte dann die Evolutionstheorie, die, materialistisch betont, schließlich zur mechanistischen Auffassung führte. Auf sie folgte der Vitalismus mit seiner Betonung des Organismus. Das Grundmuster (Urpflanze) wurde also von einem Konzept abgelöst, das man als mechanistisches Schema bezeichnen kann; und dieses von dem der organischen Ganzheit, die aus der irrationalen »Lebenskraft« lebte. Das energiegeladene Urmuster, das entwicklungsträchtige mechanistische Schema, das dynamisch übergeladene organische Prinzip, sie wurden dann in den zwanziger und dreißiger Jahren unseres Jahrhunderts von dem Gestaltprinzip abgelöst. Dies war ein weiterer Sprung der Konzepte, da in ihm statt der bloß energiegeladenen oder entwicklungssüchtigen oder funktional-vitalen

Akzentuierung die qualitative einsetzte, die zudem das Ganze, und nicht nur dessen reduzierte Erscheinungsform, die Ganzheit, zu erfassen trachtete. Woodger, v. Bertalanffy, Katz, Friedmann, ja selbst Viktor v. Weizsäcker mit seiner »Gestaltkreis«-Lehre waren Vertreter des Gestalt-Prinzips.[75] Dieses Prinzip hatte den Vorteil der Anschaulichkeit und den anderen, daß der nur blinden Energie in qualitativer Weise Form gegeben wurde. Es stellte sich aber bald als unzureichend heraus. Im Biologischen entspricht das Gestalt-Prinzip durchaus dem physikalischen Modell-Denken. Gleich dem Modell war aber die Gestalt als Anschaulichkeit dem »realen Unbekannten« nicht nur nicht gewachsen, sondern verfälschte es. An diesem Punkte ermöglichte dann das Konzept Sausers von den »strukturierten Kraftfeldern«, daß auch die Biologie in »Strukturen« zu »denken« begann. Nicht, daß diese biologisch konzipierten Strukturen mit den physikalischen identisch wären. Sie sind im Prinzip die gleichen, das heißt sie resultieren aus gleichen Realisations-Prozessen, sind aber der Art nach voneinander schon deshalb verschieden, weil die physikalischen Strukturen atomare sind, die mathematisch diaphan werden, während die biologischen zellgebunden sind.

Hier ist im Vorübergehen zu erwähnen, daß J. v. Üxküll, ohne daß er die Struktur so tiefgehend konzipierte, wie dies dann später geschah, an musikalische, also magisch betonte, energie- und bewegungsgeladene Strukturen dachte, die dem Biologischen »zu Grunde liegen« sollten, welche er folgerichtig als »Partituren« bezeichnete.[76] Gegenüber der fast mythischen Konzeption des Biologischen, wie sie in dem »Gestaltkreis« V. v. Weizsäckers zum Ausdruck gelangt, kommt die magische Gestimmtheit J. v. Üxkülls in seinem letzten Buche, das den Ton auf die Allmacht des Lebens legt, nochmals überdeutlich zum Vorschein; diese Schrift trägt nicht zufällig den Titel »Das allmächtige Leben«, handelt nicht zufällig von der Musikalität und der Macht des Lebens, zwei Charakteristika, für deren magische Bedingtheit wir bereits im ersten Teile den Nachweis geführt haben. Lag J. v. Üxküll, der aus der vitalistischen Strömung hervorging, dieses magische Konzept nahe, so V. v. Weizsäcker, dem Begründer der psychosomatischen Medizin, das mythische, das die psychische Komponente betont, nachdem zuvor bei Darwin und Haeckel nur die mental-rationale Komponente eine Rolle gespielt und sich als unzureichend erwiesen hatte.

Das Wesentliche an dem Strukturbegriff ist, daß Struktur,

wie sich W. Tritsch ausdrückt, »weder Kraft noch Beziehung, weder Zeit noch Raum, sondern wesentlich beides ist«, und daß wir die Wirklichkeit »nicht als magische, sondern als kontrollierbare« sehen, wenn wir sie als »Kraft und Beziehung, Erscheinung und Grenze oder Kontur« nicht vereinzeln, sondern »als Zusammenhang, als Struktur« wahrnehmen.[77]

In letzter Konsequenz, oder besser: in letzter Transparenz leuchtet also auch im biologischen Struktur-Konzept hinter der Raum-Zeit-Einheit, in der es zur Wirkung gelangt, jene »Nichtdimensionalität« auf, die der Raum-Zeit-Einheit selbst zugrunde liegt und *deren bewußte Form nichts anderes ist als die Raum-Zeit-Freiheit.*

Sowohl Physik als auch Biologie haben mit den neuen Konzepten den Boden des Nichts-als-Mentalen verlassen. Sie haben beide sowohl magische wie auch mythische Konzepte integriert, die sich in ihren Einheits- und in ihren Ganzheits-Postulaten zu erkennen geben. Erst dieser vital-psychisch-mentale Dreiklang ermöglichte den Absprung in die »vierte Dimension« und erleichtert die Aufzeigung dessen, was sie ist: die integrale, besser die integrierende Komponente und Fähigkeit unserer neuen Bewußtseinsstruktur, die hinsichtlich der vorangegangenen um eine Dimension, die integrierende der Raum-Zeit-Freiheit überdeterminiert ist.

Diese Raum-Zeit-Freiheit aber ist weder magisch-vital, noch mythisch-psychisch, noch mental-rational; sie ist geistig. Und in diesem Sinne ist die vierte Dimension in ihrer Fülle der erste Ausdruck einer Konkretion des Geistigen. Diese vierte Dimension ist systematisch so wenig faßbar, wie es das Geistige ist; aber systatisch ist ihre Wirksamkeit wahrnehmbar. Diese Wahrnehmbarkeit aber ist diaphaner Art und damit Ausdruck eines bisher nur selten geleisteten Vermögens des Menschen.

Alle aufgezählten wissenschaftlichen Konzepte verweisen uns auf Charakteristika, die wir als notwendige für die integrale Struktur dargestellt haben: Vierdimensionalität, Durchsichtigkeit (Diaphanität), Integration, Arationalität, die den ganzen Komplex »Zeit« nicht nur zugänglich machen, sondern auch wirksam, und die über die Ganzheit hinaus das Ganze diaphan werden lassen; die »hinter« den physikalischen und biologischen Gegebenheiten in unterschiedlichen Strukturen auf eine »nichtdimensionale« Struktur hinweisen, welche vor-magisch, vorzeithaft, vor-bewußt ist und sich infolge des neuen Bewußtseins in die Raum-Zeit-Freiheit wandelt. Diese Ablesungen spiegeln die ersten Manifestationen der aperspektivischen Welt in den Naturwissenschaften.

Daß die Naturwissenschaften der intellektuell-quantitativen Arbeitsweise nicht entraten können, ist selbstverständlich. Darauf hat auch A. Portmann (siehe Seite 518) hingewiesen. Und wir selber haben bereits im ersten Teile immer wieder betont, daß die Gewinnung einer neuen Bewußtseinsmöglichkeit, der arational-integralen, keinesfalls frühere bewußtseinsmäßige Realisationsarten wie beispielsweise die mental-rationale hinfällig macht. Im Gegenteil: sie, die die Grundlage des wissenschaftlichen Arbeitens darstellt, behält ihre Wertigkeit, verliert dagegen ihren Ausschließlichkeitsanspruch, den sie heute noch erhebt. Unsere soeben erfolgten Ablesungen sind also auch ein Hinweis auf den heutigen Verzicht, der darin besteht, daß die ausschließliche Gültigkeit der bisherigen Bewußtseinsstruktur aufgegeben wird, da auch die Naturwissenschaften beginnen, das geistige Ganze wahrzunehmen, jene Qualität also, dessen bewußte und evidente Wahrnehmung uns durch das neue Bewußtsein ermöglicht wird. Kürzlich (1961) hat auch W. Heitler auf diese Notwendigkeit hingewiesen: »... erst, wenn wir auch jetzt schon von unserem wissenschaftlichen Standpunkt aus klar die Existenz solcher Realitäten (die uns kaum bekannte geistige Tatsachen und Wirksamkeiten vermuten lassen und die wenig gemein haben mit den Uhrwerksmechanismen, mit denen wir uns heute in der Wissenschaft beschäftigen) sehen, kann es gelingen, der Verödung durch eine extrem materialistisch-mechanistische ›Weltanschauung‹ zu entgehen.« [78]

Sechstes Kapitel
Die Manifestationen der aperspektivischen Welt
II. Die Geisteswissenschaften

1. Psychologie

Nach der Totsagung Gottes zu Beginn des vergangenen Jahrhunderts – was geschieht? Die Gott totsagten, was suchen sie jetzt? Den Menschen? Was finden sie? Den Schatten Gottes. So wie Faust den Mephisto findet, seine Nachtseite, so wie Faust, sich vom Vater-Gott und aus der tageshellen Sichtbarkeit des Raumes abwendend, das Reich der Mütter findet, da »kein Ort, noch weniger eine Zeit« [1] ist. *Der* Unbekannte ging verloren. Nun sucht man *das* Unbekannte: das Unbewußte.

In dem Moment, da die patriarchalische Welt zerbricht, da das Erbe des »Roi Soleil« von der aufsteigenden Flut der »erwachenden Linken« weggespült wird, da das Bild des himmlischen Vaters verblaßt, da der Mensch, im Anfang des Zeitalters der Maschinen und der Masse, beginnt, aus einem Subjekt zum Objekt zu werden, aus einem handwerklich schöpferischen Individuum zu einem Diener, ja Sklaven der Maschine – in diesem Moment der Verluste, da droht, daß der Mensch sich selber verliert, da beginnt das neue Suchen: selbst nicht mehr Individuum und Person, sucht er das Unpersönliche und Sachliche, und er sucht es »hier« und nicht mehr »drüben«, sucht nicht mehr, was man (wie man damals meinte) nie wissen, sondern nur glauben kann: er sucht das noch nicht Gewußte: das »Unbewußte«.

Die Erforschung des Unbewußten wird zum Generalthema. Sie ist der Beginn der Biologie als Wissenschaft: die Suche nach den unbewußten Gründen des Lebens. Es ist gleichzeitig der Beginn von weiteren fünf Wissenschaften, die das gleiche zu suchen bemüht sind: der Archäologie, der Geologie, der Mythologie, des Okkultismus und der Psychologie. Sie stellen sich, nachdem die Höhen des Himmels verlorengingen, die Aufgabe, »ins Tiefe (zu) schürfen«.[2] Es beginnt jene Wanderung »ins Leere«, in die Mephisto den Faust sendet und in »deren Nichts er das All zu finden hofft«.[3] Die Schichten der Erde – welche Faszination geht von ihnen aus, die Stifter im »Nachsommer« schildert – und die Schichten der Seele werden entdeckt, die mythologischen Schichten früherer Zeiten aufgezeigt. Das Unbekannte, die früher als verhext bezeichneten Phänomene, werden untersucht.

Mit alledem wird plötzlich die Zeit sichtbar; der Mensch wird der Zeit ansichtig. Die Vergangenheit, das Vergessene und das räumlich Unsichtbare, also Latenzen und Intensitäten, nehmen in ihrer gewesenen oder nicht faßbaren Realität Gestalt an. Winckelmann, der Freund Goethes, wird zum Begründer der Archäologie und ent-deckt das Vergangene in seiner vergangenen Realität. Die Erde, vor allem die Gebirge zeigen den Zeitgenossen Goethes in ihren Schichtungen die Zeit. Die Mythologie führt ein Verständnis für die vergangene Zeit herauf. Die Psychologie befaßt sich mit den nicht räumlichen Gegebenheiten der Seele. Der Okkultismus sucht die unsichtbaren Auslöser und Kräfte bisher beargwöhnter Phänomene, deren Erforschung sich Carus, Jung-Stilling, Justinus Kerner neben Brentano zuwenden.

Was durch die Spätscholastik und vor allem durch Leibniz vorbereitet worden war, die Prägung des Phänomens des »Unbewußten«, ist seit Kant, Goethe, den Romantikern und Carus, dem Freunde Goethes, heute das Stichwort der Psychologie, die wie auch die Biologie in ihren Grundzügen von J. O. de Lamettrie skizziert worden war. Zwar wurde seine »Histoire naturelle de l'âme« (1745) noch öffentlich verbrannt; aber seine beiden Schriften von 1748 nehmen dann die Ereignisse voraus: »L'homme machine« die mechanistische Weltauffassung, »L'homme plante« die vergleichende Biologie, so wie Diderot und die Enzyklopädisten die Totsagung Gottes vorbereiten. Das Untergründige drängt nach oben, seit das Obergründige nicht mehr auf den Menschen einwirkt. Dupuis schreibt in den ersten Jahren der Französischen Revolution die erste große Mythologie;[4] etwa gleichzeitig beginnt, wie Goethe 1787 aus Rom berichtet, Karl Philipp Moritz seine »*Götterlehre* der Alten *in rein menschlichem Sinne* zu schreiben«. Das ist anthropozentrische Mythologie.[5] Sie erschien 1791, ein Jahr vor dem Werke Dupuis'. 1800 folgt Noëls großer Ordnungsversuch des Mythologischen, also des rational nicht Faßbaren, sein »Dictionnaire de la Fable«;[6] in Deutschland kommen nach ihm Creuzer und Herder. Die Archäologie beginnt mit Winckelmann und führt gradlinig zur Entdeckung der geschichtlichen Schichten Trojas durch Schliemann (siehe oben S. 171). Die »finstere Galerie«, wie Goethe die Szene überschreibt, welche den Abstieg Faustens ins Reich der Mütter und in das Helenas schildert (Helenas, um derentwillen die Hellenen Troja zerstörten und damit geschichtlich wurden), diese »finstere Galerie« ist Bild der unterirdischen Bergwerksarbeit der Archäologie und Psychologie. Geologische und psychologische Schichten beherrschen die Vorstellungswelt des nur mehr der Erde und dem Menschen sich zuwendenden Forschens. Es sind Schichten, an denen die Zeit offensichtlich wird, die sich im Unbekannten verliert: im Ursprung, der in den Konzepten der »Urphänomene«, der »Urworte«, des »Urgesteins«, der »Urpflanze« Goethes, der selbst noch in den »Archetypen« C. G. Jungs aufscheint; alle diese Konzepte machen zudem die Bemühungen um das Erfassen des Nicht-Räumlichen anschaulich. Nicht mehr der Unbekannte wird theologisch gesucht – das Unbekannte wird anthropologisch erforscht und führt zur Entdeckung der »Zeit« in ihren vielfältigen Manifestationsarten, denen allen das eine gemeinsam ist, daß sie unräumlichen Charakter haben.

Begnügen wir uns mit diesen Hinweisen, die deutlich machen können, in welchem Maße der »Einbruch der Zeit« das Bewußtsein seit der Französischen Revolution umgestaltet. Die von Leonardo ersonnene Technik beginnt damals Wirklichkeit zu werden; die in der Renaissance beginnende Beschäftigung mit der Antike und ihre spielerische Vorausnahme der Archäologie desgleichen; das »Unbewußte« als Wort und Begriff, vorgeformt von der Spätscholastik und von Leibniz, wird zum Kennwort der damals einsetzenden wissenschaftlichen Psychologie. Was sich um 1500 konstelliert, wird um 1800 offensichtlich und kommt auf allen Gebieten der europäischen Wissensgestaltung zum Durchbruch, um gegen 1900 die Bewußtseinsstruktur des Europäers derart umgestaltet zu haben, daß er befähigt ist, die Folgen der sich vollziehenden Mutation durch neuartige Konzepte zum Ausdruck zu bringen, sie dank einer neubeginnenden Realisationsweise bewußt zu formen.

Im Jahre 1900 stellt nicht nur Planck seine Quantentheorie auf; im gleichen Jahre publiziert Sigm. Freud seine »Traumdeutung«; 1902 erfolgt die Formulierung der Mutationstheorie durch de Vries; 1905 veröffentlichen Einstein die erste Relativitätstheorie und Sigm. Freud die »Vorlesungen zur Einführung in die Psychoanalyse«; 1910 erscheinen R. M. Rilkes »Aufzeichnungen des Malte Laurids Brigge«, jener »innere Roman« betont psychischer Geschehnisse, der ohne den »Werther« Goethes, ohne den psychologischen Roman »Anton Reiser« von K. Ph. Moritz,[7] ohne die psychologisierenden Romane Stendhals und ohne die okkult gefärbten Arbeiten Maeterlincks so wenig denkbar wäre wie das vierdimensionale Raum-Zeit-Kontinuum Einsteins ohne die Funde der n-dimensionalen, nichteuklidischen Geometrie eines Gauß, des Zeitgenossen Goethes, und eines Riemann.

Mit der »Traumdeutung« Freuds erhält die Formulierung des »Unbewußten« Marktwert und dringt umgestaltend in das Allgemeinbewußtsein ein. Ist physikalisch betrachtet die »Uhrenzeit« ein Aspekt der vierten Dimension, so ist psychologisch betrachtet das »Unbewußte« ein anderer Aspekt der vierten Dimension. Seine Erforschung in den letzten Jahrzehnten, besonders durch Freud und dann durch C. G. Jung, führt zu Konsequenzen, die deutlich auf die Wurzel und das Wesen der eigentlichen vierten Dimension, auf das Achronon, die Zeitfreiheit, hinweisen, sobald wir es wagen, von den psychologischen Forschungsergebnissen, mit aller Rücksicht auf ihre Terminologie, die sich auch in ihnen widerspiegelnde aperspektivische Grundströmung unserer Epoche abzulesen.

Zu einer derartigen Ablesung ermächtigen uns die von der Tiefenpsychologie heute bezogenen Positionen und Einstellungen. Sie berücksichtigt

1. die Zeit als intensivierbaren »Faktor« und als Energie;
2. überwindet sie den Dualismus;
3. zeigt sie Ansätze zur Sichtbarmachung beziehungsweise Bewußtwerdung des Vor-Zeithaften und damit der Zeitfreiheit, die nie rational vorstellbar oder irrational erfahrbar, sondern stets nur arational wahrnehmbar ist.

Wenden wir uns sogleich dem Nachweis für die Stichhaltigkeit der aufgezählten drei Punkte zu und halten wir dabei fest, daß wir uns absichtlich auf die Tiefenpsychologie beschränken und somit der empiristischen Psychologie vor der experimentellen den Vorzug geben. Dies ist um so mehr erlaubt, als die pragmatische Richtung letztlich nur ein Seitensproß der experimentellen ist, der zudem eine überbetont materialistische Akzentuierung trägt. Dazu gehören unter anderem der Behaviorismus von John B. Watson,[8] die vornehmlich erbbiologisch fundierte Psychologie wie die »Schicksalsanalyse« eines L. Szondi,[9] die physiologische, wie die Engramm- und Mneme-Lehre eines R. Semon,[10] die theoretische, wie die »Gestaltpsychologie« eines D. Katz[11] und M. Wertheimer,[12] sowie die existentielle eines L. Binswanger,[13] der die Du-Losigkeit und Du-Fremdheit des Heideggerschen »Daseins« durch den Einbezug des Liebes-Themas überwand. Alle diese Psychologien sind gewissermaßen Zwischenglieder und wertvolle Ergänzungen der Hauptströmung der neuen Psychologie, lassen aber die Ansatzpunkte des neuen Bewußtseins nur bruchstückhaft erkennen. Wir können diese Richtungen hier auch deshalb übergehen, weil wir die neurobiologische Forschung des bedeutenden und noch lange nicht genügend anerkannten v. Monakow im vorangegangenen Kapitel berücksichtigt haben.[14]

In der Tiefenpsychologie, das aber heißt in ihren Resultaten und Konzepten der letzten drei bis vier Jahrzehnte, finden sich ansatzmäßig Hinweise auf Charakteristika der neuen aperspektivischen Bewußtseinsstruktur. Und dies ist trotz der erschwerenden Konstellation der Fall, die jeder Psychologie ihr Gepräge gibt und die aus ihrem Gegenstande resultiert. Diese Konstellation besteht in der der Psyche innewohnenden Ambivalenz und Polarität, die natürlicherweise auf alle Aussagen über die Psyche, also auf alle psychologischen Feststellungen, abfärben muß. Indem wir uns von diesem Umstand Rechenschaft ablegen, wird uns eine Ablesung der Hinweise ermöglicht, die den psychologischen Forschungsergebnissen und Theorien gemäß ist; diese Hinweise bestätigen die auch in diesem Wissenszweig zum Durchbruch kommenden aperspektivischen Ansätze.

Zu 1: Das Zeitthema kommt in der neuen Tiefenpsychologie sowohl generell als auch aspektmäßig zur Sprache. Generell insofern, als die Psyche oder das Unbewußte nicht räumlich faßbar sind, aspektmäßig insofern, als das Phänomen Zeit seines Begriffs-Charakters entkleidet und in neuer Aspektierung und Manifestationsart erkennbar wird. Der Mut Sigmund Freuds, den Traum ernst zu nehmen, hat diese beiden Sichtbarwerdungen ermöglicht: die Wirkung des »Unbewußten« wurde wahrnehmbar und in ihr ein Aspekt der Zeit, der das Phänomen Zeit als vielschichtig erkennbar machte. Brachten Einsteins vierte Dimension und die Quantentheorie Plancks die »Entdeckung der Zeit« (siehe oben Seite 499f.) für die Physik mit sich, so die »Traumdeutung« und die Psychoanalyse ihre Entdeckung für die Psychologie.

Im Traum ist der Ablauf des Geschehens »intensiver« und schneller als im Wachbewußtsein. Diese Feststellung Freuds[15] zeigt, daß die Geschehensfolge im Traume zeitlich komprimiert und kondensiert ist. Die Traumzeit ist eine andere als die Uhrenzeit oder als der Begriff Zeit.

Hinzu kommt, daß die Beschäftigung mit den Träumen unser

Verständnis für das Schöpferische, das sich im Moment seiner Manifestation stets als ein spontaner zeitfreier Akt äußert und deutlich qualitative Betonung trägt, geweckt hat.[16]

Schließlich ist das Unbewußte wegen seiner psychischen Raumlosigkeit durchaus zeitbetont; und es ist wirkend. Denn »die Struktur der Psyche ist für Jung nicht statisch, sondern dynamisch«.[17] In diesem Sinne spricht Jung von der »psychischen Energetik«. Diese steht durchaus im Gegensatz zu den früheren Bemühungen um eine Lokalisierung der Psyche und der statischen, raumgefügten Vorstellungswelt der voraufgegangenen Generationen. Dabei ist zu beachten, daß Jungs Energiebegriff [18] nicht im aristotelischen Sinne mißverstanden werde. Er ist kein »gestaltendes Prinzip«, also keine Voraussetzung, sondern ein Resultat der Erfahrung; er ist nicht metaphysisch, sondern empiristisch. Diese psychische Energie »ist nichts anderes als die Intensität des psychischen Vorganges«.[19]

In einer späteren Umschreibung für die Energetik der Seele als eines »Kraftfeldes«, die von G. R. Heyer stammt,[20] kommt die besondere Struktur der psychischen Energie auf eine treffende Art zum Ausdruck. Mag der Begriff »Kraftfeld der Seele« zunächst auch an die physikalische Terminologie erinnern, so ist es doch offensichtlich, daß die Unräumlichkeit der seelischen Konfiguration durch den Feld-Ausdruck betont wird, da das »Feld« eine zweidimensionale Fläche ist und die Zweidimensionalität dem Wesen der Psyche entspricht.[21]

Wenn wir den Mut aufbringen, das »Unbewußte« als ein akategoriales Element zu werten, worauf uns die der Psyche eigene Raumlosigkeit hinweist, so ist die Bewußtwerdung des Unbewußten nichts anderes als die psychische Form des Einbruches der Zeit in unser Bewußtsein. Dieses Unbewußte macht uns zudem noch mit einer Manifestationsart der »Zeit« bekannt, die so lange nicht vollgültig gewertet werden konnte, als man den Traum als Äußerung des Unbewußten nicht ernst nahm. Und diese Manifestationsart zeigt uns auf ihre Weise die in sich bezügliche Relativität der Zeit und ihren damit verbundenen Intensitäts-Charakter. Die Beschäftigung mit dem Unbewußten ist der psychologische Ausdruck der Temporik.

Daß wir gezwungen worden sind, die Gültigkeit des Begriffes (oder Elementes) des Unbewußten wieder in Frage zu stellen, beeinträchtigt den Wert dieser Formulierung keineswegs, sondern ist als Konkretion und Differenzierung eines generellen Phänomens zu werten, das nur allmählich alle seine Aspekte sichtbar werden ließ. Wie im ersten Teile ausgeführt worden ist, darf heute ohne Zweifel nicht mehr vom Unbewußten, sondern nur noch von schwächeren oder stärkeren Bewußtseinsgraden gesprochen werden (siehe oben S. 290). Damit wird auch terminologisch das dualistische Denkklischee überwunden, und die psychisch differenzierten Strukturen der verschiedenen Bewußtseinsgrade werden aus dem simplifizierenden Gegensatz Unbewußt: Bewußt herausgelöst. (Übrigens hat G. R. Heyer unseren Begriff »Bewußtseinsgrad« auf glückliche Weise in »Bewußtseinsfrequenz« umformuliert und ihn dadurch von der ihm noch anhaftenden räumlichen und rationalen Fixiertheit befreit.) [22]

Damit wären wir zu dem weiteren Punkt gekommen:

Zu 2: Die Überwindung des Dualismus in der Psychologie.

Wie schon das Beispiel der Termini Unbewußt : Bewußt zeigt, die heute noch in der tiefenpsychologischen Fachsprache gang und gäbe sind, scheint, zumindest terminologisch, für das engere Gebiet der Tiefenpsychologie kein Anhaltspunkt für eine Überwindung des Dualismus zu bestehen. Hinzu kommt, daß auch heute noch in den Schriften der hervorragendsten Vertreter dieser Wissenschaft hinsichtlich der Psyche von ihrer »Gegensätzlichkeit« gesprochen wird, wo es sich offensichtlich um Polaritäten handelt (siehe die Ausführungen in Teil I, Kap. VI, 3 und 4). Dieses Festhalten an betont rationalen Begriffen und Ausdrucksweisen ist bei einer Wissenschaft, die sich mit dem Irrationalen, noch dazu empiristisch, befaßt, nur allzu verständlich. Andererseits darf nicht übersehen werden, daß die Einführung des Begriffes »Ambivalenz« durch Bleuler (siehe oben S. 293) eine grundsätzlich antidualistische Wandlung der psychologischen Forschung bedeutet.[23]

In der »Komplexen Psychologie« von C. G. Jung gibt sich ein deutliches Bemühen um die Überwindung des Dualismus zu erkennen, das sich von zwei Hauptthesen Jungs ablesen läßt. Die eine ist seine »Individuations-Lehre«, die andere seine »Quaternitäts-Lehre«.

Die Individuations-Lehre strebt im »Selbst« eine Ganzheit der Psyche an. Dieses »Selbst« hat nichts mit dem der indischen Metaphysik zu tun, wie es etwa Paul Brunton in seinen Werken popularisiert.[24] Es ist nur ein »psychologischer Faktor«,[25] in dem sich das Bewußtsein und das Unterbewußte zu einer »psychischen Totalität« zusammenfinden. Das Selbst ist »eine dem bewußten Ich übergeordnete Größe. Es umfaßt nicht nur den bewußten, sondern den unbewußten Psycheteil und ist daher sozusagen eine Persönlichkeit, die wir *auch* sind«.[26]

Jolan Jacobi, neben Toni Wolff die autorisierte Interpretin der »Komplexen Psychologie« von Jung, erläutert diesen Satz: »Wir wissen, daß die unbewußten Vorgänge zum Bewußtsein in einer kompensatorischen Beziehung stehen, nicht in einer ›kontrastierenden‹, weil Unbewußtes und Bewußtsein nicht notwendigerweise gegensätzlich sind. Sie ergänzen sich zum Selbst«.[27] Dieses Selbst steht gewissermaßen in der Mitte zwischen Bewußtsein und Unbewußtem, aber es »ist nicht nur der Mittelpunkt, sondern auch der Umfang, der Bewußtsein und Unbewußtes einschließt; es ist das Zentrum der psychischen Totalität, wie das Ich das Bewußtseinszentrum ist«.[28]

So betrachtet, weist sich die Forderung nach dem »Selbst«, die Jung mit seiner »Individuations-Lehre« aufstellte, als ein Versuch aus, den psychischen Dualismus zu überwinden, der terminologisch noch ein Erbe der materialistisch betonten Psychoanalyse Freuds ist. Daß dieser Versuch in seinen Weiterungen außerordentliche Gefahren birgt, darauf hat auch V. E. v. Gebsattel hingewiesen,[29] da dies »Selbst«, zum »inneren Gott« werdend, nur eine anthropologisierte und psychologisierte Form der Destituierung Gottes ist; an anderem Ort haben wir auf die humanen Gefahren des »Individuations-Prozesses« aufmerksam gemacht.[30] Ähnliche Gefahren weist auch das Quaternitäts-Postulat Jungs auf. Zugleich ist es jedoch bedeutsam für seinen Versuch, das Rationale zu überwinden, ohne deshalb in das Irrationale zurückzufallen. Ausgangspunkt für die Betonung und Bewußtmachung der »Viertheit« ist bei Jung das Gefühl des Ungenügens hinsichtlich der Trinität. Ihm gelang es, die Trinität zumindest teilweise durch die Quaternität zu verdrängen. Auch dies ist gleichbedeutend mit der Abschaffung Gottes, oder doch zumindest mit der Aufhebung Gottes. In einer der Quaternitäts-Konstellationen, die Jung nachweist, tritt der »Satan« als vierter Aspekt in Erscheinung[31], und in seiner tetralogisch aufgebauten Funktionslehre ist die vierte Funktion stets die »minderwertige«. Die Gefahr besteht, daß dies alles zu verbindlich genommen wird, zu determinierend, doch sollte das wegen der psychischen Konstellation und ihrer psychologischen Interpretation niemals der Fall sein, denn alles Psychologische ist rational gesehen weitgehend unverbindlich. Das geht schon daraus hervor, daß Jung an anderer Stelle[32] statt des »Satans« oder der »minderwertigen Funktion« als vierten Aspekt das weibliche Element setzt und somit die Trinität durch das Weibliche schlechthin erweitert. Dieses Hinausdrängen aus der Trinität ist ohne Zweifel ein Symptom für das Bedürfnis, das dreidimensional Rationale und damit den Dualismus von Gut und Böse zu überwinden. Da sich Jung als Psychologe dabei, was sein gutes Recht ist, auf die psychologische Interpretation beschränkt, wird der heute generelle Impuls, dem Dreidimensionalen zu entwachsen, auf eine höchst einseitige Weise psychologisiert. Aber psychologisch, doch durchaus undogmatisch, wie es der symbolischen Realisationsform der Psyche entspricht, wird damit der Versuch einer Integration gemacht. Und es ist nicht uninteressant, die Interpretation einer der bekanntesten Schülerinnen Jungs zu diesem Sachverhalt zu hören: sie betrifft sowohl die Aufnahme des weiblichen Aspektes in die Trinität und die damit erfolgende Umwandlung in die Quaternität als auch die Quaternität selbst als psychologischen Versuch einer Vierdimensionalität. J. Jacobi schreibt: »Neben die Dreizahl, welche ein Archetypus ist und von alters her, besonders in der christlichen Religion, als ein Symbol des ›reinen abstrakten Geistes‹ angesehen wurde, setzt Jung die Vierzahl als einen für die Psyche höchst bedeutsamen Archetypus. Mit diesem vierten Glied erhält der ›reine Geist‹ seine ›Körperlichkeit‹ und damit eine der physischen Schöpfung adäquate Erscheinungsform. Die Vier begreift neben dem männlichen Geist, welcher als Vaterprinzip bloß die eine Welthälfte darstellt, auch den weiblich-körperlichen Aspekt in sich als dessen Gegenpol, welcher Ersteren zu einem Ganzen abrundet.« [33] Abgesehen von der mangelnden Unterscheidung zwischen Trias (Dreiheit) und Trinität (siehe dazu oben S. 146f.), abgesehen auch davon, daß Jung den »Satan« oder »Schatten«, beziehungsweise die »minderwertige Funktion« (durchaus im Sinne des »Faust«), und die »Frau« (auch diese im Sinne des »Faust«, nämlich als Helena oder als das »Ewig-Weibliche«, das uns hinanzieht) durch die tetralogische Formulierung oder Symbolisierung als überdeterminierende Elemente gleichsetzt und psychologisch derart eine »Ganzheit« jenseits der Dualismen anstrebt, ist dieser psychologische Versuch zugleich ein Ausbruch aus der dreidimensionalen Vaterwelt.[34] Dabei aber erscheint dieser Ausbruch in einem dem Psychischen entsprechenden ambivalenten Ausdruck, da das »Jenseits des Dualismus« durch die bewußte Rückkehr in die Polarität vollzogen wird, während die rationale Interpretation einen Ausbruch, gewissermaßen nicht nach rückwärts, sondern nach vorwärts, nicht ins mythisch Zweidimensionale, sondern ins integral Vierdimensionale zu leisten versucht. Dieser Ausbruchsversuch steht in einem dem Psychischen eigenen Zwielicht maximaler Ambivalenz. Die Tatsache, daß Jung als Psychologe vor allem dem Psychischen verhaftet bleibt, bringt es mit sich, daß gerade hier die seiner Disziplin innewohnende Schwäche besonders deutlich wird: das Fehlen des Geistigen, das selbst nur psychologisiert wird, beläßt alles in der nichts-als-psychologischen Konfiguration.[35] Die Ganzheit wird lediglich durch Akzeptierung des anderen Poles erreicht, der Mensch wird zu einem bloßen Träger und Bearbeiter der Psyche degradiert, wobei die im »Selbst« erreichte Ganzheit ihn jenseits von Gut und Böse stellen soll, was rational gedacht ist, aber nur psychisch-ambivalent, also unverbindlich vollzogen werden kann. Damit wird zwar nichts im Sinne des Aperspektivischen überwunden, aber psychologisch wird damit der psychologisch undurchführbare Versuch einer Konkretion des Geistigen gewagt, der als solcher symptomatisch für unsere Epoche ist. Das Diaphainon aber, das Durchscheinende, das an die Polarität so wenig gebunden ist wie an den Dualismus, weil es Dunkel und Helligkeit transparent, diaphan, werden läßt, kann hier im psychologisierten Weltbild als geistiges Element nicht zur Wirkung kommen. Trotzdem bleibt der Versuch Jungs innerhalb der selbst gesetzten Grenzen und Fristen des Psychologischen ein bewundernswertes Konzept und ist »psychologisch gesehen« durchaus als ein entscheidender und äußerst mutiger Schritt zur aperspektivischen Vierdimensionalität zu werten.

Auf diese psychologisierende Vierdimensionalität spielt J. Jacobi an, wenn sie schreibt: »Vielleicht darf es sogar für mehr als nur Zufall gelten, daß in einer Zeitwende, die infolge der umwälzenden Entdeckungen auf dem Gebiete der Naturwissenschaften, vor allem der modernen Physik, im Zeichen des Übergangs vom ›dreidimensionalen Denken‹ zum ›vierdimensionalen‹ steht, die modernste Richtung der Tiefenpsychologie, die Komplexpsychologie C. G. Jungs, den Archetypus der Vier zum zentralen Strukturbegriff ihrer Lehre erkoren hat. So wie es für die moderne Physik notwendig wurde, die Zeit als vierte Dimension einzuführen, um zu einer umfassenden Totalitätsschau gelangen zu können, und so wie sie uns den bekannten drei Raumdimensionen gegenüber als etwas wesentlich Verschiedenes erscheint, ist auch die ›minderwertige‹, die vierte Funktion, das ›ganz Andere‹ und ist ihre Einbeziehung und Differenzierung trotzdem – wie die Berücksichtigung der Zeit in der Physik – zu einer ganzheitlichen Betrachtungsweise des Psychischen unerläßlich. Allein schon durch dies fundamental Neue und den sich daraus ergebenden Folgerungen in der Auffassung und Behandlung der Psyche reiht sich die Jungsche Psychologie jenen Wissenschaften ein, die im Begriff sind, das bisherige Weltbild von Grund auf zu verändern und ein kommendes nach gemeinsamen Leitsätzen neu zu gestalten.« [36]

Mehr noch als die generelle Stichhaltigkeit dieser Ausführungen ist die Bemühung aufschlußreich, die aus ihnen spricht, da der psychologischen Gegebenheiten wegen die Realisierung besonders schwierig ist. In jedem Falle aber können wir hinsichtlich der Tiefenpsychologie feststellen, daß sie den Dualismus nicht nur durch eine Wieder-Erweckung des polaren Bilderdenkens zu meistern sucht, sondern bemüht ist, über die bloß zweidimensionalen Gegebenheiten des Psychischen und die dreidimensionalen des Rationalen hinauszugelangen. Dies könnte ohne Doppelsinnigkeit oder Zweideutigkeit möglich werden, wenn vor allem die Hinweise geistiger Art Berücksichtigung fänden, die direkt oder indirekt die »Komplexe Psychologie« tangieren, wie sie von V. E. v. Gebsattel [37] und Josef Goldbrunner [38] religiös-psychologisch, von A. Mitscherlich [39] psychosomatisch, von G. R. Heyer [40] psychobiologisch und von A. Portmann [41] biologisch formuliert und begründet worden sind.

Obwohl die letzten Forschungen C. G. Jungs nun durchaus nicht auf die Wahrnehmung des Geistigen hinzielen, enthält eines seiner grundlegenden früheren Konzepte, das der »Archetypen«, sehr wohl arationales Gepräge. Um Mißverständnisse auszuschließen, sei aber zuerst das Thema seiner letzten Arbeiten erwähnt, da deren Terminologie Anlaß zu fundamental irrigen Verwechslungen geben könnte. Es handelt sich dabei um jene Phänomene, die Jung in seinem letzten Jahrzehnt untersuchte, und denen das zugrunde liegt, was er als »Synchronizität« bezeichnet hat. Dabei versteht er unter Synchronizität ein als »sinnvoll erlebtes Beieinander oder ein Zugleichstattfinden äußerer oder innerer Vorgänge, die nicht kausal aufeinander bezogen werden können«.[42] Die Beispiel-Sammlung, die Jung für diese Vorgänge parapsychologischer Art (psychophysische Koinzidenzen und ähnliches) bringt,[43] zeigt deutlich, daß es sich bei ihnen um solche magischer Struktur handelt, die demzufolge raumzeitlos sind und ihre »Erklärung« in der Bezüglichkeit des Magischen haben. Das *nicht*-kausale Koinzidieren von Vorgängen, das in dem gründet, was wir als »Vital-Konnex« (siehe oben S. 92) bezeichnet haben, darf aber keinesfalls mit Akausalität verwechselt werden. Nicht kausal erfaßbare Begebnisse gehören dem Magischen an und sind praerationale Phänomene; akausale Begebnisse dagegen, da sie kausalfrei sind, sind arationaler Art und als solche nicht *erlebbar* – denn nur das Magische ist erlebbar (siehe oben S. 343) – sondern höchstens aperspektivisch wahrnehmbar. Das Synchronizitäts-Konzept von C. G. Jung hat – so gesehen – mit Akausalität und Arationalität nichts zu tun, wohl aber macht es uns auf die magische Wirklichkeit praerationaler und praekausaler Phänomene aufmerksam; darin liegt sein Verdienst. (Wir kommen auf dieses Konzept noch in Kapitel VIII zurück, da es vornehmlich Phänomene parapsychologischen Charakters betrifft.)

Anders steht es mit dem anderen Konzept von C. G. Jung, mit dem potentiell auch seitens der Tiefenpsychologie eine arationale Weltsicht vorbereitet wurde. Dies führt uns:

Zu 3: Die Sichtbarwerdung der arationalen Zeitfreiheit in dem neuen tiefenpsychologischen Konzept der »Archetypen«.

Was sind »Archetypen«, was die der Psyche inhärenten und in Träumen, Phantasien, Mythen, Märchen, Dichtungen und anderen psychisch bedingten Manifestationen nachweisbaren »Urbilder«? Halten wir uns an die verschiedenen Definitionen Jungs sowie an einzelne Kommentare zu diesem bedeutsamen Konzept, die sich bei v. Gebsattel, J. Jacobi und A. Portmann finden. Jung schreibt von ihnen: »Sie repräsentieren oder personifizieren gewisse instinktive Gegebenheiten der primitiven dunklen Psyche, der eigentlichen, aber unsichtbaren *Wurzeln des Bewußtseins.*«[44] Sie sind »eine *ewige Präsenz,* und es ist bloß die Frage, ob das *Bewußtsein* diese *wahrnimmt* oder nicht«.[45] »Ihre Form ist etwa dem Achsensystem des Kristalls zu vergleichen, welches die Kristallbildung in der Mutterlauge gewissermaßen präformiert, ohne selber eine materielle Existenz zu besitzen. Diese Existenz erscheint erst in der Art und Weise des Anschließens von Ionen und dann der Moleküle. Der Archetypus ist ein an sich leeres, formales Element, eine facultas praeformandi oder eine a priori gegebene Möglichkeit der Vorstellungsform ... Bezüglich der Bestimmtheit der Form ist der Vergleich mit der Kristallbildung ebenfalls einleuchtend, indem das Achsensystem bloß die stereometrische Struktur, nicht aber die konkrete Gestalt des individuellen Kristalls bestimmt. Dieser kann groß oder klein sein oder endlos variieren ... Konstant ist nur das Achsensystem in seinen im Prinzip invariablen geometrischen Verhältnissen. Das gleiche gilt vom Archetypus: er kann im Prinzip benannt werden und besitzt einen invariablen Bedeutungskern, der stets nur im Prinzip, nie aber auch *konkret* seine Erscheinungsweise bestimmt.«[46] Diese Mannigfaltigkeit der bildmäßigen Erscheinungsform der Archetypen erklärt C. G. Jung an anderer Stelle: »Was ein archetypischer Inhalt immer aussagt, ist zunächst *sprachliches Gleichnis*. Spricht er von Sonne und identifiziert mit ihr den Löwen, den König, den vom Drachen bewachten Goldschatz und die Lebens- oder ›Gesundheitskraft‹ des Menschen, so ist es weder das Eine noch das Andere, sondern das unbekannte Dritte, das sich mehr oder weniger treffend durch alle diese Gleichnisse ausdrücken läßt, das aber – was für den Intellekt stets ein Ärgernis bleiben wird – unbekannt und unformulierbar bleibt. Der wissenschaftliche Intellekt verfällt aus diesem Grunde immer wieder einmal in aufklärerische Allüren ...«[47]

Den Begriff »Archetypus« hat Jung von Augustin entlehnt, ohne deshalb seine religiös-philosophische Definition zu übernehmen, was Paul Schmitt dargetan hat.[48] Dieser Begriff steht zwar der platonischen »Idee« nahe; die Archetypen sind aber im Gegensatz zu ihr nicht Ausdruck höchster Vollkommenheit, die in einer dem Irdischen entrückten Welt der Ewigkeit west, sondern von bipolarer Struktur, gewissermaßen »Organe der Seele«, oder in der Sprache Bergsons »les éternels incréés«.[49] Daß die Archetypen numinos aufgefaßt werden können, hat v. Gebsattel dargetan. Ganz im Gegensatz zu ihm betont C. G. Jung ihre biologisch-neurologische Verankerung, indem er sie anfänglich als auch gengebundene, also als erbbiologische und engrammbedingte (Semon) Faktoren bezeichnet. Diese materialistische Rückversicherung resultiert ohne Zweifel aus der Prägung der Denkweise Jungs, die ja noch in der Epoche des ausgehenden Materialismus erfolgte und von der er sich erst in den letzten Jahrzehnten löste. Wir haben auf diese Bindung und die Notwendigkeit ihrer Überwindung für wesentliche seiner Konzepte an anderem Orte hingewiesen.[50] A. Portmann unterstreicht seinerseits diese Notwendigkeit und spricht in diesem Zusammenhange bedeutsamerweise von den »anfangs [im frühkindlichen Alter] weit offenen Strukturanlagen« und deren »Prägung« durch das Leben selbst, so »daß man im Felde der Psychologie mit der Annahme von Erblichkeit der erschlossenen psychischen Strukturen äußerst vorsichtig umgehen sollte.«[51]

Dieser Befreiung der »Archetypen« von biologischen Bedingtheiten, die ohne Zweifel nur sekundärer und nicht primärer Natur sein können, kommt Jung selbst entgegen, wenn er von »archetypischen Strukturen«[52] spricht. Denn die Archetypen sind auch als »Kraftzentren und Kraftfelder des Unbewußten« aufzufassen.[53] Portmann verweist auf die primär »offenen Anlagen« des Menschen für diese psychische Strukturbildung. Und die von ihm wohl mit Recht geforderte rein deskriptive – statt einer genetischen – Formulierung der »Archetypen« dürfte ein entscheidender Schritt zu der ihnen gemäßen Erfassung darstellen, da durch die primär gegebene, von Portmann nachgewiesene Offenheit der Anlagen die erbbiologische Verhaftetheit dieser Anlagen an die bedingte Stelle gerückt wird, statt bedingend zu sein.

Worauf nun verweisen diese »Archetypen«, diese archetypischen Strukturen?

Daß in der Tiefenpsychologie rein terminologisch von Strukturen gesprochen wird, erlaubt keineswegs, sie mit jenen der Physik oder Biologie in Konkordanz zu setzen. Die Berechtigung, atomare, biologische und archetypisch-psychologische Strukturen als jeweiligen Ausdruck einer gemeinsamen aperspektivischen Sichtbarwerdung anzusehen, gründet nicht in der gleichlautenden Terminologie, sondern in dem, was gewissermaßen »hinter« oder (zeitlich) »vor« dem liegt, was sie umschreiben; sie gründet in dem, worauf sie alle hinweisen: auf einen vorzeithaften und vorraumhaften »Zustand«, der rational und vorstellbar nicht erfaßbar ist, der durch sie aber zur Evidenz wird. Das Evidentwerden dieses Zustandes auf Grund dieser Formulierungen ist aber gleichbedeutend mit dem Bewußtwerden desselben, ein Bewußtwerden, das ihn in die aperspektivische Zeitfreiheit wandelt, wodurch er arational wahrnehmbar wird. Als grundlegend ist dabei zu beachten, daß keiner der genannten Strukturbegriffe ohne das Wirksamwerden der Vierdimensionalität konzipierbar geworden wäre. Mit anderen Worten: daß jeweils der rationale Dualismus überwunden und die »Zeit« in ihrer jeweiligen Manifestationsform in die Betrachtung einbezogen sein mußten: physikalisch sowohl als Uhrenzeit als auch als Wirkungsquantum; biologisch sowohl als induktives Element als auch als variable Intensität; psychologisch sowohl als Wirksamkeit des Unbewußten als auch als psychische Energetik; Formulierungen, die nicht kategoriale Größen, sondern akategoriale Elemente bezeichnen, welche systatisch die einzelnen dreidimensionalen Systeme zur Vierdimensionalität überdeterminieren und somit das rational nicht mehr Vorstellbare auf arationale Art wahrnehmbar machen.

Das Konzept der »Archetypen« darf als ein Manifestationsansatz der aperspektivischen Welt gewertet werden, da es trotz seiner psychologischen Determiniertheit letztlich apsychisch ist. Nur die Erscheinungsformen der »Archetypen« sind psychische Phänomene, die, indem sie sich gleichnishaft oder bildnismäßig äußern, irrationalen Charakter tragen. Die »Archetypen« selbst, beziehungsweise die »archetypischen Strukturen«, sind von »ewiger Präsenz«; das aber besagt, daß sie zeitfrei sind; sie sind von der Art, daß sie »ohne selber eine materielle Existenz zu besitzen«, doch das Psychische praeformieren. Dies aber bedeutet, daß sie nicht nur immateriell sind, wie das Psychische es von sich aus bereits ist, sondern daß sie amateriell sind und als »praeformierend« der Psyche achronisch und amateriell »zugrunde« liegen; sie sind zudem »für den Intellekt [die Ratio] ... unbekannt und unformulierbar«, was auch besagt, daß sie nicht bloß irrational sind, sondern arational, sofern ihre Unbegreifbarkeit und Unvorstellbarkeit uns nicht hindert, sie in die Wahrnehmbarkeit zu heben.

Diese »archetypischen Strukturen« sind im gleichen Maße wie die »atomaren Strukturen« oder wie die »biologischen Strukturen« unanschaulich und unvorstellbar. Sie verweisen uns alle auf einen rational nicht realisierbaren »Zustand«, der vor Zeit und Raum, ja selbst vor der Raumzeitlosigkeit liegt. Dies ist dann der Fall, wenn wir die archetypischen »Strukturen« als symbolische Sichtbarwerdungen des noch vor der Raumzeitlosigkeit »Liegenden« betrachten; dann scheint, so wahrgenommen, in ihnen das Achronon auf, und es wird deutlich, daß sie als symbolischer Ausdruck wie jedes Symbol praetellurischen Ursprunges sind (siehe oben S. 316). Mit dem Konzept der »archetypischen Strukturen« ist dieser Zustand, den C. F. von Weizsäcker von der Physik aus (siehe oben S. 503) und A. Portmann mit der »Innerlichkeit« (siehe oben S. 517f.) von der Biologie aus erhellten, auch durch die Psychologie aufgedeckt worden. Damit ist die bloße Irrationalität und die bloße Rationalität in die Arationalität überdeterminiert worden. Auch von der psychologischen Forschung aus wird die Zeitfreiheit, das Achronon, wahrnehmbar.

2. *Philosophie*

Unsere Ansicht, daß das perspektivisch-rationale Zeitalter zu Ende gehe, wird auch von der Philosophie gestützt, und zwar in einer Weise, die an Deutlichkeit nichts zu wünschen übrig läßt.

Die Schrift von Martin Heidegger, »Holzwege«,[54] enthält eine 1946 geschriebene Arbeit »Der Spruch des Anaximander«. Es handelt sich bei diesem Spruch um die vermutlich früheste Aussage des abendländischen Denkens. Und Heidegger nennt uns hinsichtlich unserer Ansprechbarkeit durch dieses erste Philosophem »die spätesten Spätlinge der Philosophie«.

Die Philosophie, die mit dem griechischen Denken begann, da in ihr die Mutation aus dem mythischen Bewußtsein ins mentale vollzogen wurde, nähert sich ihrem Ende. Darauf verweisen die eschatologischen (endzeitlichen) Sätze, die Heidegger im Anschluß an die soeben zitierte Feststellung folgen läßt: »Stehen wir gar im Vorabend der ungeheuersten Veränderung der ganzen Erde und der Zeit des Geschichtsraums, darin sie hängt? Stehen wir vor dem Abend für eine Nacht zu einer andern Frühe? Brechen wir gerade auf, um in das Geschichtsland dieses Abends der Erde einzuwandern? Kommt das Land des Abends erst herauf? ... Sind wir Heutigen bereits abendländisch in einem Sinne, der durch unseren Übergang in die Weltnacht erst aufgeht? Was sollen uns alle nur historisch ausgerechneten Geschichtsphilosophien, wenn sie, nur mit dem Übersehbaren der historisch beigebrachten Stoffe blendend, Geschichte erklären, ohne je die Fundamente ihrer Erklärungsgründe aus dem Wesen der Geschichte und dieses aus dem Sein selbst zu denken? *Sind* wir die Spätlinge, die wir sind? Aber sind wir zugleich auch die Vorzeitigen der Frühe eines ganz anderen Weltalters, das unsere heutigen historischen Vorstellungen von der Geschichte hinter sich gelassen hat?«[55]

Es entbehrt nicht einer gewissen Pikanterie, daß Heidegger mit seiner säkularisierten »Theologie ohne Gott« (wie Egon Vietta den auf Heidegger zurückgehenden französischen Existentialismus genannt hat)[56] in eschatologische Stimmungen gerät, während Alois Dempf, ohne deshalb wie andere katholische Denker den hl. Thomas von Aquin zu bemühen, eine »Selbstkritik der Philosophie«[57] vorlegte, durch welche die anthropologische Fragestellung existentieller Art aus einer großartigen Überschau auf das ihr gebührende Maß zurückgeführt wird.

Die schwerwiegenden Bedenken, die sich gegen alle existentiellen Versuche vorbringen lassen, handle es sich nun um die Existenzerhellung Jaspers, um die existenzanalytische Fundamentalontologie Heideggers, oder um den psychoanalytisch infizierten Existentialismus Sartres, dürfen uns nicht hindern, auf den Existentialismus einzugehen. Abgesehen von der geistigen Verarmung und der menschlichen Reduktion, die aus der Tatsache spricht, daß hervorragende Denker heute nur noch die menschliche Existenz als das ausschließliche Problem behandeln und herausstellen, zeichnet sich besonders Heidegger durch eine Zweideutigkeit aus, die selbst einer seiner besten Freunde feststellen muß.[58] Doch gerade damit kommt bei Heidegger das Janusköpfige unserer Epoche zum Vorschein, das in besonderem Maße im deutschen Sprachbereich akut ist. Die angelsächsische Welt hat sich dagegen bisher um die europäische Existenzangst, die ja dem Existentialismus zugrunde liegt, noch wenig gekümmert. Trotzdem lassen sich auch in ihr, wie kürzlich Heinrich Straumann nachgewiesen hat,[59] existentialistische Ansätze finden, besonders im Pragmatismus, wie ihn William James und John Dewey bereits um die Jahrhundertwende formulierten.

Ganz anders steht es mit der von Husserl begründeten Phänomenologie. Soweit sie im nicht-deutschen Bereich überhaupt bekannt ist, wird sie zumeist abgelehnt, wie beispielsweise durch Guido de Ruggiero.[60] Sie ist eine betont qualitative Wesenslehre und als solche, wie Hedwig Conrad-Martius hervorhebt,[61] der Gegenpol besonders zum radikalen Existentialismus. In ihr handelt es sich, wie ihr frühester Interpret, Adolf Reinach schrieb,[62] »nicht um Existenz, sondern um Essenz, um die möglichen Bewußtseinsarten als solche, gleichgültig, ob und wo und wann sie vorkommen«. Wir werden nachher noch von ihr zu sprechen haben.

Heidegger, der mit »Sein und Zeit« (1927) die philosophische Aussageleistung der spekulativen Privatphilosophie selber bis an den Rand erschöpft und durch Überformulierung und Überdifferenzierung ihren verbindlichen Wert selbst in Frage gestellt hatte, steht jetzt nicht mehr in der Helligkeit einstiger Philosophie, sondern im Zwielicht des Überganges. Die Frage nach dem »Sinn des Seins« und die damalige Antwort, daß es ein »Sein zum Tode« sei, diese ins Ontische übersetzte psychische Stimmung, ist durch eine neue Zweideutigkeit abgelöst worden. Der Umweg zu ihr führte über das Mythische, was einer generellen, impliciten Anerkennung des Psychischen gleichkommt, zur Anerkennung der »Holzwege«.

Auf eine freilich zweideutige Weise enthalten die »Holzwege« einen unverbindlich schiefen Ansatz arationaler Art. Sie decken weder die Beziehungslosigkeit, noch die extreme existentielle Isolation des heutigen Menschen auf, obwohl der Holzweg nach Grimm[63] ein Weg ist, der »zu Wirtschaftszwecken in ein Holz gemacht ist und nicht der Verbindung zweier Orte untereinander dient«. Der pragmatische Akzent in dieser Definition ist dabei genau so bezeichnend wie die menschliche Unverbundenheit, die noch durch den Hinweis auf den »Gegensatz des Holzwegs zur geraden und rechten Straße«[64] unterstrichen wird. Aber diese Abkehr vom Geraden und Gerichteten, das Heidegger als unzulänglich erkennt, nachdem es seit mindestens 500 v. Chr. das abendländische Denken ermöglichte, ist symptomatisch. Bedauerlich ist lediglich, daß Heidegger hier, das Mental-Rationale ablehnend, ins Irrationale zurückfällt und nur »lichtungsmäßig« (siehe unten S. 554f.) und opalisierend arationale Aufhellungen anzudeuten vermag.

Diese grundlegende Wandlung der Philosophie, die auf ihre eigene Überwindung abzielt, wird nicht nur bei Heidegger offensichtlich. Wenn wir dieser Tendenz der philosophischen Schulen unserer Tage generell nachgehen, so wird sichtbar, daß das raumbeschränkte, begriffs-gebundene Denken rationaler Art einer neuen Realisationsweise zu weichen beginnt, deren Charakteristika durchaus aperspektivisch sind. Diese Ansätze zur Überwindung der dreidimensionalen Mentalität in der Philosophie und damit zu ihrer eigenen Überwindung äußern sich

1. im Einbezug der »Zeit« als Eigen-Element in das philosophische Denken;
2. im Eingeständnis der Unzulänglichkeit des Rationalen;
3. in der Hinwendung zum Ganzen und zur Diaphanität.

Zu 1: Das Zeitproblem beginnt seit der Wende des 18. zum 19. Jahrhundert auch in der Philosophie immer vordergründiger zu werden. Auf seine generelle Vernachlässigung und Verfälschung haben wir bereits öfters hingewiesen, auch im Anschluß an die Arbeiten von Werner Gent. Später hat dann Georges Poulet in seinen »Études sur le Temps Humain« einen gewichtigen Beitrag zu diesem Thema geliefert. Im Vorwort zu diesen Studien betont er ausdrücklich, daß das Zeitthema noch dem christlichen Mittelalter kein Problem in unserem Sinne gewesen ist.[65]

Vorbereitet wurde der »Einbruch der Zeit« wohl durch Pascal. Es geschah auf eine indirekte Art, die eigentlich erst heute erkennbar wird, nachdem offensichtlich geworden ist, was alles durch die falsche Handhabung der »Zeit« als Begriff an Wesentlichem, das der »Zeit« innewohnt, verdeckt worden war.

In dem Moment, da Descartes die analytische Methode einführt, die immer quantitativ ist, entwirft Pascal seine Philosophie des Herzens, die qualitativer, wertmäßiger Art ist. Fragen wir mit Romano Guardini: »Was ist das Herz im Pascalschen Sinn? Vor allem eines: Nicht Ausdruck des Emotionalen im Widerspruch zum Logischen; nicht Gefühl im Widerspruch zum Intellekt; nicht ›Seele‹ im Widerspruch zum ›Geist‹. ›Coeur‹ ist selbst Geist, eine Erscheinungsform des Geistes. Der Akt des Herzens ist ein für die Erkenntnis ›gebender‹ Akt. Bestimmte Gegenstände gelangen nur im Herzensakt zur Gegebenheit ... Wir stehen hier vor einer menschlichen Grundstruktur ... Das Phänomen hängt daran ... wie sich Wesen und Wert zueinander verhalten. ›Wert‹ ist der Kostbarkeitscharakter der Dinge.« [66] Das Herz ist »bei Pascal das Organ für den Wertcharakter des Seins. Alles Seienden«.[67]

Diese auf Grund der Pascalschen Texte erfolgende Interpretation ist deshalb so bedeutsam, weil sie das bloß Rationale und das bloß Irrationale auswinkelt. Hinzukommt die Akzentuierung, die Pascal selbst der »netteté« verleiht, der »Sauberkeit«, ein Begriff, der »das Moment der Klarheit, aber auch das der Reinheit« [68] enthält. Im Zusammenhang mit ihr sagt Pascal: »Es gibt Geister von zweierlei Art: der eine ist der geometrische [Guardini kommentiert: ›d. h. abstrakt logische‹], der andere jener, den man ›de finesse‹ nennen kann. Die Art zu sehen, die dem ersten eignet, ist langsam, hart und nicht zu beugen; der zweite hat eine Biegsamkeit des Denkens, (so daß er dieses) zu gleicher Zeit auf die verschiedenen liebenswerten Teile Dessen richten kann, was er liebt«.[69] Hier drückt sich indirekt das aus, was wir als perspektivisches (»nicht zu beugendes«) Denken und als die umfassende Klarheit und Durchsichtigkeit des aperspektivischen Wahrnehmens und Wahrgebens geschildert haben.

Auch führt Pascal zwei Konzepte durchaus zeitgebundener Art ein: das des »ennui«, der »Langeweile« und das des »divertissement«, der zeitlichen »Zerstreuung«; er faßt damit, zuerst einmal auf negative Weise, die Wirksamkeit aufgestauter, geräumlichter Kräfte. Gerade diese »Zeit«-Aspekte dürfen wir in der Formulierung dieser beiden gänzlich neuartigen Konzepte vermuten, die Guardini theologisch interpretiert[70], die Herbert Plügge psychologisch-anthropologisch wertet[71], während G. Poulet gerade diese wichtigen Konzepte in seiner Arbeit übergeht.[72]

»Ennui« und »divertissement« sind Ausdrücke dafür, daß der Mensch auf der Suche nach der echten Zeit ist. Denn der Mensch müßte eigentlich, wie Pascal schreibt, fähig sein, »ruhig in seinem Zimmer zu sitzen«,[73] also Zeit zu haben.

Bewußt setzt dann diese Suche nach dem, was Zeit ist, vor allem bei Hegel ein, der ja in seiner »Phänomenologie des Geistes« (1807) sich nicht zufällig auch als erster um das Thema »Arbeit« bemüht. Die Arbeit aber verhält sich zum Besitz, wie die Zeit zum Raum! Darauf folgen dann die großen Zeitanalysen. Kierkegaard bringt sie in seiner Schrift »Der Begriff der Angst« (1844), in der er den Augenblick in Beziehung zur Ewigkeit setzt und den Begriff der Zeitlichkeit einführt, »deren Kenntnis den Griechen fehlte«, so wie ja auch der griechischen Kunst, die »in der Plastik kulminierte, eben der Blick (der Augen) fehlt..., (während) das Christentum, im absoluten Gegensatz hierzu, Gott bildlich als Auge darstellt.«[74] Auf Kierkegaard folgt dann Bergson, der bereits in seinem ersten Werke, »Zeit und Freiheit« (1889), die Zeitanalyse aufnimmt. Zeit und Freiheit sind jedoch dem Determinismus inkongruent; ihre Koppelung sprengt die »Systeme«. Über die Freiheit bemerkt Jaspers, daß nach Kant »die Vernunft nicht begreifen (kann), wie Freiheit möglich ist«.[75] Hier setzt bereits deutlich, infolge der Einbeziehung der Zeit, der Ausbruch aus den dreidimensionalen Denkgewohnheiten ein. In »Zeit und Freiheit« weist Bergson nach, »daß jede Erörterung zwischen den Deterministen und ihren Gegnern eine vorangegangene Vermengung der Dauer mit der Ausdehnung, der Sukzession mit der Gleichzeitigkeit, der Qualität mit der Quantität in sich begreift«.[76] Und die beiden ersten Kapitel sind demzufolge den Begriffen der Intensität und der Dauer gewidmet, die als Grundlage für das Thema des dritten Kapitels, die Freiheit, dienen. Diese erste Schrift ist wie das ganze Werk Bergsons Wegbereiter für die Erhellung dessen geworden, was Zeit ist, und noch heute von grundlegendem Einfluß auf die Ausgestaltung der neuen Denkweise, wofür dann sein Hauptwerk »Schöpferische Entwicklung« (1907) ausschlaggebend war. Nicht nur die Unterscheidung von »durée« und »temps«, von »Dauer« und »Zeit« (siehe oben S. 259), wird dargestellt, sondern auch der schöpferische Aspekt der Zeit herausgearbeitet: »Die Zeit ist Zeugung oder sie ist schlechthin nichts.«[77] Damit wird sie vom Raume losgelöst, also raumfrei, und erhält jene Eigenständigkeit, die ihr durch bloße logistische Deduktion niemals zusprechbar gewesen wäre.[78] Allerdings wird damit auch vorübergehend ein gewisser Parallelismus (wenn nicht sogar ein Dualismus) zwischen vitaler und physikalischer Zeitform aufgestellt. Der lebensphilosophische Aspekt und Einfluß der Philosophie Bergsons ist zu bekannt, als daß von ihm hier gehandelt werden müßte. Verstärkt durch Nietzsche und Dilthey,[79] beeinflußte sie die deutsche vitalistische Philosophie, vor allem L. Klages und Hermann Graf Keyserling, wobei schwerwiegende Mißverständnisse leider nicht vermieden wurden. Heidegger löste dann, nicht ganz uneigenwillig, in »Sein und Zeit« (1927) das Zeitproblem auf seine Weise in seiner Auseinandersetzung mit Hegel. Die Hegelsche Auffassung, daß Zeit nur »angeschauter Begriff« sei[80] und daß »der Geist seinem Wesen nach notwendig in der Zeit erscheine«, wird durch Heideggers Formulierungen der »Zeitigung«, der »ursprünglichen Zeit« und der »Innerzeitigkeit«[81] überwunden. Für ihn fällt »der ›Geist‹ nicht erst in die Zeit, sondern *existiert* als ursprüngliche *Zeitigung* der Zeitlichkeit«.[82] Auf seine durchaus angreifbare Interpretation der Bergsonschen Zeitdefinitionen einzugehen,[83] ist hier nicht der Ort. Dagegen sei noch auf die gleichzeitig mit »Sein und Zeit« erschienenen Werke von Nicolai Hartmann, Gabriel Marcel und Alfred North Whitehead hingewiesen, die das Zeitproblem ontologisch, existentiell und metaphysisch untersuchen, während sich der entscheidende phänomenologische Beitrag Husserls zu diesem Thema in seinem erst 1948 publizierten Werk »Erfahrung und Urteil« findet.[84] Durch E. Husserl erfolgte dann die lapidare Formulierung, die auf Grund seiner Herausarbeitung einer transzendentalen Logik (1929) ermöglicht wurde, daß »Raumdingkonstitution eine Zeitkonstitution voraussetze« (siehe oben S. 259[43]).

Das ist in groben, ja gröbsten Strichen die Nachzeichnung der temporischen Versuche der Philosophie seit dem Sichtbarwerden des »Einbruches der Zeit« in der Französischen Revolution. Werner Gent hat diesen entscheidenden Vorgang in seinen drei dem Zeitproblem gewidmeten Büchern, auf die wir bereits (siehe oben S. 259) ausführlich hingewiesen haben, philosophiegeschichtlich rekapitulierend und zusammenfassend (1930 bis 1934) dargestellt. Auf die mehr soziologisch betonten Philosophien, vor allem den leninistisch gewordenen dialektischen

Materialismus und den englischen Realismus, der sich im extrem-westlichen amerikanischen Pragmatismus übersteigerte, kommen wir noch im nächsten Kapitel zu sprechen.

Es dürfte deutlich geworden sein, in welchem Maße die Hereinnahme des Zeitproblems und die tiefreichende Auseinandersetzung mit ihm Anlaß zu einer grundsätzlichen Wendung der Philosophie geworden ist. Alle Aspekte der »Zeit«, die durch den Begriff »Zeit« verdeckt worden waren, sind sichtbar, und ihre Vielschichtigkeit ist deutlich geworden. Zugleich hat die Anerkennung der Zeit als Intensität und Qualität, als eigenständiger Wert oder als Eigen-Element die rein formallogistische Systematik der bisherigen Philosophie gesprengt. Die Philosophie ist auf dem Sprung aus der räumlich gebundenen Vorstellungswelt dreidimensionaler Art in die vierdimensionale Wahrnehmungswelt der aperspektivischen Raumzeitfreiheit. Das aber ist gleichbedeutend mit ihrer Selbstüberwindung. Die systemgebunden stets der Dreidimensionalität verhafteten Philosopheme wandeln sich infolge der bewußtseinsmäßigen Überdeterminierung durch das Achronon in vierdimensionale Eteologeme, das will sagen, in *reine Aussagen und Wahrgebungen* des durchsichtig werdenden Wahren.

Mit diesen Feststellungen stehen wir bereits im Fragenkreis des zweiten angeführten Punktes, den wir jetzt nicht nur von der vornehmlich existentialistischen und vitalistischen Philosophie aus betrachten wollen, sondern auch von der psychologisch fundierten aus, sowie von der neuen logizistischen, mathematisierenden, die ihre Impulse vornehmlich der Auseinandersetzung mit der neuen Physik verdankt. Beide haben ja auf ihre Weise, was besonders für die logizistische erstaunlich ist, den Sprung aus dem rein rationalen System- und Begriffs-Zwang gewagt, beziehungsweise wagen müssen.

Zu 2: Das Eingeständnis der Unzulänglichkeit des Rationalen[85] spricht aus den verschiedensten neuen Formulierungen selbst jener philosophischen Schule, die von den eidetischen Wissenschaften geprägt ist. Es handelt sich da vornehmlich um die neue »offene Philosophie«, als welche sie F. Gonseth bezeichnet hat, der wie A. N. Whitehead sowohl Mathematiker als auch Philosoph ist[86]. Sie gründet in den Wissenschaften, deren Basis das geschlossene, eidetische Denken ist, für dessen Erkenntnis E. R. Jaensch[87] Entscheidendes geleistet hat. Diese eidetischen Wissenschaften sind die Mathematik, die Logik und die Naturwissenschaften. Der Kreis um Gonseth, der mit ihm diese neue

Richtung der wissenschaftlichen Philosophie vertritt, sammelt sich um die von F. Gonseth, P. Bernays und G. Bachelard herausgegebene Zeitschrift »Dialectica«[88]. Auf der ersten Tagung (1938) dieses Kreises in Zürich entwickelte Jan Lukasiewicz seine mehrwertige Aussagenlogik, die als »dreiwertige Logik« von H. Reichenbach in seinen »Philosophischen Grundlagen der Quantenmechanik« weiterentwickelt und präzisiert worden ist.[89] Durch sie erfolgte eine Auflockerung der Logik und eine Erweiterung der Systematik, die der Philosophie durch die neue Physik, vor allem durch die Indeterminiertheit des Planckschen Wirkungsquantums, aufgezwungen wurde. Sie ist damit, wie die »offene Philosophie«, ein Versuch der Philosophie, ohne Aufgabe des Rationalen, die arationalen Konsequenzen der neuen Physik faßbar zu machen. Dieser Versuch selber sprengt jedoch ihre einstigen Grundlagen. Es wird interessant sein, ihre Weiterentwicklung zu verfolgen, die so lange gesichert scheint, als diese Philosophie nur die physikalische Zeit in Rechnung stellt. Wie lange das möglich sein wird, ist allerdings eine andere Frage.

Was nun die dreiwertige Logik anbelangt, so gründet sie in der Unbestimmtheitsrelation des Wirkungsquantums, die Niels Bohr und Werner Heisenberg aufdeckten und formulierten. Reichenbach selbst definiert diese neuartige Logik wie folgt: »Die gewöhnliche Logik ist zweiwertig; sie ist mit Hilfe der Wahrheitswerte *Wahrheit* und *Falschheit* konstruiert. Es ist aber auch möglich, einen mittleren Wahrheitswert einzuführen, den wir *Unbestimmtheit* nennen können, und diesen Wahrheitswert der Gruppe von Aussagen zuzuordnen, die in der Bohr-Heisenberg-Interpretation *sinnlos* genannt werden ... Wenn wir einen dritten Wahrheitswert der Unbestimmtheit haben, dann ist das *tertium non datur* keine endgültige Formel mehr; es gibt ein *tertium*, einen Mittelwert, der durch den logischen Zustand unbestimmt dargestellt wird.«[90]

Wie wir bereits angedeutet haben (siehe oben S. 506) dürfte aber die Arbeit von C. F. v. Weizsäcker an der »Quantenlogik« philosophisch zum entscheidenden Ereignis unserer Epoche werden. Über sie berichtet Werner Heisenberg,[91] der als ihr eigentlicher Urheber, zumindest als ihr Inspirator gelten darf. Diese »Nicht-aristotelische Logik«, die umfassender ist als die bisherigen Versuche der »Dreiwertigen Logik« und die in ihren Folgen der »Nicht-euklidischen Geometrie« vergleichbar sein wird, wird uns die Denkmöglichkeiten eröffnen, die wir dringend benötigen, um die neue Wirklichkeit zu gewährleisten, deren Bewußtwerdung nicht zuletzt durch die Funde der Kernphysik ausgelöst worden ist.

Diese Befreiungen aus dem bisher geschlossenen System sind höchst bedeutsam. Übersehen wir dabei nicht, daß sie durch das von uns als arational bezeichnete Wirkungsquantum, das zeitlichen Intensitätswert hat und potentiell zeitfrei (!) ist, ausgelöst wurden. Ob sich die Zulassung des »dritten Wahrheitswertes« nicht als Trojanisches Pferd für die Philosophie auswirken wird, bleibt abzuwarten. Bei Hans Reichenbach besteht diese Gefahr; C. F. v. Weizsäcker sollte sie möglicherweise vermeiden können. In jedem Falle ist der bisherige Systemzwang aufgelockert. Und diese Auflockerung ist ein aperspektivischer Ansatz mitten in einer logizistischen mathematisierten Philosophie.

Wieweit diese Auflockerung bereits gediehen ist, geht auch aus dem Referat von M. Bense über die Resultate der dritten Tagung (1951) des »Dialectica«-Kreises hervor.[92] Ihm zufolge ist die »offene Philosophie« eine Philosophie »ohne ideologische Tendenz (und) ohne das Gespenst des Absoluten«; sie arbeitet »mit geöffneten Begriffen (und) man beargwöhnt den unabänderlichen Standpunkt, man verabscheut das Gefängnis der fixierten Begriffe«. Dies dürfte ziemlich deutlich eine Abkehr von dem darstellen, was wir als perspektivische Fixiertheit des raumbefangenen Vorstellens bezeichnet haben. »Das offene Denken«, wie diese Schule ihre Realisationsweise nennt, ist so gesehen ein aperspektivischer Versuch und zugleich das Eingeständnis der Unzulänglichkeit der bisherigen rationalen Realisationsweise; das Rationale wird durch Ausweitung, Differenzierung, Entstarrung den neuen Gegebenheiten angepaßt. Und dies geschieht ohne Berücksichtigung der Psychologie, obwohl vor allem K. Jaspers in seiner »Psychologie der Weltanschauungen«[93] und nach ihm C. G. Jung den bestimmenden Einfluß der jeweiligen psychischen Grundhaltung aufgedeckt haben, der jeder Philosophie das entscheidende Gepräge gibt. Damit war die subjektive Bedingtheit jedes Philosophems nachgewiesen, das stets nur limitiert und sektorhaft objektiv richtig sein kann: ein höchst unbequemer Nachweis, auf den daher auch meist affektiv reagiert wird, und der die Grenzen (die immer raumbezogen sind) der Philosophie nicht nur aufgedeckt, sondern den Anspruch der Philosophie auf Allgemeingeltung und Objektivität erschüttert hat. Damit ist vom existentiellen Standpunkt K. Jaspers aus, der dabei, wie Sartre, aber im Gegensatz zu

Heidegger auch psychologische Gegebenheiten einbezieht, das Grundgefüge der Philosophie hinsichtlich ihres Ausschließlichkeits-Aspektes in Frage gestellt. Da sie aber der präponderante Ausdruck der mentalen Struktur ist, ist damit diese selber in ihrer Alleingültigkeit und Vorherrschaft erschüttert. So wie das mentale Bewußtsein in Frage gestellt oder doch eine Distanzierung von ihm versucht wird, so hat *Aristoteles* zu seiner Zeit (als er das damals neue, das mentale Bewußtsein konsolidierte) nicht gekargt, das mythische sogar zu ironisieren. (Immer ist die Ironie der Versuch einer Distanzierung.) In seiner »Metaphysik« spricht er von den »Hinzufügungen mythischer Art«, die von den Alten zwecks »Überredung der Menge« gemacht wurden, damit diese »an gewisse Wesenheiten (Götter) glaube«.[94]

Deutlich kommt die Erschütterung der Alleingültigkeit oder Vorherrschaft des Mentalen auch in dem Verhältnis der Existentialisten zu Objekt und Subjekt zum Ausdruck. »Alle Existentialisten verwerfen die Unterscheidung zwischen Objekt und Subjekt und *entwerten* damit *die intellektuelle Erkenntnis* im Bereiche der Philosophie. Nach ihnen wird wahre Erkenntnis nicht durch den Verstand gewonnen, sondern muß vielmehr die Wirklichkeit erlebt werden.«[95] (Gerade in der Betonung des »Erlebens« liegt der falsche Ansatzpunkt des Existentialismus für die notwendige Überwindung der dualistischen Subjekt-Objekt-Spaltung!) Oder mit den Worten Heideggers: »Das Denken beginnt erst dann, wenn wir erfahren haben, daß die seit Jahrhunderten verherrlichte Vernunft die hartnäckigste Widersacherin des Denkens ist.«[96]

Doch nicht nur der Existentialismus verwirft die rein rationale (und damit auch dualistische) Fragestellung. Das gleiche gilt für die »Transzendentale Logik«, die vor allem von W. Szilasi in seinem Werke »Macht und Ohnmacht des Geistes«[97] weiterentwickelt wurde; auch sie enthält einen aperspektivischen Ansatz, möglicherweise einen entscheidenden. Szilasi geht von der Standpunktveränderung aus, die durch Georg Simmel vollzogen wurde, der schrieb, »daß dem Leben die Transzendenz immanent« sei.[98] Diese bahnbrechende Einsicht vertiefte Szilasi, indem er die Unterscheidung zwischen den Begriffen des »Transzendenten« und der »Transzendentalität« herausarbeitete. Die transzendentale Logik weist nach, daß die Setzung des Transzendenten nicht mehr aufrechterhalten werden kann noch darf. Diese Überlegung allein ist bereits eine Überwindung des Dualismus. Denn der immanenten Welt, das heißt unserer sogenannten

Wirklichkeit, wird keine letztlich unerreichbare transzendentale Welt mehr *gegenüber*gestellt. Diese transzendentale Welt war in der Philosophie jene Grenze oder jener Punkt, welchen wir als den perspektivischen bezeichnet haben: alles Denken kam immer nur bis an diesen begrenzenden Punkt, wo Immanenz in Transzendenz umschlägt. Wollte man über die Immanenz hinausgehen, so blieb nur die metabolische Haltung übrig, die aber ein Zurückfallen in die unperspektivische, irrationale Welt darstellt. Infolge Georg Simmels Formulierung und Szilasis Nachweis, daß das Transzendente nicht eine abgesonderte Region der Welt ist, sondern als Transzendentalität eine uns innewohnende Kraft oder Seinsmöglichkeit, ja daß sie überhaupt die grundlegende Seinsmöglichkeit unseres Daseins sei, *öffnet* sich die perspektivisch fixierte Weltvorstellung, da nunmehr der hinfällig gewordene perspektivische Punkt als nicht mehr vorhanden, auch nicht mehr überschritten, das heißt transzendiert zu werden braucht; der Umschlag in den Gegensatz ist somit nicht mehr zwingend. Der Mensch braucht an der jeweiligen Denkgrenze nicht in Psychismus, nicht in die »Befangenheit der Seele« zurückzufallen, er braucht auch nicht in der ausweglosen perspektivischen Fixierung stehenzubleiben, sondern es öffnet sich in ihm und in der Welt die offene, aperspektivische Sicht. Es ist gewiß nicht zufällig, daß sich bei diesem bedeutsamen Nachweis Szilasis die Formulierungen von der »ursprünglicheren Zeit«, von der Verwandtschaft des Transzendenten mit der Zeit, sowie grundlegende Aussagen über das »geistige Sein« und das »Geist-Sein« in seinen Darlegungen einstellen.[99] Darüber hinaus ist mit ihnen ein weiterer bedeutsamer Schritt vollzogen: die Überwindung der extremen Diesseitigkeit und der anthropologischen Armseligkeit, ja selbst Erbärmlichkeit der nichts-als-existentiellen Frage- und Infragestellung.

Deutlicher als es die angeführten Beispiele erkennen lassen, kann die Abkehr von der Gültigkeit des Rationalen und des ihm innewohnenden Dualismus kaum ausgedrückt, die Unzulänglichkeit des Rationalen kaum deutlicher angeprangert werden. Daß der Bezug dieser arationalen Position, die als solche noch nicht gesichert ist, gerade im Existentialismus vorerst auch zu vornehmlich »negativen« Resultaten, zu einer Art sorgen- und angstvoller Hilflosigkeit führen mußte, ist nur selbstverständlich und nur dann bedrohlich, wenn es nicht gelingt, die Leere und den Abgrund und das Nichts, die sich bei Aufgabe jeder Position vorübergehend einstellen, zu überspringen. »Sein und Zeit« ist Ausdruck dieser prekären und zweideutigen Situation, die Sartre verschärfte. Aber sie ist überwindbar. Und es gibt Hinweise darauf, daß sie überwunden werden könnte. Dies führt uns

zu 3: Die Hinwendung zum Ganzen und zur Diaphanität in der neuen Philosophie, die in dem geforderten Verzicht auf Vorstellbarkeit und damit in der Mutation aus der Dreidimensionalität des Mentalen in die Vierdimensionalität des Integralen, des Ganzen, zum Ausdruck kommt. Dadurch wird aber das bisherige Philosophem zu einem Eteologem.

Wo finden sich derartige aperspektivische Hinweise in der Philosophie? Einerseits in der neuen Wendung Heideggers und in gewissen Resultaten der Phänomenologie von E. Husserl, der neben Bergson ohne Zweifel der entscheidendste Denker der letzten Generationen ist.

Die phänomenologische Philosophie, deren Begründer Husserl ist, geht nicht von den eidetischen Wissenschaften aus und untersucht nicht kontingente Fakten; sie geht deskriptiv vor und die *Wesenszusammenhänge* bilden ihren Gegenstand, wobei schrittweise eine *Erhellung* des Wesens durch die Anschauung erfolgt.[100] Der Akzent liegt nicht mehr auf der bloß kategorialen Systematik, sondern es kommt in ihr, ohne Verzicht auf diese, jenes Anliegen zum Durchbruch, das für das Wesen des Aperspektivischen selbst charakteristisch ist: nicht nur die Zusammenhänge, sondern die Wesenszusammenhänge zu durchschauen. Dazu gesellt sich die Formulierung Husserls vom *reinen Bewußtsein,* durch welche die vital-magisch betonte Erlebnis-Lehre eines Dilthey in eine gewisse Durchsichtigkeit gehoben wurde; diese Formulierung stützt sich weitgehend auf den Begriff der Intentionalität, den Husserl von Brentano übernommen hat. In seinen »Ideen zu einer reinen Phänomenologie und phänomenologischen Philosophie« hat Husserl im zweiten Kapitel die *»Allgemeinen Strukturen des reinen Bewußtseins«* dargestellt.[101] Es scheint, als ob sich, hinter der Trennmauer der phänomenologischen Terminologie, in der Philosophie auf ihre Weise die gleiche Grundströmung bemerkbar mache, die wir bereits als anderen Disziplinen innewohnend nachgewiesen haben. Unser Konzept der Systasen, die zusammen mit den Systemen die Synairese ermöglichen, sind terminologisch betrachtet möglicherweise eine Übersetzung für das, was die Phänomenologie als Erhellung der Wesenszusammenhänge anstrebt.

Auch Heidegger greift das Konzept seines Lehrers Husserl

vom »reinen Bewußtsein« auf.[102] Und es darf vielleicht als bedeutsam erachtet werden, daß Heidegger, der selbst auf die Begrenztheit des bloßen »Vor-Stellens« hinweist, des öfteren von der *»Durchsichtigkeit«* gewisser Sach- oder Denkverhalte spricht.[103] Gewiß, diese Durchsichtigkeit ist bei Heidegger stets ontologisch bezogen. Aber wie auch immer sie gemeint ist, die Tatsache ist symptomatisch, daß bei seinen Bemühungen um die Klärung des Seins als Realisationsweise statt der Erlebbarkeit, Erfahrbarkeit oder Vorstellbarkeit vom Durchsichtig-Werden die Rede ist.

Auch W. Szilasi gebraucht diese neue Wendung, wenn er schreibt, daß alle Beschränkung des Daseins auf nur eine Seinsmöglichkeit zur Bedrohung des Daseins führe, der aber begegnet werden kann, indem wir den »harmonischen Zusammenhang der Seinsmächte als erlebte Macht in ihrer Wirksamkeit durchsichtig machen«.[104] Es kommt hier philosophisch transzendental zum Ausdruck, was wir bewußtseinsmäßig strukturell deutlich zu machen versuchten, da der Mensch immer dort in Frage gestellt ist, wo er nur eine seiner Realisationsweisen als Seinsmöglichkeit betrachtet und dabei, sei es dem Magischen, Mythischen oder Mentalen, Ausschließlichkeits-Charakter zuspricht. Erst das diaphane Wahren aller Bewußtseinsstrukturen und der durch sie wirksam werdenden Seinsweisen erlaubt dann jene »Vergegenwärtigung«, von der W. Szilasi schreibt, daß in ihr »das ›war‹ und ›wird‹ verschwindet. Das Ganze ist auf einmal. ›War‹ und ›wird‹ zersetzen schon die absolute Gegenwärtigkeit, das heißt, sie zersetzen die Zeit« (!).[105] Die Diaphanität kommt noch in weiteren Formulierungen Heideggers zum Ausdruck. In dem, was er die »Dimension der Wahrheit« nennt, und dem, was er als »Lichtung des Seins« bezeichnet; ferner wenn er von dem »entschränkten Ganzen des Offenen« spricht, das »über das Zahlhafte der Rechnung hinaus ist«, und wenn er Rilkes Wort von der »Kugel des Seins« als das »Seiende im Ganzen« deutlich macht und von ihm aussagt: »Diese Kugel des Seins und ihr Sphärisches dürfen wir niemals gegenständlich vorstellen.«[106]

Um Klarheit darüber zu schaffen, ob diese der Ontologie entspringenden Formulierungen unseren von den Bewußtseinsstrukturen und deren Mutationen ausgehenden Konzepten verwandt sind, wollen wir noch einen kurzen Blick auf sie werfen. Dabei sei festgehalten, daß wir sie nicht aperspektivisch zu interpretieren trachten, sondern lediglich untersuchen wollen, ob eine grundsätzliche Verwandtschaft oder gemeinsame Tendenz den aus verschiedenen Quellen gewonnenen gleichlautenden Bezeichnungen innewohnt oder nicht. Denn eine bloße »zufällige« Übereinstimmung der Wörter ist durchaus unverbindlich; sie erhält eine mögliche Verbindlichkeit erst dann, wenn die Grundströmung vermutbar oder nachweisbar durch die verschieden erwachsenen und verschieden bedingten Terminologien hindurch durchsichtig wird.

Durch die »Dimension der Wahrheit« Heideggers scheint philosophisch formuliert das hindurch, was physikalisch als vierte Dimension, was in unserer Umschreibung als integrale (und integrierende) Dimension bezeichnet worden ist. Heideggers Definition der Wahrheit, ausgehend von der »Unverborgenheit«,[107] welche das griechische Wort ἀ-λήθεια (alétheia) aussagt, ist ein erster Hinweis auf diese Konstellation.[108] Sie wird noch deutlicher durch sein Abrücken von der heute üblich gewordenen mental-rationalen Interpretation der Wahrheit: »Die sogenannten kritischen Wahrheitsbegriffe, die seit Descartes von der Wahrheit als Gewißheit ausgehen, sind nur Abwandlungen der Bestimmung der Wahrheit als Richtigkeit. Dieses uns geläufige Wesen der Wahrheit, die Richtigkeit des Vorstellens, steht und fällt mit der Wahrheit als Unverborgenheit des Seienden.«[109] Abgesehen davon, daß der Ausdruck »Richtigkeit des Vorstellens« mit unseren Ausführungen über das Mentale parallel läuft, verweist Heidegger darauf: »... über das Seiende hinaus, aber nicht von ihm weg, sondern von ihm her, geschieht noch ein Anderes. Inmitten des Seienden im Ganzen west eine offene Stelle. Eine Lichtung ist.«[110] Sollte diese »Lichtung des Seins« dem angenähert werden dürfen, was wir als Raum-Zeit-Freiheit, als das Achronon, bezeichnen? Es gibt für diese vielleicht mögliche Näherung gewisse Hinweise. Denn die Lichtung »ist, vom Seienden her gedacht, seiender als das Seiende. Diese offene Mitte ist daher nicht vom Seienden umschlossen, sondern die lichtende Mitte selbst umkreist wie das Nichts, das wir kaum kennen, alles Seiende«.[111] Diese ontologische Definition der lichtenden Mitte als Nichts verweist auf das, was wir als vorzeithaft und vorräumlich wirkend (»lichtend«) beschrieben haben; und das »Lichten« kann, terminologisch transponiert, auch als Umschreibung für das Bewußtwerden jener raum-zeitlosen »Mitte« oder »Lichtung« bezeichnet werden, die nur als Raumzeitfreiheit wahrnehmbar (aber nicht cartesisch oder wissenschaftlich vorstellbar) ist.

Trotz der außerordentlichen Schwierigkeit, differenzierte ontologische Bestimmungen wie diese mit letztlich eteologischen Wahrungen, wie sie das Aperspektivische zu realisieren hat, in Beziehung zu setzen, will es doch scheinen, als wäre »Lichtung des Seins« schon »mehr« oder anderes als bloße philosophische Definition oder ontologische Bestimmung, nämlich eteologische Wahrung. Dies um so mehr, als diese Wahrung implizite den Gegensatz von Transzendenz : Immanenz illusorisch macht, denn »die Lichtung, in die das Seiende hineinsteht, ist in sich zugleich Verbergung«.[112] Transzendenz und Immanenz sind nur verschiedene Formen der Anwesenheit der Lichtung oder des Achronon und werden der Irrationalität und Rationalität durch die dem Achronon innewohnende Arationalität enthoben: sie werden in der Transparenz (Diaphanität) als »Dimension der Wahrheit« wahrnehmbar.

Von dieser »Lichtung« spricht Heidegger auch als dem »Offenen«.[113] Im Anschluß an die Bildhaftmachung des ὄν (on), des Seins, durch Parmenides (in Heideggers Sprache: »das Anwesen des Anwesenden«) als »wohlgerundeter Kugel«, sowie im Anschluß an ein Wort Rilkes von »der wirklichen heilen und vollen Sphäre und Kugel des Seins« und dessen, was Rilke als »Weltinnenraum« bezeichnete, sowie im Anschluß an die »Logik des Herzens« Pascals, führt Heidegger aus: »Im unsichtbaren Innersten des Herzens ist der Mensch erst dem zugeneigt, was das zu Liebende ist: die Ahnen, die Toten, die Kindheit, die Kommenden.[114] Dies gehört in den weitesten Umkreis, der sich jetzt als die Sphäre der Präsenz des ganzen heilen Bezuges erweist. Zwar ist auch diese Präsenz wie diejenige des gebräuchlichen Bewußtseins des rechnenden Herstellens eine solche der Immanenz. Aber das Innen des ungebräuchlichen Bewußtseins bleibt der Innenraum, in dem für uns jegliches über das Zahlhafte der Rechnung hinaus ist und frei von solcher Schranke überfließen kann in das entschränkte Ganze des Offenen.«[115] Durch diese Ausführungen erhält die »Kugel des Seins« eine Transparenz, die sie weder bei Parmenides noch bei Rilke hat. Der bildhaft-mythische Bezug bei Parmenides und die ausgesprochen magische Verhaftung Rilkes, die nur potentiell die Transparenz enthalten, werden hier überwunden. Heidegger verweist auf seine Weise darauf, was wir als die magische Grundstimmung und Verflochtenheit Rilkes bezeichnen müssen: »Die hier genannte Kugel des Seins, d. h. des Seienden im Ganzen, ist das Offene als das Geschlossene der schrankenlos ineinander überfließenden und so zueinander wirkenden reinen Kräfte.«[116]

Trotz der überaus komplexen und vielschichtigen Bezüglichkeit des gesamten »Sachverhaltes« ist das Auftauchen von »Begriffen« wie »ungebräuchliches Bewußtsein« als Ergänzung zu dem rechnenden, räumlichenden »gebräuchlichen Bewußtsein« deshalb aufschlußreich, weil sich mit ihrer Bewußtwerdung die »Sphäre der Präsenz des ganzen heilen Bezugs erweist«, weil also Zeit übergeht in ursprüngliche Gegenwart; dies wird bewirkt durch die Anerkennung des »entschränkten Ganzen des Offenen«, durch die Entgrenzung der dreidimensionalen Raumwelt des gebräuchlichen Bewußtseins, das durch das »ungebräuchliche Bewußtsein« überdeterminiert wird. Hier, wo die »Vollzähligkeit«, von der Rilke hinsichtlich »der Kugel des Seins« spricht, zur Diskussion steht, verweist Heidegger darauf, daß diese nur »aus dem Hinblick auf das Seiende im Sinne der Vollzähligkeit aller seiner Seiten« interpretiert werden dürfe. Und dieses »Konzept«, welches das Ganze meint, ist in der Wahrnehmung als »Kugel des Seins« durchaus aperspektivisch. Perspektivisch sehen wir ja nur eine Seite. Die Vollzähligkeit aller Seiten des Seins ist nur aperspektivisch wahrnehmbar. Mit der Kugel wird das Ganze durchsichtig.

So mag seinerseits auch durchsichtig geworden sein, daß einige Charakteristika der integralen Bewußtseinsstruktur, der aperspektivischen Welt, sich auch in der letzten Philosophie manifestieren.[117] In ihr ist statt vom Vor-stellen vom Durchsichtig-Werden, statt von Systemen vom Ganzen, statt vom mentalen Dreierschritt oder der »Pyramide« von der Kugel als Sphäre der Gegenwart des ganzen Bezuges die Rede. Und die erweiterte, entschränkte »dreiwertige« Logik (Reichenbach) ist ein zusätzlicher Hinweis, daß die rein rationale Vorstellungswelt das Unbestimmte und das bisher Ungebräuchliche zulassen muß; und daß sie sich damit anschickt, gerade durch diese Zulassung sich selbst zu überwinden im Glauben, sie rette sich durch einen erweiterten Rationalismus, eine Gefahr, der C. F. v. Weizsäcker durch seine »Quantenlogik« (siehe S. 549 u. 557[117]) vielleicht begegnen wird. Insgesamt gesehen finden sich auch in den philosophischen Bemühungen (in den existentialistischen, ontologischen, logistischen, vor allem in den quantenlogisch nicht-aristotelischen) Ansätze zur Arationalität.

Die Kugel ist Ausdruck der aperspektivischen Welt; aperspektivisch meint die Wahrung des Ganzen und damit auch des

Geistigen, des Diaphainon, weil das Ganze nur als Durchsichtigkeit wahrnehmbar ist, wobei der Ursprung, der auch alle Zukunft enthält, zeitfreie Gegenwart ist. Dies bewußtseinsmäßig zu leisten, ohne Aufgabe der »früheren« Bewußtseinsstrukturen, dies ist Überwindung der Rationalität zugunsten der Arationalität, ist Durchbruch aus der Mentalität zur Diaphanität.

Siebentes Kapitel
Die Manifestationen der aperspektivischen Welt
III. Die Sozialwissenschaften

1. Recht

Gesetz und Rechtsprechung sind soziologische Gestaltungen, welche die mentale Bewußtseinsstruktur zur Voraussetzung haben. Der Richter ist immer ein Richtender, das Recht deutlich die Betonung der »rechten (patriarchal-männlichen, hellen) Seite«, das Gesetz ein, wie das Wort es besagt, räumliches Bestimmen und Abgrenzen, da Setzung den Raum voraussetzt.

Die strukturellen Zusammenhänge von Recht, Gesetz, Patriarchat, rechts, Betontheit des Wachbewußtseins und seines gerichteten und richtigen Denkens sind im ersten Teile ausführlich dargestellt worden (siehe oben S. 134 f.).

Um deutlich zu machen, in welchem Maße jede Rechtsprechung ein mentaler Akt und nur mental fundiert ist, sei auf das Fehlen jeden Gesetzes in den minder stark mental betonten Kulturen verwiesen. So kennt die noch heute mythennahe chinesische Welt das Gesetz höchstens in der beschränkt gültigen konfuzianisch-patriarchalen Form der Staatsregelung. Im übrigen gelten Vorschrift und Verbot; diese aber sind nicht Gesetz. Statt seiner gilt in ihr die »Sitte«, von der alte Weisheitsbücher handeln,[1] deren Kenntnis wir Richard Wilhelm verdanken. Den grundlegenden Unterschied zwischen Gesetz und Sitte hat ein kluger Beobachter Chinas hervorragend skizziert, wenn er schreibt:

»Diejenigen Menschen, welche von der Gunst eines freigebigen Schicksals vor die Aufgabe gestellt wurden, den Gemeinschaften, denen sie angehörten, Verfassungen zu geben, hatten die Aufgabe, Normen für das Zusammenleben zu finden. In Europa ist bei solchen Gelegenheiten fast immer der Weg gewählt worden, Gesetze zu geben, deren Geltungskraft abhängig war von einer staatlichen Gewalt, welche diese Gesetze durchzuführen in der Lage war.

»Die Chinesen haben einen anderen Weg gewählt. Sie haben für ihr Zusammenleben Normen der Sitte geschaffen. Der Unterschied zwischen Sitte und Gesetz liegt darin, daß die Anerkennung, daß die Sitte gelte, in einer tieferen oder früheren Schicht der menschlichen Seele statthat. Ihre Geltung wird in einer vor oder unter dem Bewußtsein liegenden Schicht anerkannt, während die Gesetze im Bewußtsein befolgt oder nicht befolgt werden.«

»Nun behaupte ich nicht, daß es in China kein Gesetz und in Europa keine Sitte gäbe. Aber sicher haben wir Europäer unser Zusammenleben hauptsächlich auf die Grundlage des Rechts, die Chinesen das ihre dagegen auf die Grundlage der Sitte gestellt.« [2]

Dabei darf aber Sitte nicht mit Moral verwechselt werden, weil »das Moralische immer nur eine ideelle Geltung im Bewußtsein hat«.[3] Dagegen hat sie ohne Zweifel etwas mit dem zu tun, was wir in Europa unter »Takt« verstehen. Das Wort Takt bringt eine deutliche Bezogenheit zum Herzen zum Ausdruck, dem Organ des mythischen Bewußtseins. Takt gründet im Herzen, so wie Sitte vornehmlich der mythischen Bewußtseinsstruktur eignet. Taktvoll sein ist noch heute bei uns gleichbedeutend mit gesittet sein. Takt ist so gesehen Erfüllung eines nicht mental stipulierten Gesetzes. Wo Takt herrscht, bedarf es keines Gesetzes.

Da Recht und Gesetz Äußerungen des Mentalen sind und die soziologischen Sicherungen par excellence, so erklären sich auch die ihnen stets zugebilligten konservativen, beharrenden Eigenschaften. Setzungen, also Fixierungen, sind statisch (und damit räumlich, also auch so gesehen ausgesprochen mental).

Die entscheidende Frage für unsere Untersuchung ist nun, ob sich ein grundlegender Wandel im Recht nachweisen läßt. Denn wenn tatsächlich das, was wir als nicht mehr perspektivisch fixierte Realisationsform bezeichnen, heute zum Durchbruch kommt, so müßten sich trotz seines konservativen Charakters gerade auch im Recht, das heißt in seinen Grundlagen, seiner Gestaltung und Handhabung Anzeichen dafür nachweisen lassen, daß sich auf diesem als grundlegend anerkannten Gebiete entscheidende und umgestaltende Vorgänge oder Einbrüche geltend machen. Und dies ist der Fall.

Das Recht ist im Begriff, sich auf neue Grundlagen zu stellen. Dies weniger vom rechts-philosophischen oder rechts-geschichtlichen Standpunkt aus gesehen, sondern hauptsächlich vom konkreten Standpunkt der neuen Praxis in der Gesetzgebung und Rechtsprechung. Erste und entscheidende Ansätze zu dieser Erkenntnis finden sich seit der letzten Jahrhundertwende zum Beispiel in den Werken von Eugen Huber, Hans Fehr, A. Egger und Radbruch. Im letzten Jahrzehnt sind es neben einigen Arbeiten von W. F. Bürgi besonders auch jene von Hans Marti, in denen die neuen Grundlagen, die neue Wertung und die Strukturwandlung des Rechtes seit der Französischen Revolution aufgezeigt werden. Auf sie nehmen wir vornehmlich Bezug.[4]

Die Tatsachen, in denen sich eine Wandlung des Rechtes ausdrückt, und die zugleich auch aperspektivische Ansätze darstellen, lassen sich in drei Punkten zusammenfassen:

1. Berücksichtigung der Zeit;
2. Überwindung des Dualismus;
3. Tendenz zur Arationalität.

Wir beschränken uns auf die allerneueste Forschung und untersagen uns einen Rückgriff auf den einzigartigen Montesquieu, der in seinen »Cahiers« (1716–1755) die neue Einstellung zum Recht auf eine derart vorgreifende Weise formuliert hat, wie sie sich erst heute, wenn auch langsam, realisiert. Jene grandiose Maxime ist dafür überwältigender Ausdruck und Leitstern: »Wenn ich etwas wüßte, das mir dienlich wäre und meiner Familie abträglich, so würde ich es aus meinem Geiste verbannen. Wenn ich etwas wüßte, das meiner Familie und nicht meinem Vaterlande dienlich wäre, so würde ich suchen, es zu vergessen. Wenn ich etwas wüßte, das meinem Vaterlande dienlich und das Europa abträglich wäre, oder das Europa dienlich und dem Menschengeschlecht abträglich wäre, so würde ich es als ein Verbrechen betrachten.«[5]

Auch einen Rückgriff auf Grotius, Rousseau und Gierke versagen wir uns; wir gehen auch nicht auf die Beiträge von Helmut Coing, Erik Wolf und Georg Stadtmüller[6] ein, da sie nur tastend das Neuland ahnen, aber es noch nicht mit der bereits möglichen Deutlichkeit umreißen.

Im Sinne unserer Untersuchung ist das Zeitthema ohne Zweifel das Wichtigste. Deshalb beginnen wir mit ihm.

Zu 1: Die Berücksichtigung der Zeit im Recht äußert sich seit der Französischen Revolution auf die verschiedenartigste Weise. Das bis dahin geltende Recht war ein »statisches Recht«. Im Mittelpunkt dieses noch weitgehend römischen Rechtssystems stand »die grundsätzliche Unantastbarkeit des Privateigentums, ... welches auf der andern Seite die Arbeitsleistung in konsequenter Weise verachtete, und deshalb nur rudimentär regelte«.[7] Der berühmte Satz: »Qui iure suo utitur, neminem laedit (Wer sein Recht nutzt, schadet niemandem)« ist Ausdruck dieser starren, absoluten Haltung. Durch die Akzentuierung der Absolutheit des subjektiven Rechtes und die des Besitzes und

Eigentums war es vornehmlich räumlich fixiert, also durchaus mental. Der Faktor Zeit oder der Faktor veränderter und besonderer Verhältnisse wurde in ihm sehr wenig beachtet. Dagegen verlangt die heutige Gesetzgebung eine immer stärkere Berücksichtigung der Rechtswirkung und gestattet zum Beispiel die Anwendung der »Clausula rebus sic stantibus«, die eine nachträgliche Abänderung fester Vertragsbestimmungen infolge veränderter Verhältnisse zuläßt. Das aber ist gleichbedeutend mit der Anerkennung des Faktors Zeit.

Auch in den heute mehr und mehr üblichen Verkürzungen der Verjährungsfristen drückt sich eine Auflösung der einstigen Fixiertheit und Stabilität des Rechtes aus.

War das alte Recht vornehmlich individualistisch, so ist das sich umgestaltende vornehmlich sozial. Nicht mehr die Sicherung des Eigentums ist das Hauptanliegen, sondern die Sicherung der Arbeitsleistung. Während nun Eigentum und Besitz raumfixiert sind und statisch, sind Arbeit und Leistung zeitgebunden, »dynamisch«. Duguit und seine Schule begründeten ein allerdings sehr einseitiges »dynamisches Recht« und betonten ausschließlich die »Rechtsfunktion« sogar unter Preisgabe des Individuums, berücksichtigten nur die *Wirkung* des Rechtes in der Gesellschaft und für dieselbe. Hier freilich beginnt auch deutlich zu werden, daß das Recht als Recht im alten mentalen Sinne Einbußen erleidet, die weniger auf die Abschaffung des Rechtes als solchem abzielen, sondern der Bewußtseins-Mutation entsprechend seine ausschließliche Gültigkeit beeinträchtigen. Das Links-Element, das seit der Französischen Revolution der das Recht umgestaltende Faktor ist, trug in das Rechte das Linke, also das Nicht-Rechte, hinein. Die letzte materialistisch defiziente und verderbliche Konsequenz daraus ist, daß »Recht ist, was nützt«.

Der »Einbruch der Zeit« in das Recht hat diese Grundbasis des mentalen Menschen erschüttert, hat diese Grundlage als überfällig erwiesen. Die Anerkennung der Arbeit als Wert, wie sie durch die erwachende Linke gefordert und erreicht wurde, ist Anerkennung der Zeit, insofern Leistung ein zeitgebundener, nur in der Zeit, im zeitlichen Ablauf realisierbarer Wert ist. Der Sturz des Königs, des »rex« als des »Rechten«, durch die Kräfte, die Jahrhunderte hindurch niedergehalten worden waren – und die als unbewußt wirkende Kräfte im Erwachen der Linken nicht so sehr Gestalt als Virulenz annahmen –, dieser Sturz ist nur ein Parallelvorgang zu der Akzentverlagerung vom Eigentum auf die Arbeit, in dem desgleichen die Erschöpfung der mentalen Struktur offensichtlich wird. Der seit der letzten Jahrhundertwende immer deutlicher werdende Prozeß der Sozialisierung steht, insofern Arbeit Zeit ist, seinerseits in genauer Parallele zu der desgleichen revolutionierenden Anerkennung der Zeit durch die Physik und die anderen Naturwissenschaften. Hier wie dort setzt die gleiche Bedrohung ein, da die Zeit vorerst, hier wie dort, als quantitative Größe und nicht als qualitatives Element eingeschätzt wird. Physikalisch-geometrische Zeit und das In-Rechnung-Stellen der Arbeitszeit sind Devaluierungen der echten, ursprünglichen Zeit, des Achronons. Die Nachwirkungen des defizienten mentalen Denkens und Vorstellens, des Rational-Quantitativen, gefährden noch immer und in zunehmendem Maße die Konsolidierung der neuen Bewußtseinsstruktur integraler Prägung. Die große Erschütterung ist noch nicht überwunden. Das Bestreben, die gesamte Struktur des Mentalen beseitigen zu wollen, ist noch nicht als Hauptfehler erkannt worden. Und die irrationale Komponente ist generell noch nicht gemeistert worden.

Jedoch – und das muß hier eingefügt werden – ist hinsichtlich dieser Meisterung in den allerletzten Jahren (seit 1958) ein ganz entscheidender Schritt durch Hans Marti vollzogen worden. Er hat die magischen und mythischen Komponenten des Rechts, die bisher infolge einer einseitig rationalen Haltung nicht akzeptiert worden waren, ersichtlich gemacht. Sein großes Verdienst besteht darin, daß er in einer luziden Sprache und Diktion, gewissermaßen von einer höheren Warte, der arationalen, aus, diese prae- und irrationalen Komponenten derart wahrnehmbar zu machen wußte, daß nunmehr ein ungewußtes Zurücktauchen in sie vermieden werden kann, daß sie also gemeistert werden können.[8]

Was nun den Einfluß des »Links-Elementes« betrifft, so schreibt F. W. Bürgi: »Heute wird das Eigentumsrecht immer mehr in Frage gestellt, von außen durch die kommunistische Forderung nach Enteignung, von innen durch die ständig weiterschreitende Aushöhlung, welche es durch immer neue gesetzliche Beschränkungen und Abgaben im Interesse der Allgemeinheit erfährt... In ausgesprochenem Gegensatz zu der vielfachen Bedrohung des Eigentums [das auch immer Ich-tum ist!] ... steht die *ungeheure Entwicklung* derjenigen Rechtsgebiete, welche die *Förderung der Arbeit* und den *Schutz des Arbeitnehmers* zum Gegenstand haben... Die moderne Gesetzgebung schützt jedoch nicht nur die persönlichen Interessen des Arbeitnehmers, sondern sie fördert bewußt auch die *Arbeit als solche,* weil ihre Bedeutung für den Staat und die Gesamtwirtschaft erkannt worden ist. Aus diesem Grunde genießen die Arbeit und ihre Träger heute ein fast schrankenloses Ansehen, was im völligen Widerspruch zu den Auffassungen steht, die nicht nur im alten Rom, sondern auch im vorrevolutionären Europa bestanden haben. Während man damals die Arbeit oft geradezu als entehrend betrachtete, setzt sich seit hundert Jahren immer ausschließlicher die Überzeugung durch, daß nur derjenige eine Existenzberechtigung habe, der der *Gemeinschaft* durch seine Tätigkeit *nützlich* wird. Der europäische Osten verbindet die Anerkennung eines *›Rechtes auf Arbeit‹* ganz allgemein mit einer *Arbeitspflicht* im Interesse der Gemeinschaft und bestraft Verstöße dagegen als *Sabotage* ... Heute ist das Eigentum fast überall in die *Verteidigung gedrängt* und behauptet sich gegen die ständigen sozialpolitischen Angriffe und die wachsende staatliche Belastung nur mit Mühe und in materiell abgeschwächter Form. Im Gegensatz dazu erfreut sich die *Arbeit* einer maximalen Anerkennung, und ihr *Schutz* ist zur *zentralen Aufgabe* jeder modernen Gesetzgebung geworden.« [9] Der auf diese Ausführungen folgende Nachweis für die Akzentverlagerung vom Eigentum auf die Arbeit in einigen wichtigen neuen Gesetzen ist mit solcher Deutlichkeit noch nirgends geführt worden.[10] Wir müssen uns auf Andeutungen beschränken: schwere Einbrüche ins Eigentumsrecht stellen die Höchstpreisvorschriften und die Beschränkung der Veräußerungsfreiheit dar, während die Arbeit durch das neue Bodenrecht und Agrarreformen – unmittelbar auf Kosten des Eigentümers –, durch das neue Markenrecht, das neue Arbeitsrecht, das Clearingrecht, die Kartellgesetzgebung, das Versicherungsrecht, das revidierte Gesellschaftsrecht, das neue Aktienrecht und so weiter geschützt wird.

Diese Akzentverlagerung vom Besitz auf die Arbeit wird auch an dem heute in der amerikanischen und europäischen Wirtschaft so häufigen Hinweis auf die Revolution der Manager (der Geschäftsführer und Direktoren der Betriebe) deutlich. Rechtlich und effektiv besagt dieses neue Managertum nichts anderes, als daß sich auch hier die Macht der die Arbeit leistenden höchsten Angestellten immer stärker auf Kosten der das Eigentum vertretenden Verwaltungs- und Aufsichtsräte durchsetzt.[11]

Dieser Prozeß der Entschränkung des ehemaligen Rechtes, die

Beseitigung der Gültigkeit des Individuums durch Beschränkung, äußert sich auch in der immer genereller werdenden Formulierungsart der neuen Gesetzgebung. Rahmen-Bestimmungen und Generalklauseln treten an Stelle von Spezial-Bestimmungen und genauem Paragraphenrecht. Die starre, perspektivische Fixiertheit, die gerichtete Strenge, weicht einer flexibleren Haltung, die dem Richter erlaubt, den im Laufe der Zeit sich ändernden Bedürfnissen durch relativ freie Auslegung Rechnung zu tragen. Die alte, schon von Goethe beanstandete Rechtsform: »Es erben sich Gesetz und Rechte,/ Wie eine ew'ge Krankheit, fort,/ ... / Vernunft wird Unsinn, Wohltat Plage:/ Weh dir, daß du ein Enkel bist!« [12], kann für das bewegliche moderne Recht kaum noch Geltung beanspruchen. W. F. Bürgi verweist darauf, daß dieser neue Sachverhalt positive Ansätze birgt, was von der bisherigen materialistisch betonten, nur den *Nutzen* in Rechnung stellenden Bevorzugung der Arbeit so lange nicht gesagt werden kann, als diese nur quantitativ »wertet«, wobei beispielsweise geistige Arbeit, deren Wert quantitativ (lohnmäßig) nie feststellbar ist, zum Hunger verurteilt wird, es sei denn, sie begäbe sich der den schöpferischen Prozeß ermöglichenden Freiheit, wodurch sie aber ihren echten geistigen Qualitäts-Charakter verlieren muß. An diesem Beispiele wird offensichtlich, daß erst dann eine Gesundung in Gestalt der Festigung der aperspektivischen Haltung eintreten kann, wenn Arbeit nicht nur fälschlicherweise als quantitativer Zeitaufwand und im Hinblick auf ihre materielle Nützlichkeit eingeschätzt wird, sondern ihr Qualitäts-Charakter berücksichtigt würde. Solange rechtlich und soziologisch die »Zeit« in Form der Arbeit quantitativ gehandhabt wird, droht die rechtliche und soziologische Atomisierung. Dies ganz parallel zu der falschen Handhabung der »Zeit« als geometrisch-physikalischer Maßgröße in der Physik, die ja auch die Gefahr der Atomisierung birgt. Dies parallel auch zu der manchmal falschen Handhabung des »Unbewußten« durch die Tiefenpsychologie, in der eine zu weit gehende Amplifikation des psychisch-zeithaften Elementes die Gefahr der Inflation, ja der Atomisierung der »Seele« heraufbeschwört. Vielleicht ist die Abkehr vom perspektivisch fixierten Paragraphen-Recht zu den entschränkenden Rahmen-Bestimmungen ein erster positiver Hinweis auf eine aperspektivische Manifestation innerhalb des Rechtes, das als solches stets nur Ausdruck der mental-rationalen Bewußtseinsstruktur perspektivischer Art sein kann. Bürgi schreibt in diesem Zusammenhang: »Gerade das vertiefte Wissen unserer Zeit um die Relativität jeder Erscheinung ist wohl auch die Ursache für den seit einigen Jahrzehnten immer stärker ertönenden Ruf nach dynamischem oder funktionellem Recht, nach einem Recht, das die ständige Veränderung aller Lebensprozesse berücksichtigt und damit *das Element der Zeit* oder das Gesetz der Metamorphose in die rechtliche Ordnung *zu integrieren* versucht; da diese Auflockerung der starren Regel gleichzeitig individualisierend wirkt, bringt sie auch *qualitative Elemente* zu vermehrter Auswirkung. Moderne Gesetze wie die unseren haben denn auch durch Einbau von Generalklauseln und Rahmenbestimmungen derartigen Bedürfnissen schon lange weitgehend Rechnung getragen, selbstverständlich ohne dadurch das statische Prinzip der geltenden Ordnung selbst in Frage zu stellen.« [13]

Wenn nochmals eine Parallele zur Physik gestattet ist, so kann gesagt werden, daß die Rahmenbestimmungen und Generalklauseln im Gebiete des Rechtes auf eine gewisse Weise dem Wirkungsquantum und der aus ihm resultierenden Unbestimmtheitsrelation im Gebiete der Physik ähneln. Beiden ist es gemeinsam, daß sie die räumlich, kausal und perspektivisch fixierten und erstarrten Vorstellungs-Systeme sprengen und damit das Spielfeld der Freiheit ermöglichen. In beiden werden Wertungen praedominant, da infolge ihrer die Intensität und die Qualität des Geschehens berücksichtigt werden kann. Soweit ein solches Vergleichen überhaupt zulässig ist – und es ist dies nur systatisch, niemals aber systematisch-terminologisch vollziehbar –, ist es aufschlußreich. Dieselbe Ursprünglichkeit, die im Wirkungsquantum manifest wird, kommt im Prinzip auch durch die Handhabung der unbestimmten Generalklauseln zum Ausdruck. Damit wird aber auch das Recht zu etwas anderem als bloßem Recht: es wird zur Wahrung.

Wenn es gelingt, die »Arbeit« nicht nur als Maßgröße für Verdienst-Anspruch zu erfassen, sondern sie der Quantifizierung zu entziehen, werden die Gefahren, die dieser Form des Einbruches der Zeit ins Recht innewohnen, das immer ein spezifisch mentales Bewußtsein voraussetzt, überwunden werden. Die Berücksichtigung der Zeit als solcher, wie sie aus der Anwendung der »Clausula rebus sic stantibus«, aus der Praxis sowohl der Verkürzung von Verjährungsfristen als auch der viel freieren Auslegung der Gesetze spricht, wie sie in der Bewertung der Arbeit Form annimmt, kann ohne Zweifel zu einer Integration des Rechtes durch aperspektivische Sinnerfülltheit führen. (»Sinnerfülltheit« ist hinsichtlich der bloßen Sinnhaftigkeit mentalrationaler Art, die nur einen Sinn, also eine Gerichtetheit ausdrückt [siehe oben S. 134], aperspektivisch überdeterminiert.) Die geglückte Anwendung und der qualitative Charakter der Generalklauseln, mit der ihnen innewohnenden Defixierung und der Anerkennung »zeitlicher« Faktoren, sind ein Hinweis darauf, daß diese Integration möglich wäre.

Und wie immer wird, auch im Recht, der starre, rationale Dualismus in dem Moment überwunden, da der »Zeit« als »qualitatives« Element in der nichts als räumlichen, dreidimensionalen Welt Wirkungsmöglichkeit zuerkannt wird. Dies führt uns

zu 2: Die Überwindung des Dualismus, die sich im Recht vorerst in zwei Tatsachen zu erkennen gibt. Die eine besteht in dem Sachverhalt, auf den auch W. F. Bürgi hinweist, daß die subjektiven Rechte ihren absoluten Charakter verloren haben. Verlust der Absolutheit ist aber gleichbedeutend mit der Aufgabe des Dualismus, der nur auf Grund absoluter Prinzipien vorstellbar und postulierbar ist. Die andere Tatsache besteht in dem Sachverhalt, daß die einstige Trennung von öffentlichem und privatem Recht in der neuen Gesetzgebung nicht mehr restlos durchführbar ist, was symptomatischerweise gerade dort, wo es sich um das Problem Arbeit handelt, also im Arbeitsrecht und dem damit verbundenen Versicherungsrecht, deutlich wird. Damit ist der alte Subjekt : Objekt-Gegensatz auch für das Rechtsgebaren weitgehend hinfällig geworden.[14] Und es ist immerhin bedeutsam, daß man heute mehr denn je beginnt, nicht nur einfach vom Recht zu sprechen, sondern von »Recht und Billigkeit« sowie von »Rechten und Pflichten«.[15] Auch hierin kommt der Ansatz zur Überwindung des rationalen Alternative-Denkens, das nur Recht und Unrecht als Gegensätze anerkannte, zum Ausdruck, wie er sich auch in der Differenzierung des Schadenersatzes nach dem Maß des tatsächlichen Verschuldens äußert. Adolf Arndt hat dann (1955) sehr klar auf die Unhaltbarkeit der dualistischen »Teilung von Recht *und* Unrecht, öffentlichem objektiven *und* subjektiven Recht« hingewiesen; er stellt ausdrücklich fest: »Die dualistische Struktur des analytischen und kausalen Denkens in der vom Altertum bis zur Neuzeit reichenden Epoche einer rationalen Geisteswelt arbeitet axiomatisch mit der Alternative des Entweder-Oder. Ist nicht die Stunde reif für ein Überwinden dieses gespaltenen Denkens...?«[16]

Eine andere Feststellung, daß nämlich »die Einteilung der wirtschaftlichen Interessen in *individualistische, überindividua-*

listische und solche, welche die Allgemeinheit angehen, sogenannte *transpersonale* [Radbruch], ... sich heute allgemein durchgesetzt hat« [17], führt uns bereits zum dritten Punkt. Denn »die herrschenden rechtlich-sozialen Verhältnisse werden durch diese Gliederung unter einem finalen, auf die Wirtschaft bezogenen Gesichtspunkt betrachtet, was mit dem Übergang von einer rein individuellen zu einer kollektiveren Lebensauffassung übereinstimmt. Wesentlich ist bei dieser Dreiteilung der Interessen die Einschaltung der mittleren – und vermittelnden – überindividualistischen Kategorie, welche Elemente der beiden anderen enthält, die von Fall zu Fall sehr verschiedenartig gelagert sein können«.[18]

Auch aus diesem dritten Beispiel spricht die Überwindung des nichts-als-dualistischen Denkens, das als solches stets rational ist, und macht somit die Tendenz zu einer nicht-nur-rationalen »Erfassung« der Realitäten sichtbar. Damit führt uns dieses Beispiel zum letzten Punkt:

Zu 3: Die Tendenz zur Arationalität im neuen Recht. Dabei ist zu berücksichtigen, daß Arationalität niemals mit vollständiger Ausschaltung der Kausalität gleichgesetzt werden darf; sie ist hinsichtlich der kausal-fundierten Rationalität lediglich durch die Möglichkeit und Anerkennung indeterminierter, unbestimmter Elemente überdeterminiert. Dies kommt am stärksten darin zum Ausdruck, daß im modernen Recht Definitionen sehr oft ungefähr und an einzelnen Tatbeständen exemplifiziert, also mehr beispielhaft als gerichtet, festlegend, absolut-verbindlich gegeben werden und bewußt nicht abschließend sind. Derselben Grundtendenz dürfte es entsprechen, wenn Rechtstatbestände heute auch von Gerichten immer häufiger und maßgeblicher nach dem gewollten, von beiden Parteien verfolgten Sinn und Zweck als einfach nach ihrer äußeren Form beurteilt werden; und wenn dabei die sogenannte wirtschaftliche – und funktionelle – Auslegung eine wachsende Bedeutung erlangt hat, oder in anderen Fällen die Abwägung nach individualistischen und überindividualistischen Interessen für die Entscheidung maßgebend ist. Das aber ist *»offenes Recht«*.

Mit anderen Worten: wir finden hier im Recht den gleichen Vollzug der Befreiung vom Systemzwang, vom raumgebundenen Gitterwerk der Begriffe, wie ihn die Philosophie zu leisten sich anschickt. Und diese Abwendung von der Ausschließlichkeit des Rationalen erfolgt ohne Verlust an Kontrolle der Realität, das aber heißt zugleich auch ohne Rückfall in die Irrationalität, sondern durch die Meisterung beider Realisationsweisen (welche Meisterung neuerdings durch Hans Marti [siehe oben S. 563] ermöglicht worden ist). Damit wird das Recht als solches überdeterminiert in dem gleichen Maße wie die Philosophie überdeterminiert wird. Beide Überdeterminierungen vollziehen sich durch die Zulassung dessen, was wir als Systasen bezeichnet haben. Und so wie die Philosophie dadurch nicht mehr Philosophie im mentalen Sinne ist, sondern sich zur Eteologie (siehe S.444; s. auch im Register das Stichwort »Eteologem«) wandelt, so wandelt sich auch das mental bedingte Recht in seine neue überdeterminierte Form, in das, was wir vorerst versuchsweise als Wahrung bezeichnen wollen.

So wie sich einst Sitte in Gesetz umgestaltete, so wie sich die Mythologeme in Philosopheme wandelten, so wandelt sich in der heute sich vollziehenden Mutation das Gesetz in Wahrungs-Ausdruck und das Philosophem in das Eteologem, die Wahr-Aussage.

In dem gleichen Umfang, in dem das »offene Denken« der neuen »Philosophie« aperspektivische Charakteristika trägt, bringt auch bereits potentiell das »offene Recht« diese Charakteristika zum Ausdruck. Und es ist hier zu betonen, daß diese Gleichsetzung von »offenem Denken« und »offenem Recht« sich nicht etwa auf eine zufällige Koinzidenz der Terminologie stützt, sondern daß sich dieses »offen« in beiden Bereichen auf den gleichen Vollzug bezieht: auf die Entsystematisierung, Entperspektivierung des Denkens und des Rechtes durch Hereinnahme des Zeit-Elementes.[19] Also auch hier das Wirksamsein der Temporik, das den entscheidenden Übergang ermöglicht.

Da es ersichtlich wurde, welche primordiale Bedeutung das Recht für die mentale Bewußtseinsstruktur hatte, ist es nur selbstverständlich, daß der aufgewiesene, tiefgreifende Wandel der Rechts-Auffassung Ausdruck und Manifestation der sich vollziehenden Mutation zur integralen Bewußtseinsstruktur der aperspektivischen Welt ist. Die Befreiung vom Raum, von der perspektivischen Fixiertheit ist bereits vollzogen. Wird Arbeit nicht nur quantitativ erfaßt, sondern qualitativ bewertet, so ist auch die Möglichkeit zur nötigen Befreiung von der Zeit geleistet. Damit würden aber desgleichen für das Recht das Achronon und das Diaphainon Geltung erhalten.

2. *Soziologie und Ökonomie* [20]

Seit der Totsagung Gottes wurde die Theologie ersetzt und ent-setzt durch die Anthropologie, die so gesehen eine Pseudo-Theologie ist.

War das Hauptthema des mentalen Menschen seine Beziehung zu Gott, der dem Mentalen gemäß als eine fixierte, standhaltende Größe vorgestellt und an dem der Vater-Aspekt überbetont wurde, so wird mit dem Niedergange der mental-patriarchalischen Haltung diese Beziehung hinfällig. An ihre Stelle tritt der auf sich selbst zurückgewiesene Mensch. Nicht mehr die theologische Fragestellung Mensch : Gott, sondern die anthropologische Mensch : Mensch wird vordringlich.

In dieser Reduktion und Nivellierung, in diesem Fragen des Menschen nach sich selbst, nach seiner Beziehung zu sich selbst und zu seiner Umwelt gründet alle Soziologie.

Die Totsagung Gottes hatte den Himmel verfinstert. Die Erde aber ist nicht heller geworden. In ihren Schichten liegt Abgestorbenes, das ergraben wird, und auch die »Schichten der Seele«, einer nur erdhaften, defizient magisch betonten Seele, werden ergraben und neu belebt, und die Minus-Seite der Natur wird ent-deckt, jene atomare Welt »kleinster Größen« und ihre Virulenz. Alle diese Kenntnisse führen uns an die Schwelle der nun dräuenden Verfinsterung des Lebens und des Geistes. Der Mensch wurde zum Totengräber. Ist die Menschheit daran, sich ihr eigenes Grab zu schaufeln?

Dies ist der eine Aspekt, der vordergründige, offensichtliche. Gibt es noch einen anderen? Kann eine Welt, die so blind war, Gott auszuschalten (der unausschaltbar ist), weil sie in ihn die überlebte patriarchalische Betonung ihrer eigenen mentalen Bewußtseinsstruktur projizierte, – kann eine solche Welt nach der Vernichtung der Himmel und nach dem Sturz in die totengräberisch erschlossene Erde weiterbestehen? Kann eine solche Menschheit – denn es handelt sich hier nicht etwa nur um ihren abendländischen Teil – diese »Höllenfahrt« umwandeln, um umstrukturiert neu zu erstehen? Wir wissen es nicht, aber wir vermuten es, weil die ersten Anzeichen dieser Umstrukturierung fundamentaler Art heute sichtbar werden. Wir wurden der Erde anvertraut, nicht um uns an sie zu verlieren. Die es tun, werden an ihr zugrunde gehen, die es vermeiden – werden sie den aufgerissenen Abgrund überspringen? Die Armseligkeit und Hilflosigkeit der ins Massenhafte angewachsenen soziologischen Bemühungen scheinen dagegen zu sprechen. Das gleiche Grauen und Entsetzen, das einst die Mutation aus dem Mythischen ins Mentale überschattete und in der Orestie, im Muttermord, sichtbar wurde, das gleiche Grauen und Entsetzen ballt sich weltweit über unserer Übergangsepoche zusammen, die den Vatermord vollzogen hat und damit das Ende der Vorherrschaft des Mentalen besiegelte.

Aber: nicht Gott wurde getötet, sondern der Vater. Vor allem: die Vorherrschaft des Väterlichen in uns wurde überwunden, und damit der vorgestellte Gott. Das ist ein Indiz. Denn der, das Mentale mitbegründenden, alttestamentarischen Forderung, daß der Mensch sich kein *Bild* von Gott machen solle, entspricht die heutige Forderung, daß er sich nicht mehr eine *Vorstellung* von ihm machen, sondern das unverstellt Göttliche in seiner Diaphanität wahrnehmen solle. Der befohlene Verzicht auf das Bild war eine Überwindung des defizient Mythischen, der heute geforderte Verzicht auf die Vorstellung ist eine Überwindung des defizient Mentalen, also des Rationalen.[21] Dies ist, wie gesagt, ein Indiz. Ein Indiz, das über den Abgrund hinwegweist, in den alle stürzten, stürzen und noch stürzen werden, die diese Aufgabe nur unter dem negativen Aspekt, als Verzicht, und nicht unter dem anderen Aspekt, als Arbeit, auffassen.

Es handelt sich heute nicht darum, etwas »Neues« an Stelle des Überwundenen zu setzen. Das von Goethe belachte Fichtesche Ich – Fichte sprach davon, daß »das Ich« durch ein maskulinisiertes Ich, durch »der Ich« ersetzt werden müsse – ist eines der zahlreichen Beispiele mißverstandener Ersatzbildungen. Ein bloßes »an Stelle setzen« ist gleichbedeutend mit einer Inthronisierung, welche stets patriarchalen, dreidimensionalen Charakters ist. Sie wird dauernd versucht und der Beispiele dafür sind so unzählige, daß sich ihre Aufzählung erübrigt.

Es handelt sich also um etwas grundlegend anderes: um »Aufgabe« in ihrem doppelten Sinne. Die Aufgabe des Vaterprinzips ist eine Befreiung; vorerst die letzte und entscheidenste, die den Menschen freimacht zur Gewinnung eines nicht einseitig gesehenen Gottesbildes, zur Gewinnung des unverstellt Göttlichen.

Jede Soziologie, jede Strebung, die durch die Beziehung zum Menschen nicht hindurchreicht zum unverstellt Göttlichen, ist bloßer Verzicht, ist Gräberarbeit ohne Auferstehung, einer Auferstehung, die im irdischen Sinne allein schon jeder Morgenstunde innewohnt.

Ein Grundfehler aller heutigen Soziologie ist, daß sie als selbstverständlich annimmt, es gäbe gültige Beziehungen von Mensch zu Mensch, die von verläßlichem Bestande wären, seien sie nun sozialer, affektiver oder anderer Art. Die echte Bindung von Mensch zu Mitmensch geht jedoch immer, mental gesprochen, über Gott. In ihm liegt, wiederum mental ausgedrückt, der gültige Bezugspunkt. Alle andere Bindung zwischen Menschen, die um diesen fundamentalen Sachverhalt nicht weiß und ihn unberücksichtigt läßt, ist vergänglicher Rausch, vergängliches Gefühl, vergängliche Projektion des vergänglichen Ich.

Angesichts der heutigen Soziologie mag freilich jeden eher Verzweiflung ankommen, der vermeint, in ihr Spuren einer aperspektivischen Wirklichkeit finden zu können. Und doch sind sie vorhanden.

Wo aber sollen wir sie suchen? In welcher Sparte der Soziologie? In der theoretischen, der politischen, der kulturellen, der philosophischen, der religiösen? In der Nationalökonomie, in der Anthropologie, in der Prähistorik, in der Ethnologie, in der Pädagogik? Oder in jener Patho-Soziologie, als welche die Psychotherapie als angewandte Psychoanalyse beziehungsweise Tiefenpsychologie sich darstellt, da sie neurotische Störungen behebt, die ja stets vornehmlich aus dem Verlust oder der Ver-Rücktheit der Beziehungen des Einzelnen zu sich selbst und zu seiner Umwelt hervorgehen?

Die Psychologie, da von ihr bereits gehandelt worden ist, können wir ausschalten. Und so indezent es jedem einzelnen Sparten-Vertreter der zahlreichen soziologischen Spezialwissenschaften erscheinen wird, werden wir trotzdem global vorgehen und versuchen, in dem gesamten Gebiet das ausfindig zu machen, was soziologisch auf die neue Bewußtseinsstruktur hinweist.

Uns interessieren hier nicht die ideellen Versuche, die sich auf das verlorene Ethos, auf verschollene Moral gründen; nicht die ideologischen, die Klassen-Interessen verteidigen; nicht die theoretischen, die die wirtschaftlichen Beziehungen untersuchen. Sie machen die Sackgassen – dies ihr Verdienst – nur offensichtlich.

Denn was nützt es, Ethos oder Rückgewinnung des Religiösen zu predigen, wenn beide abstarben? Geschehenes läßt sich nicht ungeschehen machen. Oder: was nützt es, die Konjunktur und die Verteilung der Güter lenken zu wollen, Marktwissenschaft zu treiben, die durch die gemeinsame Arbeit aller gewonnenen Produkte »gerecht« zu verteilen, wenn sich trotz aller diesbezüglichen Theorie die Sonderinteressen nicht ausschalten lassen? Oder: was nützt es, philosophische oder religiöse Gedankengebäude aufzurichten, die bestenfalls von einer einflußlosen Minderheit zur Kenntnis genommen werden und letztlich unverbindlich sind, da sie der persönlich bedingten Haltung des einzelnen Denkers entsprangen? Alle diese seit Jahrzehnten unternommenen Versuche, die materiellen, ideellen, politischen und anderen Beziehungen unter den Menschen zu meistern, haben bisher nur immer größere Wirrnis gestiftet. Die Mißverständnisse wachsen; mehr noch: entgegen allen soziologischen, durchaus redlichen Bemühungen nimmt das Interesse gewisser politischer und geschäftlicher Kreise zu, diese Mißverständnisse zu steigern. Ein verfinsterter Himmel und eine zum Grab werdende Erde: diese doppelte Armseligkeit züchtet das Gespenst der unerlaubten Bereicherung, die sich unter diesen Umständen nur materiell äußern kann: Macht- und Profitgier wachsen, und die ihr Verfallenen sehen nicht, daß das Grab, das sie dem andern schaufeln, auch ihr eigenes ist. Es hieße, vollständig jedes common sense' entbehren, übersähe man diese handgreiflichen Realitäten. Sie ändern zu wollen, ist nicht möglich. Diese Mentalität läuft sich selber zu Tode; bestenfalls wird sie in sich selber zu Tode laufen.

Könnte jedoch diese Mentalität durch die Integralität abgelöst, beziehungsweise überdeterminiert werden, dann freilich könnte der Sprung gelingen.

Es finden sich in den verschiedensten Zweigen der Soziologie Hinweise, bei denen ausschlaggebend ist, daß es sich um Ansätze, um erste aperspektivische Formulierungen handelt, die über das bloß Mentale, die Mentalität, und seine defizient rationale Form, die Rationalität, hinaus-, keinesfalls also in eine bloße Psychität oder Vitalität zurückweisen.

Es handelt sich also um den Nachweis ideeller, materieller und anderer Ansatzpunkte oder genereller Konzepte, die aus dem verwirrenden Geflecht von Meinungen, Theorien, Ressentiments, Postulaten, Lehren, Ideologien und dergleichen herausgezogen werden müssen. Diese Ansatzpunkte werden in verschiedenen, zahlenmäßig beschränkten Konzepten sichtbar. Sie unterscheiden sich von allen andern dadurch, daß sie nur durch eine dem Mentalen gegenüber überdeterminierte Bewußtseinsstruktur realisierbar werden können. Demzufolge enthalten sie jene Virulenz, jene Kraft, welche den Reformkonzepten, die dem Mentalen verhaftet sind, fehlen. Diese ihnen innewohnende

Kraft ist Gewähr dafür, daß es sich nicht um willkürlich herausgegriffene Konzepte handelt, sondern um jene, die über kurz oder lang auch für das umstrukturierte Allgemeinbewußtsein Gültigkeit erhalten werden.

Der zeitbedingte, politische Aspekt sowie die bewußtseinsmäßige Rückständigkeit des Materialismus marxistischer Prägung und seine asiatisch-despotisch bestimmte Korrektur legen es nahe, diese aus Ressentiment geborene und von Ressentiment erfüllte Ideologie und Pseudo-Religion einseitigster Art nur zu streifen. Sein Fanatismus untergräbt jede Möglichkeit seiner Entperspektivierung. Obwohl er den ausschlaggebenden und bedeutsamsten Schritt, die Forderung auf Anerkennung der Arbeit, vollzog und somit dem Hauptthema unserer Übergangs-Epoche in der Soziologie zum Durchbruch verhalf, ist er anscheinend und paradoxerweise in einem hypertrophierten Materialismus dialektisch-rationaler Art steckengeblieben und hat das in ihm herrschende Zeit-Element, die Arbeit, nur als quantitative Größe berücksichtigt und es damit zu einer bloßen Rechengröße materieller Art degradiert. Sein Hängenbleiben im Rational-Materialistischen, obwohl gerade er zum Auslöser der Überwindung dieser Haltung berufen war, erklärt sich aus seiner Herkunft: der erwachten Linken, die gerade aus dem Irrationalen und der dem Psychischen inhärenten Unfreiheit und Gebundenheit auftaucht, ist das Rationale das Neue. Dies im Gegensatz zum bereits mental-rationalen Menschen, dem das Arationale das Neue ist.

Dieses »Neue« kommt in der Soziologie insofern zur Manifestation, als sich in ihr Anzeichen finden für

1. die Berücksichtigung der Zeit,
2. die Überwindung des Dualismus,
3. die Tendenz zur Arationalität.

Der Hinweis auf den Marxismus führt uns sogleich

zu 1: Die Berücksichtigung der Zeit. Nicht nur rechtlich, sondern vor allem auch soziologisch gesehen ist die neue Wertung der Arbeit die soziologische Form des Einbruches der Zeit. Vorbereitet durch die Bauernkriege, in denen diese Strebung erstmals sichtbar wird; gefestigt durch den Puritanismus, vor allem der Vereinigten Staaten von Amerika, der, wie Max Weber[22] nachgewiesen hat, die fast religiöse Bewertung der Arbeit zur Maxime erhob; durchgesetzt in der Französischen Revolution; formuliert vor allem durch Marx und Engels; weltweite und weltumgestaltende Bedeutung erfahrend durch die drei russischen Revolutionen, deren erste in das Stichjahr 1905 fällt, dem

Jahre Einsteins, hat die Akzeptierung dieses Aspektes der Zeit die jahrtausendalten Grundlagen des menschlichen Zusammenlebens von Grund auf umgestaltet. Die nicht nur nach Gleichberechtigung strebende Linke, sondern ihr den Gegebenheiten der Zukunft zuwiderlaufender Vormachts-Anspruch, ja Ausschließlichkeits-Anspruch ist mit diesem Anspruch, trotz seiner temporischen Ausgangsbasis, sowie mit dem Festhalten an der quantitativen Einschätzung der Arbeitszeit im Rationalen stekkengeblieben, obwohl Marx und Lenin gerade die Arbeit qualitativ werteten, welche Wertung Chruschtschow auf dem XXII. Parteitag im Oktober 1961 noch steigerte, worauf Ludwig Preller in aller Objektivität und mit den unerläßlichen Reserven aufmerksam gemacht hat.[23] Das Postulat der Freiheit, ein vollgültig nur arational zu verwirklichendes Postulat, da Freiheit Indeterminiertheit, zumindest partielle Akausalität voraussetzt, wurde im orientalisch-satrapischen Bolschewismus in ihr Gegenteil umgebogen: in Knechtschaft. Das andere Postulat, das der Brüderlichkeit, ist nur im russischen Menschen, nicht im Parteimitglied vorhanden; das dritte schließlich, das der Gleichheit, ist, statt die Anerkennung »der Persönlichkeit in der Gemeinschaft« (um diese wegweisende Formulierung Ludwig Prellers[24] zu gebrauchen) zu bewirken, zu bloßer Nivellierung, zu inhumaner Kollektivierung herabgesunken, die nur eine defiziente Form der Gemeinschaft oder Gemeinde darstellt.[25]

Trotz des temporischen Ansatzes, trotz der entscheidenden Leistung, befindet sich die Initial-Bewegung, die im Marxismus Gestalt annahm, heute realiter, jedenfalls im marxistisch-leninistischen Bolschewismus, wohl doch auf einem blinden Geleise. Gibt es trotzdem einen offenen Weg, Ansätze, diese Situation so zu überspringen, daß der gelungene Sprung und die damit erreichte neue Haltung weltverändernd, umstrukturierend, lösend wirken könnte? Die Einsicht einiger Soziologen verschiedener Herkunft, die Zeit nicht nur quantitativ einzuschätzen, scheint ein neuer Ansatz dazu zu sein.

Den entscheidenden Vorstoß verdanken wir dem sozialpolitischen Werk Ludwig Prellers (1962), der für die Wertung von Arbeit *und Muße* (!) mit bisher nicht erreichter Klarheit Uhrenzeit und Zeitquantität von der notwendigen Zeitqualität absetzt und die verschiedenen Qualitäten der Zeit berücksichtigt. Da er von Strukturen »als raum-zeitlichen Zusammenhängen« ausgeht, gelingt ihm die Überwindung der statischen Systematik, er demaskiert die falschen und schiefen Alternativen (beziehungsweise Dualismen) derart, daß sich eine nachvollziehbare Neukonstellation der sozialen Ordnung und der Sozialpolitik ergibt, die für ihn in eine »soziale Politik« mündet.[26]

Von nationalökonomischer Seite aus ist es Arthur Lisowsky, der das Qualitative der Zeit berücksichtigt: »Ebenso wie die Geldwertmessung ja eigentlich keine ›Wertung‹ ist, in der nämlich immer das Moment des Nicht-meßbar-Qualitativen eine Rolle spielt, sondern auch nur eine Art quantifizierender Wiegung, so ist auch die Zeiteinteilung im Sinne der Uhr eine Quantifizierung.« [27] Im Anschluß an diese Feststellung verweist er auf Ausführungen in Kosiols »Theorie der Lohnstruktur« und stellt fest: »Die Zeit als einziger Maßstab der Lohnbemessung geht nämlich über die rein quantitativ gemessenen Zeiträume hinaus.« [28] Beide Arbeiten von Lisowsky, auf die hier Bezug genommen wird, mühen sich um eine betont qualitative »Einbeziehung der Zeit« ins Wirtschaftsdenken.[29] Er geht dabei vom Begriff der »Gestalt« aus, mit dem man ja in den dreißiger Jahren versuchte, der qualitativen Elemente »habhaft« zu werden, nennt aber das Gestaltdenken auch Strukturdenken, das er vom quantitativen Zahldenken unterscheidet:[30] »Das Sprichwort ›Zeit ist Geld‹ ist typisch dem abstrakt-wirtschaftlichen *Zahl*denken entsprungen ... ›Die Zeit arbeitet für uns‹ ist dagegen eine Erkenntnis des realwirtschaftlichen Denkens.« [31] Denn »für den Geisteswissenschaftler ist nun gerade das qualitative Zeiterlebnis das Wesentliche. Für ihn ist das Leben und Geschehen ... nicht ein qualitätsloses bloßes Abrollen von Zeitablauf, die wie eine an sich tote Rahmenform durch die Taktschläge in gleiche Zeit-Quanten (ab-schnitte) zerschnitten, zerhackt, das heißt aber auch zerstört werden kann; vielmehr ist es ein sinnerfülltes [!] Sichentwickeln und Sichvollenden. In ihm regiert nicht der Takt [= Metrum], sondern der Rhythmus. Dessen Charakteristikum ist es aber, daß sein ›Auf und Ab‹ in Erfüllung der jeweils geltenden Sinngesetze an den gleichförmigen Maßkerben der Stoppuhr gemessen *ungleich* ist und doch in sich, wenn auch qualitativ unvergleichbar, den gleichen Wertsinn erhält«.[32] Zu diesen Sätzen vermerkte Lisowsky selbst: »Da unsere Denkformen und Begriffe alle letzten Endes quantitativ sind, ist es nur andeutungsweise möglich, mit den ›Rettungsringen‹ der Worte auf den ›tieferen Grund der Dinge‹ zu gelangen«.[33] Seine Einsicht in die Notwendigkeit »zeitbezogenen Denkens« (im Sinne eines zeit-qualitativen Denkens) [34] bezieht sich auf die gesamte Gestaltung der Nationalökonomie, also vor allem auf die Arbeitszeit, Lohnwertung, Absatz- und Umlaufzeit sowie die Wertung. Und er kommt zu dem Schluß: »... daß wir beim betriebswirtschaftlichen Wirtschaften die Zeit und ihren *Ablauf* in einer *doppelten Weise* nehmen (müssen), als gleichmäßig-exakte, *qualitätslose Zeit(raum)spanne* (zum Beispiel im Zinsenlauf [35]) und als werterfüllte und wertsetzende *Periodenfolge* historischen [= gestaltenden] Werdens (zum Beispiel in der Bedürfniswertung), für die eine Teilung in gleiche Quanten nur den sekundären Sinn der Ordnungshilfe hat«.[36]

Daß jedenfalls das bloß quantitative Denken auch in seiner mechanistischen Form von der Nationalökonomie überwunden wurde, geht aus mehreren Arbeiten von W. A. Jöhr hervor. Seine das Keynes'sche System betreffenden Ausführungen enthalten den terminologisch hier zwar unverbindlichen, aber in jedem Falle symptomatischen Satz: »Da die der Mechanik entnommenen Begriffe sich als unzureichend erwiesen, bedurfte es gewissermaßen der Einführung einer neuen Dimension«, die sich im Anschluß an Keynes in der modernen Beschäftigungs-Theorie beziehungsweise -Politik als qualitatives Element herausbildete.[37]

Auch Fritz Marbach unterstreicht in einer grundlegenden Publikation die Notwendigkeit des Qualitativen, und daß es in der Volkswirtschaft nicht nur auf die »bloßen Zahlen« ankomme, sondern darauf, daß sie zu »Werten werden«.[38] Und Christian Gasser betont von neuem die Notwendigkeit, daß der »arbeitende Mensch« nicht zum »Unkostenfaktor, also zu einer quantitativen Größe« werde.[39] Auch er stellt sich gegen das »quantitative Denken« [40] und verweist auf ähnliche Einstellungen zu diesem Problem bei amerikanischen Nationalökonomen wie Elton Mayo, F. J. Roethlisberger und anderen Mitarbeitern des Industrial Research Department der Harvard University.[41] Auf diese stützt sich französischerseits auch Georges Friedmann, der die Forderung nach einer »dreifachen Wertgebung der Arbeit« aufstellt.[42] Und selbst Norbert Wiener, einer der Schöpfer der kybernetischen Wissenschaft (der von den »mechanical brains« selber sagt, daß sie ein »zweischneidiges Schwert« seien), betont: »any use of a human being in which less is demanded of him and less is attributed to him than his full status, is a degradation and a waste (Jede Verwendung eines Menschen, die von ihm weniger fordert und ihm weniger überträgt, als seinem vollen Range entspricht, ist eine Entwürdigung und eine Verschwendung).« [43]

Diese Einstellung gegen das Überhandnehmen des Quantitativen, die Erkenntnis der Notwendigkeit »qualitativen Denkens« findet sich auch in den sozial-philosophischen Arbeiten von Romano Guardini.[44] Sie kommt desgleichen in der neuen Betonung der »Struktur« zum Ausdruck, die ja bereits Lisowsky in Erwägung zog, wodurch er einer bloßen vitalistisch-ganzheitlichen Interpretation (einer Mode der dreißiger Jahre) auswich. Auch Karl Mannheim spricht von der Notwendigkeit eines »strukturellen Umbaus«, wobei die »geistige Integrierung« aus der »Wertungskrise«, in der wir uns befinden, herausführen könnte, sofern die bisherigen »Werte« eine »innere qualitative Würdigung« erführen.[45]

Dies neue strukturelle Denken findet sich gut herausgearbeitet auch bei Walther Tritsch, der ausdrücklich darauf verweist, daß es ohne Berücksichtigung des Wertes Zeit keine echte Struktur gibt, denn »nur als Struktur können wir Zeit überhaupt erleben«[46] und nicht etwa er-fassen oder be-greifen. Dabei ist aber der hier fallende Ausdruck »erleben« nicht etwa vitalistisch zu verstehen, wie aus dem letzten Werk von W. Tritsch hervorgeht, in dem erstmals auch soziologisch die »Struktur« als Ausdruck des Potentiellen, Möglichen gefaßt wird. »Strukturen«, so führt W. Tritsch aus, »bestimmen nämlich nicht bloß, wie Gestaltungen, nur ein jeweils einmalig Verwirklichtes, sondern die verschiedenen Möglichkeiten jeder Verwirklichung: und genau das ist es, das Mögliche, also das virtuell [beziehungsweise potentiell] Gegenwärtige und nicht bloß das zeitgebunden einmal Vorhandene, das uns heutigentags interessiert. Darin unterscheidet sich unsere Sehart von der der Morphologen und Kulturmysten, von der der Gestaltgläubigen und Schicksals-Intuitionisten aus der ersten Hälfte dieses Jahrhunderts, und darin zeigt sich auch die Sprengung jedes bisherigen, jeweils von einer Standortperspektive räumlich und zeitlich bedingten Weltbildes.«[47] Diese Aussage eines Soziologen deckt sich übrigens – und da sie unabhängig voneinander erfolgten, ist diese Übereinstimmung bedeutsam – mit jener des Physikers Leopold Infeld: »Die Gesamtheit aller möglichen Ereignisse bildet eine vierdimensionale Welt« (siehe oben S. 510). Der Begriff Struktur erfährt damit auch durch diesen Autor für die Soziologie jene qualitative Akzentuierung, die durch das Qualitativ-Potentielle hindurch das raumzeitfreie Ursprüngliche durchscheinen läßt. Das »heimliche oder künftig Mögliche« wird in Überwindung des bloßen »Nur-jetzt« und quantitativen Augenblicks als gegenwärtig gewertet: eine durchaus das zeit-quantitative, zeitfixierte perspektivische Denken überwindende aperspektivische Realisationsweise, die auch in der Soziologie »das Ganze« anstrebt, für dessen bewußtseinsmäßige Realisierung die Entquantifizierung der Zeit Voraussetzung ist.

Daß die Soziologie, daß ihre nationalökonomische Sparte, die Volkswirtschaft, die vor allem an den Mengen- und Zahlen-Begriff gebunden ist, das qualitative Element nicht bloß als Warenwert oder Arbeitswert, sondern als genuine Qualität berücksichtigt, ist immerhin bedeutsam. Ungemein deutlich wird es auch in der Anerkennung »sprunghafter« oder »ruckartiger« Vorgänge für die Volkswirtschaft. Diese äußerst bedeutsame Anerkennung findet sich bei Fritz Marbach, der darauf aufmerksam macht, daß »tatsächlich der Übergang etwa von der freien Zahlungs- zur Devisenzwangswirtschaft sprunghaft erfolgt ist. Auch die reine Währungspolitik pflegt mehr zu ›mutieren‹ als sich zu entwickeln«.[48] Damit ist aber, und noch dazu auf entscheidende Weise, die Zeit als quantitative Folge und Zahl, als determinierte Größe, auch für das nationalökonomische Denken überwunden, und die Zeit als indeterminiertes Element mit seiner ganzen potentiellen Möglichkeit, Qualität und Intensität anerkannt.

Diese Anerkennung letztlich akausaler, indeterminierter Vorgänge führt uns unmittelbar

zu 2: Die Überwindung des Dualismus in der Soziologie. Diese zeigt sich am deutlichsten in der Anerkennung des Mutationsprinzips für volkswirtschaftliche, das Zusammenleben der Menschen ökonomisch bestimmende Geschehnisse. Mit der Zulassung dieses Prinzips ist nicht nur das Geschehen teilweise als solches aus dem quantitativ meßbaren Zeit-Ablauf gelöst und erhält qualitativen Intensitäts-Charakter, sondern es ist mit der Aufgabe eines bloß determinierenden Denkens durch Akzeptierung indeterminierter Vorgänge oder Möglichkeiten auch jenes Prinzip durchbrochen, das als Gegensatz-Denken, als Dualismus, nur dem rationalen, linear-kausalen Denken eignet.

Auch die von Max Brod in seiner soziologischen Philosophie vollzogene Anerkennung jener heute bereits »in sehr isolierten Fällen im Menschen auftretenden Durchbrechung der Kausalitätsstruktur«, die er »mit der Abkürzung DSC (diruptio structurae causarum)« bezeichnet,[49] ist ein Hinweis darauf, daß im soziologischen Denken die alte rationale, dualistische Denkweise überwunden wird.

Die gleichen akausalen Ansätze finden sich auch bei Romano Guardini,[50] der ausdrücklich feststellt: »Eine Qualität kann eben überhaupt nicht abgeleitet werden. Nicht aus einer Quantität, weil es wesentlich verschiedene Gegebenheiten sind. Verschiedenes aber kann aus Verschiedenem nicht abgeleitet werden. Qualität kann also nur qualitativ begründet sein. Der Grund für die Qualitäten der Wirkung liegt in den Qualitäten der Ursache. Müssen dann die Qualitäten der Wirkung aus denen der Ursache abgeleitet werden? Nein. Wohl sind jene in dieser ›begründet‹, aber sie können nicht aus ihnen abgeleitet werden. Es gibt keine Ableitung für die Qualität. Die Qualität tritt auf (›educitur‹, wird herausgelockt, sagt die mittelalterliche Philosophie).« [51] Oder in unserer Ausdrucksweise: sie gibt sich wahr.

In das gleiche geistige Klima verweisen die Ausführungen der anthropologisch-soziologischen Schrift von Lecomte du Noüy, der die Notwendigkeit betont, »die Gesetze des Zufalls zu berücksichtigen«,[52] vor den »Mechanismen des logischen Denkens« warnt [53] und feststellt: »Der Rationalismus darf nicht eine Weltanschauung sein; er ist eine Arbeitsweise. Sein Ansehen verdankt er der Wissenschaft, ohne die er nicht existiert.« [54]

Auf Grund dieser »Gesetze des Zufalls«, der »Notwendigkeit der Freiheit«, insofern als der Mensch hinsichtlich seiner Entfaltungsmöglichkeiten nicht abgeschlossen, sondern *offen* ist,[55] und den Rationalismus als eine bloße Arbeitsweise wertend, kommt Lecomte du Noüy zu seiner qualitativen, indeterministischen Feststellung: »Das Menschenwesen hört auf, dem strikten physiko-chemischen Determinismus zu gehorchen.« [56]

Daß sowohl die Nationalökonomie (Marbach), die soziologische Philosophie (Guardini und Brod), die von der Biologie herkommende Anthropologie (du Noüy) den Indeterminismus akzeptieren, ist von grundsätzlicher Bedeutung und ermöglicht eine effiziente Überwindung des rational begrenzten Dualismus auch dort, wo bisher lediglich eine antidualistische Einstellung zum Ausdruck gekommen ist. Diese symptomatische Einstellung erhält aber jetzt eine Begründung, der sie bislang entbehrte. Die Notwendigkeit, der ultimativen Alternative Individuum : Kollektiv zu entgehen, ist ja den verschiedensten Soziologen bereits unumgänglich deutlich geworden. Darauf verweist selbst die durch Wilhelm Röpke postulierte Lehre vom »Dritten Weg«,[57] die einen Kompromiß zwischen kapitalistischer und sozialisierter Wirtschaft (zwischen Markt- und Planwirtschaft) anstrebt und die als Neoliberalismus durch gewisse starke politische Interessengruppen gestützt wurde. Das Modell-Denken (siehe oben S. 524) Röpkes kapselt ihn jedoch gegen alles Außer-Systematische ab und verwehrt ihm demzufolge den Durchbruch in die neue Bewußtseinsstruktur. Anders verhält es sich mit der sozialistischen Seite. Dort ist es Fritz Marbach, dessen Aufgeschlossenheit gegenüber dem Indeterminismus ihn befähigt, festzustellen, »daß weder reine Individual- noch reine Kollektivwirtschaft dem dem modernen Weltbild adäquaten Sozialklima entsprechen.« [58] Die gleiche Ansicht vertritt Ludwig Preller, der das Integrationsprinzip betont und dem es gelingt, die falschen Alternativen (beziehungsweise Dualismen) Individuum : Masse (einer Masse, die es als solche gar nicht oder doch nur selten gibt) und andere aufzulösen, indem er (durchaus im Sinne Husserls) die »Gesamtzusammenhänge der einander bedingenden Glieder« herausarbeitet, wodurch das Ganze wahrnehmbar wird, das er als das raum-zeitlich wirkende »Beziehungsgespinst« bezeichnet.[59]

Auch in der soziologischen Philosophie findet sich dieses Abrücken vom Dualismus Einzelner : Masse. Das gleiche Streben nach einer Ent-Dualisierung wird, wie sogar bei Röpke, selbst bei Martin Buber sichtbar. Aber auch bei ihm beschränkt sich die Einsicht in diese Notwendigkeit auf Postulierungen, die, genau wie bei Röpke, zwar einer illusionslosen Erfassung der generellen Unhaltbarkeit und Gefährlichkeit der augenblicklichen Situation entspringen, aber diese nicht effizient klären, da die mentale Haltung vorherrschend bleibt. »Jenseits des Subjektiven, diesseits des Objektiven, auf dem schmalen Grat, darauf Ich und Du sich begegnen, ist das Reich des Zwischen. Für die Lebensentscheidung der kommenden Geschlechter ist durch diese Wirklichkeit [das Reich des Zwischen], dessen Entdeckung in unserem Zeitalter begonnen hat, der Weg gewiesen, der über Individualismus und Kollektivismus hinausführt.« [60] So vielversprechend dieser Ansatz ist, so enttäuschend ist die mental bedingte Schlußfolgerung, die Buber sofort an ihn knüpft: »Hier deutet sich das echte Dritte an, dessen Erkenntnis dazu helfen wird, dem menschlichen Geschlecht echte Person wiederzugewinnen und echte Gemeinschaft zu stiften. Für die philosophische Wissenschaft vom Menschen aber ist in dieser Wirklichkeit der Ausgangspunkt gegeben, von dem aus sie einerseits zu einem gewandelten Verständnis der Person, andererseits zu einem gewandelten Verständnis der Gemeinschaft fortzuschreiten vermag. Ihr zentraler Gegenstand ist weder das Individuum noch das Kollektiv, sondern der Mensch mit dem Menschen.«[61] Angesichts der heutigen soziologischen Situation ist diese Schlußfolgerung, welche die mentale Begrenztheit nicht zu überspringen vermag, ein frommer Wunsch, und nur die Erkenntnis der unhaltbaren dualistischen Aufspaltung als solche ist relevant.

Demgegenüber ist Romano Guardini bei weitem nicht nur mutiger, sondern auch realitätsnäher. Er stellt mit aller heute notwendigen Härte fest:

»Das Gefühl für das Eigensein und die Eigensphäre des Menschen, vorher die Grundlage allen sozialen Verhaltens, verschwindet immer mehr. Immer selbstverständlicher werden Menschen als Objekte behandelt, von den unzähligen Weisen statistisch-behördlicher ›Erfassung‹ bis zu den unausdenklichen Vergewaltigungen des Einzelnen, der Gruppen, ja ganzer Völker. Und das nicht nur in den Notständen und Paroxysmen des Krieges, sondern als normale Form des Regierens und Verwaltens.

»Es scheint aber, daß man dieser Erscheinung nicht gerecht wird, wenn man sie nur unter Gesichtspunkten wie schwindender Ehrfurcht oder Skrupellosigkeit in der Anwendung von Gewalt sieht. Sicher trifft auch das zu; diese ethischen Mängel würden aber nicht in solchem Maße auftreten und von den Betroffenen nicht so einfach hingenommen werden, wenn der ganze Vorgang nicht von einer strukturellen Änderung im Erlebnis des eigenen Selbst wie auch seines Verhältnisses zu dem des anderen getragen wäre.

»Das alles kann ein Zweifaches bedeuten. Entweder der einzelne geht in den Ganzheiten [den Kollektiven] auf und wird zu einem bloßen Träger von Funktionen; die furchtbare Gefahr, welche überall aus dem Geschehen heraufdroht – oder aber er ordnet sich wohl in die großen Lebens- und Werkgefüge ein und verzichtet auf eine Freiheit individueller Bewegung und Gestaltung, die nicht mehr möglich ist; das aber, um sich auf seinen Kern zusammenzuziehen und zunächst das Wesentliche zu retten.«[62]

Diese harte Erkenntnis, deren Realisierung unvermeidbar werden wird, wenn es nicht gelingt, *die Technisierung, diesen Einbruch der leeren Zeit, die in der Quantifizierung autonom wird,* zu meistern, ist nicht Pessimismus, sondern als bewußter Verzicht auf Freiheit überdeterminierte Freiheit. Sie läuft durchaus parallel mit unserem Hinweis (siehe S. 226 u. ö.), daß die Alternative Individuum : Kollektiv, personale Abkapselung : unpersonale Vermassung nur durch die Überwindung beider gelöst werden kann: durch die apersonale, zugleich »überindividuelle« wie »überkollektive« Gewinnung des »Sich«, das den »Kern« und das »Wesentliche« des Menschen mitmeint (siehe oben S. 201 f.). Wir vermeiden nach wie vor, das »Sich« als »das Selbst« zu bezeichnen, um weder mißverstandene indische Anklänge, noch dessen nur-psychologische Definition durch C. G. Jung, noch dessen mental-rationale Miß-Interpretation bei Buber[63] mit dem »Sich« in Berührung zu bringen. Dieses »Sich«, nicht aber ein vieldeutiges »Selbst«, dürfte wohl auch Max Brod meinen, wenn er von dem »Ich der Tiefe« spricht.[64]

Nur dort, wo Buber nicht seine eigenen Postulate vorträgt, sondern auf den Chassidismus zurückgreift, dessen Kenntnis wir ihm zu verdanken haben, deutet sich eine ähnliche Haltung wie die soeben skizzierte an. Dabei ist zu beachten, daß der Chassidismus jene große esoterische Bewegung ist, die um die Mitte des 18. Jahrhunderts im osteuropäischen Judentum entstand.[65] In ihm vereinigen sich Wissen aus der Überlieferung mit Einsichten in die Forderungen kommender Notwendigkeiten. Einen Hinweis darauf enthält das Wort eines der größten chassidischen Rabbis an seine Gemeinde: »Was verlange ich denn von euch? Drei Dinge nur: aus sich nicht herausschielen, in den andern nicht hineinschielen, und sich nicht meinen.«[66]

Auf eine ganz andere Weise kommt die Tendenz zur Aufgabe oder Überwindung des Dualismus bei Arnold J. Toynbee zum Ausdruck. Seine »Study of History«[67] ist, wie er selber einräumte,[68] nicht so sehr ein Geschichtswerk, sondern eine großangelegte Soziologie. Seine zwei Hauptthesen sind durchaus antidualistischer Art: daß Kulturen durch Überlagerungen entstehen, daß ihre Wirksamkeit und ihr Bestand mit der an sie gestellten optimalen Forderung der jeweiligen Weltsituation korrespondieren, solange sie der Forderung gemäß zu antworten vermögen. Diese beiden Thesen enthalten einen teilweisen Verzicht auf bloße kausale Abhängigkeit und biologische Determiniertheit, wie sie in Form linearer Abläufe noch bei Spengler vorherrschen, und stellen Strukturelemente und Interdependenzen in den Vordergrund.

Die gleiche Betonung des Strukturellen und der Interdependenzen, die Toynbees Werk mehr implizite enthält, kommt explizite in der großangelegten »Weltgeschichte der neuesten Zeit« von J. R. von Salis[69] zum Ausdruck, die eine wohlfundierte, dabei aber durchaus neue Art der Geschichtsschreibung einleitet. Aus der von v. Salis angewandten Darlegungsweise geht hervor, daß für ihn Geschichte nicht, wie man sie bisher auffaßte, ein stromartiger Zeit- und Geschehensablauf ist, sondern eine Sichtbarwerdung sich ineinander verknüpfender Geschehnisse, deren Bezogenheit aufeinander geschichtsbildend wirkt. Dabei werden die Strukturelemente der einzelnen Nationen und Kulturkreise genauso berücksichtigt wie die soziologischen und geistigen Strukturen. Mit diesem Werk beginnt eine universelle Geschichtsschreibung integraler Art. Sie ist weltoffen, verzichtet weitgehend auf die bloß lineare Darstellung zugunsten einer das Ganze des Geschehens vielseitig erfassenden Darlegung und verhilft damit der neuen Bewußtseinsstruktur auf einem der schwierigsten, aber auch entscheidendsten Gebiete zum Durchbruch. Da geschichtliche Ereignisse durch die soziologischen Gegebenheiten mitbedingt sind, durfte dieses Werk hier nicht unerwähnt bleiben.[70]

Ähnliches gilt auch, soziologisch gesehen, für die moderne Völkerkunde (Ethnologie), wobei vor allem auf die Kulturkreislehre von Leo Frobenius hinzuweisen ist. Sie war von nachhaltigster Wirkung, und Frobenius entwickelte aus ihr seine Kulturmorphologie. Uns will scheinen, daß diese in dem Ausbau, den sie dann vor allem in den letzten Jahren durch Frobenius' Schüler erfahren hat, aus einer bloßen Gestaltlehre zu einer Strukturlehre geworden ist. Sie war bahnbrechend für unsere Wertung fremder, sogenannter »primitiver« Kulturen, beseitigte mentalrationale Vorurteile und ermöglichte ein immer tieferes Eindringen in »fremde« Wirklichkeits- und Realisationsformen, wodurch die Alleingültigkeit der unseren berechtigterweise in Frage gestellt wurde.[71]

Sie hat damit Entscheidendes zu der Möglichkeit beigetragen, die sich heute zu verwirklichen beginnt: daß wir nämlich sowohl die einzelmenschliche als auch die menschheitliche Wirklichkeit als mehrfach strukturiert wahrzunehmen vermögen und sie nicht mehr dualistisch aufspalten. (Der schizoide, wenn nicht sogar schizophrene Charakter unserer Epoche ist übrigens ein deutlicher Hinweis auf die verheerenden Folgen der ins Extrem getriebenen mentalen, also der defizient rational-dualistischen Einstellung.) Sie hat mit dieser gesunden Distanzierung zu uns selbst und zu unserer eigenen Bewußtseinsstruktur ohne Zweifel den Sprung in die arationale Haltung mitvorbereitet. Jedenfalls wurde die dualistische Einstellung, die dem »Kultivierten« (dem Europäer) den »Primitiven« als minderwertig gegenüberstellte, durch die Kulturkreislehre von Frobenius überwunden. Eine Tat, deren Folgen nicht hoch genug gewertet werden können, da sie den Weg zu einer menschheitlichen Haltung freilegte.

Alle diese zum Teil versuchten, zum Teil durchgeführten Absagen an den rational bedingten Dualismus führen uns

zu 3: Die Tendenz zur Arationalität in der neuen Soziologie. Grundsätzlich ist dabei festzustellen, daß der im ersten Teile durchgeführte Nachweis verschiedener Bewußtseinsstrukturen bereits eine arationale Realisation ist. Der Mensch als Ganzes ist mehrfach strukturiert. Da wir heute auch die mental-rationale Struktur überblicken, ohne sie mit der irrationalen oder der praerationalen zu verquicken, ist es einleuchtend, daß wir zumindest potentiell eine überdeterminierte Struktur gewonnen haben, die wir als arational bezeichnen und deren Wesen es ist, daß in ihr alle anderen Strukturen bewußt integriert werden.

Daß die Wirklichkeit mehrfach strukturiert ist, ist auch die Ausgangsbasis von Walther Tritsch,[72] wobei er den Akzent zudem noch gesteigert auf das qualitative Element legt und die »Struktur des Möglichen« betont.[73] W. Tritsch hat zusammen mit A. Marrou, A. Varagnac und A. J. Toynbee auf dem IX. Weltkongreß der Historiker (Paris, September 1950) die einstimmige Annahme einer Resolution erreicht, die auch von der »Commission de Coordination des Sciences Historiques« des »Centre Européen de la Culture« (Genf, Dezember 1950) als verpflichtend erklärt wurde. Sie fordert von jedem Historiker, Pädagogen und Soziologen »die Unterscheidung dreier Hauptströmungen im Menschheitsgeschehen: 1. der materiellen, 2. der sozialen, 3. der geistigen –, die einander überlagern und sich gegenseitig beeinflussen, ohne daß je eine von ihnen die anderen eindeutig determinieren könnte; diese objektive Methode des Unterscheidens und Akzeptierens kann in der Forschung und im Unterricht den Schlußstrich unter die falschen Alternativen und die überflüssigen Streitereien setzen, wie sie unter Historikern, die entweder ausschließlich materialistisch, soziologisch oder idealistisch eingestellt sind, gang und gäbe waren.« [74] (Wir verweisen ausdrücklich auf den Text in extenso in der Anmerkung [74].)

Diese Anerkennung ist aber gleichbedeutend mit der teilweisen Ausschaltung der nichts-als-rationalen Interpretation. Sie trägt somit arationalen Charakter. Sie ermöglicht, die »Phänomene« nicht nur systemmäßig zu sehen, sondern sie systatisch, strukturell, also unfixiert und somit aperspektivisch wahrzunehmen, wobei ein systatisches Element, die Interdependenzen, gegenüber der bloßen Systematik in den Vordergrund treten.

Übrigens mag etwas Ähnliches Martin Buber bereits 1923 angestrebt haben, was aber infolge seiner (zeitbedingten) mental-rationalen Gebundenheit nur fragmentarisch zum Ausdruck kam, wenn er das »geeinte Ich« definiert:[75] »denn es gibt in der gelebten Wirklichkeit das Einswerden der Seele, die Einsammlung der Kräfte in den Kern, den entscheidenden Augenblick des Menschen... (Diese) Einsammlung achtet das Triebhafte nicht zu unrein, das Sinnhafte nicht zu peripher, das Gemüthafte nicht zu flüchtig – alles muß einbezogen, einbewältigt werden«.[76]

Wir haben mit unserer Bewußtseinsstrukturierung, wobei sich das Bewußtsein und der Bewußtseinsträger, der Mensch als Ganzes, als mehrfach strukturiert erwiesen, eine parallellaufende Realisationsart aufgezeigt. Auch ihr ist es inhärent, daß die einzelnen Bewußtseinsstrukturen einander nicht determinieren können, da sie sich überlagernd, die vitale durch die psychische, diese durch die mentale, überdeterminiert sind, wobei sich diese Überdetermination integrierend in der integralen Bewußtseinsstruktur nochmals vollzieht und somit das potentielle Element, das jeder einzelnen Struktur innewohnt, sichtbar wird. Wir hatten ausdrücklich darauf verwiesen, daß diese Strukturierung kein System, kein Schema sei. Aber sie macht *Zusammenhänge* sichtbar.

Zusammenhänge wahrnehmen setzt stets die Präsenz des Zeitelementes voraus, so wie ja auch jede Struktur vor allem raumzeitlich, also vierdimensional realisierbar ist. Und hatte schon Husserl (siehe oben S. 553) den Akzent auf die Wahrnehmung der *Wesenszusammenhänge* gelegt und somit die rationale Fixiertheit arational überwunden, so ist es nicht ohne Belang, daß wir auch in der philosophischen Soziologie einer Akzentuierung der »Erfassung« der Zusammenhänge begegnen: Max Brod unterstreicht im Anschluß an Ausführungen über die akausalen, schöpferischen Gegebenheiten die Freiheit des Menschen, den »allumfassenden Seinszusammenhang« zu gewahren;[77] Guardini verweist im Anschluß an seine Ausführungen über den akausalen Charakter des Qualitativen auf den »Wesenszusammenhang«,[78] wobei er diesen nicht im Sinne Husserls, sondern als Zusammenfassung nicht kausal determinierbarer »Phänomene« auffaßt. Selbst die Nationalökonomie spricht in ihrem reduzierten Felde von der Notwendigkeit, über dem organisatorischen Systembau

»Gesamtzusammenhänge«[79] nicht zu vergessen, den ganzen Menschen in Rechnung zu stellen, also auch seine triebhaften (vitalen) und psychischen Komponenten zu berücksichtigen.[80]

In jedem Falle trägt diese zunehmende Beachtung der Zusammenhänge arationalen Charakter, ermöglicht eine integrierende Realisationsweise, befreit vom bloßen Systemzwang und macht eine »offene« Welt wahrnehmbar.

Die integrierende Wirkung dieser arationalen Realisationsweise äußert sich in der Tatsache, daß universale Konzepte heute mehr und mehr in der Soziologie zum Durchbruch kommen. So spricht Lecomte du Noüy von dem sich bildenden »universalen Bewußtsein«;[81] Hans Zbinden arbeitet das »Erwecken eines neuen Gewissens«, ein neues »Weltgefühl« im Sinne einer Überwindung des sektorenhaften Nationalismus heraus;[82] Alois Dempf umreißt den »integralen Humanismus«[83] und fördert die Lehre vom ganzen Menschen.[84] Dabei ist ergänzend zu berücksichtigen, daß Pestalozzi mit seiner Forderung, das Kind als Menschen und nicht nur als Besitz und Kind zu behandeln, bahnbrechend gewirkt hat; und daß die heutige Forderung, die Frau nicht nur als Frau, sondern als Menschen zu schätzen, einen weiteren Schritt zum »ganzen Menschen« und »integralen Humanismus« darstellt. Das Werk von Hans von Eckardt, »Die Macht der Frau«, legt für diesen kultursoziologisch bedeutsamen Vorgang beredtes Zeugnis ab.[85] Die mittelalterliche Kirchenlehre sprach ja der Frau noch die Seele ab; die »Neuzeit« betrachtet sie als Besitz des Mannes; die Ehe wurde zum Problem. Sie aus den Tiefen menschlicher Beziehungen neu zu gestalten, ist das Anliegen von Max Picard.[86] Und die Grundlagen der soziologischen Wandlung, wie sie sich im Kraftfeld der Liebe manifestieren und aus den abendländischen Wertungen der Liebe hervorgehen, hat Denis de Rougemont besonders hinsichtlich des romanischen Europas dargestellt.[87]

Auch Buber strebt eine solche Lehre vom »ganzen Menschen« an.[88] Und in der Nationalökonomie hat sich W. Röpke mit seinem Buche »Civitas humana«[89] zum wirtschaftlichen Mahnrufer einer säkularisierten »Civitas dei« (Augustin) gemacht.

Was nun noch die andere Begleiterscheinung der integrierenden Realisationsweise anbetrifft, so finden sich Hinweise auf sie, die offenwerdende Welt, bei verschiedenen Soziologen. Wir können dabei zwei verschiedene Arten unterscheiden: Hinweise, die eine strukturelle Wandlung auf Einzelgebieten betreffen, und andere, die umfassender Art sind.

Als erster Soziologe dürfte es Ludwig Preller gewesen sein (1962), der dem integrierenden Prinzip eine Schlüsselrolle zuerkannte und zuteil werden ließ (siehe oben S. 581), und dem deshalb ein bisher nicht erreichter Entwurf einer neuen sozialen Ordnung im Sinne des sich heute wandelnden Bewußtseins gelungen ist.

André Siegfried verweist auf ein besonderes Charakteristikum des abendländischen Menschen: seine Fähigkeit der Verwaltung, die nicht nur aus einer Distanz zu sich selbst und zu den Mitteln resultiert und sich besonders auch in Wirtschaft und Industrie auswirkt, sondern der die Kenntnis des Zeitbegriffes und des Zeitwertes zugrunde liegt.[90] Erst die doppelte Kenntnis vom Wert des Raumes und der Zeit ist aber Basis für eine offene Sicht der Welt. Es ist nicht zufällig, daß es gerade André Siegfried war, der in den letzten Jahren zum Verfechter der »offenen Verwaltung« wurde und deshalb gegen das »formalistische Verfahren« das »meritorische« zur Geltung zu bringen versuchte. Dieses »meritorische Verfahren« ist insofern ein »offenes«, als es sich hinsichtlich der Gesetze nicht nach den Formen, sondern nach der »préambule«, das heißt den Absichten richtet, was besonders für die Verwaltung äußerst wichtig ist, die dann gehalten ist, nicht nach dem fixierten Buchstaben ein- und eigensinnig zu entscheiden, sondern unfixiert, offen, dem generellen Sinn der Bestimmungen Rechnung zu tragen. (Dazu ist zu bemerken, daß die ersten Ansätze zu diesem »meritorischen Verfahren« sich 1493 in der habsburgischen Monarchie geltend machten!) [91]

Ein anderer Aspekt dieses Offenwerdens deutet sich in dem Hinweis von J. A. Schumpeter an, daß für den Intellektuellen im Verlaufe der letzten Generation an Stelle des Mäzens das Publikum getreten ist.[92] Das aber besagt, daß der geistig Arbeitende nicht mehr patriarchalisch abhängig ist, sondern einer offenen Welt gegenübersteht, ja überhaupt erstmals in der Öffentlichkeit steht.

Dieses übrigens höchst zweischneidige Problem der Öffentlichkeit leitet zu zwei Feststellungen über, die genereller Art sind. Lapidar hat sie Romano Guardini formuliert: »Jedenfalls erfährt der Mensch die Welt (heute) nicht mehr als bergenden Inbegriff.« [93] Das ist in ihrer ganzen Härte die heutige Situation: der Mensch ist nicht mehr geborgen, verbürgt. (Übrigens läuft diese Feststellung Guardinis durchaus mit unseren diesbezüglichen Ausführungen in Teil I parallel.) Diese Situation ermöglicht zwei Reaktionen: sich ausgestoßen, hilflos, ungesichert, »geworfen« zu fühlen; dies ist die vorwiegende; oder aber: die offene Welt anzuerkennen und sie durch Offenheit zu wahren.

In welchem Maße der abendländische Mensch auf diese Offenheit, die berechtigterweise zuerst einmal als Verlust empfunden wird, hintendiert, geht aus Ausführungen J. A. Schumpeters hervor, die sich mit dem zunehmenden »Verlust an Häuslichkeit« befassen, welche sich als Flucht in die Öffentlichkeit zu erkennen gibt: Flucht aus dem Heim in Restaurants, Klubs, Appartementhäuser und Appartementhotels. Schumpeter unterzieht dieses Phänomen einer aufschlußreichen soziologischen Analyse.[94] Daß es sich bei diesem Vorgang, der mehr ist als ein bloßer Verzicht auf Intimität und der in den Vereinigten Staaten deutlicher ist als in Europa selbst, um eine tiefreichende soziologische Umstrukturierung im Sinne eines geringeren Fixiertseins handelt, macht ein paralleles Phänomen ersichtlich.[95] Man darf die Architektur als die künstlerische Ausdrucksform der Soziologie betrachten. Und so gesehen ist es nicht ohne Belang, daß in ihr seit dreißig Jahren die gleiche Tendenz zur Offenheit herrscht, über die (unten) im Kapitel IX noch zu berichten sein wird.

Diese soziologischen Feststellungen, die sämtlich Ansätze zu einer offenen Weltsicht betreffen, dürfen in unserem Sinne als Hinweise auf eine Defixierung und damit auf ein Arationalwerden des Menschen gewertet werden.

Auf diesen Durchbruch zur Arationalität verweist implizite Alfred Weber, der das Ende der heute erreichten (intellektualistischen, rationalen) Stufe der Bewußtseinsaufhellung[96] feststellt; explizite schildert ihn Lecomte du Noüy, indem er das Ungenügen der bisherigen rationalen Realisationsart unterstreicht und die Notwendigkeit einer neuen Realisationsart darlegt.

Alfred Weber stellt ausdrücklich fest:

»Weder die sogenannte euklidische Raumvorstellung, die der Mensch in sich entwickelt hat, noch die ihr zugehörige quantitative Zeitvorstellung können die Welt in ihrem Sein und ihrem Werden tatsächlich umfassen. Beide sind nur Orientierungsmittel, deren Grenzen ohne weiteres klar sind... Beide grundlegenden Kategorien, die dreidimensionale Raumvorstellung wie die quantitative Zeitvorstellung, sind eben bloß menschliche Kategorien, die zur geistigen Weltumspannung nicht ausreichen.

»Und noch weitergehend: das grundlegende Prinzip der intellektualistischen Kausalität ... scheint zu versagen... Die neuesten Feststellungen selbst der Physik, die sich damit begnügt, mit den mathematischen Formen der Quantität, der Bewegung und Veränderung in Raum und Zeit die Welt als unbelebte zu erfassen, zeigen, daß dies in der bisherigen intellektuellen Formensprache des euklidischen Raumes, der euklidischen Zeit, der euklidischen Kausalität, genauer hingesehen, nicht voll gelingt, daß man sich eine eigene Formensprache bilden muß, welche durch besondere Begriffe das nähere Eingehen auf die Kausalität ausschaltet und die alten Raum- und Zeitvorstellungen beiseite schiebt, um zum Beispiel mit einer künstlichen mathematischen, Raum und Zeit rechnerisch vereinigenden vierdimensionalen Konstruktion irgendeine exakte Beschreibung der Weltvorgänge zu erreichen. Das bedeutet in Wahrheit das Ende der totalen Welterfassung mit den intellektualistischen Alltagskategorien... Das Ende in der Erfassung der unlebendigen Natur. Für die lebendige Natur hat der Vitalismus schon längst gezeigt, daß deren Geheimnisse der Erklärung oder Deutung aus äußerer Ursache und Wirkung nicht zugänglich sind. Wir müssen vielmehr immanent transzendente, intellektuell nicht faßbare Willens- und Formungskräfte annehmen, um, was hier entstanden ist, und sich neu zu bilden und umzubilden vermag, einigermaßen unserem Verständnis nahezubringen.

»Niemand nimmt heute noch an, daß die derart für die erklärende Erfassung des Seins und Werdens nicht zulängliche intellektuelle Formenwelt [die rationalen Vorstellungen, Formeln und Begriffe] uns etwas aussagen könnte über das *Sollen,* über Wesen und Entstehung der Werte, nach denen wir handeln, über den Sinn der Welt. Das alles ist durch den für praktische menschliche Zwecke gewachsenen Intellekt nicht faßbar...

»Der Intellekt ist damit als Letztaussagendes hinausgetrieben nicht nur aus der religiösen, auch aus der philosophisch-metaphysischen Sphäre. Wieder ein umwälzendes Ende. Denn während die östliche Welterfassung und Weltdeutung entweder wie in China im Magischen verblieben oder wie in Indien zu einem reichen magisch-mythisch-metaphysischen Erfassen gelangt ist, war sie im ganzen Westen eben durch den Einfluß der intellektualistischen [mental-rationalen] Linie der griechischen Philosophie weitgehend auf die Ebene des Intellektualismus geraten. Diese Ebene ist heute brüchig...

»Dieser Zusammenbruch (hat) die Grenzen des Intellektualismus klar gelegt, die Möglichkeit einer metakausalen, außerraumzeitlichen Welterfassung offenbar gemacht.« [97]

Dieser letzte Satz ist in Alfred Webers Konstatierung des Zusammenbruchs der mental-rationalen »Ebene« der einzige Hinweis auf eine mögliche Neukonstellierung des Bewußtseins. Er ist ein bloßer Hinweis; die Realisationsart wird in ihm nicht geschildert, sondern nur angedeutet. Aber diese Andeutung ist außerordentlich wertvoll, weil sie von einem Soziologen formuliert wird. Sie enthält durchaus die Absprungsbasis. Der notwendige Sprung aber ist dann geleistet, wenn wir bewußtseinsmäßig zu realisieren vermochten, daß die »Möglichkeit der außerraumzeitlichen Welterfassung« in der raumzeitfreien Weltwahrnehmung vollziehbar ist. *Das »Außerraumzeitliche« ist, bewußtseinsmäßig gesehen, das »vor« dem Bewußtsein »liegende« ursprüngliche Vorraumzeitlose, das bewußt werdend sich aus der Raumzeitlosigkeit in die Raumzeitfreiheit wandelt, das aus einer unbewußten Offenheit eine bewußte Offenheit mutieren läßt, dessen Wesen kein In-sein und auch kein Gegenüber-sein ist, sondern Diaphanität, geistige Transparenz.*[98]

Auch Lecomte du Noüy deutet implizite auf die Raumzeitfreiheit hin: »Schließlich wird es dem Menschen doch gelingen, ›universal‹ zu denken. Der mechanische Verstand ist seiner sittlichen Intuition zur Hilfe gekommen. Er hat Jahrhunderte gewonnen, weil es ihm gelungen ist, Raum und Zeit zu überwinden, die ihn vom Leiden seiner Brüder getrennt und rings um ihn Scheidewände errichtet hatten.« [99] Eliminierung (= ex-limes-Setzen, also Ausgrenzung, Entgrenzung) oder Überwindung von Raum und Zeit im gemeinten bewußten Vollzug ist aber gleichbedeutend mit der möglichen Gewinnung des Achronon, der Raumzeitfreiheit.[100]

Da die Raumzeitfreiheit weder In-sein noch Gegenüber-sein ist, sondern Offenheit und Diaphanität includiert, wird ersichtlich, daß die neue Realisationsart keine Identifizierung oder andere Objektbewältigung ist und durch kein perspektivisches Vorstellen leistbar, sondern nur im aperspektivischen Wahren vollziehbar wird. Vielleicht schwebt José Ortega y Gasset diese Realisationsart in seinem Vortrage: »Die Wahrheit als Übereinstimmung des Menschen mit sich selbst« vor.[101] In jedem Falle aber begründet sie Lecomte du Noüy von soziologischen und neurobiologischen Forschungsergebnissen ausgehend:

»Der Mensch und sein heutiges Gehirn stellen nicht das Ende der Entfaltung dar, sondern nur eine Zwischenstufe zwischen der Vergangenheit, welche schwer belastet ist mit der Erinnerung an das Tier, und der Zukunft, welche reich ist an hoher Verheißung. Derart ist die Bestimmung des Menschen.« [102] Dieser Auffassung ist auf Grund seiner Hirnforschung neuerdings auch Hugo Spatz (siehe oben S. 453), der eine Entfaltungsmöglichkeit für einen Teil der Hirnrinde, den basalen Neocortex, als gesichert ansieht.[103] Die Feststellungen, die sich auf die bereits im Gehirn vollzogenen Entfaltungen beziehen, die auch, worauf er hinweist, möglicherweise mutationsmäßig erfolgten, stellen zugleich die von uns strukturmäßig erschlossenen Bewußtseinsmutationen unter Beweis. Diese Koinzidenz von Forschungsergebnissen soziologischer Provenienz, die sich zudem auf neurobiologische, ethnologische und prähistorische stützen, mit der von uns deutlich gemachten »Entfaltung« der Bewußtseinsstrukturen durch Mutationen ist nicht nur als solche bedeutsam. Sie ist es auch hinsichtlich der Realisationsart, welche Lecomte du Noüy für das neue Bewußtsein, das »universale Bewußtsein«, das wir als integrales und menschheitliches bezeichneten, namhaft macht: das direkte Wahrnehmen: »Es ist notwendigerweise das aus Zellen bestehende Gehirn, das sich entfaltet. Dieses Organ hat aber ein Stadium erreicht, wo sich seine physiko-chemische und biologische Tätigkeit auf einer anderen Ebene auswirkt, nämlich durch psychologische Erscheinungen, welche *unmittelbar wahrnehmbar sind.* Sie existieren ohne jeden Zwischenmechanismus in dem Augenblick, da wir sie wahrnehmen.« [104]

Die mitgeteilten Ansätze der Soziologie zu einer »offenen Welt«, die nicht dreidimensional raumbegrenzt ist, sowie die sich andeutende qualitativ betonte Realisationsart des Wahrnehmens, die nicht mehr rationales Vorstellen ist, ja selbst der Hinweis auf die Möglichkeit der Raumzeitfreiheit, die durch Bewußtwerdung und Überwindung von Raum und Zeit vollziehbar wird, dürften es ersichtlich machen, daß auch die Soziologie zumindest Tendenzen zur Arationalität aufweist, die als erste Manifestationen aperspektivischer Art gewertet werden dürfen.

Achtes Kapitel
Die Manifestationen der aperspektivischen Welt
IV. Die Doppelwissenschaften

Nachdem wir die grundlegenden Einzelwissenschaften behandelt haben, wollen wir hier weniger die Ergebnisse der Doppelwissenschaften betrachten, die etwa im doppelten Maß wie die Einzelwissenschaften, aus denen sie zusammengeschmolzen wurden, aperspektivische Ansätze und Manifestationen enthalten, sondern vielmehr diese Doppelwissenschaften selbst, denn sie selber sind bereits Ausdruck einer aperspektivischen Realisationsweise.

Dieser Sachverhalt kommt am deutlichsten bei den beiden Prototypen doppelwissenschaftlicher Art zum Ausdruck: bei der Quantenbiologie, auch Biophysik genannt, und bei der Psychosomatik, die auch als Psychobiologie bezeichnet wird.

Die Quantenbiologie vereint zwei bisher einander ausschließende und als gegensätzlich gewertete Disziplinen: die Physik, die sich mit der »toten Materie« befaßt, und die Biologie, die sich mit der lebenden abgibt.

Die Psychosomatik eint desgleichen zwei bisher einander ausschließende Disziplinen: die Psychologie, die sich mit den ungreifbaren Realitäten der Seele abgibt, und die medizinische Biologie oder Physiologie, die sich mit den reinen Körper-Vorgängen befaßt.

Was nun diese Doppelwissenschaften in einem gewissen Sinne zu Disziplinen potentiell aperspektivischer Art macht, ist die Tatsache, daß ihr bloßes Zustandekommen bereits jene »Überwindung des Dualismus« zum Ausdruck bringt, welche Voraussetzung oder Hinweis auf eine arationale Betrachtungsweise ist.

Die neuartigen Impulse, die von diesen neuen Disziplinen ausgehen können, haben erstmals Pascual Jordan und Viktor von Weizsäcker ersichtlich gemacht.

Pascual Jordan ist neben Erwin Schrödinger und Ernst Dessauer der bedeutendste Vertreter der Quantenbiologie, die er mit seinem Werke: »Die Physik und das Geheimnis des organischen Lebens«[1] mitbegründete. In seiner Arbeit über »Das Schöpferische in der Natur« (aus dem Jahre 1949) verweist Pascual Jordan auf das der molekularphysischen Akausalität innewohnende Moment der Entscheidungs-Freiheit, durch welches auch für die Vorgänge des organischen Lebens »das Element des Schöpferischen in die Mitte« [2] der Begriffsbildung gestellt wird. Dies ist gleichbedeutend mit der Anerkennung der »Zeit« als Qualität. Die mutigen Ausführungen dieses Physikers zu Fragen des organischen Lebens sind besonders aufschlußreich:

»Könnte es nicht so sein, daß die letzten, entscheidendsten steuernden Vorgänge [im organischen Leben] so fein sind, daß sie schon nicht mehr im Bereiche kausal-mechanischer Gebundenheit liegen, sondern im Bereiche des freien Geschehens, des Geschehens, welches Entscheidungen zu treffen hat? Das ist eine Denkmöglichkeit, wenn auch auf den ersten Blick eine *phantastische* Denkmöglichkeit. Man kann sich nicht wundern, daß, als diese Denkmöglichkeit zum ersten Male erörtert wurde, die Stellungnahme der meisten Biologen entschieden ablehnend war. Aber die Erfahrungen, die Experimente, haben seitdem in den letzten zehn bis zwanzig Jahren doch eine Fülle von Tatsachen zutage gefördert, die uns heute diese Frage nicht mehr als hypothetisch, sondern als eine entschiedene, eine sichtbar und zuverlässig entschiedene Frage ansehen lassen: Was ich eben angedeutet habe, ist nicht nur eine logische Möglichkeit, nicht nur eine denkbare Diskutiermöglichkeit, sondern schlechthin eine Tatsache. Das organische Leben ist wirklich so. Wir müssen es als eine Tatsache ansehen, daß es gesteuert ist – in seinen wesentlichsten, entscheidenden Akten – von Vorgängen, die im Bereich der atomphysikalischen, der molekularphysischen Akausalität liegen, die in einem Bereiche liegen, wo nicht mechanische Vorausberechenbarkeit herrscht, wo es sich nicht mehr um das Abschnurren eines Uhrwerks handelt, in dessen Verlauf kein unberechenbares Etwas, kein unvorhergesehener Vorgang eingreift. Sondern die letzten steuernden Akte im organischen Leben vollziehen sich in der Zone derjenigen Naturvorgänge, in denen unvorhersehbare Entscheidungen zu überraschender Wirkung kommen.« [3]

Was also vor wenigen Jahrzehnten noch als »phantastische Denkmöglichkeit« abgelehnt wurde, ist heute erwiesene Tatsache: daß wir für entscheidende Vorgänge nicht mehr den Bereich kausal-mechanischer Gebundenheit anzuerkennen brauchen, also nicht mehr der rationalen Denkweise verhaftet sind, sondern daß wir ein akausales, ein freies Geschehen für sie annehmen dürfen, das nachzudenken uns aber aus dem »Käfig«

des »mechanisch-kausalen Denkens« [4] befreit, das also nicht perspektivisch fixiert, sondern eben aperspektivisch ist.

Und die Psychosomatik, von der bereits (siehe oben S. 520) gesprochen worden ist, entwirft desgleichen implizite die arationale Realisationsweise. Dies geht aus Ausführungen von Alexander Mitscherlich hervor. Er verweist auf die neuartige Grundeinstellung der Psychosomatik, daß sie nämlich »nicht auf der naturwissenschaftlichen Lehre vom psychophysischen Dualismus« [5] aufgebaut ist, wofür Viktor v. Weizsäcker mit der von ihm entworfenen Gestaltkreislehre [6] die erste Handhabe geboten hat; v. Weizsäcker selbst formuliert sie wie folgt:

»Die Hauptsache beim *Verhältnis von Leib und Seele* besteht nicht darin, daß sie zwei Dinge sind, welche nebeneinander da sind und aufeinander wirken, sondern daß sie einander wechselseitig erläutern. Durch die Seele wurden wir hellsichtig für die unbewußte Vernunft und Leidenschaft des Leibes, durch den Leib werden wir über die natürlichen Notwendigkeiten der Seele belehrt. Diese wechselseitige Erläuterung kann natürlich auf die verschiedensten Arten erfolgen: Erklärung, Phantasie, Ahnung, Schau. Die erklärende Wissenschaft steht dabei am einen, die Poesie am andern Ende einer Reihe, die man nicht absichtlich zu zerreißen braucht.

»Allerdings entstehen Fehler und Irrtümer, die auch in der Medizin Schaden stiften, wenn man die Arbeit der Erläuterung isoliert und alleinherrschen läßt. Ein Beispiel ist die psychophysische Kausalität. Man kann in einem begrenzten Interesse ruhig sagen, daß eine Krankheit durch körperliche Vorgänge, zum Beispiel ein Gift, oder durch psychische Vorgänge, zum Beispiel einen Schreck, entstehe. Aber bei vollständiger Betrachtung muß man diese Sätze korrigieren und sagen, daß nur Symptome so entstehen, doch keine Krankheit. Bei der Krankheit gibt es *keine Möglichkeit zu beobachten,* ob die psychische oder die physische Erscheinung die *Ursache,* also auch der frühere Vorgang gewesen sei; sie wirken simultan.« [7]

Kehren wir jedoch zu dem Schüler von v. Weizsäcker, zu Alexander Mitscherlich, zurück. Nach der weiteren Feststellung, daß »urplötzlich wie in Mutationen neue Erkenntnisse« dem Menschen zufallen können,[8] verweist er auf die Unzulänglichkeit rein rationaler Methoden, die den unanschaulichen Feinstrukturen, wie in der Atomphysik, so auch in der Tiefenpsychologie (als einer nicht mehr rationalistischen Psychologie im Sinne bloßer Bewußtseinspsychologie), nicht mehr gewachsen sind.[9] Die Tiefenpsychologie hat »für die Anthropologie die Gewißheit (erbracht), daß der Mensch existentiell in verschiedenen Grundbereichen des Seins wurzelt und daß demgemäß die Methoden, mit denen er erfaßt werden soll, diesen Grundbereichen angepaßt sein müssen. Dann darf es auch kein heuristisches Prinzip geben, welches dadurch diese Erkenntnis außer Kraft setzt, daß es nur partiell dem Menschen aus einem Denkansatz heraus gerecht zu werden versucht.«[10] Dieser bedeutsame Hinweis ist eine Absage an den bisherigen Ausschließlichkeits-Anspruch des Rationalen. Die Anerkennung der Gültigkeit verschiedener »Grundbereiche« oder »Existenzweisen« läuft parallel mit unserem Nachweis der gesamtkonstitutionellen Wirksamkeit der verschiedenen Bewußtseinsstrukturen. Diese Parallelität dessen, was Mitscherlich »Existenzweisen«, wir »Bewußtseinsstrukturen« nennen, ist keine erzwungene Angleichung, wie aus folgenden Sätzen Mitscherlichs implizite hervorgeht:

»Die verschiedenen Existenzweisen des Menschen erfordern verschiedene Erkenntnisweisen, welche einander inkommensurabel bleiben müssen als Ausdruck der prinzipiellen Inkommensurabilität der menschlichen Existenz zu jeder ihrer Erkenntnisformen. Die Verpflichtung, die aus einer solchen Erkenntnis erwächst, besteht darin, die Wissensformen, die nicht zu einer eigentlichen Synthese gebracht werden können, wenigstens synoptisch anzuschauen.«[11] Und gerade diesen Versuch, die infolge der verschiedenen Bewußtseinsstrukturen verschiedenen Existenz- und Realisationsweisen synoptisch anschaulich zu machen, haben wir ja mit unserer »Synoptischen Übersicht« deshalb unternommen, weil diese Existenz- und Realisationsweisen systematisch nicht erfaßbar sind, so daß wir, dem Ungenügen der rationalen Systematisierung gemäß, jenes systatische Element herausgearbeitet haben, das in verschiedenen Aspektierungen alle Existenzweisen durchzieht und somit, über ihre synoptische Anschaulichkeit hinaus, die Gänzlichung der an sich systematisch inkommensurablen, systatisch jedoch kommensurablen verschiedenen Wirklichkeits-Bereiche in der Synairese vollziehbar werden läßt. Von der gleichen Einstellung zur Begrenztheit des nichts-als-rationalen Erfassens sprechen die folgenden Sätze Mitscherlichs, die auch deshalb bedeutsam sind, weil die Anerkennung dieses Tatbestandes eine Einstellung einschließt, die über das Irrationale und Rationale hinausreicht und damit in letzter Konsequenz arational ist, da mit ihr kein Rückfall ins Irrationale verbunden ist. Die gleiche Distanz zu beiden Haltungen, die als solche bereits symptomatisch ist, da sie ein »Darüberstehen« und damit Gewinnung einer neuen Struktur erweist, spricht gleichermaßen aus unserem Versuch, die verschiedenen Bewußtseinsstrukturen anschaulich zu machen, sowie aus den folgenden Sätzen Mitscherlichs:

»Der bisher allein in der Traumdeutung der Tiefenpsychologie verwandte und dort auch erfundene Begriff der ›Überdeterminiertheit‹ ist sehr gut geeignet, in der Existenzanalyse des Menschen verwandt zu werden. Mit ihm kann das alte Hilfsmittel der Veranschaulichung der verschiedenen Seinsebenen, die der Mensch durchragt und die sich dem Betrachter dann allzu leicht antithetisch oder dualistisch darboten – etwa in den Begriffspaaren Leib – Seele, rational – irrational –, entbehrt werden. In der Existenz des Menschen realisieren sich diese seinem Erkenntnisvorgang sich als Schichten [Strukturen] präsentierenden Seinsweisen als überdeterminierte, das heißt mehr als nur einfach determinierte: Organprozesse werden seelisch, Gefühle rational, das Denken unbewußt überformt.

»Auf den historischen Augenblick bezogen: Die Betrachtung des Menschen aus dem Generalaspekt eines geschichtlichen Abschnittes gelingt nicht. Da es keineswegs so ist, daß der Anspruch eines rationalen Monismus, wie ihn das naturwissenschaftliche Zeitalter entwickelt hat, als Irrtum anerkannt wäre, kommt dieser Erkenntnis eine ausgezeichnete Bedeutung zu. Denn dort, wo allein die Gültigkeit eines kausalen Wirkungsmodus anerkannt wird, werden die anderen Existenzweisen nicht allein verkannt, sie sind auch ihrerseits in ihrer Wirkung innerhalb des umgreifenden Gefüges der Erscheinung Mensch aufs schwerste beschnitten.« [12]

Diese Einstellung, das »umgreifende Gefüge der Erscheinung Mensch« wahrzunehmen und nicht nur einen Sektor, auch nicht einen bloßen gestaltkreishaften Vorgang, der das Vital-Körperliche ins Mythisch-Psychische bindet, in Betracht zu ziehen, führt dann zu der Feststellung, daß, »um Freiheit zu fassen, andere Denkformen als die naturwissenschaftlichen erforderlich« [13] sind, deren Nichtbeachtung »unter Umständen die Existenz denkbar starker Kräfte« übersehen läßt.[14] Denn »für den Menschen dürfen Freiheit und Natur so wenig getrennt angeschaut werden, wie Leib oder Seele oder Geist aus der umfassenden Einheit einer Person ausgebrochen werden dürfen zu einer einsinnigen [fixierten, perspektivischen] Erklärung der Person aus einer der Komponenten.« [15] »Selbständige Sphären sind im

Menschen verschlungen«: »die Welt des Geistes und der Materie, des Lebens und der Seele... Die *sphärische Durchdrungenheit des Geistes mit Materiellem*, des Leibes mit Geist, ist für alle Gelegenheiten des menschlichen Lebens *eine Urgegebenheit*. Betrachtet man es unter diesem Aspekt, dann kann man sagen, solche Gelegenheiten machen es in seiner *Qualität* aus. Wie sie *wahrgenommen* werden, zeigt die Stufe der *schöpferischen Freiheit* des Individuums an.«[16] »Das entscheidende Faktum der menschlichen Existenz (ist) nicht psychisch, nicht somatisch definierbar.«[17] »Der Besitz des Geistes als Urgegebenheit«[18] für den Menschen (infolge seiner Unspezialisiertheit), diese Erkenntnis ist ausschlaggebend und führt Mitscherlich über die bloß psychologische Interpretation eines C. G. Jung und über die vornehmlich polarisierende eines V. v. Weizsäcker hinaus. Während Alexander Mitscherlich in den letzten Jahren (seit 1953) sich teilweise auf die psychoanalytische Einstellung zurückzog, steuerte Arnold Gehlen einen wesentlichen Gedanken, den der »Triebquanten«[19], für die Psychosomatik bei. Darüber hinaus baute G. R. Heyer die Psychobiologie in seinen Schriften[20] aus und löste die Tiefenpsychologie aus ihrer rationalen Etiquettierung und Erstarrung, indem er den einzelnen Phänomenen ihren Wirklichkeitskreis und ihre je gemäße Bewußtseinsfrequenz beließ, sie also nicht so sehr erklärte, wohl aber auf neuartige und einleuchtende Weise das Ineinandergefügtsein der verschiedenen Bereiche durchsichtig machte. Und Arthur Jores regte, vom Klinisch-Medizinischen kommend, die Allgemeine Medizin zu einer Neu-Besinnung an, auf Grund derer sie nunmehr der Psychosomatik nicht länger wird entbehren können, um sich selber aus der rationalistisch-mechanistischen Sackgasse zu befreien, in die sie geraten ist; dies um so mehr, als er es vermochte, ohne Emphase, aber in einer heute gemäßen, zudem der klaren Vernunft entsprechenden Form die echten Werte und Wurzeln des Menschseins wieder evident zu machen.[21]

Die vorstehend zitierten Ausführungen machen es ersichtlich, in welchem Grade besonders die Doppelwissenschaften Ansätze aperspektivischen Gehaltes aufweisen. Die hier vor Jahren geäußerte Vermutung, daß diese Doppelwissenschaften in Zukunft eine ausschlaggebende und allgemein umformende, umstrukturierende Rolle spielen und zur Bewußtwerdung der neu sich bildenden Bewußtseinsstruktur ausschlaggebend beitragen würden, hat sich auf unübersehbare Weise bestätigt.

Wie weit dies von einer dritten Doppelwissenschaft, der Parapsychologie, auf die noch kurz eingegangen werden muß, behauptet werden darf, ist eine andere Frage. Auf den ersten Blick ist man geneigt, sie als Grenzwissenschaft oder als typische Spezialwissenschaft zu klassifizieren. Sie ist aber insofern eine Doppelwissenschaft, als sie aus der von Gustav Theodor Fechner begründeten »Psychophysik« [22] (die nicht mit der »psychophysischen«, später »psychosomatisch« benannten Medizin verwechselt werden darf) hervorging. Der Begriff »parapsychisch« wurde 1889 von Max Dessoir geprägt. Parapsychologie ist die Lehre von den Erscheinungen, die neben (para) dem normalen Verlaufe des Seelenlebens auftreten, ohne deshalb krankhaft zu sein. Man kann sie auch als wissenschaftlichen Okkultismus bezeichnen. Sie beschäftigt sich mit der experimentellen Aufklärung jener Phänomene, die sich einer materialistisch-kausalen Interpretation zu entziehen scheinen, und ist weitgehend auch an die Beobachtung von Medien im Trancezustand gebunden. Das, was C. G. Jung unter dem Begriff der »Synchronizität« psychologisch zu erfassen sucht (siehe oben S. 538), sind vor allem Phänomene parapsychischer Art. Sie sind somit *praekausaler und nicht akausaler Struktur* und weisen, wie die Gedankenübertragung, keinen Kausal-Konnex auf, sondern gehen aus der raumzeitlosen Wirksamkeit des Vital-Konnexes hervor. Die Parapsychologie untersucht einerseits parapsychische Phänomene, andererseits paraphysikalische bzw. parabiologische. Sie hat zur Entlarvung vieler Medien beigetragen und auf experimentellem Wege den Nachweis für die Existenz des Hellsehens in Raum und Zeit gebracht. Dank vor allem der Arbeiten von J. B. Rhine [23] ist jedenfalls heute zumindest das Auftreten telepathischer Fähigkeiten (Gedankenübertragung) selbst wissenschaftlich nicht mehr ableugbar.[24]

Merkwürdigerweise beeindrucken diese Phänomene die Allgemeinheit außerordentlich. Dies erklärt sich aus der nichts-als-rationalen Einstellung, der diese Phänomene ein Ärgernis sind. Sie durchbrechen das Kausalgefüge der mechanistischen Denkweise, sind also höchst irritierend. Aber diese Durchbrechung des Kausalnexus weist diese Phänomene nun durchaus nicht etwa als arationale aus. Sie gründen, wie seit unserer Darstellung der magischen Bewußtseinsstruktur deutlich geworden ist, vorwiegend im Praerationalen. Sie ereignen sich in der niemals aufhellbaren, schlaftiefen, ichfernen Dunkelheit des Magischen. Ihnen liegt jener »Vital-Konnex« (siehe oben S. 92, 95, 343), jene »kommunionhafte« Bezogenheit (siehe oben S. 246 f.) zugrunde, die Charakteristika der Wirkweisen des raumzeitlosen Magischen sind. Genaugenommen ist die Parapsychologie die Doppelwissenschaft, die die Wirksamkeit des magischen Bereiches und deren Sichtbarwerdung im mythischen und mentalen Bereich untersucht und sich bemüht, das Vitale mit dem Psychisch-Mentalen zu einen. Sie begeht dabei noch heute weitgehend den Fehler, die Grundstruktur ihres Arbeitsgebietes nicht genügend erkannt zu haben. Ihre bisherigen Feststellungen erklären das Grundphänomen noch keinesfalls; wir werden nur der Ausstrahlungen des Grundphänomens in Form psychoenergetischer Manifestationen ansichtig. Solange sie vorwiegend rational an ihr Gebiet herantritt, arbeitet sie ungemäß. Die rationale Interpretation, die mentale Aufhellung der praerationalen Finsternis führt lediglich zur Zerstörung dieser Finsternis, und damit entzieht sich ihre Wirklichkeit dem rationalen Zugriff. Das Wesen des Geheimen, des Okkulten, ist seine raumzeitlose Verborgenheit. Sie kann niemals anschaulich gemacht werden.[25] Aber: sie könnte durchsichtig werden! Und dies würde geschehen, träte man an diese Phänomene weder rational heran, ließe man sich von ihnen weder irrational verführen, noch praerational überwältigen, sondern nähme man sie arational wahr.

Die hier als ungemäß bezeichnete, ja als fast ungehörig zu bezeichnende Einstellung resultiert zum Beispiel aus der, wohl auf Schopenhauer zurückgehenden Formulierung: »Handeln auf Distanz«, mit deren Hilfe magische Vorgänge rational erklärt wurden. Dabei wurde außer acht gelassen, daß der magische Bereich durch seine Raumzeitlosigkeit bestimmt wird, so daß jede Terminologie, die hier mit rationalen Raum-Zeit-Begriffen arbeitet, verfehlt ist. Das kategoriale, ermessende Denken zerstört die akategorialen Gegebenheiten und erweist sich deutlich als eine Art »Unschärferelation« (siehe oben S. 507[30]), wobei hier der Störungsfaktor nicht der physikalische Eingriff ist, der durch das Experiment die Geschehensabläufe verändert; der Störungsfaktor ist das rational dualistische Denken selbst, das messend und teilend dort eingreift, wo die Raumzeitlosigkeit herrscht, die durch den raumzeitlich messenden Eingriff des rationalen Denkens gestört wird.

Ein weiteres Beispiel für den bisherigen ungemäßen dualistischen Charakter der parapsychologischen Methode geht aus der Unterscheidung von »Animismus« und »Spiritismus« hervor. Bislang wurden beispielsweise Paraphänomene wie der Spuk entweder als diesseitig-psychisch (animistisch) bedingt oder aber als jenseitig-geisterhaft (spiritistisch) bedingt interpretiert. Gegen diese dualisierende Interpretationsweise ist seitens der Parapsychologie durch Peter Ringger Verwahrung eingelegt worden.[26] Vor allem aber hat hier Gebhard Frei eine heilsame Klärung bewirkt, indem er nicht dualisierend vorging, sondern der Herkunft der verschiedenen Phänomene dadurch gerecht wurde, daß er sie einerseits dem vitalen, andererseits dem psychischen Bereiche zuzuordnen wußte.[27] Dies war ein bedeutsamer Schritt zum wesensgerechten und aperspektivischen Wahrnehmen dieser Phänomene, die sich letztlich einer bloßen »Begreifbarkeit« entziehen.

Sobald die Parapsychologie die rationale Methode wenigstens teilweise zugunsten der arationalen Diaphanik aufzugeben vermag, werden ihre Forschungsergebnisse in einem erstaunlichen Maße zu Erkenntnissen aperspektivischer Art führen. Und es sei nochmals betont: nicht die von ihr bearbeiteten Phänomene sind arational, wohl aber ist ihre Bemühung, sich anderen Strukturen der Wirklichkeit und des Bewußtseins anzunähern, als es die herrschende mentale Struktur ist, ein Ansatz zu einer arationalen Realisationsart. Sie wird dann vollzogen sein, wenn diese Doppelwissenschaft auch Distanz zur mental-rationalen Bewußtseinsstruktur erlangt, wenn sie einsieht, daß Unaufhellbares nicht aufgehellt, sondern durch Aufhellung nur zerstört werden kann, daß es jedoch durchsichtig zu werden vermag. Dann freilich wird statt der minderwertigen Faszination durch defizient-magische Phänomene, der heute noch ernsthaft viele der Beteiligten erliegen, »hinter« (oder »vor«) der Raumzeitlosigkeit und ihrer praekausalen Struktur jene archaische, ursprüngliche Vor-Raumzeitlosigkeit wahrnehmbar werden, die sichtbar und bewußt werdend Raum-Zeit-Freiheit ist.

Neuntes Kapitel
Die Manifestationen der aperspektivischen Welt
V. Die Künste

1. *Musik*

Jede Kunst ist in ihrem Wesen vorwiegend Ausdruck des Praerationalen und des Irrationalen, wobei das Mentale als Ordnungskraft mitspielt; sie ist also vornehmlich innerhalb der magischen und mythischen Bewußtseinsstrukturen beheimatet. Ihre Wurzeln liegen wahrscheinlich noch tiefer, denn sie ist die ursprungsnaheste Ausdrucksart des Menschen.

Da sie vorwiegend in den nichtrationalen Bereichen zu Hause ist, ist ihr, redlich gesprochen, jedwede mentale Interpretation ungemäß. Jede Deutung eines Kunstwerkes bleibt ein Wagnis. Was sich im Ton ausdrückt, was in Bauformen oder in Zeichnung und Farbe Gestalt annimmt, ist mit dem Wort nicht wiederholbar. Wie soll also mit Mitteln der Sprache Aufschluß gegeben werden über Werke der Musik, der Malerei und Architektur, die sich ohne Sprache Ausdruck verschaffen? Das, was nur sprachlos echte und unmittelbare Äußerung ist, kann nicht ins Wort übersetzt werden. Und das nachempfindende, sezierende, analysierende oder vergleichende »Sprechen über« die Kunst gibt uns keine Hinweise, am wenigsten auf das Aperspektivische, das sich gerade in den Künsten, den seismographischen Äußerungen des Menschen, am deutlichsten (oder doch am stärksten) spiegelt und damit ablesbar sein sollte. Da das Aperspektivische nicht einfach etwas Neues schlechthin, sondern bewußtseinsmäßig strukturell neu ist und andere Anliegen hat als die bisherigen Bewußtseinsstrukturen, brauchen wir lediglich diese neuen Anliegen ersichtlich zu machen.

Handelt es sich bei der neuen Musik um eine strukturell neue Musik, oder bloß um irgendeine neuartige?

In den vorangegangenen Kapiteln haben wir den Gang durch die Wissenschaften getan und dort auf Grund weitgehend verbindlicher Aussagen gewisse prädominierende neue Tatbestände festgestellt. Es sind vornehmlich die neue Einschätzung und Wertung des Zeitproblems, der Versuch, den rationalistischen Dualismus zu überwinden, sowie die Bemühung, die Welt unfixiert, universal, gewissermaßen allseitig, also arational und aperspektivisch wahrzunehmen. Es ist also nur natürlich, daß wir die gleichen Präokkupationen, diese ersten ansatzmäßigen Manifestationen aperspektivischer Art auch in den Künsten, zuallererst in der neuen Musik wiederfinden müßten. Es kann sich dabei gewiß nicht um ein beiläufiges In-Erscheinung-Treten dieser aperspektivischen Manifestationen handeln, sondern um eines, das seiner strukturverändernden Wertigkeit gemäß, ein deutliches Hauptanliegen gerade auch der Musik sein müßte. Es entspricht den strukturellen Gegebenheiten der neuen Musik, daß in ihr die genannten Präokkupationen tatsächlich betont werden. Sie versucht

1. temporisch das Zeitproblem auf ihre Art zu lösen;
2. der Dualität zu entgehen;
3. eine arationale Ausdrucksform anzustreben.

Unser Unterfangen beschränkt sich darauf, diese Anliegen der neuen Musik ersichtlich zu machen. Es handelt sich also keinesfalls um Kritik, Wertung, Ablehnung oder Verteidigung etwa der atonalen oder polytonalen oder der erweiterten sowie der elektronischen Musik. Wir versuchen Tatbestände abzulesen, geben also keiner Schule oder Richtung den Vorzug. Dagegen hoffen wir, die nachstehenden Ausführungen könnten es auch jenen, die mit der neuen Musik »nichts anfangen« können, deutlich machen, welcher Art die Probleme sind, die sie zu lösen bestrebt ist, welche neuen Ausdrucksformen sie, wie andere Künste auch, sei es bewußt, sei es noch ungewußt, zu gestalten sucht. Da auch hier das Zeitproblem das vordringlichste ist, wollen wir unsere Untersuchung mit ihm beginnen:

Zu 1: Die temporischen Bemühungen, also jene um das Zeitproblem, klingen uns aus allen Werken der neuen Musik entgegen. Und dort, wo große zeitgenössische Komponisten und Interpreten auf ihre eigensten musikalischen Anliegen zu sprechen kommen, findet sich eine bisher nicht beachtete Übereinstimmung der temporischen Präokkupation.

Für Igor Strawinsky beruht die »musikalische Schöpfung ... vor allem auf einer spezifisch musikalischen Auseinandersetzung mit der Zeit, dem chronos, als dessen folgerichtige Verwirklichung das musikalische Kunstwerk anzusehen ist«.[1] Und ein anderer Satz von ihm unterstreicht nochmals die außerordentliche Bedeutung, die er dem Zeitphänomen beimißt: »Die Musik stiftet Ordnung zwischen dem Menschen und der Zeit.«[2]

Im Anschluß an seine Ausführungen über einige Werke Strawinskys sagt Ernest Ansermet: »Strawinsky sieht in der Musik die Zeit, die sich konkretisiert.«[3]

Doch welcher Art ist diese Zeit? Obwohl wir uns mit dieser Frage in ein terminologisches Tohuwabohu begeben, stellen wir sie. Strawinsky antwortet darauf: »Jeder weiß, daß die Zeit auf verschiedene Weise abläuft, je nach der inneren Disposition des Subjekts und nach den Ereignissen, die sein Bewußtsein affizieren. Die Erwartung, die Langeweile, die Angst, die Freude und der Schmerz, die Besinnlichkeit erscheinen so als verschiedene Kategorien, zwischen denen unser Leben abläuft; jede von ihnen bewirkt einen besonderen psychologischen Prozeß und hat ihr eigenes Tempo. Diese Veränderungen der psychologischen Zeit sind nur wahrzunehmen durch die Beziehungen auf das (bewußte oder unbewußte) Grundgefühl der wirklichen Zeit – der ontologischen Zeit... Das besondere Wesen des musikalischen Zeitbegriffs besteht darin, daß dieser entweder jenseits der psychologischen Zeitkategorien oder gleichzeitig mit ihnen entsteht und sich entwickelt.« [4]

Aus den dann folgenden Ausführungen, vor allem aber aus seiner Musik selbst, geht hervor, daß er der »ontologischen Zeit« den Vorzug gibt (beziehungsweise dem, was er unter ontologischer Zeit versteht). Daß man mit Ansermet die Formulierung »ontologische Zeit« als eine »plaisanterie« bezeichnen darf,[5] ist bei einem »Sprechen über Musik« genau so statthaft wie die Vorwürfe von Theodor W. Adorno, daß Strawinsky die Zeit »eskamotiere«, daß er den »temps espace gegen den temps durée« ausspiele, das »Absterben der subjektiven Zeit« einleite und dazu verführe, »die Erlebniszeit zu vergessen und der verräumlichten sich auszuliefern.« [6]

Hinsichtlich der Musik reicht die Zeitwertung Adornos so wenig aus wie jene Ansermets. Beide bleiben in dem Dualismus Bergsons stecken. Adorno stellt lediglich Erlebniszeit gegen Uhrenzeit. Aber es geht in der Musik um mehr als um diese beiden Zeitformen. Und auch Ansermet bleibt in ihnen verfangen:

»Wir haben nur zwei Möglichkeiten, der Zeit habhaft zu werden: in uns als psychischer oder qualitativer Zeit; diese ist die musikalische Zeit oder das Tempo; außerhalb unser im Universum, wo sie zur automatischen Zeit wird, welche die Uhr oder das Metronom schlägt;[7] diese ist die Zeit Strawinskys. Ihr Charakter der Notwendigkeit [da die ontologische Zeit Gegebenheit und Notwendigkeit, nicht aber Freiheit ist] erklärt die Forderungen Strawinskys hinsichtlich des Tempos, aber es ist nötig, klarzustellen, daß er unter Zeit nicht das gleiche versteht wie wir.« [8]

Es ist offensichtlich, daß die sowohl von Strawinsky als von Ansermet und Adorno definierten Zeitformen einander widersprechen. Ihnen möchten wir jene Definition gegenüberstellen, die Hermann Scherchen formulierte, da seine Zeitformen weitgehend mit denen übereinstimmen, die wir als mythische und mentale unterschieden haben. Scherchen stellt das »Metrum – als der Zeit widerstreben könnendes Ordnungsvermögen – dem Rhythmus – als in der Zeit sich verlierendem Lebensvorgang – gegenüber«.[9] Zu diesen Zeitformen, der rhythmisch naturhaften, universellen (die zugleich auch psychisch ist) und der gemessenen, metrischen (automatischen) tritt jedoch noch die magische hinzu: die Zeitlosigkeit. Sie findet sich in der urtümlichen Musik, die bezeichnenderweise erst in den letzten Jahrzehnten entdeckt worden ist. Beispiele dafür sind »Gesänge« von den Kanarischen Inseln[10] sowie einige aus den Anden, die durch die Indianersängerin Yma Sumac[11] bekanntgeworden sind. Sie zeichnen sich in ihren reinsten Formen alle dadurch aus, daß sie Äußerungen ohne Anfang und ohne Ende sind, ein wie zufälliges Einsetzen der Stimme, ein wie zufälliges Enden: ein gleichsam klanggewordener Schlaf.[12] Die neue Musik nun – und alles in ihr deutet darauf hin – steht im Begriff, die einstigen Zeitformen weitgehend aufzuheben, zu überwinden. Sie scheint sich damit ausdrucksmäßig wieder der zeitlosen Musik anzunähern, überdeterminiert sie jedoch in eine zeitfreie. Dabei bedeutet auch hier wieder *»Zeitfreiheit« bewußt gewordene und überwundene Zeitlosigkeit.* Ein Hinweis auf diese Neustrukturierung der Musik findet sich bereits bei Ferrucio Busoni in seinem 1906 veröffentlichten »Entwurf einer neuen Ästhetik der Tonkunst«. Er spricht davon, daß es die Bestimmung der Musik sei, frei zu werden, denn ihre »Materie ist durchsichtig«, und sie selbst »ist frei«.[13] H. H. Stuckenschmidt hat kürzlich diesem Postulat in seinem Werke über »Neue Musik« ein wichtiges Kapitel »Musikstil der Freiheit«, gewidmet und dabei auf die 1911 von Schönberg komponierten »Sechs Klavierstücke opus 19« hingewiesen, die sich einer »absoluten Freiheit in Harmonik, Melodik, Rhythmus und Form« annähern.[14]

Wie auch immer man nun versuchen möge, musikalische Tatbestände temporischen Charakters terminologisch zum Ausdruck zu bringen, so dürfte eines entscheidend sein: nicht der terminologische Überbau über dem neuen musikalischen Geschehen, also die bloße Über-Legung, ist wichtig, sondern das musikalische Geschehen selbst und die aus ihm tönende neue Ausdrucksart.

Mit anderen Worten: die Tatsache, daß beispielsweise Strawinsky, Ansermet, Adorno und Scherchen hinsichtlich des Zeitbegriffes terminologisch aneinander vorbeireden, ist nicht so wichtig wie die Tatsache, daß alle – und nicht nur sie – dem Zeitproblem nachgehen. Es sei auch nicht vergessen, daß Schönberg bereits in seinen ersten theoretischen Schriften, wobei er sich auf die Relativitätstheorie Einsteins bezieht, dieses Zeitproblem als vordringlich behandelt hat.[15] Das gleiche gilt von Ernst Křenek, der in seinen Wiener Vorträgen (1937) verschiedene Parallelen zwischen der neuen Physik und der neuen Musik nachweist.[16] Diese Parallelen beziehen sich auf die Instabilität, Unanschaulichkeit und Vierdimensionalität (der letzten entspricht in der Zwölfton-Musik die neue Vierfältigkeit) sowie auf die Zeitauffassung als solche. Zudem spricht Křenek nicht nur wiederholt von der besonderen Geltung, die der »Beziehung der Musik zur Zeit« beizumessen ist, sondern stellt fest: »Wesentliches Kennzeichen der neuen Musik ist die Aufwerfung der Formfrage, d. h. des Problems, wie die Beziehung des Musikstückes zur Zeit in den Ordnungen, die den Ablauf seiner Teilelemente regulieren, realisiert ist.«[17] Darüber hinaus handelt er von der Erscheinungsform der Zeit innerhalb der neuen Musik, wobei er den »Ablauf« der Zeit in den neuen Kompositionen mit der Bewegung einer Parabel vergleicht. Denn »die Parabel kehrt sich an einer bestimmten Stelle um, und ein Punkt [beziehungsweise ein musikalisch formulierter Gedanke], der sich auf ihr bewegt, macht von da an alle bisherige Bewegung rückläufig durch, aber er kommt doch nie wieder dorthin zurück, woher er gekommen ist [wie das bei der Kreisform etwa Bachscher Fugen der Fall ist] ... Diese Form ... ist gewissermaßen *ohne Anfang und ohne Schluß*, immer läßt sich noch ein Stück, eine Reihengestalt denken, die vor dem Anfang hätte kommen können und deren rückläufige Form nach dem Ende kommen könnte. Von daher hat die Formgebung der neuen Musik bei aller konstruktiven Vollkommenheit etwas *Fragmentarisches*, mit allen Konsequenzen der Trauer und Unbefriedigtheit im Eindruck, den das Fragmentarische hinterläßt. Darin liegt ihre hohe Wahrhaftigkeit, daß sie die Unstabilität ihres Zustandes nicht verhüllt, sondern bejaht und betont.«[18] Und hierin liegt auch der Unterschied zwischen dieser neuen und der urtümlichen Musik: dort, in den kanarischen und indianischen Gesängen, herrscht eine dem Wachbewußtsein ferne urtümliche Trauer, hier eine das Wachbewußtsein bereits übersteigende Distanz und Resignation, eine akzeptierte Trauer, die der gestalteten Einsicht in das Fragmentarische entspricht und dadurch die Fülle des Ganzen durchsichtig werden läßt.[19] Darin spiegelt sich nicht nur theoretisch, sondern hörbar der Strukturwandel, der durch die neue Bewertung der Zeit in der Musik zum Durchbruch gekommen ist.

Darüber hat auch Paul Hindemith Rechenschaft abgelegt. In seiner Antrittsvorlesung an der Universität Zürich (November 1951) entwickelte er »neue musiktheoretische und musikpsychologische Anschauungen über Raum und Zeit«, die zudem noch unter dem Titel »Die musikalische Inspiration« standen und damit die Frage nach dem Schöpferischen stellten.[20]

Daß eine so weitgehende bewußte Auseinandersetzung mit dem Zeitproblem, noch dazu durch vier so verschiedenartige Vertreter der neuen Musik, wie es Hindemith, Křenek, Schönberg und Strawinsky sind, statthat, zeigt, daß in ihrer Musik dieses Problem eine bedeutsame Rolle spielen muß.[21]

Wir wollen uns hier nun nicht in Interpretationen mit musikologischem Vokabular verlieren. Es sei lediglich eine Schlußfolgerung von E. Ansermet angeführt, die uns zeigen kann, zu welchen neuen Resultaten alle diese temporischen Versuche, beispielsweise bei Strawinsky, geführt haben. Im Anschluß an die oben zitierten Zeilen Ansermets über den besonderen Zeitcharakter der Musik Strawinskys sowie über die Divergenz zwischen seiner und Strawinskys Zeitauffassung stellt er fest: »Jedoch, gerade diesen Eigenarten seiner Kunst ist es zu verdanken, daß Strawinsky zu zwei Entdeckungen geführt wurde, die von allgemeiner Bedeutung sind und die man als die wichtigsten der heutigen Musik werten darf.«[22]

Diese beiden Entdeckungen Strawinskys sind, wie E. Ansermet ausführt, die Polymetrik und die Polytonalität.[23] Sie aber führen uns direkt

zu 2: Die Überwindung des Dualismus durch die neue Musik. Unsere Ausführungen haben immer wieder die Beobachtung ermöglicht, daß überall dort, wo in ein bisheriges System oder einen bisherigen Ausdrucksbereich der Einbruch der Zeit erfolgte, die betreffenden Systeme oder Bereiche gesprengt wurden. Den gleichen Vorgang können wir folgerichtig auch für die Musik nachweisen. Wilhelm Furtwängler formuliert diesen Tatbestand, wenn er schreibt: Wir sehen, »daß sich eigentlich schon *seit der Jahrhundertwende* eine tiefgreifende Änderung in dem der Musik zugrunde liegenden Tonmaterial vorbereitete. Arnold Schönberg ist derjenige, der den entscheidenden Anstoß zu jener

Bewegung innerhalb der Musik gibt, die sich zum Ziel setzte, *die Tonalität, das bis dahin uneingeschränkt herrschende Dur-Moll-System zu überwinden.* Die Gruppe um Schönberg – der sich mit der Zeit immer mehr moderne Musiker aus aller Welt anschlossen – erklärt dieses System, das der großen europäischen Musikentwicklung seit Renaissance und Barockzeit als Grundlage gedient hatte, für überlebt. Die atonale Musik, wie sie seither genannt wird, entstand...«.[24] Und noch einige Sätze Furtwänglers seien angeführt, obwohl er sich in ihnen jener Spenglerschen Terminologie bedient, welche das Versagen Spenglers gegenüber der neuen Aufgabe erklären. Denn Spengler hat die dritte Dimension, deren Anwendung in der Malerei die Möglichkeit der Perspektive ergab, als »zeitliche Tiefendimension« aufgefaßt.[25] Es war dies der entscheidende Mißgriff seiner Geschichtstheorie, der durch die ihn beherrschende biologisch betonte und faustische »Vorentscheidung« [26] verursacht war. Dem Vorentscheid Furtwänglers aber, der ein pathetisch-emotionaler ist, liegt auch der Einfluß zugrunde, den der Biologismus und Vitalismus Spenglers und Klages' auf ihn ausübten und der in seiner Ablehnung der neuen Musik als einer »biologisch minderwertigen«, »intellektualistischen«, »antiptolemäischen« und »ichfeindlichen« gipfelt.[27] Bei richtiger Einschätzung der falschen Terminologie Spenglers erhalten die Sätze Furtwänglers trotzdem Gültigkeit. »Die Musik erlebt ihre Verwirklichung in der Dimension der Zeit. Die tonale Kadenz gibt einem bis dahin (bis zur Renaissance) von einem Ton zum anderen, auf einer Ebene, einer *Fläche* verlaufenden [unperspektivischen!] Musikgeschehen die Möglichkeit übergeordneter, zusammenfassender Zusammenhänge und damit einer *Tiefengliederung* [Raumgliederung!], die sie vordem nicht kannte. Es ist nicht abwegig, wenn man (mit Spengler) in diesem Sinne [daß die dritte Dimension eine zeiterschließende und nicht bloß eine raumerschließende sei] die Tonalität mit der Erfindung der Perspektive in Parallele setzt. Sie verhält sich zur Dimension der Zeit, in der die Musik ihre Verwirklichung erlebt, wie im Raum innerhalb der bildenden Künste die dritte Dimension, die Dimension der Tiefe. Beide, Tonalität wie Perspektive, verdanken ihre Entdekkung demselben Lebensgefühl...« [28] Die Parallelität von Tonalität und Perspektive, die von Furtwängler, und nicht etwa von Spengler, wie es dem Text nach zuerst scheinen mag, aufgestellt wird, ist trotz der Spenglerschen Fehldefinition der dritten Dimension gültig. Diese Fehlerhaftigkeit geht bereits aus dem ersten Satz Furtwänglers hervor, denn da die »Dimension der Zeit« eine Abstraktion ist, kann in ihr nie ein Erlebnis stattfinden. Die urtümliche Musik *erlebt* ihre Verwirklichung in der Zeitlosigkeit und nicht in einer Zeitdimension; dagegen gibt sich die neue Musik in der »A-mension Zeit«, das heißt achronisch wahr, oder besser: sie ist infolge ihrer temporischen Versuche auf dem Wege, den achronischen (zeitfreien) Ausdruck zu finden. Nicht nur Strawinsky hat polymetrisch, das heißt durch gleichzeitige Verwendung mehrerer Metren oder Tempi, und somit temporisch komponiert; andere Beispiele sind die »choros« von Villa-Lobos[29], in denen Vokalmusik auch metrisch wie Instrumentalmusik verwendet wird; ein anderes Beispiel ist der »Bolero« von Maurice Ravel, von dem Hermann Scherchen einmal sagte, daß in ihm, im Gegensatz zu der »Zeitangst Strawinskys«, eine »Statik in der Zeit« herrsche.[30] Die ganze neue Musik ist erfüllt von den verschiedenartigsten Versuchen, das Zeitproblem kompositorisch zu lösen, wobei kaum ein metrisches oder rhythmisches Mittel unversucht geblieben ist. Das Motorische, das Exotische und das Folkloristische, dieses sogar schon seit Liszt, neuerdings bei Bartók, de Falla, Milhaud, Halffter (um nur einige zu nennen), tönen mit aller Deutlichkeit. Und bei Francis Poulenc, beispielsweise im zweiten Satz seiner »Aubade«,[31] herrscht eine Reichhaltigkeit und Aufgelockertheit des Rhythmischen und Metrischen, wie sie in diesem Zauber und in dieser Vollendung durchaus neuartig sind.[32] Dagegen ist die theoretische Formulierung Furtwänglers ein Denkfehler, der in seinem biologisierenden Vorentscheid begründet ist und in seinem daraus hervorgehenden Mißverständnis der neuen Musik manifest wird.

Wenn wir nun unter »Tonalität« das Charakteristikum der Musik seit der Renaissance, also der perspektivischen Musik bis 1900, verstehen, so besteht diese in den Gegensätzen von Dur : Moll und Konsonanz : Dissonanz, im Vorherrschen *eines* Grundtones, auf den sich jede in sich geschlossene musikalische Äußerung bezieht, die sich im fest umrissenen »Klang*raum* der Oktave« abspielt und im Dreiklang ihre Erfüllung findet.

Die »Atonalität« (wir behalten diese Bezeichnung grosso modo trotz der vielen theoretischen Kontroversen bei) ist die Überwindung der Tonalität; sie ist dies im Bereiche der Musik auf die gleiche Weise, wie das Aperspektivische allgemein die Überwindung des Perspektivischen ist, worin uns auch Werner Kaß beipflichtet.[33]

Karl H. Wörner hat diese Atonalität sehr präzis definiert: »Atonal ist eine Musik, bei der die Töne der Oktave nicht mehr zentral auf das Ordnungssystem der Tonart – Dur-Moll-System oder Modi der Kirchentonarten – bezogen sind.« [34]

Die »Polytonalität« ihrerseits zeichnet sich nach Wörner durch »das gleichzeitige Nebeneinander von mehreren unabhängigen Tonarten« [35] aus.[36]

Atonalität sowie Polytonalität stellen die Überwindung der Tonalität dar, der perspektivischen Musik. Nicht zufällig spricht Boris de Schloezer von der »musique atonale« als einer Musik »libérée des sujétions d'un espace sonore a priori structuré«:[37] daß also die atonale Musik eine »*vom lästigen Zwang eines* a priori geordneten *Klangraumes befreite* Musik« sei. Diese Feststellung ist gleichsam die Erfüllung jener Forderung des Liszt-Schülers Busoni, die er 1906 aufstellte, daß nämlich der nächste Schritt des musikalischen Schaffens zu »tonlicher Unabgegrenztheit« führen müsse. Denn »auf die beiden Siebenfolgen, die Dur-Tonart und die Moll-Tonart, hat man (bisher) die ganze Tonkunst gestellt – (was) eine Einschränkung« war und wodurch der »Ausdruck der Musik ... abgezäunt« [38] wurde. Hermann Pfrogner konnte dann feststellen, daß die »auf dem Siebengesetz gegründete Dur- und Mollwelt« durch den »Einbruch des Harmoniegesetzes der Zwölf« [39] (der Zwölfton-Musik) überwunden ist. H. H. Stuckenschmidt spricht von der vollzogenen doppelten Überwindung, die vermittels der »Vermeidung der Oktave« durch die Komponisten der freien Atonalität geleistet wurde, so wie durch die »Vermeidung des Dur- und Molldreiklangs, der ja, wo immer er auftritt, noch mit hundert Assoziationen aufgenommen und vom Beharrungstrieb des Ohres bewillkommnet wird, der noch zu sehr vertraute Typenerscheinung ist, um nicht zu funktionellen Mißdeutungen aller Klänge seines Milieus zu führen. – Man mache den Versuch«, fährt Stuckenschmidt fort, »in einem Werk der freien Atonalität, z. B. in einem Klavierstück aus Schönbergs opus 19, an beliebiger Stelle einen Akkord durch einen Durdreiklang zu ersetzen. Er wird sofort mit geradezu aggressiver Kraft aus dem Bilde dieser Musik herausspringen und das Ohr viel nachdrücklicher – nämlich im Sinne eines Fehlers, eines Am-unrechten-Ort-Stehens – beunruhigen als der durch ihn substituierte Akkord«.[40] Hieraus spricht die gleiche Auffassung wie aus der Bemerkung von René Leibowitz über die »fausse relation d'octave (die falsche Oktav-Beziehung)«.[41] Es fand in der Musik das statt, was –

Hermann Erpf weist darauf hin – auch auf anderen Gebieten geschah, nämlich ein »Aufgeben der festen Beziehungspunkte«.[42] Das prophetische Wort von Liszt: »Jeder Akkord kann jedem Akkord folgen«[43] hat sich in der neuen Musik verwirklicht, in der »Dreiklänge als Störer der Ordnung wirken«.[44]

Was geht aus alledem hervor? Vor allem zwei Tatsachen: daß die klassische Musik, die in Bach ihren strahlenden Höhepunkt erreichte, eine der Zeitepoche entsprechende perspektivische Musik war; daß zweitens diese Musik tonaler Art durch die atonale überwunden wird. Nicht mehr das Raumsystem ist vorherrschend in der Musik; sie wird zu einer raum-zeitlich strukturierten. Oder um es mit Léon Oleggini auszudrücken: die klassische Musik war eine »musique fermée«, die neue Musik ist eine »musique ouverte«.[45] Die gleiche Feststellung macht auch Ernest Ansermet: »Die klassische tonale Ordnung hat sich der Chromatik geöffnet, sie tat dies seit Liszt... Die Klassiker haben nur in sich geschlossene Formen konzipiert...«[46] Er verweist dabei auch auf ein Beispiel von Bartók, das von einer »forme mélodique ouverte« ist (von einer »melodisch offenen Form«).[47] Und Werner Danckert, der berechtigterweise »Raumbildung (und) ›Perspektive‹« in der Malerei dem musikalischen »Grundgesetz der Gegenbewegung« sowie der »Konsonanz und Dissonanz« gleichstellt, spricht von der musikalischen Entsprechung für die im impressionistischen Bilde durchgeführte »Aufhebung der haptischen Raumperspektive« mit der bereits bei Debussy erfolgenden »Aufhebung der überwiegend gegenbewegten Stimmführung, des Zugs und Drucks im sinfonischen Raum«.[48] Die gleiche Einstellung bringt für seine Musik Igor Strawinsky zum Ausdruck: »Da unsere Anziehungspole nicht mehr im Mittelpunkt des geschlossenen tonalen Systems liegen, können wir zu ihnen gelangen, ohne daß wir uns dem Protokoll der Tonalität unterwerfen. Denn wir glauben nicht mehr an den absoluten Wert des Dur-Moll-Systems...«.[49] Schon Ernst Křenek hatte von dem »Fetischcharakter« des Dualismus Dissonanz : Konsonanz als einer Erfindung des konstruierenden Denkens gesprochen.[50] Zudem stellte er fest: »Das dauerhaft Befremdliche der neuen Musik ... (liegt) in der Vernichtung der geschlossenen Form.«[51] Diese geschlossene Form, nämlich der »Klangraum« der Oktave, das Siebenersystem, ist gesprengt, die *Gegensätze* Dur : Moll und Dissonanz : Konsonanz sind überwunden, die Form des charakteristischen Dreiklangs (Orgelschluß) ist aufgegeben, die perspektivierende Bezugnahme auf *einen* Grundton ist hinfällig geworden.

In der neuen Musik äußert sich ein »Trieb zum Ursprünglichen«, der auf die »Verbannung des Abstrakt-Gedanklichen«, also des Mental-Rationalen, abzielt, wie W. Danckert feststellt, der schon bei Debussy die »Ablehnung der gedanklich unterbauten Klangwelt, der Ideenmusik, (im) Bruch mit dem *rationalen Richtungszwang* der Zwischendominantharmonik« [52] nachweist. Es setzt, wie H. Strobel sagt, eine »Rückbesinnung auf die rhythmischen Urkräfte der Musik« [53] ein, für die wir bereits (siehe oben S. 609 ff.) Hinweise gegeben haben.

Es spielt sich also in der Musik heute das gleiche grundsätzliche Geschehen ab, das wir bereits so oft ersichtlich machen konnten: *der Versuch, die mental-rationale Vorstellungswelt zu überwinden, ohne dabei weder ins Irrationale oder Praerationale zurückzufallen noch die beschränkte Gültigkeit des Mentalen zu verkennen.*

In der Überwindung des Dur : Moll-Dualismus spiegelt sich, um nur eine Parallele zu nennen, die von der Physik geleistete Überwindung des Dualismus Energie : Materie. Dur als das aktive, energetische Element steht nicht mehr gegen Moll, das passiv und damit materieverwandt war. Dadurch fällt auch das Übergewicht fort, das die Dur-Tonarten stets in der klassischen Musik gehabt haben [54]. Auf eine unerwartete, ja verblüffende Weise spiegelt sich in dieser Überwindung der bis dahin vorherrschenden Dur-Tonart, der ja stets männlicher Charakter beiempfunden wurde, eine grundlegende soziologische Tatsache, die bereits des öfteren auf diesen Seiten namhaft gemacht wurde: die Überwindung des Patriarchats. Ebenfalls symptomatisch ist die Abschaffung des Dreiklanges, der in einem übertragenen Sinne der musikalische Ausdruck oder das musikalische Äquivalent der Trinität ist, welche für die mentale Bewußtseinsstruktur von ausschlaggebender Bedeutung war und ihren patriarchalen Charakter betonte.[55] Das gleiche gilt für die Fixiertheit, die ja stets perspektivisch ist, auf *einen* Grundton, an Stelle dessen die urtümliche Kraft des ganzen musikalischen Ausdrucksvermögens in einer durchaus aperspektivischen Weise tritt.

Dies alles spielt sich ab, weil die Musik das Siebenersystem aufgibt. Und auch dies dürfte nicht von ungefähr sein, denn ein anderes Siebenersystem, das durch Jahrtausende Geltung hatte das astronomische, mußte im Verlauf der letzten 150 Jahre desgleichen aufgegeben werden.[56]

Die Überwindung des Dualismus, der ausgesprochen mentalrational ist, wird durch die Musik selbst, und nicht etwa durch die Musiktheorie, geleistet. Damit aber befindet sie sich auf dem Sprunge zu einer neuen Struktur. Das führt uns

zu 3: Der Versuch der Musik die Arationalität zu realisieren.

Einige der soeben gefallenen Stichwörter, wie jenes von der »offenen Musik«, verweisen uns auf den aperspektivischen und somit arationalen Charakter der neuen Musik. Terminologisch scheint dieser Ausdruck parallel zu jenem vom »offenen Recht« oder vom »offenen Denken« zu liegen. Wieweit dies tatsächlich zutrifft und nicht bloß terminologische Koinzidenz ist, bedürfte einer eingehenderen Untersuchung, die jedoch heute, da alle Gebiete noch im Zustande des Überganges, der Mutation selbst sind, schwer durchzuführen ist. Dies deshalb, weil in einem solchen Stadium der Unkonsolidiertheit auch alle anderen terminologischen Begriffe schwankend sind, und weil bei der Januskönpfigkeit aller heutigen Aussagen dem theoretischen Streiten insofern Vorschub geleistet wird, als sich alle Begriffe und Bezeichnungen je nach der bewußtseinsmäßigen Einstellung der Diskutierenden noch immer rational und perspektivisch, aber bereits auch aperspektivisch interpretieren lassen. Doch gerade dies, Anlaß zu bloßer Deutung geben zu wollen, ist nicht unsere Aufgabe. Je nach Einstellung wird dem einzelnen der aperspektivische Bezug zwischen den »Offenheiten« beispielsweise in der Philosophie, dem Recht und der Musik offensichtlich sein, da sie alle aus temporischen Ansätzen hervorgingen, da allen das zugrunde liegt, was wir als den Einbruch der Zeit bezeichnet haben. Oder er wird aus rationaler Versteifung versuchen, auch diese Äußerungen und Formulierungen wieder in ein System zu spannen, um sie seinem Vorstellungsvermögen anzupassen, statt ihnen durch einen Wahrnehmungs-Vollzug synairetischer Art die kongruentere Realisation zuteil werden zu lassen. Für diesen Vollzug sind die nicht mehr auf das Räumliche abstellenden Eteologica »Systase« und »Struktur« wahrgebender als die Systematisierungssucht der nichts-als-rationalen Vorstellung, die glaubt, auch in dem neuen Bereiche (so sie ihn überhaupt anerkennt) beweiskräftig zu sein.

Rein terminologisch gesehen ist es nun auffallend, daß in der neuen Musikliteratur das Wort »System« kaum mehr vorkommt. Dagegen wird allenthalben von Struktur gesprochen.

Auch bei diesem Befund muß jedoch festgehalten werden, daß dieser Strukturbegriff noch nirgends explizite determiniert worden ist. Nur die Art seiner Anwendung läßt hier und da jene systatische Komponente durchscheinen, die dem von uns gebrauchten Struktur-»Begriff« eignet: daß jede Struktur stets raum-zeitlich wahrgenommen werden muß, um nicht in ein abstraktes System zu degenerieren, wobei die zeitliche Komponente in einem achronischen Sinne zu werten ist und nicht nur als die oder jene Ausdrucksform dessen, was »Zeit« als Vorstellung, sondern was sie als Urphänomen zeitloser Art in sich schließt.

Ein Hinweis auf eine Annäherung des neuen musikalischen Strukturbegriffes an den aperspektivischen dürfte dort zum Ausdruck kommen, wo bereits H. Erpf und im Anschluß an ihn H. Pfrogner[57] gewisse bedeutungsvolle Intervall-Beziehungen nicht mehr aus dem Dur-Moll-System ableiten können, sondern aus dem, was sie als die »Struktur des Zusammenhangs« bezeichnen. Diese Struktur ist arational. Sie erklärt auch die terminologische Tatsache, daß H. Pfrogner die atonale Musik (der Zwölftonreihe) als eine Musik »vierdimensionaler Natur«[58] bezeichnen kann. Daß aber jede echte Vierdimensionalität arationaler Struktur ist, kommt auch bei E. Křenek zum Ausdruck, der durchaus in diesem Sinne von »Struktur« spricht. Für ihn ist die atonale Musik nicht Stil (also etwas auch Gerichtetes), sondern Struktur; die Atonalität bewirkte einen »Strukturwandel des Materials« der Musik, so wie er sich parallel, worauf Křenek ausdrücklich verweist, hinsichtlich des Materials, der Materie, in der neuen Physik vollzog, wobei das einst »Dichte, Schwere, Lastende, Stabile«, das »in sich Geschlossene« sich in ein »freischwebendes, in sich bewegliches ... Gebilde« verwandelte[59] und somit auch die einstige Fixiertheit und Raum- und Systemgebundenheit verlor, die ja Ausdruck des Perspektivischen und Rationalen sind. Dieser Hinweis Křeneks beschreibt gleichzeitig die Wirkung dieser neuen Musik, der diese neuartige Struktur zugrunde liegt, auf uns. Gerade ihre Instabilität und ihre Ungreifbarkeit, die sich im Mangel an Melodie, in ihrer dur-moll-losen Unsystematik, in dem Fehlen der fixierend Anhaltspunkte gebenden Grundtonart äußern, machen ja diese Musik für alle, die noch immer im Rationalen das non plus ultra jeglicher Realisationsweise sehen, geradezu unerträglich. Dies ist nur zu verständlich. Wer seine Lebens- und Denksicherung nicht in sich trägt, sondern in die rational konzipierte Vorstellung projiziert und sich mit ihrer Hilfe sichernde Systeme konstruiert, muß angesichts dieser Musik fast in Verzweiflung geraten. Denn nichts ist in ihr, das ihm Halt geben könnte, so daß er in den Irrtum verfällt, sie als haltlos zu bezeichnen. Dabei ist sie heute in dem gleichen Maße wie auch die anderen Künste nichts als der Versuch des zur Aperspektivität erwachenden Menschen, eine Ausdrucksform zu finden, die seine eigene *geistige* Sicherheit in freiheitlicher Weise durchscheinen läßt, da er sich selber im »Sich« gesichert weiß oder ahnt. Denn wer Halt und Sicherheit hat und ist, braucht sie nicht in seine Vorstellungsform zu projizieren, braucht sie nicht vorzustellen, vor sich, aus sich herauszustellen, um sich rückwirkend an ihr aufrichten zu können. Von diesem Zwange ist er befreit. Und dieser Befreitheit strebt die neue Musik ohne Zweifel zu. Damit ist nicht gesagt, daß man sie »schön« finden müsse. Das Kriterium »schön«, das dualistisch das des »Häßlichen« einschließt, ist für Wertungen aperspektivischer Manifestationen weitgehend irrelevant, worauf bereits früher (siehe oben S. 61 f.) ausführlich hingewiesen worden ist. Diese Feststellung ist keine Absage an das Schöne als solches, sofern das sogenannte »Schöne« nicht bloß eine zeitgeistbedingte Konvention oder eine ästhetisierende Fluchtreaktion oder eine gefühlsbetonte Interpretation dessen ist, was höchst unzulänglich mit »harmonisch« oder mit »natürlich« umschrieben wird.

Dieses Abrücken von gefühlsmäßiger Wertungsmöglichkeit hat auch der neuen Musik den Anwurf eingetragen, sie sei »intellektualistisch«. Den besten Meistern der neuen Musik, die, mentale Sauberkeit anstrebend, sich »intellektuell« mit ihr abgaben, ihre rein theoretischen und denkerischen Bemühungen um die Musik vorzuwerfen, ist geradezu paradox. Dieser Vorwurf geht meist von jenen aus, die von der Kunst immer noch eine Einlullung und Gefühlsbefriedigung irrationaler Art fordern, jenes dort erlaubte Schwelgen und Sich-Baden in Stimmungen, und somit die Kunst, die rein geistige, ursprüngliche Aussage ist, zu einem bloßen Zweck degradieren. Sie legen, durchaus rational, Maßstäbe an das Unmeßbare: ein geradezu unsinniges Vorgehen perspektivischer Art, das nicht mehr Gültigkeit hat, seitdem der »Einbruch der Zeit« erfolgte und unsere Vorstellungswelt auflockerte. (Daß mit dieser Feststellung keinesfalls ein isolierender Standpunkt des »l'art pour l'art« bezogen wird, braucht nicht weiter hervorgehoben zu werden.) Was auch immer man sagen mag: die neue Musik ist im alten Sinne weder schön noch häßlich. Und gerade darin manifestiert sich ihre Arationalität. Denn wäre sie auf dieses dualistische Kriterium zurückführbar, gerade dann wäre sie nicht arational.[60] Da sie es ist, jedenfalls in ihren bisher geglücktesten Versuchen, ist sie auch nicht intellektualistisch, denn dann wäre sie nur auf eine andere Weise rational. Wohl aber ist sie geistig. Wer rational sieht, sieht teilend – es ist wichtig, diese grundlegende Definition des Rationalen nicht zu vergessen. Wer arational »sieht«, nimmt das Ganze, möglicherweise als »Struktur des Zusammenhangs«, wahr.[61] Und dies ist weder eine vitale, noch eine psychische, noch eine mental-rationale Realisationsweise, sondern eine integral-geistige. Diese strebt die neue Kunst und mit ihr die Musik genauso an wie die anderen Disziplinen unserer Epoche.

Es ist deshalb nicht zufällig, daß diese beiden Kriterien, das der Integralität und das des Geistigen, das wir als Diaphanität bezeichnet haben, ein deutliches Grundanliegen der neuen Musik sind.

Schon E. Křenek spricht von der »Vergeistigung der Musik«, wobei er deutlich zwischen Rationalität und Intellektualismus einerseits, Geistigkeit andererseits unterscheidet und diese für die neue Musik in Anspruch nimmt.[62] H. Scherchen unterstreicht diesen Befund Křeneks, wenn er von der Atonalität und der Zwölftonmusik ausführt, daß in ihnen »rein geistige Gesetzmäßigkeiten die Stelle der alten, mechanisch-natürlichen Bindungen einnehmen«.[63] Und H. H. Stuckenschmidt spricht davon, daß die Schöpfungen der neuen Musik das »Ziel einer rein geistigen Kunst«[64] haben. Willi Schuh betont, daß der Klang für Alban Berg »nichts Aprioristisches, kein Gefäß (sei), in das sich Musik ergießt, sondern letzte Ausstrahlung des musikalischen Gesamtgeschehens (bedeute)«, und daß der Klang bei ihm nicht nur mehr sinnliche, sondern »geistige Qualität« aufweise.[65] Unsererseits möchten wir hinzufügen, daß für uns – eine rein subjektive Feststellung – der Klang Alban Bergs gleichsam sphärisch, kugelartig ist: die musikalische Materie der Töne ist durch ihn, für unsere Wertung, in einer einzigartigen Weise aus bloßem Raumklang in eine umfassendere »Tonigkeit« umgeschmolzen worden, die eine Fülle ausstrahlt, welche in ihrer Gewichtslosigkeit ein erstes neuartiges Aufschimmern des Diaphainon in der Musik wahrnehmbar macht. Übrigens hat E. Danckert bereits für Debussys Harmonik eine ähnliche Feststellung gemacht: »Debussys Harmonik ist durchaus nicht ohne tonale Bindung. Diese beruht allerdings weniger auf der Zielstrebigkeit [!] der einzelnen Glieder der Harmoniefolge als auf der umfassenden, umhüllenden, umschließenden Macht akkordischer ›Tonigkeit‹ ... Debussys Akkordik ... ist eine Harmonik der Fernbeziehungen«, wobei Debussy die alte »Gehäusevorstellung [!] ... preisgibt; Nähe und Ferne verbinden sich zu unlöslicher Einheit.« [66] Debussys Tonalität ist also nicht mehr linear gerichtet, sei sie nun senkrechter (akkordischer), sei sie horizontaler (melodischer) Art. Danckert vermerkt es ausdrücklich (und die Hervorhebung stammt von ihm): *»Seine (Debussys) Tonalität ist sphärisch.«* [67]

Auch die Musik des Karlsruher Erwin Grosse hat diesen sphärischen, diaphanen Charakter (ohne deshalb an Debussy anzuklingen). Eine ähnliche Aussagekraft und Transparenz weisen einige Kompositionen von Luigi Nono auf. Das gleiche gilt, freilich nur in den wenigsten Fällen, für die Erzeugnisse des elektronischen Musikherstellungsverfahrens, wo oft aus Neuerungssucht ein rasantes weiteres Abgleiten ins Mechanistisch-Intellektualistische bis zu einem derartigen Grade erfolgt, daß sich in ihnen leerlaufend nur noch zersetzende Auflösung abspielt. Diese Erzeugnisse sind Beispiele dafür, daß in unserer Epoche einerseits der Weg zum Abgrund und der Selbstzerstörung gegangen, andererseits, kompensierend und weniger spektakulär, die Realisation der aufbauenden und lebenserhaltenden Bewußtseinsmutation vollzogen wird.[68]

Da der diaphane Charakter gerade der Musik Debussys, die sich von allen räumlichen »Gehäusevorstellungen« zu befreien beginnt, wohl kaum in Frage gestellt werden dürfte, so ist es des Aufmerkens wert, daß das »Signum« der aperspektivischen Welt, die durchsichtige Kugel, die Nähe und Ferne ineinanderbindet, hier in der Musik Realität geworden ist. Ihr diaphaner Charakter ist ein Hinweis auf ihren geistigen, ihr sphärischer ein Hinweis auf ihren integralen Charakter.

Damit ist die Arationalität der neuen Musik manifest geworden, denn das Integrale kann mit perspektivischen Realisationsweisen rationaler Art nicht wahrnehmbar gemacht werden. Bis zu einem gewissen Grade setzt diese Musik bereits den »neuen«, also den aperspektivischen, integralen Menschen voraus. Diese Bemühung spricht aus den Sätzen Strawinskys: »Ich kann mich erst dann für das musikalische Phänomen interessieren, wenn es den ganzen Menschen ausstrahlt. Ich verstehe darunter den Menschen, der mit allen Hilfsmitteln unserer Sinne, mit all unseren psychischen Fähigkeiten und mit allen Kräften unseres

Intellekts ausgestattet ist. Der integrale Mensch allein ist der hohen Spekulation fähig, mit der wir uns jetzt beschäftigen wollen.«[69] Die anvisierte Spekulation betrifft seine Ausführungen zu seiner Musik. Seine Sätze verraten den genauen Ansatz: Zusammenfassung der Sinne (des Vitalen), der psychischen Fähigkeiten (des Mythischen), des Intellekts (des Mentalen). Doch diese Zusammenfassung ergibt noch nicht den ganzen, sondern nur einen summierten Menschen. Strawinskys Musik ist dafür ein beredtes Zeugnis. Der ganze Mensch der integralen Bewußtseinsstruktur ist ja nicht einfach eine Summe früherer Strukturierungen, sondern insofern »neu«, als er diese Strukturen überdeterminiert durch die das Ganze erschließende Wahrung der »Zeit«, durch welche hindurch das Gewesene und uns deshalb Mitkonstituierende *bewußten* Wirkcharakter erhält. Dieser integrale Mensch leuchtet bei Strawinsky als Bemühung auf. Auch H. H. Stuckenschmidt evoziert ihn auf seine Weise, wenn er davon spricht, daß die neue Musik eine »Überwindung des Subjektivismus« einleite.[70] Am stärksten aber dürfte die Realisation des Neuen durch die Musik von H. Scherchen formuliert worden sein. Gelegentlich der Analysen eines Taktes aus der »Eroica« von Beethoven, dessen sechs Stimmen verschiedenste Metren aufweisen, schreibt Scherchen: »Die Polyrhythmik des nachfolgenden [unten abgebildeten] Beispiels kommt in der ›Eroica‹ vor. Kein Ohr kann die Kontrastfülle *hörend* analysieren, aber jedes kann sie hörend *erleben!* Wir benutzen also beim musikalischen Kunstgenuß *Fähigkeitsstufen,* die unserer Organentwicklung *weit voraus* sind. *Das musikalische Kunstwerk* [seit Beethoven!] *läßt uns ausübend Fähigkeiten vollziehen, die den späteren Menschen und seine Realität erahnen lassen* und einmal mehr jenes altkluge ›Alles schon dagewesen‹ ad absurdum führen, mit dem der grenzenlose Auftrieb des Schöpferischen immer wieder diskreditiert werden soll.«[71]

2. *Architektur*

Die Architektur ist heute eine soziologische Kunst par excellence. Sie ist es in einem weit stärkeren Maße als etwa die Musik. Diese ist auf eine meist nur emotionale Weise gemeinschaftsbildend und -erhaltend.[72] Die heutige Architektur dagegen ist strukturell für die Art des Zusammenlebens bestimmend.

In welchem Maße dies zutrifft, darüber geben die Schriften von Frank Lloyd Wright[73] und Le Corbusier[74] Aufschluß. Eines ihrer Grundanliegen ist, das Problem Individuum : Kollektiv so zu lösen, daß es dem Bereich des vernichtenden Dualismus enthoben wird.

In dieser soziologischen Bemühung der Architektur findet sich bereits ein aperspektivischer Ansatz. Wir wollen jedoch nicht von diesem, wenn auch wichtigen Aspekt der Architektur ausgehen, sondern von ihrer neuen Struktur. Dafür ist es in allererster Linie wichtig, danach zu fragen, ob auch hier das Zeitthema eine Rolle spielt oder nicht. Wenn das der Fall ist und das Zeitthema sich rein architektonisch ausdrücken sollte und nicht nur als soziale Absicht, dann freilich müßte auch das Gegensatz-Problem auf eine nicht zu übersehende Weise architektonisch gelöst worden sein. Damit wäre zugleich der Versuch, die Arationalität zu gewinnen, für die Architektur nachgewiesen.

Gehen wir also auch bei der Architektur in der gleichen Weise vor wie bei den Gebieten, die wir bisher behandelt haben. Das methodische Fragen nach den gleichen Problemen und ihrer Sichtbarwerdung auf verschiedenen Gebieten unserer heutigen Ausdrucksformen wird zudem all jenen sympathisch sein, die die Methodik über die noch zu wenig geübte Diaphanik stellen. Damit wäre auch für die Untersuchung der neuen Architektur vorgegeben, daß in ihr heute die drei folgenden Grundanliegen eine ausschlaggebende Rolle spielen müßten:

1. das *Zeitproblem*, das die bisher gültige architektonische Raumauffassung verändert haben sollte;
2. das *Dualitäts-Problem*, das in irgendeiner akzentuierten Weise rein architektonisch gelöst worden wäre;
3. die *Arationalität*, die dann auf architektonische Art durch die neuen Versuche durchscheinen würde.

Wenden wir uns sogleich dem ersten Problem zu:

1. Das Zeitproblem.

Sehen wir von theoretischen Ausführungen ab, zumal sich in

der geringen uns bekannten diesbezüglichen Literatur nur wenige theoretische Hinweise finden. Das Werk von S. Giedion »Space, Time and Architecture« [75] dürfte in dieser Hinsicht als ein neuartiges Standardwerk anzusprechen sein. Wie stark dies architekturgeschichtliche Werk den Gedankengängen der neuen Physik verpflichtet ist, zeigt in offener Weise bereits sein Titel an, der in gewählter Verwandtschaft zu A. S. Eddingtons Werk über die Relativitätstheorie »Space, Time and Gravitation« [76] stehen dürfte. Giedion stimmt mit seiner Bewertung der Perspektive für die Raumerfassung der Renaissance und der ausschlaggebenden Rolle, die sie bisher gespielt hat, durchaus mit der unseren überein.[77] Er spricht von der »dissolution of perspective«, der »Auflösung der Perspektive«,[78] die er allerdings erst bei den Kubisten findet, bei denen sich der bloße Raum in Raum-Zeit umgestaltet.[79] (Wir kommen auf dieses Problem im nächsten Abschnitt, dem über die Malerei, zurück.) Dies gilt nicht nur für die Maler, sondern ansatzmäßig auch für Walter Gropius, insbesondere für dessen »Bauhaus« in Dessau.

Frank Lloyd Wright verweist darauf, daß in der neuen Architektur der Raum auf eine neue Art, nämlich durch die Zeit, gemessen werde. »Das neue Richtmaß für den Raum« besteht in dem »Messen des Raumes durch Einheiten der Zeit«.[80] Besonders auch für die neue Siedlungs- und Städteplanung stellte er, indem er sich auf die Auswirkungen der Technisierung, vor allem des Automobilwesens, beruft, fest: »Es ist bemerkenswert, daß nicht nur *Raum*werte sich völlig in *Zeit*werte verwandelt haben, die einen neuen Maßstab bilden, sondern daß wir einen neuen Raumsinn besitzen.« [81] Wie äußert sich das architektonisch? Indem die berühmt gewordene Maxime »Form follows function (Die Form folgt der Funktion)« weitgehend Gültigkeit erhielt und angewandt wurde. (Sie stammt übrigens nicht, wie allgemein angenommen wird, von Louis Sullivan, sondern, worauf Wright [82] hinweist, von Sullivans Lehrer, Dankmar Adler, während neuerdings Sherman Paul das Gegenteil unter Beweis zu stellen scheint [83].) Übrigens ist das Funktionelle, das diese »f-f-f-«-Formel zum Ausdruck bringen soll, oft mißverstanden worden, da es nicht dynamisch, sondern pragmatisch abgewandelt als zweckgerichtet interpretiert worden ist.[84] Da nun in der Architektur der Zeitaspekt sich nur als Dynamik und Bewegung äußern kann, ist es aufschlußreich zu wissen, daß ein bestimmter Bautyp auch in Amerika von nachhaltiger Wirkung gewesen ist, der mit der statischen, nur raumgebundenen Bauweise bisheriger Art brach. Es handelt sich um den deutschen Pavillon auf der Weltausstellung von Barcelona (1929), der von Mies van der Rohe erstellt wurde (siehe Abb. 46 auf Tafel 11). Elizabeth Mock vom »Museum of Modern Art« in New York schreibt über dieses Bauwerk: »Er [Mies van der Rohe] entwikkelte dabei eine glänzende und durchaus originelle Manier, welche in den Vereinigten Staaten ... mit ungewöhnlicher Begeisterung aufgenommen wurde. Dach und Mauern, die *ohne feste Beziehung* zu dem regelmäßigen Muster der tragenden Säulen gestellt sind, werden somit zu unabhängigen, einander schneidenden Flächen, *um ein beständiges Fließen des Raumes auszudrücken.* Darin lag etwas von Wrights betontem Oberdach und einer lebhaften gegenseitigen Durchdringung des Raumes, aber auch eine Leichtigkeit, eine Ordnung und *eine Unterscheidung zwischen Struktur und Wandfläche,* die in engen Beziehungen zu Le Corbusier stand.«[85]

Diese Charakterisierung ist nun nicht etwa eine theoretische Deutung einer architektonischen Gegebenheit, sondern Ablesung ihres Wesens. Und es ist auffallend genug, daß diese Ablesung Elemente namhaft macht, die für die aperspektivische Realisation symptomatisch sind. Die festen Beziehungen weichen flexibleren: die Berücksichtigung des Zeitelementes als Bewegung löst den starren Raum, lockert ihn, bringt ihn zum Fließen; eine Welt der Übergänge und der Zusammenhänge tritt an Stelle der durch bloße Wände abgekapselten Räume; statt einer Teilung (durchaus im Sinne des Rationalen) erfolgt eine Verschmelzung, und der abstrakte Raum wird zu einem konkreten Raum-Zeit-Kontinuum, das unverhaftet Leichtigkeit ausströmt; die trennenden und teilenden Wandflächen werden klar von der Struktur unterschieden; auf ihr, nicht auf den Wänden allein, liegt jetzt die Betonung.

Die durch den Einbruch der Zeit bewirkte Auflockerung des Raumes springt vielleicht nirgends so deutlich ins Auge wie in den besten Schöpfungen der neuen Architektur, die in diesem Sinne durchaus vierdimensional, also aperspektivisch ist. Gewiß, auf den ersten Blick kann sich unser seit Jahrhunderten an die erfrorenen »harmonischen« Proportionen gewöhnter Blick mit dieser neuen »funktionellen« (Sullivan/Adler), aber auch »organischen Architektur« (Wright) kaum befreunden. Sie ist so wenig harmonisch (im alten Sinne des Wortes), als die Musik etwa eines Schönberg »harmonisch« ist, der zu verstehen gab, daß Harmonie (im alten Sinne) Nebensache sei;[86] sie sind a-harmonisch (und nicht etwa un-harmonisch!). Oder besser, nämlich in die architektonische Terminologie übertragen: die neue Architektur ist a-proportional. Das jedenfalls drückt Wright aus, wenn er, bezeichnenderweise, von den überalterten »Systemen [!] der Proportion« spricht und sagt: »Proportion selbst ist nichts. Sie ist eine Angelegenheit der Beziehung zur Umgebung, die sich immer durch jeden sowohl äußeren als inneren Grundzug verändert.«[87] Diese Architektur ist stil-frei in dem gleichen Maße, wie die neue Musik takt-frei ist (siehe oben S. 616[61]), da ein Stil, wie Wright sagt, nichts anderes ist als: »irgendeine Form geistig-seelischer Verstopfung«.[88] Denn: »Bei jeder richtigen Auffassung von organischer Architektur ist Stil der Ausdruck des Charakters. Es ist keine Rede mehr von ›Stilen‹.«[89] Jedoch: »Wahrer Stil kann immer in der Struktur und dem Zweck des Gebäudes gefunden werden... *Darum* wird Stil erreicht, weil Charakter (das Geheimnis des Stils) Ausdruck ist des Prinzips, das von innen nach außen baut – ein Prinzip, das Gültigkeit hat für alle Architekten, die die Wirklichkeit mehr lieben als jedes noch so ›klassische‹ Rezept.«[90] Also Stil nicht als Schablone, als von außen aufgezwungene vorsätzliche Norm, sondern als Qualität innerer, charakterlicher Sicherheit. Auch das Auftauchen dieses qualitativen Elementes ist symptomatisch; es erinnert uns unmißverständlich an den qualitativen Charakter der »Zeit« als Urphänomen.

Die neue Raumauffassung, der die neue Zeitwertung zugrunde liegt, hat zu dem geführt, was heute als »Freier Grundriß« bezeichnet wird. Le Corbusier ergriff die Initiative dafür; er wandte als erster die Diagonale in seinen Bauten an und vor allem die freie und nicht etwa die geometrische Kurve.[91] Ein schönes Beispiel für die Anwendung der freien Kurve ist der brasilianische Pavillon auf der Weltmesse in New York (1939) von Lucio Costa und Oscar Niemeyer Soares (siehe Abb. 47 auf Tafel 11). Er »zeichnet sich durch seinen offenen, frei in Kurven angelegten Grundriß« aus.[92] Auch der finnische Architekt Alvar Aalto »entwickelte seinerseits die freie Kurve«.[93] Die starren, nur raumfixierten Grundrisse weichen *offenen*, freien, bewegten. Elizabeth Mock kann feststellen: »Mit der alten Überlieferung des symmetrisch angelegten rechtwinkligen Grundrisses, der in unveränderliche Abteilungen gegliedert war, ist endlich aufgeräumt [im besten Sinne des Wortes ›auf*räumen*!‹] worden, und dem neuerdings anerkannten Ideal des ›Offenen Grundrisses‹, das oftmals nur unter beträchtlichen Opfern an Ruhe und Abgeschlossenheit erkauft werden konnte, kommt man jetzt mit Vorbedacht immer näher.«[94] Alfred Roth hat mit eigenen Bauten »den Übergang vom starren, geschlossenen zum aufgelockerten, offenen Baukörper« [95] beispielsweise an seinen Mehrfamilienhäusern im Doldertal, Zürich, realisiert (siehe Abb. 49 auf Tafel 12). Er stellt fest, daß »die neuen Bauten das Verständnis für den inneren Wert und die lebendigen Zusammenhänge der Dinge im allgemeinen« wecken.[96] Damit verweist er uns darauf, daß auch von der heutigen Architektur die qualitative »Zeit« berücksichtigt wird und daß demzufolge an Stelle des trennend Systematischen eine Weltsicht der Zusammenhänge tritt. Denn »die Neue Architektur in ihrer heutigen Form ist der unmittelbare Ausdruck des inzwischen gefestigten und intensivierten Zeitbewußtseins«.[97]

Die neue Architektur baut, um es physikalisch auszudrücken, nicht mehr starre, abgegrenzte Räume, sondern raumzeitliche Kontinua. Mit anderen Worten: die Zeit, sofern sie sich architektonisch ausdrücken läßt, hat den geschlossenen dreidimensionalen architektonischen Raum in bewegte, offene Raum-Zeit verwandelt. Und das Stichwort vom »offenen Raum« führt uns direkt

zu 2: Die Überwindung des Dualismus in der Architektur.

Inwiefern können wir jedoch irgendein dualistisches Prinzip in der Architektur finden? Jedes Haus war bisher seinem Wesen nach der Gegensatz des Innern zum Außen. Das Urbild des Hauses, die Höhle, war bergende Dunkelheit. Noch die frühmittelalterlichen Burgen sind lichtscheu (auch nach der Hofseite hin und nicht nur nach der möglichen Feind- und Angriffsseite hin). Erst mit der Renaissance – am auffälligsten am »Palazzo Ducale« von Urbino mit seinen riesigen Außenfenstern – hellt sich, mit der mentalen Erhellung Schritt haltend, der Wohnraum auf. Und heute? Die das Innen vom Außen trennenden Mauern beginnen zu fallen. An ihre Stelle tritt Glas. »Das Haus öffnet sich nach außen, ›in-door‹ und ›out-door‹ werden«, wie Wright sich ausdrückt, »zur Einheit.« [98] Das gilt nicht nur für öffentliche Bauten, wie das »Bauhaus Dessau« (siehe Abb. 48 auf Tafel 12), das »Technologische Institut von Illinois« in Chicago,[99] das »Museum of Modern Art« in New York,[100] die »Ciudad Universitaria« in Madrid oder das von J. Duiker in Holland erbaute Schulhaus, in dem eine Deckenheizung selbst im Winter Freiluftunterricht ermöglicht.[101] Es gilt auch für Privathäuser, wofür das von Edward D. Stone in Old Westbury,

Long Island (New York), erbaute als ein Beispiel unter vielen gelten darf (siehe Abb. 50 und 51 auf Tafel 13).[102] Es ist durchaus so, wie es Elizabeth Mock ausspricht: »Der Wohnraum greift auf den Garten über, und Wände aus Glas verlegen den Ausblick in das Hausinnere zurück: Die Grenze zwischen Innen und Außen verschwimmt immer mehr.« [103] Eine stärkere Form der Überwindung des einstigen Dualismus Innen : Außen läßt sich kaum denken, denn hier wird sie im privatesten Bereich des Menschen, seiner Wohnung, geleistet; die Abkapselung, die Isolation wird aufgegeben; der Mensch beginnt im Offenen nicht nur zu denken und zu musizieren, sondern auch zu leben und zu wohnen. »Offene Weiträumigkeit«,[104] ein Ausdruck Wrights, ist nicht etwa nur ein Amerikanismus. Er entspricht durchaus der neuen aperspektivischen Wirklichkeitsstruktur und Notwendigkeit. Auch für die Städteplanung ist dieses »Öffnen« als Folge der Überwindung des perspektivisch fixierten Lebensgefühles kürzlich auf eindrückliche Weise von Jürgen Pahl, einem Schüler Hans Scharouns, dargestellt worden.[105] In diesem Zusammenhang darf Hans Scharoun selber nicht unerwähnt bleiben. Er hat, man denke lediglich an die »Neue Berliner Philharmonie«, die Starrheit des Fixiert-Perspektivischen auf meisterhafte und kühne Weise überwunden und neue Gestaltgebungen gewagt, die dem neuen Bewußtsein zutiefst verpflichtet sind.

Noch einmal kann uns das Stichwort vom »Offenen« weitertragen:

zu 3: Die Arationalität der neuen Architektur.

Schon die neue, oft gebrauchte Verwendung von Glas läßt ein weiteres Charakteristikum der aperspektivischen Welt aufleuchten: die Durchsichtigkeit. Bereits das »Bauhaus Dessau« zeigt das deutlich. S. Giedion bemerkt dazu: »Hier sind es das Innen und das Außen eines Gebäudes, die simultan [gleichzeitig] dargestellt werden. Die ausgedehnten transparenten Flächen, welche die Ecken entmaterialisieren, gestatten die schwebenden Beziehungen der Ebenen und die Art von ›Überlappungen‹, welche in der zeitgenössischen Malerei auftauchen.« [106] Diese Diaphanität (Transparenz oder Durchsichtigkeit) trägt bereits arationalen Charakter. Wie weit entfernt ist sie von der Spiegelwelt einstiger herrschaftlicher Salons, in der auf magische Weise die Perspektiven eine trügerische Unendlichkeit zu erobern vortäuschen.

Im Bereiche des Rationalen ist immer alles auf ein Zentrum zentriert, wobei der einzelne immer ausschnitthaft, sektorenhaft, perspektivisch dieses Zentrum erfaßt. »Zentralisierung war das Ideal der Monarchie. Integrierung ist das Ideal der Demokratie«, sagt Wright und fügt hinzu: »Die Monarchie ist zusammengestürzt.«[107] Den einst im Außen gesuchten Mittelpunkt – der »neue Mensch« findet ihn in sich. Das ist Integrierung und damit Überwindung des Teilend-Rationalen. Jede Integrierung trägt arationalen Charakter. Wright sieht als Bewohner seiner Zukunftsstadt »Usonien« den »demokratischen Bürger, der sich selbst verantwortlich ist! Er ist der einzige ungefährdete Mensch, weil er der Mensch ist, der von innen heraus diszipliniert ist.«[108] Ein mehr als nur prophetisches Wort: ein prognostisch richtiges Wort, das sich durchaus mit dem deckt, was wir als den Menschen der integralen Bewußtseinsstruktur bezeichnet haben.

Und so gesehen ist es bestimmt nicht zufällig, daß Le Corbusier die »clarté« anstrebt, eine »Cité lumière« und die »Ville radieuse« baut; daß andererseits Wright aus Wirbel- und Schnekkengrundrissen, wie sie sein »Haus Keith« und sein »Haus McCord« aufweisen, »immer entschiedener zu einem Zusammenschluß der Teilformen (fortschreitet): ... aus Schnecke und Wirbel (wird) die Kugel [!]. Diese Schalenformen (z. B. Klubhaus Hollywood Hills) schweben ungefähr so im Raum, wie Seerosenblätter auf dem Wasser schweben.«[109] Abgesehen davon ist diese *durchsichtige* Kugelform der Inbegriff der arationalen Integrierung.

3. *Malerei*

Gelegentlich einer »causerie« in der »Kunsthalle«, Bern,[110] erzählte Fernand Léger von seinen langjährigen Beziehungen und seiner Zusammenarbeit mit Architekten wie Le Corbusier, Alvar Aalto und anderen. Immer wieder ergab sich für die modernen Architekten das Bedürfnis, Wände dadurch gewissermaßen zu durchbrechen, indem die weiße, trennende Fläche mit einer Malerei versehen wurde, die dekorativ oder figurativ oder abstrakt genannt worden ist, die man aber besser als strukturell bezeichnet. Dieses Bedürfnis ist bereits aperspektivischer Art. Daß es durch Fernand Léger gelöst wurde, ist eine aperspektivische Realisation. Am überzeugendsten brachte dies seine »Peinture décorative« für den französischen Pavillon an der »Triennale« in Mailand (1951) zum Ausdruck, die eine Wandfläche von 13,30 × 6,45 m bedeckte und von ihm auf Wunsch der französischen Architekten ausgeführt wurde, um den durch sie begrenzten Raum zu öffnen, um, wie Fernand Léger sich ausdrückte, die tote Wand zum Verschwinden zu bringen (siehe Abb. 56 auf Tafel 16).[111] Die farbigen Elemente – schwarze, blaue, rote, gelbe und grüne auf weißem Grund – dieser Malerei strukturieren die Wand derart um, daß sie nicht mehr trennende, tote Fläche ist, die den Raum begrenzt, sondern ihn dehnt, elastisch macht und das Gefühl der räumlichen Dreidimensionalität auf eine überraschende Weise zum Verschwinden bringt, ohne deshalb in eine zweidimensionale Flächenwirkung zurückzufallen. Derart jedenfalls war der Eindruck, den diese Wandmalerei zuerst in Mailand und dann in Bern bei den Betrachtern auslöste: ein durchaus vierdimensionaler Eindruck, der bezeichnenderweise durch die neuartige Handhabung eines Zeit-Elementes, als welche im systatischen Sinne die Farbe gewertet werden darf, erreicht wurde. Nicht zufällig spricht übrigens Fernand Léger von der »couleur-lumière«, der »Farbe-als-Licht«.[112]

Dieser kurze Hinweis auf den Einbruch der Zeit in die Malerei, durch den sie den temporischen Charakter erhält, der allen »Ismen« seit Cézanne das gemeinsame Gepräge verleiht, legt es nahe, diese aperspektivische Manifestation noch weiter zu untersuchen. Gehen wir deshalb auch jetzt wieder methodisch vor und fragen wir danach, auf welche Weise jene drei Charakteristika in der neuen Malerei sichtbar werden, die wir bisher stets in den Vordergrund gestellt haben:

1. Inwiefern findet ein Einbruch der Zeit in die Malerei statt?
2. Inwiefern bahnt sich in ihr eine Überwindung des Dualismus an?
3. Inwiefern trägt sie arationalen und somit aperspektivischen Charakter?

Das Beispiel von Fernand Léger ist gleichsam ein Auftakt zur Beantwortung der ersten Frage:

1. Ist *die »Zeit« als systatisches Element* die Kraft, welche die heutige Malerei, verglichen mit der dreidimensionalen, raumgebundenen und perspektivischen, zu einer aperspektivischen werden läßt? Und inwiefern ist dies der Fall?[113]

Es mag nicht von ungefähr sein, daß in dem Jahre, in dem die nichteuklidische Geometrie gefunden wurde, also im Jahre 1828, Delacroix in Paris durch die Vorlesungen des Gelehrten Michel Eugène Chevreul über das Gesetz der Komplementär- oder Ergänzungsfarben, welche damals viel von sich reden machten, in eigenen Ansichten bestätigt wurde und erstmals dieses

Gesetz in seiner Malerei berücksichtigte.[114] Was bedeutet diese Betonung der Farbe? Der in den Revolutionsjahren geborene Théodore Géricault (1791–1824) hatte sich 1819 mit seinem Bilde »Floß der Medusa« gegen alle klassizistischen Regeln vergangen. In England war ihm übrigens wegbahnend der Schweizer Johann Heinrich Füßli (1741–1825) vorausgeeilt.[115] Beide sprengen die starre Form, dynamisieren das Bildgeschehen und bekennen sich zu einem geradezu rauschhaften Gebrauch der Farbe: das Imaginative, also das Psychisch-Zeithafte, kommt emotional zum Durchbruch. Und Delacroix ist es, der diesen Zeitaspekt auf malerische Weise erstmals meistert: die Verwendung der Komplementärfarben, die später van Gogh weiter ausbildete, ist die Anerkennung der psychischen Realität, deren Grundstruktur zeithafte Polarität und Ergänztsein ist. Nicht mehr die begrenzende, räumlichende Linie ist Trumpf, sondern die dem Bilde eignende psychische Konfiguration der Polarität wird hier erstmals anerkannt. Konsequenterweise lehnt Delacroix auch die Linie ab. Er nennt die geraden Linien »Ungeheuer«, weil sie in der Natur nicht vorkommen und einzig im Gehirn des Menschen existieren. Wo die Menschen sie verwenden, da zerstören sie die Elemente.[116] Dieser Satz läßt deutlich eine vorerst noch anti-mentale Einstellung erkennen. Die gleiche Auflehnung gegen die mental-rationale Haltung spricht auch aus seiner Zeichentechnik: er gestaltet die Zeichnung nicht durch linienhafte Konturierung, sondern entwickelt sie aus Ovalen heraus.[117] Erstmals kommt hier die Ahnung zum Durchbruch, daß die dreidimensionale Raumvorstellung dem »gekrümmten Raum« weichen wird, der, wie wir wissen, die Grundform der vierdimensionalen Raum-Zeit-Welt ist.

Hat dieses sphärische Raumgefühl – im Gegensatz zu dem durch Waag- und Senkrechte perspektivisch fixierten der Dreidimensionalität – bei Delacroix gewissermaßen noch embryonalen Charakter, so kommt es bei Paul Cézanne (1839–1906) voll zum Ausdruck. Bei der Beurteilung seiner Bilder hatte man bisher den Akzent immer auf jene strukturellen Elemente gelegt, welche Cézanne selbst für seine Malerei als relevant hervorgehoben hatte: daß seinen Bildern die Urformen »Kegel, Kugel und Zylinder« zugrunde lägen. Schon diese Elemente, und vor allem ihre Wirkung auf den Betrachter selbst, lassen das Heraustreten Cézannes aus der bloßen Dreidimensionalität erkennen. Aber erst Ende 1950 drang die Erkenntnis durch, daß die vor zwei Generationen von Cézanne gemalten Bilder insofern gänzlich neuartige sind, als ihnen eine sphärische Raumauffassung nicht nur zugrunde liegt, sondern sie diesen sphärischen Raum zur Darstellung bringen. Wir verdanken diesen äußerst wichtigen Nachweis Liliane Guerry.[118] Auf Grund eingehender Analysen der wichtigsten Werke Cézannes hat sie ersichtlich gemacht, daß Cézanne einen Raum gestaltet hat, »der das Kunstwerk dem Atem der Zeit integriert«.[119] »Sein (Cézannes) Gesichtsfeld ist sphärisch ... (und) die Komposition aus der Krümmung hervorgegangen.«[120] »Auch ihm (Cézanne) erscheint das Universum als ein Sphäroid [kugelförmig].«[121] Und dies geschah, worauf Liliane Guerry ausdrücklich verweist, einige Jahrzehnte vor Einstein.[122] Denn bei Cézanne ist der Raum, im Gegensatz zu den Malern der Renaissance, ein »Kontinuum«.[123] »Er erwächst aus der Kurve, und nicht aus der Geraden, wie noch die Theoretiker der Renaissance glaubten.«[124] Die verschiedenen Diagramme, die Mme Guerry ihrem Buche eingefügt hat, machen diesen Sachverhalt deutlich, so zum Beispiel das des Bildes »Pastorale«,[125] das wir zusammen mit dem Bilde selbst reproduzieren. Dabei stellen wir ihm ein Meisterwerk der Renaissance, Sandro Botticellis »Grablegung Christi« gegenüber, das im ersten Jahrzehnt des 16. Jahrhunderts entstand und den geometrisch perspektivischen Aufbau in vollendeter Strenge zeigt, was durch das ihm desgleichen beigegebene Diagramm besonders ersichtlich wird (siehe Abb. 52 bis 55 auf Tafeln 14 und 15). Der Nachweis der sphärischen Bildfläche ist auch deshalb bedeutsam, weil aus ihm hervorgeht, in welch präformierten und prädisponierten, aus der Latenz zur Wirkung drängenden Bereichen die Notwendigkeit einer neuen Weltsicht erwächst: im Künstler gestaltet sie sich spontan, und diese schöpferische Leistung nimmt die dann nurmehr nachholende wissenschaftliche Theorie – hier die Einsteins – voraus. Dieser Umstand verbürgt die Echtheit und die lebens- sowie bewußtseinsmäßige Notwendigkeit der durch den Einbruch der Zeit erfolgten Umstrukturierung unserer Weltsicht, deren spontanes Inerscheinungtreten hinsichtlich des Bewußtseins Mutations-Charakter hat, denn die Fähigkeit eines neuen Sehens, das mit dem alten Sehen bricht und neue Zusammenhänge und Durchsichten wahrzunehmen ermöglicht, tritt plötzlich in Erscheinung, gleichsam ein Sprung, eine Mutation, aus der drei- in die vierdimensionale Welt. So betrachtet erhalten Mme Guerrys Zeilen ein besonderes Relief: »Statt in Fixiertheit zu erstarren, die keine Stabilität war, sondern ein konstruierter Kunstgriff, statt sich zu weigern, sich dem Pulsschlag der Zeit einzufügen, akzeptiert das Kunstwerk die Bewegtheit, und diese Bewegtheit ist es, die zur Grundlage seiner räumlichen Harmonie wird. Es (das Bild) integriert sich dem universellen Rhythmus, es ist nicht mehr eine geschlossene, außerhalb der natürlichen Zeit und des natürlichen Raumes befindliche und in seiner Autonomie verhärtete Welt ... es ist von nun an [seit Cézanne] integrierender Bestandteil dieses in Bewegung befindlichen Universums.« [126]

In welchem Maße durch Cézanne die Dreidimensionalität überwunden wurde, die ja für uns stets mit der geometrischen Perspektive verbunden ist, das hat Fritz Novotny in seinem Werke »Cézanne und das Ende der wissenschaftlichen Perspektive« (1938) nachgewiesen. Er stellt fest: »Innerhalb dieser (Cézannes) Malerei hat die wissenschaftliche Raumperspektive – die Linear- und Luftperspektive – Wesentlichstes an Bedeutungswert eingebüßt ... das Leben der Perspektive ist geschwunden, die Perspektive im alten Sinne ist tot.« [127] Von Cézanne eingeleitet findet sich dann, Ende der achtziger Jahre des vergangenen Jahrhunderts, der gleiche Vollzug bei van Gogh, Gauguin, Ensor und Hodler.[128] Die Überwindung der Perspektive wird desgleichen an einer anderen Neuerung sichtbar, auf die auch Novotny hinweist und die darin besteht, daß Cézanne im gleichen Bilde »mehrfache Blickpunkte«, »verschiedene Blickachsen« zur Darstellung bringt, so daß beispielsweise bei einem Stilleben »im Vergleich zu der Aufsicht auf die Tischplatte ... oft die Gegenstände auf den Tischen, die Krüge, Teller, Körbe, in viel geringerer Draufsicht«,[129] ja in Profilsicht erscheinen. Thomas Herzog stellt diesen Sachverhalt desgleichen dar: »Cézanne breitet beispielsweise ein Stilleben so ins Bild, daß es fast von oben gesehen erscheint. Die Öffnung eines Kruges wird dadurch kreisförmig ... Wo der farbliche Rhythmus es verlangt, gibt er jedoch gleichzeitig auch der Profillinie des Kruges volles Daseinsrecht, so, als würde er den Krug von vorn sehen. Auch in seinen Landschaften, an Gebäuden etwa, kann man diese ›Sünde‹ wider die Verkürzung eines perspektivischen Sehens feststellen. Man bemerkt das zwar bei Cézanne nur langsam, weil der Rhythmus der Farben und Konturen das Auge zwingt, das Bildganze [also das *Ganze* und nicht nur das perspektivisch betonte Zentralanliegen] zu sehen und eine sich selbst genügende Bildwelt zu erleben. Und dies eben ist es, warum Cézanne sich zu dieser ›kubistischen Manipulation‹, aus zwei Blickpunkten seinen Gegenstand anzusehen, bekennt. Er will, daß die Fläche durch gleichzeitige Profilsicht und Aufsicht sich bewege und dem Betrachter eine Art des bewegten Sehens aufzwinge, so als bewege er sich in einem Raume, an dem die dargestellten Dinge teilhaben.«[130]

Diese beiden Hinweise betreffen nun durchaus nicht ein Detail. Sie betreffen die gegenüber der bisher für uns gültigen Sehweise erfolgte Umstrukturierung ins Aperspektivische. Und sie unterstreichen zudem die fundamentale Erkenntnis von Liliane Guerry, daß die Bildfläche bei Cézanne sphärischer Art ist. Dabei muß aber hinzugefügt werden, daß diese sphärische Bild-»Fläche« *seit* Cézanne für alle jene evident werden dürfte, die unter diesem »Gesichtspunkt« einmal das Schaffen der Meister der beiden letzten Generationen betrachten. Zudem muß betont werden, daß diese Feststellung keinesfalls eine Generalisierung des Fundes von Liliane Guerry ist, sondern daß es sich hier um eine aperspektivische Manifestation handelt, die konstituierend von sich aus in der neuen Weltsicht enthalten ist. Es darf ja keinesfalls vergessen werden, daß der perspektivische Effekt in der modernen Malerei keineswegs verlorengegangen ist, wenn er auch zumeist nicht mehr auf betont lineare Weise zur Geltung kommt. Cézanne selbst ist dafür ein hervorragendes Beispiel. Auch so gesehen ist die moderne Malerei nicht etwa einfach unperspektivisch. Sie negiert die Perspektive, vor allem die durch sie erreichbare Tiefenwirkung, nicht, sondern überwindet sie, macht sich von der Vorherrschaft der bloßen sektorierenden Linearperspektive *frei*, ist also a-perspektivisch, und die einstige Tiefenwirkung strukturiert sich in Durchsichtigkeit um.

Nach Cézanne kommt dies bei den Kubisten am stärksten zum Ausdruck. Um dies in aller Objektivität zu erhärten, beziehen wir uns jetzt nicht auf unsere eigenen diesbezüglichen Ausführungen (siehe oben S. 61 ff.), sondern auf die das gleiche Thema behandelnden von Th. Herzog, welche, was symptomatisch genug ist, zur gleichen Zeit wie die unseren (Winter 1947/48) geschrieben worden sind.[131]

Im Anschluß an den soeben zitierten Passus von Th. Herzog über die Eigenart Cézannes, einen Gegenstand als aus zwei Blickpunkten gesehen darzustellen, führt er aus: »Der Kubismus geht nun einen Schritt weiter und sucht die Unendlichkeit des Raumes, aus dem alle Formen gleichsam herausgeschnitten und mit dem sie gefüllt sind, selbst darzustellen. Er sucht also die Dinge nicht nur von oben und vom Profil zu sehen, sondern sie auch zu durchdringen. Darum wechselt er seinen Standpunkt ungemein schnell. Er erfaßt bei diesem Wechsel immer wieder ein neues Bruchstück und erlebt durch diese dauernde Bewegtheit des Sehens die Beziehungen der Form zum Raum als einen dynamischen, dauernd sich verändernden Vorgang: als vierte Dimension. Um diese vierte Dimension [die als solche den Raum krümmt, also sphäroid macht und statt der Tiefenwirkungen die Durchsichtigkeit ermöglicht] geht sein zugleich intuitives und ganz verstandesmäßiges Bildschaffen. In diesem Sinne ist es zu verstehen, wenn einer der Väter des Kubismus, Georges Braque, sagt: ›Die Sinne zerstören die Form, der Geist allein gestaltet‹.« [132]

Sehen wir davon ab, daß hier kunsthistorisch interpretierend als Anliegen des Kubismus die Sichtbarmachung der »Unendlichkeit des Raumes« genannt wird, während tatsächlich und nicht etwa nur deutend, die vierte Dimension uns weniger die Unendlichkeit der Welt als die sphärische Gestalt des Raum-Zeit-Kontinuums (und dessen Durchsichtigkeit) erschließt, die sich in den »zwei Blickpunkten« der dargestellten sphärischen Fläche – nur auf ihr sind diese beiden Blickpunkte ja möglich! – spiegelt, so haben unter diesem Vorbehalt [133] die weiteren Ausführungen des gleichen Autors zu diesem Thema, in denen er über den Kubismus Picassos handelt, Gültigkeit: »... das eigentliche Rätsel Picasso, das dann nicht nur Paris, sondern die ganze Welt beschäftigen sollte, nahm seinen Anfang erst, als Picasso sich mit Georges Braque dem kubistischen Experiment hingab. In dieser ersten Periode des Kubismus führte Picasso die Gegenstandsformen auf ihre kubischen Entsprechungsformen zurück, tönte deren Flächen in verschiedenen Helligkeitsgraden ab und ließ das Objekt noch erkennbar sein. Der Zweck ist deutlich: der Körper sollte, in seiner flächenhaften Grundform erfaßt, als ein im Raum Befindliches erfaßt werden. In der zweiten Periode wurde dann das Naturbild völlig aufgelöst. Die durch die wechselnden Gesichtspunkte in immer neuer Weise erhaschten kubischen Formen, Ecken, Flächen und Linien werden nun so zusammengefügt, daß die Illusion eines in einem unendlichen Raum sich vollziehenden dynamischen Vorganges entsteht. Auch hier ist der Zweck erkennbar: Wer die Unendlichkeit des Raumes versichtbaren will, muß gleichsam die Zeit als vierte Dimension mitmalen. Er muß zeigen, wie jeder Sehakt ein jetzt auf diese, dann auf jene Weise erhaschtes Raumbild über das jeweils vorherige Raumbild schichtet. Das Ziel ist, aus einer Fülle einander schneidender und ergänzender Raumkomponenten eine Art raumzeitlichen Vorgangs erfühlbar zu machen.« [134]

Wie sehr – damals wahrscheinlich noch ungewußt – das Konzept des »gekrümmten Raumes«, der sphärischen Welt, bereits bestimmend wirksam war, zeigt sich auch an einem bisher übersehenen Detail kubistischer Bilder. Es besteht darin, daß vor allem Juan Gris, Georges Braque und Pablo Picasso viele dieser Bilder nicht etwa, wie die kubistische Manier vor allem vermuten ließe, auf eine rechtwinklige Fläche malten, sondern sie in ein Oval stellten. Die Beispiele für diese ovalförmigen Bilder jener Schule sind so zahlreich und derart bekannt, daß eine besondere Aufzählung nicht nötig ist. Dagegen sei hier noch einmal das bereits gestreifte Problem der dargestellten Vielaspektigkeit der Dinge berührt. Diese Darstellungsweise wurde zuerst von Moritz v. Schwind und von Goya versucht, die Profil-en-face-Wiedergaben in die gleiche Zeichnung stellten;[135] Cézanne brachte dann die gemeinsame Wiedergabe von Profilsicht und Aufsicht; der Kubismus und der Futurismus gingen noch weiter, denn sie versuchten nicht nur einen zweifachen Blickpunkt, sondern mehrfache Blickpunkte auf dem gleichen Bilde zur Darstellung zu bringen, wobei vor allem der Kubismus erstmals eine Durchsichtigkeit des angestrebten raum-zeitlichen Gesamteindruckes erreichte. Diese aperspektivische Sehart ist seitdem auch ohne die Verwendung kubistischer Elemente in der modernen Malerei nicht verlorengegangen, worüber ja bereits gehandelt worden ist (siehe oben S. 63 f.). Wir finden diese Art des Sehens – um nur zwei, auch durch Abbildungen in Teil I belegte Beispiele anzuführen – im Schaffen von Georges Braque und Pablo Picasso der vierziger Jahre (siehe Abb. 1 auf S. 61 sowie Abb. 2 und 3 auf Tafel 1). Als zusätzliches Beispiel dafür, die Dinge aperspektivisch aus verschiedenen Blickpunkten im gleichen Bilde darzustellen, verweisen wir auf die »Arlésienne« von Picasso (siehe Abb. 57 auf Tafel 17). Zu diesem Bilde bemerkt Alfred H. Barr jun.: »An dem Kopf kann man die Absicht der Kubisten, die Gleichzeitigkeit, sehen – denn er zeigt zwei Aspekte eines Objektes zur gleichen Zeit, hier Profil und en face. Die Transparenz sich überlappender Flächen ist desgleichen charakteristisch.« [136] Daß in diesem Zusammenhange das Stichwort »Transparenz« (Diaphanität) fällt, ist beachtenswert. Das aperspektivische Anliegen kann ja, da es stets auf das Ganze gerichtet ist, von diesem Charakteristikum nicht absehen. Überall dort, wo eine raumzeitliche Darstellungs- oder Ausdrucksweise über die rein temporische (die »Zeit« berücksichtigende) Technik hinausgeht, muß diese Diaphanität schon deshalb manifest werden, weil sich das angestrebte Ganze so lange dem Blick entzieht, als wir nur eine seiner Seiten sehen. Ob es freilich dann noch statthaft ist, diese Versuche lediglich so zu betrachten, als ob sie nur eine »Gleichzeitigkeit« zum Ausdruck brächten, scheint sehr fraglich. In dem Moment nämlich, da auch die Diaphanität manifest wird, erscheint das Dargestellte als Ganzes, das als solches der Raum- und Zeitgebundenheit enthoben ist. Was also als bloße »Gleichzeitigkeit« bezeichnet wird, der immer ein magischer Rest anhaftet, da Gleichzeitigkeit stets Aufhebung der Zeitfolge und damit der Zeit zum Ausdruck bringt, das strukturiert sich durch die darstellerisch erreichte Durchsichtigkeit in Zeitfreiheit um. Es handelt sich also, wenn wir terminologisch exakt sein wollen, in derartigen Fällen keineswegs um die Realisierung einer Simultaneität, sondern um die des Achronons. Gleichzeitigkeit ist magische Aufhebung der Zeit: ein Rückfall in den Zustand der Zeitlosigkeit. Zeitfreiheit ist ein Überwinden dieser Zeitlosigkeit, die sich im Wahren des Ganzen bewährt.[137]

Bei alledem sei nicht vergessen, daß das kubistische Experiment nur eine der zahlreichen Spielformen des temporischen Stiles ist, der die Aperspektivität vorbereitet. Einerseits scheint er die Formen zu zerstören, was nicht wunder nimmt, löst er ja den dreidimensionalen Raum auf; andererseits greift er in dem Moment, da er die Harmonie des menschlichen Körpers aus der Darstellung ausschließt – nachdem der Akt eines der Hauptthemen der perspektivischen Malerei gewesen war –, auf gewisse Urformen zurück und gegenwärtigt sie damit. So gesehen ist es nicht bedeutungslos, daß besonders mit und seit dem Kubismus sehr häufig Gitarren, Mandolinen und Lauten in der Malerei auftauchen. Infolge der neuen Symbolforschung wissen wir heute, daß diese die Urform des weiblichen Körpers symbolisieren, gewissermaßen ihr Urbild sind.[138] Die Ersetzung des menschlichen Körpers, des gemalten Aktes, durch seine Urform, wie sie in der modernen Malerei statthat, diese betonte Gegenwärtigung eines Urbildes dürfte einen zusätzlichen Aufschluß über die bisher verborgenen temporischen Anliegen dieser Malerei geben.

Hin und wieder ist dieses temporische Anliegen von einzelnen Malern sogar klar und deutlich formuliert worden. Beispielsweise von Theo van Doesburg (1883–1931), der einige seiner

»abstrakten« Darstellungen als »Space-Time-Constructions« bezeichnete.[139] Weitere Beispiele finden sich Jahre zuvor bei den Futuristen.[140] Hier sei lediglich auf die »Ruhelose Tänzerin« von Gino Severini verwiesen (siehe Abb. 58 auf Tafel 18), von der Severini selber ausdrücklich feststellte, es handle sich bei ihr um »Gesamteindrücke, vergangene und gegenwärtige, nahe und entfernte, kleine und große der Tänzerin, wie sie dem Maler erscheinen, der sie in verschiedenen Perioden ihres Lebens beobachtet hat«.[141]

Wie überall, so brachte die Berücksichtigung des Zeitelementes auch in der Malerei jene Versuche mit sich, den bloß rationalen Dualismus zu überwinden. Auch dafür lassen sich zahlreiche Beispiele anführen. Wir wollen einige herausgreifen:

zu 2: Die Überwindung des Dualismus in der Malerei.

Bereits die Anwendung der Komplementärfarben durch Delacroix ist ein Heraustreten aus dem Gegensatz, dem Dualismus, in die Entsprechung, die polare Komplementarität. Es sind nicht mehr Kontrastwirkungen der Farben, die gegeneinander ausgespielt werden, sondern das Bild lebt aus den polaren Bindungen, aus den farblichen *Zusammenhängen: die Struktur* hat sich grundlegend geändert, gewandelt. Und das Thema der Komplementärfarben ist seit Delacroix nicht mehr aus der Malerei verschwunden. Nicht nur van Gogh arbeitete mit ihnen, auch die meisten der späteren Meister suchten die reinen Farben. Die »Fauves« stellten in dem Moment, da Einstein den Gegensatz Materie : Energie aufhob, die letztlich auf Cézanne zurückgehende Forderung auf, daß das Bild »Form (beziehungsweise Linie) und Farbe« sein solle.[142] Darin spricht sich eine beachtenswerte Parallelität zwischen Physik und Kunst aus, die auf beiden Gebieten ihre Wurzel in der Notwendigkeit hat, die neue Weltsicht zu realisieren.

Die Präokkupation der Dualismusüberwindung spiegelt sich in der Malerei aber noch auf andere Weise. Sie wird, soweit wir das beurteilen können, erstmals bei Cézanne akut. Vergessen wir nicht, daß ein Bild stets als ein Gegenüber empfunden wurde. Es war Objekt sowohl für seinen Schöpfer als für seinen Betrachter. Liliane Guerry verweist folgerichtig darauf, daß auf Grund der Hereinnahme der Zeit in das Bild durch Cézanne »die Grenzen zwischen dem Raum des Betrachters und dem des Kunstwerkes aufgehoben werden. Der eine und der andere identifizieren und harmonisieren sich ...«[143] Die letzte Schlußfolgerung, die Liliane Guerry aus ihrer Untersuchung zieht, weist auf den gleichen Vorgang hin und stützt sich zudem auf eine Aussage Cézannes: »So wie er die Zeit überwunden hat, weil er sich ihrem Rhythmus integrierte, so ist der Maler von nun ab auch Meister des Raumes. Und erst jetzt kann er zusammenfassend sagen: ›Ich fühle mich von allen Nuancen des Unendlichen gefärbt. Ich bin nur mehr eins mit meinem Bilde‹.« [144] Es wäre jedoch ohne jeden Zweifel falsch, weil der erreichten Bewußtseinsfrequenz widersprechend, wollte man diesen Satz Cézannes mystisch oder psychologisch interpretieren. Es handelt sich hier für jeden, der zu hören vermag, um eine Überwindung von Zeit und Raum und von Objekt und Subjekt, um eine Befreiung von diesen und um eine bewußte Teilhabe am Ganzen. Es handelt sich weder um ein mystisch-magisches Absinken in bloße Raumzeitlosigkeit noch um eine bloß psychologisch erklärbare Identifikation.[145] Freilich werden jene, die aus der mentalen Begrenztheit und aus der Raumbefangenheit heraus das Schlagwort vom »Verlust der Mitte« [146] im Munde führen, die neue Bewußtseinsstruktur, welche aus den angeführten Beispielen spricht, nicht anerkennen können. Das Ganze, da es raumzeitfreier Art ist, kennt keine Mitte. Nur im Räumlichen und im räumlich Gedachten gibt es die Mitte. Wer dreidimensionale Maßstäbe an die aperspektivische vierdimensionale Kunst unserer Tage legt und von räumlichender Mitte dort spricht, wo das von Raum- und Zeitbegriffen befreite Ganze durchsichtig wird, der ist schlecht beraten und wirbelt zu falscher Zeit am falschen Ort Staub auf. Verlust der Mitte ist kein Verlust, sondern Gewinnung des Ganzen.[147]

Was für Cézanne gilt, das gilt weitgehend auch für die heutigen Meister. Hinsichtlich Paul Klees hat dies Paul Westheim zum Ausdruck gebracht: »Der tragische Konflikt: äußeres Bild und dargestelltes Bild, Sein und Sinn ist durch Paul Klee überwunden worden. Oder besser noch: er existiert nicht mehr.« [148] Die gleiche Lösung weist Daniel-Henry Kahnweiler für Juan Gris als übereinstimmend mit jener der modernen Musiker nach: »Die Meister der Zwölftonmusik haben die Unterdrückung des Dualismus in Angriff genommen und sich dabei von Überlegungen leiten lassen, die denen von Juan Gris verwandt sind.« [149] Diese Beispiele dürften genügen. Sie zeigen eine Befreiung von der rationalen Seh- und Denkweise an, die aber nicht zur Irrationalisierung zurückführt, sondern im Gegenteil das Rationale ins Arationale überdeterminiert. So mögen noch einige Hinweise

zu 3: der Arationalität der neuen Malerei hier am Platze sein,

Hinweise, welche die aperspektivischen Manifestationen auch in dieser Kunst noch deutlicher werden erscheinen lassen.

Das bekannte Wort Picassos: »Ich suche nicht, ich finde« bringt zumindest die arationale Haltung dieses Meisters zum Ausdruck. Diese Einstellung setzt keine Vorsätzlichkeit voraus, die als solche stets perspektivisch und gerichtet ist. Werner Haftmann zieht zur Deutung dieses Wortes Picassos Ausführungen von Hermann Hesse heran: »Hermann Hesse sagt im ›Weg nach Innen‹, wenn Suchen bedeute, daß man ein Ziel habe, so heiße Finden ›frei sein, offen stehen, kein Ziel haben‹.«[150] In diesen Zusammenhang gehört übrigens auch die Theorie der »figures ouvertes«, die André Lhote im Anschluß an Cézanne für die Landschaftsmalerei entwickelt hat und mit deren Hilfe »die verlogene, ganz und gar intellektuelle Abgrenzung oder Umrißzeichnung« der Dinge durch verbindende Übergänge ersetzt wird.[151] Auch hier kein zielgerichtetes Suchen, sondern ein offenes Erfassen: *der Findende trägt das Ziel in sich;* deshalb braucht er es nicht im Außen zu suchen.

Allgemein betrachtet ist aber die Arationalität in der Malerei genauso wie auf den anderen von uns behandelten Gebieten lediglich die Konsequenz oder besser: die umfassende Umschreibung für jene Haltung, die in dem Moment effizient wird, da der »Einbruch der Zeit« zur Wirkung kommt. Diese Wirkung bringt jeweils die Überwindung des rationalen Dualismus und der perspektivischen Fixiertheit mit sich; sie formt die dreidimensionale Raumwelt in die sphärische, vierdimensionale Raum-Zeit-Welt um; sie öffnet in der Malerei in gleicher Weise den geschlossenen Raum, wie sie das geschlossene Denken oder das geschlossene Recht in offene verwandelt oder die bloßen Systeme in Strukturen überdeterminiert. In der Malerei nun fallen die Termini aperspektivisch und arational in dem gleichen Maße zusammen, wie in der Musik die Termini atonal und arational kongruieren.

Hinweisen auf die Aperspektivität als einer malerisch ausgedrückten Arationalität sind wir bereits auf den vorstehenden Seiten begegnet. Sie scheint besonders durch jene Charakteristika durch, die wir des öfteren ersichtlich machten: den sphärischen Bildgrund, die Betonung der Struktur und des offenen Raumes sowie der Diaphanität (Transparenz oder Durchsichtigkeit).

Welche der zahlreichen neuen Stile seit dem Impressionismus wir auch immer betrachten, mögen sie einander auch so fremd gegenüberstehen wie der gefühlsbetonte Expressionismus dem disziplinierten Kubismus, so wird es deutlich, daß sie alle nur Versuche sind, die gültige neue Ausdrucksweise zu finden. Dies ist das ihnen Gemeinsame, zumal sie alle sich um die Lösung des gleichen Problems bemühen. Das gilt auch dort, wo sie sich über die Tiefe ihres Anliegens noch nicht Rechenschaft ablegen konnten und demzufolge Bezeichnungen einführten, deren Widersprüchigkeit zeigt, in welchem Maße sie noch im schöpferischen Umformungsprozeß befangen waren und daher noch keine klar urteilende Distanz zu sich und ihren Werken hatten. Nur so ist es verständlich, daß die einen das als abstrakte Kunst bezeichnen, was andere konkrete Kunst nennen, wobei beide Seiten vergessen, daß die perspektivische Kunst schon deshalb die abstrakteste Kunst ist, weil die durch die Perspektive vorgetäuschte Dreidimensionalität eine Abstraktion ist. Alle Stilarten seit dem Impressionismus sind lediglich Spielarten der Temporik, Versuche, durch den Einbezug der Zeit die perspektivische Dreidimensionalität zu überwinden. Dabei wird von Jahrzehnt zu Jahrzehnt deutlicher, daß es gar nicht mehr um die Dinge als solche, auch nicht um abstrakte oder konkrete Formen, um nachbildende, vorbildende oder urbildende Kunst geht, sondern um die Sichtbarmachung von Strukturen, die »hinter« den Dingen und Gedanken liegen –, die ihnen zugrunde liegen. Picasso hat diesen Tatbestand formuliert: »Nicht die Fassade der Dinge, sondern ihre geheime Struktur...« [152] ist es, die den heutigen Maler beschäftigt. Es ist das gleiche Anliegen, nämlich durch die raumzeitlichen Strukturen hindurch den Zusammenhang des Ganzen durchsichtig zu machen, dem wir ja immer wieder begegnet sind.

Die Betonung des Strukturellen dürfte heute für viele der Besten [153] das am stärksten ins Auge springende und sie über die verschiedenen »Stile« hinaus verbindende Merkmal sein. Hier bahnt sich zudem die Gewinnung der offenen *»Welt ohne Gegenüber«* an. Wir haben mit dieser Formulierung [154] nicht etwa eine negative, du-lose, beziehungsleere Weltsicht bezeichnet, sondern die entschränkte, entgrenzte Welt, die unserer Wahrnehmung die Fülle und den Beziehungsreichtum des unverstellten Ganzen erschließt. Dieser »Verlust« des Gegenüber, der nur jenen ein Verlust scheint, welche, aus Mangel an eigener Sicherheit im »Sich«, der sie sichern sollenden Grenzen ihrer Systeme und der Besitzsucht ihres verhärteten Ich nicht entraten können, – diese Aufgabe des Gegenüber ist *Gewinnung des Miteinander*, der echten, auch mitmenschlichen Teilhabe. In diesem Miteinander wird das Du, sei dies nun der Partner, die Welt oder das Göttliche, nicht mehr als uns *gegenüber*stehend gedacht, begriffen oder ergriffen. Subjekt und Objekt, die einander letztlich stets dualistisch bekämpfen, verlieren ihren Gegensatzcharakter und was zumeist feindseliger Kampf um Bewahrung eines mißverstandenen Ichwertes ist, verwandelt sich in die schöpferische Spannung, welche lebenserhaltend dem Miteinander der sich ergänzenden Pole entspringt.

Die raumzeitlichen Strukturen, die in der heutigen Malerei aufscheinen, lösen die nur räumlich fixierenden Systeme auf. Die Systeme behalten nur noch dort gültigen Handhabungswert, wo sie, wie in Wissenschaft, Technik und dem notwendig unterscheidenden Begriffsdenken, abgezirkelte Bereiche der Wirklichkeit (der Welt des Gegenüber!) manipulierbar machen.

Man sollte sich also nicht durch die Unzahl der Stilbezeichnungen verwirren lassen. Noch weniger dadurch, daß viele einander konträr zu sein scheinen. Der Impressionismus löst die Form auf; der Pointillismus bringt den Raum zum Vibrieren; die Primitiven (Henri Rousseau, le »Douanier«, und seine Nachfolger) sagen sich radikal von der Perspektive los und versuchen aus einer infantilen Haltung heraus das Neuland zu gewinnen; der Fauvismus meistert ein neues Verhältnis von Linie und Farbe, also von Raum und Zeit, oder um Paul Klees Definition von Linie und Farbe zu berücksichtigen: er meistert das Verhältnis des Quantitativen, Messenden, der Linie, zum Qualitativen, der Farbe.[155] Der Expressionismus versucht affektgeladen die letzten Reste der naturalistischen dreidimensionalen Weltvorstellung und -darstellung zu zerschlagen; der Futurismus und vor allem der Kubismus gestalten ansatzmäßig die neue sphärisch durchsichtige Struktur der Welt; der Surrealismus erliegt der Zeithaftigkeit der Psyche, da er nicht ungestraft das Zeitproblem von der Pubertätszone aus, zudem mit aufgequirlter Psychoanalyse verbrämt, angeht; die sogenannten Abstrakten, deren Malerei man besser und richtiger als »strukturell« bezeichnen sollte, lösen sich gänzlich von jeder Form dreidimensional erfaßbarer Gegenständlichkeit[156]: welch eine Intensität an Bemühung während der beiden letzten Generationen auf der Suche, die neue Weltsicht zum Ausdruck zu bringen; wie viele Künstlerleben und Lebenswerke, die selbst noch mit ihrem Fehlschlag den weiteren Weg, besser: die Absprungsbasis freilegten; wie viele Fehlversuche, die Perspektive zu überwinden, deren Anzahl jenen Fehlversuchen sich nähern dürfte, die während Generationen vor Leonardo da Vinci den Weg zur Auffindung der Perspektive kennzeichnen (siehe oben S. 45 f.); wie oft eine falsch gewählte Ausgangsbasis, sei es die magisch betonte der »Sonntagsmaler«, sei es die psychisch betonte der Surrealisten, die jedoch nur sous-realistisch ihre Traumwelt und die psychischen Krisen der Epoche aus sich herausschleuderten,[157] sei es der affektgeladene und somit desgleichen psychisch betonte Fehlversuch des Expressionismus: zumindest haben sie gezeigt, auf welche Weise die neue Bewußtseinsstruktur sich nicht verwirklichen läßt. Dagegen finden sich in den letzten Werken der großen Meister, vor allen in denen von Braque, Léger, Matisse und Picasso, auf eine zusammenfassende Art alle jene Elemente wieder, die durch die verschiedenen Versuche Gestalt angenommen haben: der sphärische Bildraum Cézannes; die »Abstraktion«, sprich: Strukturierung der Futuristen, Kubisten, »Abstrakten« sowie einiger Tachisten; die reinen Farbwerte, die von Delacroix über van Gogh zu den »Fauves« sich festigten; die Auflockerung, die Kubismus und Expressionismus anbahnten. Bei diesen Malern beginnt sich zu realisieren, was Franz Marc aussprach: »Ich beginne immer mehr hinter oder besser gesagt: durch die Dinge zu sehen.«[158] Diese Durchsichtigkeit wird allmählich wahrnehmbar.

Als ein spielerisch anmutendes, aber symptomatisches Beispiel dürfen hier auch die »Lichtzeichnungen« Picassos genannt werden (siehe Abb. 59 und 60 auf Tafel 19).[159] Selbst die »Mobiles« von A. Calder mögen in diesem Zusammenhange erwähnenswert sein (siehe Abb. 61 auf Tafel 20)[160] sowie gewisse »Kugelphotographien« (siehe Abb. 62 und 63 auf Tafel 21), die freilich nur ein Hinweis darauf sind, daß im Allgemeinbewußtsein der Drang nach aperspektivischer Wahrnehmung besteht.[161] Alle diese Versuche machen eines anschaulich: das Verlangen aus dem bisherigen Rahmen hinauszutreten. Ungemein stark kommt dieses Bedürfnis in einem der transparentesten Bilder von Georges Braque zur Geltung. Es ist ein Bild, das, 1946 gemalt, Sonnenblumen darstellt. In ihm ist für jeden Betrachter das Vorwiegen der gekrümmten Linien, die eine sphäroide Bildfläche erkennen lassen, offensichtlich. Diese Bildfläche, der natürlicherweise ein rechtwinkliger Rahmen inadäquat ist, greift in den Rahmen hinein und ihre Struktur sprengt ihn und löst ihn damit auf (siehe Abb. 66 auf Tafel 22).

Jede echte Struktur birgt die Möglichkeit für das Durchsichtigwerden im Sinne von Franz Marc, da sie, das Raumzeitliche berücksichtigend, letztlich aus der Raumzeitlosigkeit hervorgeht, welche im bewußten Vollzug überwunden wird und sich dadurch in Raumzeitfreiheit, ins Achronon, wandelt. Paul Klee gab dem Ausdruck: »Da, wo das Zentralorgan aller zeitlich-räumlichen Bewegtheit, heiße es nun Hirn oder Herz der Schöpfung, alle Funktionen veranlaßt, wer möchte da als Künstler nicht wohnen? ... im Ursprung der Schöpfung ...« [162] Also im Ursprung, der durch den Künstler Gegenwart wird. Paul Klees Werk spiegelt, wie Hans-Friedrich Geist sagt, »ein Erahnen (des) geistigen Ursprungs« der Dinge.[163] Und Paul Klee spricht selber davon, daß es Aufgabe des Künstlers sei, »der Genesis [dem Ursprung] Dauer (zu) verleihen«.[164] Kurt Leonhard kommentiert seinerseits diesen Ausspruch: »Die abstandgebietende Tektonik Picassos und die einfühlsamen Feinstrukturen Paul Klees enthalten vielleicht von allem, was die jüngste Vergangenheit uns hinterließ, die stärkste Verheißung für die Zukunft. Beide haben die Mauern des Augenscheins eingerissen, hinter denen sich die unbegrenzten und einander nur scheinbar widersprechenden Möglichkeiten der modernen Seele ausdehnen.« [165] Auf eine fast lyrische Weise macht Paul Klee in seinem Werke jenes einstige Doppelreich von Nacht und Tag, Traum und Wachheit, Tod und Leben durchsichtig und notiert in sein Tagebuch: »Diesseitig bin ich gar nicht faßbar. Denn ich wohne grad so gut bei den Toten wie bei den Ungeborenen. Etwas näher dem Herzen der Schöpfung als üblich. Und noch lange nicht nahe genug.« [166] Es ist dies die gleiche Bewußtseinshaltung, die aus den Worten Cézannes spricht: »Die Natur ist nicht an der Oberfläche, sondern in der Tiefe, die Farben sind der Ausdruck dieser Tiefe an der Oberfläche, sie steigen von den Wurzeln der Welt auf.« [167]

Diese »Wurzeln der Welt«, das dem bloßen Auge Unsichtbare, die »geheime Struktur« der Dinge – das haben, neben Picasso, noch andere Maler unserer Epoche in die Wahrnehmbarkeit gehoben. Um wenigstens einige zu nennen, sei auf die Bilder (seit etwa 1955) von Ernst Wilhelm Nay hingewiesen, die mit ihren Ballungen sowie Kugel- und Scheibenformen das subatomare Geschehen evozieren. Auch Klee hatte bereits besonders botanische Mikrostrukturen aufleuchten lassen[168]. Andere folgten ihm. Um nur noch zwei Beispiele anzuführen, sei auf Sophie Taeuber-Arp und Hans Haffenrichter hingewiesen. Das Bild von Sophie Taeuber-Arp, »Lignes d'été«, zeigt strukturell eine überraschende Verwandtschaft mit einer Mikrophotographie von in Lack eingebetteten Stärkekörnern (s. Abb. 64 und 65 auf Tafel 22); das Bild von Hans Haffenrichter, »Energie«, erinnert dagegen an eine Makrostruktur, die desgleichen dem bloßen Auge nicht sichtbar ist: an einen Sternennebel im Sternbild »Jagdhunde«, den die Mount Wilson and Palomar Observatories photographierten (siehe Abb. 67 und 68 auf Tafel 23). Diese Verwandtschaften als zufällige Koinzidenzen zu bezeichnen, dürfte kaum stichhaltig sein, da noch eine große Anzahl ähnlicher Übereinstimmungen oder Näherungen struktureller Art nachgewiesen worden sind.[169]

Herrscht bei Klee jedoch noch der psychische, manchmal magische Akzent vor, so gelingt ihm doch die Evokation der Vielschichtigkeit und Durchsichtigkeit des Ganzen.[170] Transparenter freilich dürften Bilder sein wie jene Stilleben Picassos, die in Antibes (Musée Grimaldi) hängen, dann jene anderen von Matisse der gleichen Jahre (seit 1943) sowie jene von Léger aus den Jahren 1948 bis 1951.[171] Ihnen allen ist auch jenes Stilmittel eigen, daß das Weiß des »Grundes« sich dem »Dargestellten« integriert und es durchsichtig macht. Die Reproduktion eines derartigen Stillebens, nämlich Pablo Picassos »Vase mit Laub und Seeigeln« des Jahres 1946, kann vielleicht, trotz der Schwarz-Weiß-Wiedergabe, diesen Sachverhalt deutlich machen (siehe Abb. 69 auf Tafel 24).

Alle diese Ansätze, die wir als aperspektivisch bezeichnet haben, lassen die Arationalität der modernen Malerei deutlich werden. Sogar teilweise Rückgriffe, wie jene der ersten »Abstrakten«, der Expressionisten und Surrealisten, welche die Dreidimensionalität vornehmlich vom Psychischen her zu überwinden trachteten, führten, wie die Alterswerke eines Klee und selbst einige Kandinskys zeigen, über das Irrationale und das Rationale hinaus.

Heute, in der Mitte des Jahrhunderts, erfüllt sich das Wort, das Franz Marc im Jahre 1915 notierte: »Wir werden im 20. Jahrhundert zwischen fremden Gesichtern, neuen Bildern und unerhörten Klängen leben. Viele, die die innere Glut nicht haben, werden frieren und nichts fühlen als eine Kühle und in die Ruinen ihrer Erinnerung flüchten.«

4. Dichtung

Mit diesem Abschnitt, welcher der Dichtung, dem sprachlichen Kunstwerk gewidmet ist, nähern wir uns dem Ende unserer Darstellung der aperspektivischen Manifestationen. Hier nun wird sich erweisen, ob auch die grundlegende Äußerungsform des Menschen, seine Sprache, jenen strukturellen und mutativen Wandel spiegelt, den wir für die verschiedenen Gebiete nachzuweisen versucht haben. Ließe er sich in der Sprache, und das will besagen in ihrer Struktur und in der Thematik der Dichtung seit der Französischen Revolution, nicht nachweisen, so würden die nur mittelbaren Manifestationen aperspektivischer Art, wie sie vor allem in den Wissenschaften zum Ausdruck drängen, zwar nicht in Frage gestellt, aber doch letztlich unfundiert sein. Lassen sich jedoch jene Manifestationen auch in der durch die Sprache getragenen Dichtung nachweisen, dann freilich stellt ein solcher Nachweis gewissermaßen den krönenden Beweis unseres Unterfangens dar.

Und noch in einem anderen Hinblick wäre dieser Nachweis grundlegender und letztgültiger Art: weil nämlich Dichtung, wie wir bereits an anderem Orte ausgeführt haben,[172] mehr ist als bloß Epik, Drama oder Lyrik. Dichtung ist – und dies vielleicht in erster Linie – Geschichtsschreibung (siehe auch oben S. 269f.). Aber nicht etwa eine historische der Daten, der manifesten Ereignisse und Geschehnisse. *Dichtung ist Geschichtsschreibung des Datenlosen,* ist Aufzeichnung und Aussage über die unsichtbaren Ereignisse und Geschehnisse, jener Ereignisse, die vom Ursprung her wirken, die im dichterischen Wort gegenwärtig werden und dann in sozialen, politischen und wissenschaftlichen Tatsachen zu greifbarer Auswirkung gelangen. Daß Dichtung Geschichtsschreibung des Datenlosen ist, also dessen, was, wären die Dichter nicht, ungreifbares Ereignis bliebe, dafür sind die großen unter ihnen sichtbares Beispiel. In den Werken Homers, einer Sappho, Vergils, der Troubadours, Dantes, Shakespeares, Goethes, Hölderlins, Mallarmés, nehmen jeweils neue Wirklichkeiten Gestalt an, deren Wirkung nicht verblaßte, da die entscheidenden, die ungreifbaren Ereignisse in ihnen sichtbar wurden.[173]

Dieser Aspekt der Dichtung verdient deshalb hervorgehoben zu werden, weil eine grundlegende Änderung in der Auffassung und Art der Geschichtsschreibung ein temporisches Bemühen darstellt. Denn Geschichte ist ja vordringlich ein »Zeit«-Problem. Nicht zufällig erfolgte die erste große Auseinandersetzung mit diesem Problem durch Hegels Geschichtsphilosophie. Sie führte zu jenem, von Karl Löwith wieder betonten Tatbestand, daß sich »Hegels Schüler, nicht zuletzt Marx, allen Ernstes fragten, wie denn Geschichte nach Hegel überhaupt noch weitergehen könne. Die Befreiung von Hegels abschließendem System kam (dann) zunächst durch Schelling«.[174] Er sagte, wie der nüchterne Hegelianer Rosenkranz notierte, in seiner Berliner Antrittsvorlesung (1841), es ginge darum, die Menschheit »über ihr bisheriges Bewußtsein hinaus(zu)rücken«.[175] Schelling spricht als bewußte Forderung aus, was durch die großen Geschichtsschreiber des Datenlosen, durch die Dichter vor allem seit Hölderlin, geleistet zu werden scheint. In ihren Werken, in der Struktur ihrer Sprache und in der Thematik ihrer Aussagen, wird eine Hinausrückung des menschlichen Bewußtseins über seinen bisherigen Stand Wirklichkeit. Mit anderen Worten: Wir können an der Dichtung jene Mutation, jenen Ruck, jene Rükkung des Bewußtseins ablesen, die seine bisherige nur dreidimensionale Realisationsweise in die vierdimensionale überdeterminierte. Damit das geschehen konnte, mußte natürlicherweise das Zeitproblem in irgendeiner sichtbaren und nachweisbaren Form in den Vordergrund treten. Dies war der Fall, und zwar sowohl sprachlich-strukturell als auch thematisch-aussagemäßig.

Wir haben uns zu diesem Thema im Verlaufe der letzten fünfundzwanzig Jahre bereits verschiedentlich geäußert und werden – soweit es möglich ist – zu vermeiden trachten, die zahlreichen Beispiele, die wir in den verschiedenen Publikationen für diese aperspektivische Manifestation gegeben haben, hier zu wiederholen.[176] Dies ist auch deshalb nötig, weil das uns für unseren Nachweis vorliegende Material außerordentlich umfangreich ist, so daß wir, wie das übrigens auch bei der Darstellung der vorstehend behandelten Gebiete geschehen ist, den weitaus größeren Teil des beweisenden Materials aus Raumgründen nicht berücksichtigen können – ein Umstand, der vielleicht der Überschaubarkeit des Dargelegten zustatten kommt.

Noch einmal wollen wir das oft geübte Schema verwenden, indem wir auch bei der Behandlung der Dichtung die drei Fragen stellen und zu beantworten suchen:

1. Inwiefern wird das *Zeitthema* als systatisches Element in der Dichtung akut?
2. Inwiefern wird in ihr der *Dualismus überwunden*, ohne

daß dies zu einem Rückfall ins Irrationale oder zu einem versteiften Beharren im mythisch Irrationalen führte?

3. Inwiefern manifestieren sich in ihr *arationale Ansätze* und damit die Realisation der Diaphanität?

Ein Aphorismus Hölderlins enthält im Kern eine Antwort auf diese drei Fragen. Er lautet:

»Man hat die Inversion der Worte in der Periode. Größer und wirksamer muß aber dann auch die Inversion der Periode selbst seyn. Die logische Stellung der Perioden, wo dem Grunde das Werden, dem Werden das Ziel, dem Ziele der Zweck folgt, und dic Nebensätze immer nur hinten angehängt sind an die Hauptsätze, worauf sie sich zunächst beziehen, – ist dem Dichter gewiß nur höchst selten brauchbar.« [177]

Hölderlin hat diese Überlegung in seiner Dichtung angewandt. Damit trat an Stelle der logisch und somit auch perspektivisch gerichteten *Beschreibung* die alogische und somit auch aperspektivische *Aussage.* Bei Hölderlin wandeln sich bloße Mythologeme und Philosopheme in Eteologeme. Die Souveränität, den kontinuierlichen Zeit- und Geschehensablauf der Pcriode: Grund – Werden – Ziel – Zweck durch Inversion aufzuheben, ist eine Überhöhung des rationalen Determinismus in den arationalen Indeterminismus, besser: der Kausalität in die Akausalität. Von dieser Handhabung der Inversion darf man füglich sagen, sie sei mehr als nur eine die Syntax betreffende philologische Angelegenheit; sie ist von struktureller Art, sie verändert die Struktur, die dadurch nicht mehr räumlich systematisch bleibt, sondern zu einer raumzeitlich synairetischen wird. Dieser durch die »Inversion der Periode« erreichte Gewinn nimmt mit einem Ruck alle temporischen Leistungen der auf Hölderlin Folgenden voraus: die Befreiung vom gerichteten Zeitablauf, von der Gebundenheit an die gemessene Zeit und an die rhythmische Zeithaftigkeit. Mit anderen Worten: bei Hölderlin leuchtet das Achronon auf. Es geht nicht mehr um die Folge, die Aufeinanderfolge der Teile. Anliegen und Aussage Hölderlins betreffen das Ganze, das Wahre, das ungeteilt ist, ohne Folge und sich in jedem echten Wort gegenwärtigen kann. Denn: »Im Anfang«, nein, »im Ursprung« (denn es heißt im griechischen Text »ἀρχή«) »war das Wort«. In Hölderlins später Dichtung wird Ursprung Gegenwart. Sein Satz, seine reine Aussage (also sein eteologisches Wort): *»... Lang ist / Die Zeit, es ereignet sich aber / Das Wahre«,* [178] gilt nicht nur allgemein, sondern insbesondere auch für sein Werk. In seiner Geschichtsschreibung des Datenlosen – das Wahre, das Diaphainon, ist datenlos – wird, was zeitlos schien, in die Zeitfreiheit gehoben: es ereignet sich, wird sich seiner selbst eigen: auch das Zeitlose wird bewußtes Achronon: was tiefste Vergangenheit und was fernste Zukunft ist, was also der Zeit verhaftet scheint, wird zeitfreie Gegenwart. Daß dies nicht etwa eine eigenmächtige Interpretation unsererseits ist, beweisen Hölderlins eigene Worte, die es verdienen, Wort um Wort gelesen zu werden: »Ich habe es einmal gesehen, das Einzige, das meine Seele suchte, und die Vollendung, die wir über die Sterne hinaus entfernen, die wir hinausschieben bis ans Ende der Zeit, die habe ich gegenwärtig gefühlt. Es war da, das Höchste – in diesem Kreis der Menschennatur und der Dinge war es da.« [179]

Der Aphorismus Hölderlins über die Inversion läßt sowohl Zeitfreiheit durchscheinen als auch jene Akausalität, die eine Überwindung des Dualismus darstellt, und jene Arationalität, die das Mental-Logische nicht etwa durch Irrationalisierung rückgängig macht, sondern durch Wahrung des Ganzen überhöht, also überdeterminiert.

Und noch etwas kommt hinzu, worauf Hannes Maeder hingewiesen hat: daß Hölderlin das »gewichtige Wort« pflegte; anders ausgedrückt: er gab der Sprache zurück, was der Sprache ist. Sie, die der Beschreibung diente, wird durch ihn reine Aussage. Er erreicht dies durch »Brechung der Konstruktion« und durch die besondere Art der Zäsuren in seinen Versen. »Die prosaische Redefolge, in der das Subjekt (Bestimmtes) dem Prädikat (Bestimmendes) vorangeht, ist für Hölderlin unzweckmäßig, da durch das begriffliche Prädikat das Subjekt zum bloßen Gegenstand einer Aussage [im Sinne eines zu Beschreibenden] herabgedrückt wird und so seine Eigenständigkeit als gewichtiges Wort verliert. Hölderlin kehrt deshalb die logische Folge um [Inversion], nimmt das Prädikat voraus, um durch die entstehende Spannung das Subjekt, das nun am Ende steht, in seiner vollen Intensität und Bedeutung erscheinen zu lassen. So ist im folgenden Verse der Pathmoshymne

Doch furchtbar ist, wie da und dort
Unendlich hin zerstreut das Lebende Gott

das am Ende auftauchende Subjekt ›Gott‹ von einer geradezu erschreckenden Wirkung. Hölderlin hat diese Inversion bewußt angewandt«,[180] wie der auch von Maeder in diesem Zusammenhang zitierte Aphorismus bezeugt.

Wollte man systematisieren, so könnte man wohl sagen, daß

alles, was in den Dichtergenerationen seit Hölderlin an Entscheidendem geleistet wurde, durch diesen Aphorismus präformiert worden ist. Er ist ein Aufklang überwacher Art, von souveräner Klarheit und gesteigerter Bewußtheit. Er beantwortet in nuce unsere drei Fragen, auf die wir jetzt noch etwas ausführlicher einzugehen haben, indem wir dabei die wichtigsten Dichter seit Hölderlin berücksichtigen.

Zu 1: dem Zeitthema ist festzustellen, daß es in der Dichtung seit etwa 150 Jahren auf vierfache Weise eine strukturverändernde Rolle spielt. Daß es sich auf mehrfache Art manifestiert, kann nicht wundernehmen, da es ein komplexes Thema ist, dessen komplexes In-Erscheinung-Treten wir am sichersten wahrnehmen, wenn wir die verschiedenen Erscheinungsformen klar voneinander scheiden. Dieses Unterscheiden ist jeder Darstellung inhärent, also auch für unseren Versuch unentbehrlich. In diesem Sinne können wir sagen, daß dieses Thema auf folgende Arten in der Dichtung zur Sprache kommt:

a) *wesenhaft,* insofern als die Sprache selbst (in Wort und Satz) gewissermaßen als Urphänomen behandelt wird, womit das Ursprunghaft-Schöpferische Anerkennung findet;
b) *psychisch,* insofern als die äußere Handlung dem weicht, was als »monologue intérieur« bezeichnet worden ist;
c) *thematisch,* insofern als die Dichtung sich explizite mit dem Zeitproblem zu beschäftigen beginnt;
d) *strukturell,* insofern als eine neuartige Wertung grammatischer Termini und ein neuartiger Gebrauch syntaktischer Freiheiten einsetzt.

Wesenhaft tritt das Zeitproblem in Erscheinung in dem Moment, da das Wort durch Hölderlin seinen Eigenwert zugesprochen erhält. Es wird damit dem Zweck, daß es der Beschreibung zu dienen habe, enthoben. Da das Wort zusammen mit der Farbe und dem Ton zu den drei Urphänomenen gehört, die nicht räumlicher Art sind, ist dieses Eigenständigwerden des Wortes Anerkennung der fundamentalen Kraft dessen, was auf diesen Seiten als Zeit im komplexen Sinne, als Intensität und als eine Weltkonstituante, bezeichnet worden ist. Zudem ist es aufschlußreich genug, daß in der Malerei die Farbe als solche, in der neuen Musik der Ton als solcher (wir erinnern vor allem an Alban Berg) eine gänzlich neue Wertung erhalten. Denn so wenig in der echten Dichtung seit Hölderlin das Wort dazu dient, die Welt zu beschreiben, so wenig dient – bereits bei Delacroix, einem Zeitgenossen Hölderlins, einsetzend, dann aber vor allem seit den »Fauves« – die Farbe dazu, die Dinge abzubilden: Ton, Farbe und Wort sind nicht mehr Mittel und Zweck für etwas; sie werden selber als Qualitäten behandelt. Auch so gesehen ist damit, da sie nicht räumliche Elemente sind, ihre dreidimensionale Verwertung beendet und sie selber als Ausdruck und Wertung dessen anerkannt, was sich uns letztlich im Achronon wahrgibt. Sie werden als zeitlos-zeitliche Elemente nicht mehr perspektivisch, also auch nicht zweckdienlich zur Ermessung der »Wirklichkeit« gebraucht; sie sind selber Wirklichkeiten, Bewirkendes. Denn darüber, daß das Wort das Hauptanliegen Hölderlins war, besteht heute kein Zweifel mehr. Nicht nur die neuere Forschung hat dies ersichtlich gemacht; auch dem unvoreingenommenen Leser Hölderlinscher Dichtung, wie sie uns dank der getreuen und beispielhaften Arbeit eines Norbert von Hellingrath und Friedrich Beissner erschlossen wurde, ist dies evident.[181]

Aber – und dies ist entscheidend – die Anerkennung des Wortes als solchem findet sich seit Hölderlin in immer verstärkterem Maße in der europäischen Dichtung. Francesco Flora verweist auf die Neuartigkeit, mit der Giacomo Leopardi (1798–1837) – auch er ein Zeitgenosse Hölderlins – das Wort gebraucht: »Müßte ich sagen, worin die größte Kraft des poetischen Wortes bei Leopardi liegt, so würde ich sagen, daß es in einer Art des Entzuges besteht: er nimmt dem Wort jedweden Geschmack, jede Farbe und jeden Geruch praktischer Mitteilung und gebraucht es als ein vollständig umschriebenes Gleichnis, das den irdischen Sinn verloren hat und reiner ist, wobei er die Form vollständig bewahrt.«[182] Und an anderer Stelle sagt Flora: »Die Einzigartigkeit der Dichtung Leopardis besteht in ihrem syntaktischen, melodischen und sichtbaren Maßverhältnis, das einzelne Wörter und herkömmliche Wortgruppen in ein neues Gleichgewicht versetzt.«[183]

In der französischen Dichtung setzt die Eigenbewertung des Wortes in der Dichtung des großen Dreigestirns Baudelaire – Verlaine – Rimbaud ein, wodurch die französische Sprache eine nicht mehr zu übersehende und nachhaltige Auflockerung erfuhr, um in der kristallisierenden Arbeit am Wort, die Stéphane Mallarmé leistete,[184] jenen Höhepunkt zu finden, dem später ein Paul Valéry nahezukommen suchte.

In Spanien zeigen sich diese Tendenzen schwächer. Dort dürfte man sie kaum bei José Espronceda, wohl aber bei Gustavo Adolfo Bécquer finden, bis sie durch Jorge Guillén ihre bisher gültigste Aussage erfuhren.

In England beginnt die fundamentale Umstellung nüchtern-trunken bei William Blake und zeithaft-schlicht bei William Wordsworth, um bei dem Jesuitenpater Gerald Manley Hopkins (1844–1899) vollzogen zu sein, der syntaktisch, metrisch, rhythmisch, wortmäßig –, der in jeder Hinsicht den neuen Grundton, die neue Struktur des Bewußtseins sichtbar werden läßt. Dies geschieht durch ihn in einem solchen Maße, daß man erst zwanzig Jahre nach seinem Tode seine Gedichte veröffentlichte (1918)[185] – Hölderlins Spätdichtung wurde nur einige Jahre früher (!) zugänglich – und auch dann noch hatte man Mühe sie zu »verstehen«, bis schließlich in England der »neue Ton« durch das Werk des Amerikaners T. S. Eliot gesichert wurde.

In der ersten Hälfte unseres Jahrhunderts sind T. S. Eliot, Paul Valéry, Jorge Guillén und R. M. Rilke[186] wohl die wichtigsten dichterischen Repräsentanten der neuen Bewußtseinsstruktur.[187] Eine andere, ihnen zeitlich vorausgehende Gruppe ist jene der Jugendstil-Europäer, die zwar den Wert des Wortes zu erhöhen trachtet, es aber weniger aussagt, als pseudopriesterlich zelebriert: Stefan George in Deutschland, Gabriele d'Annunzio in Italien, Rubén Darío in Südamerika, Ramón del Valle-Inclán, gefolgt von Juan Ramón Jiménez in Spanien, die auch, nicht zufälligerweise, bis in ihren persönlich-menschlichen Habitus hinein einander ähnlich waren.

Allen den Genannten – und sie sind die anerkannten Repräsentanten der europäischen Dichtung seit Hölderlin und Leopardi – ist dies gemeinsam: ihnen ist das Wort von aussagender Kraft, ist reines Wort, das nicht mehr beschreibt, er-*zählt,* dar-*stellt,* er-*örtert,* also perspektivisch gebraucht wird, sondern das in seiner aperspektivischen, multivalenten Fülle das Ursprüngliche in die Gegenwart hebt und transparent macht. Von den Berichten Homers bis zur schildernden Dichtung der Klassik war das Wort vornehmlich Werkzeug: es stellte dar, es zählte auf, es beschrieb die Welt; mit anderen Worten: ein zeitqualitatives Urphänomen oder Urelement wurde in den ermessenden Dienst des mentalen Denkens gestellt. Doch seit der Klassik nun dieser grundlegende Strukturwandel, so daß das Wort Wort wird, aussagende Kraft von eigenständigem Wert.[188] Eine – man darf es mit aller Verantwortung und ohne die geringste Scheu sagen –, eine einzigartige, weltbild-verändernde Leistung, vollzogen an dem menschlichsten und wichtigsten Ausdrucksmittel, der Sprache, vollzogen also an der Grundlage und demgemäß von grundlegender Bedeutung und Wirkung: das Wort befreit von seiner Raum-Zeit-Gebundenheit, das Raumzeitliche diaphanierend – die Geburt der aperspektivischen Sprache, die der neuen Bewußtseinsstruktur Ausdruck zu leihen vermag.

Psychisch kommt das Zeitthema seit Goethes Hinabstieg zu den Müttern im »Faust« (siehe oben S. 527) zum Durchbruch. Was der Rationalismus negiert hatte, die räumlich nicht faßbaren, untergründigen Kräfte und Energien der Seele, wird im »Werther«, in K. Ph. Moritz' »Anton Reiser«, dann in Constants »Adolphe«, in Hölderlins »Hyperion« und bei Stendhal Inhalt dessen, was nur noch dem Namen nach »Roman« ist. E. T. A. Hoffmann, Edgar Allan Poe, Gérard de Nerval und Lautréamont legen danach diese Schattenwelt frei, zeigen somit die Gefahren und Zerstörungsmöglichkeiten des Psychisch-Zeithaften auf, das später in jener neuen Prosaart, welche Edouard Dujardin als »monologue intérieur« bezeichnet hat,[189] zu Rilkes »Aufzeichnungen des Malte Laurids Brigge«, zu Marcel Proust und James Joyce führt. Doch noch einige Male erreicht diese Psychisierung der Literatur Tiefpunkte, die den klaren Weg, den Dichter wie Rilke, Valéry[190], Eliot und Guillén gewiesen haben, nur um so deutlicher in Erscheinung treten lassen. Diese Tiefpunkte verkörpern sich in den Destruktiven (den Expressionisten, Futuristen, Dadaïsten und Surrealisten), in den magisch-artistischen Nihilisten, in der Gruppe der Infantilisten und in jener der Pseudomythiker.

Die Expressionisten in Deutschland, vor allem R. J. Sorge, Carl Sternheim und Fritz v. Unruh, sowie die Futuristen in Italien unter der Führung von F. T. Marinetti, brechen aus der Rationalität mit einer Aggressivität und Affektgeladenheit aus, die zwar die Gemüter, aber eben nur die Gemüter, einige Jahre lang beschäftigt; sie brachten dabei einiges Über- und Baufällige zum Einsturz, wurden aber von dem Einstürzenden selber mitbegraben.

Die Dadaïsten versuchen noch hinter das Wort zu gelangen und bringen Laute hervor, von denen sie glauben, daß es Urlaute wären, die Surrealisten schleudern unkontrolliert Assoziationen aus sich heraus, von denen sie meinen, daß sie »überwirklich« seien; beide zerbrechen jedwede Form, zerbrechen das rationale Sprachgefüge mit äußerster Gründlichkeit. Namen wie Hugo Ball, Tristan Tzara, Richard Hülsenbeck, Kurt Schwitters und André Breton, René Crevel, Aragon mögen genügen.[191]

Der Versuch des Dadaïsmus, das Wort als magischen Laut wiederzubeleben, darf auch als Bemühung aufgefaßt werden, die weitgehend verlorengegangene akustische Symbolik – um deren gesunde Wiederbewußtwerdung sich die »Harmonik« Hans Kaysers bemüht [192] – wiederzuerwecken. Da es sich dabei um einen rational forcierten Revigorisationsversuch hinsichtlich einer Bewußtseinsstruktur handelt, die inzwischen, seit ihrer magischen Gültigkeit, zwei- ja dreifach überdeterminiert worden ist, nämlich zumindest durch die mythischen und mentalen Fähigkeiten, so stellt dieser Versuch nur ein Absinken des defizient mentalen Menschen ins Magische dar. Diese Defizienz hat zur Folge, daß er der heraufbeschworenen Magie nicht mehr mächtig, von ihr überwältigt wird. Mit anderen Worten: die wiederbelebte akustische Symbolik der dadaïstischen Formlosigkeit hat nicht mehr effiziente Kraft, sondern ist defizienter Art, eine magische Reduktion, weil nur der dämonisierende und atomisierende Aspekt der akustischen Magie wirksam wird.

Eine ähnliche Defizienz kommt auch im Surrealismus zur Geltung, da das Absinken ins Psychische und dessen ungehemmte Evokation eine Irrealisierung darstellt, die man als psychische Phantasmagorik bezeichnen darf. Der pseudo-esoterische Anstrich der späteren Schriften André Bretons, beispielsweise »Arcane 17«, die dem zerstörerischen Saturnaspekt der Zahl »17« frönt [193] (diese Tatsache aber wohlweislich verschweigt), ist ein Beweis dafür, in welche Ab- und Ungründe Versuche führen müssen, welche die rationale Dreidimensionalität durch Unterdeterminierung statt durch Überdeterminierung zu überwinden trachten. Die Surrealisten werden von der heraufbeschworenen Zeithaftigkeit der Psyche überwältigt, sie »gewinnen« überdimensioniert die Zeit in Form einer Zeithaftigkeitsinflation zurück, statt die Zeit in die Zeitfreiheit zu verwandeln. Sie erreichen nie die echte Unbefangenheit jener praerationalen Dichtung, beispielsweise des Fernen Ostens, welche die Zeit (als in unserem abendländischen Sinne messenden und ordnenden Faktor) noch nicht kennt. Dafür ist die »Geschichte vom Prinzen Genji, wie sie geschrieben wurde um das Jahr Eintausend unserer Zeitrechnung von Murasaki, genannt Shikibu, Hofdame der Kaiserin von Japan«,[194] Beweis, in der die chronologische Folge der Ereignisse durch die Aufeinanderfolge der einzelnen Kapitel nicht gewahrt wird, sondern zeitlich später sich Ereignendes für unser messendes Zeitempfinden zu früh, was früher sich ereignete, zu spät erzählt wird.

Die Nihilisten verfallen desgleichen der magischen Faszination. Franz Kafka, besonders aber Jean Cocteau, Gottfried Benn, Ernst Jünger und selbst ein Federico García Lorca bilden den magischen und psychisch ambivalenten Nihilismus mit raffiniert artistischem Geschick aus: das Verspielte, Unverbindliche, Wortmagische, Haltlose (bei Cocteau bis ins Narzißtische gesteigert), das Verbrämen der Leere und des Chaotischen mit Gaukelei und Spiegelfechterei sind sowohl Cocteau, Benn als auch Jünger eigen. Dabei darf Cocteau als Exponent dieser Literaturgattung gelten, die man wegen ihrer schillernden Pseudoproblematik als Lametta-Literatur bezeichnen kann. Dagegen bleiben Kafkas echte Größe und Tragik, seine Auflehnung gegen das Patriarchalische, ohne Lösung, worauf Max Brod in einem menschlich-erschütternden Bericht hingewiesen hat.[195] In Kafkas Generation – Hasenclevers »Vatermord« und Freuds Ödipuskomplextheorie sind Äußerungen der gleichen Problematik – setzen die psychischen Befreiungsversuche von der Vatervorherrschaft ein, eine Vorherrschaft, die für die mentale Bewußtseinsstruktur prägend und bestimmend war. (Viele der heutigen zahllosen Kind-Vater-Konflikte, von denen jeder Seelsorger und Psychotherapeut zu berichten weiß, sind im einzelnen akut werdende Überwindungsversuche jener mentalen Vaterwelt, die sich in ihrer bisherigen Form bereits überlebt hat, die jedenfalls keinen Ausschließlichkeitsanspruch mehr erheben darf, seitdem das universelle Menschheitsbewußtsein aperspektivischer Art zum Durchbruch gelangte.)

Die Infantilisten, wie wir sie nennen wollen, versuchen sich durch ein Zurücktauchen in die kindliche Ausdrucksweise der Dreidimensionalität zu entziehen, um auf diese Weise die »verlorene Zeit«, das heißt in diesem Falle die Kindheit, wiederzuerlangen. Sie unterwinden sie damit, statt sie zu überwinden. Das bekannteste Beispiel für diesen Infantilismus sind die Werke von Gertrude Stein. Wyndham Lewis hat diese Gruppe der Infantilisten in seinem Buche »Time and the Western World« hervorragend beschrieben.[196]

Die Pseudomythiker, zu denen sowohl J.-Cowper Powys als auch Teixera de Pascoais zu zählen sind, sowie der Thomas Mann des großen Joseph-Romans, stehen diesen Infantilisten insofern nahe, als sie eine nicht mehr ausschließlich wirksame Bewußtseinsstruktur überbetonen; sie unterscheiden sich von ihnen darin, daß sie, vor allem Thomas Mann, diese mythische Bewußtseinsstruktur konstruierend mit rationalen Mitteln zu evozieren suchen. Bei Italo Svevo zerfällt dieser Versuch in psychoanalytische Zersetzung. Die mythische Kraft eines Herman Melville, wie sie dieser in »Moby Dick« zur Wirkung gebracht hatte, wird nicht mehr erreicht, wohl aber durch Ernest Hemingway in »Der alte Mann und das Meer«.

Die psychische Form des »Einbruches der Zeit« in das Bewußtsein, wie sie sich seit der Französischen Revolution bei den genannten Psychikern – noch besser spräche man von Psychisten – manifestiert, trägt alle Charakteristika der virulent werdenden psychischen Energetik. Was durch sie bewirkt wird, ist ambivalent wie die Psyche selbst. Sie zerstört und baut auf. Sie verführt und führt. Die Sichtbarwerdung dieses Aspektes der »Zeit«, der psychischen Energetik, ist ein weiterer, deutlicher Ausdruck dafür, wie vielgestaltig das Zeitthema in der Dichtung zur Manifestation drängte und die begriffliche Sprache perspektivischer Art zu überwinden versuchte.[197]

Thematisch kommt die Zeit in der neuen Dichtung erst verhältnismäßig spät zur Sprache: durch Marcel Proust. »A la recherche du temps perdu (Auf der Suche nach der verlorenen Zeit)« ist einer der wichtigen Marksteine für die neuere abendländische Dichtung.

Diese Feststellung ist keineswegs neu. Aber ihre Begründung erschöpft sich nicht darin, daß, wie man bisher hervorhob, der Akzent bei Proust auf Stil und Technik, Sozialität und Thematik zu legen sei, sondern erst in der Anerkennung des Hauptthemas, das der Titel zum Ausdruck bringt. Wir beziehen uns auf Ausführungen von Paul C. Berger: »Der eigentliche Inhalt seines (Prousts) Buches ist die Zeit, während das unwillkürliche Erinnern – das Bergson spontan nannte – die Hauptperson spielt. Und wie es eine Flächen- und eine Raum-Geometrie gibt, existieren seit Proust zwei Arten des Romans: die allen Schriftstellern gemeinsame gründet sich auf die zweidimensionale Psychologie, die andere, von Proust entdeckte, auf die Psychologie in der Zeit. Dieses neue Verfahren der inneren Auskultation studiert den ständigen Wechsel der Wesen und der Dinge, legt niemals den Charakter eines Individuums fest (der Charakter ist ja in ständiger Veränderung) und baut die Gesamtperson eines Menschenwesens wieder auf, indem er sie unter verschiedenen äußeren Umständen, zu verschiedenen Zeiten und durch verschiedene Augen [also durchaus aperspektivisch] betrachtet. Während die Gestalten aller anderen Schriftsteller vorher bestimmt [also perspektivisch fixiert] und in feste und deshalb willkürliche Charakterzüge eingefroren sind, zeigt uns Proust seine Helden als veränderliche, manchmal sich widersprechende Erscheinungen... Prousts Methode besteht in der Beschreibung einer Gestalt, ohne jemals die Gegenwart von Vergangenheit zu trennen, die diese Gestalt mehr oder minder bewußt mit sich schleppt. Er übt also eine vierdimensionale Psychologie, wobei die Zeit oder die Vergangenheit jene vierte, innere Dimension darstellt, die vor ihm noch niemand zu erforschen unternahm... Proust (konnte) die konkrete Dauer erfassen und den Rückfluß der Vergangenheit in die Gegenwart projizieren – die Vergangenheit wiederfinden, indem er sie in den gelebten Augenblick integrierte. In diesem Augenblick der Fusion ist die Zeit besiegt, die unerbittliche Flucht der Monate und Jahre durch den Geist bezwungen.« [198]

Prousts Werk schließt mit dem Band, der den Titel »Le temps retrouvé (Die wiedergefundene Zeit)« trägt. Und wenn auch Bergson Pate der Gesamtkonzeption dieses Werkes ist, so geht Proust doch über ihn hinaus. Die Suche nach der verlorenen Zeit, die sich bei Proust zuerst als Vergangenheit darstellt, und die Entdeckung und Sichtbarmachung der psychischen Zeit, gepaart mit der Devaluierung und Desillusionierung der Uhrenzeit, führen ihn im letzten Bande zur Zeitfreiheit. Dort schreibt Proust: »Wenn ein Geräusch oder ein Duft, einmal vernommen und lange schon eingeatmet, neu aufleben – zugleich gegenwärtig und vergangen, wirklich und nicht nur tatsächlich, ideal und doch nicht abstrakt, findet sich alsbald das dauernde und gewöhnlich den Dingen verborgene Wesen befreit, und unser wahres, zuweilen lange schon tot scheinendes Ich wacht auf und belebt sich durch die himmlische Nahrung, die ihm zuströmt. Eine Minute, frei von der Ordnung der Zeit, hat in uns – um sie zu fühlen – den Menschen wiedergeschaffen, frei von der Ordnung der Zeit.« [199]

Was den Roman anbelangt, so stehen neben Proust jene, die heute als die größten Romanciers des neuen Stils unserer Epoche betrachtet werden dürfen: James Joyce und Robert Musil. Allen ist eines gemeinsam: ihr Denken und Schildern ist raumzeitlicher Art. Ein jeder von ihnen stellt das Zeitproblem auf seine Weise und löst es auf seine Weise. Hinsichtlich James Joyces hat dies Max Rychner, einer der wachsten Beobachter der literarischen Strömungen unserer Epoche, implizite dargestellt, indem er an Zeit und Ort des »Ulysses« anknüpft, der am 16. Juni 1904 in Dublin spielt: »Denken wir uns auf einer Landkarte Dublin durch Linien mit Tausenden von Punkten auf der ganzen Welt verbunden. *Diesem räumlichen Bezugssystem mag ein zeitliches entsprechen,* das vom 16. Juni 1904 aus Tausende von Zeitpunkten der Vergangenheit miteinander verbindet zu einem ungeheuren Sinngeflecht: nach dieser Technik hat Joyce seinen ›Ulysses‹ gebaut. Jede Handlung, jedes Wort seiner Personen hat den kurzen, auf den bloßen Augenblick des Tages bezüglichen Alltagssinn – verweist aber zugleich nach großen Gesetzmäßigkeiten, nach welchen sich das Leben in ewiger Erneuerung immer wieder ordnet. Ebenso ist jeder Augenblick trächtig mit vielen Möglichkeiten für die Zukunft. Das an sich ›dumme Faktum‹ im Alltag eines unbedeutenden Menschen wird dem ergründenden Blick *durchscheinend* und läßt *die großen Figurationen des Geistes* erkennen. Es wird dadurch nicht groß, aber bedeutend. Aus seinem bloßen Eigensinn erlöst, gewinnt es Anteil an dem *Sinnganzen der Welt,* gleich wie ein farbiger Faden, in den Teppich verwoben, eine sinnvolle Funktion im größeren Zusammenhange gewinnt.« [200]

Was Robert Musil anbetrifft, so hat er sein aperspektivisches Anliegen, das als solches ja nur unter Berücksichtigung des Zeitelementes durchführbar ist, in einer Notiz, die dem dritten Bande seines großen Romans »Der Mann ohne Eigenschaften« vorangestellt wurde, mit jener Präzision umrissen, die ihn besonders auszeichnet: »Mancher wird fragen: welchen Standpunkt nimmt denn nun der Autor ein und welches ist sein Ergebnis? Ich kann mich nicht ausweisen. Ich nehme das Ding weder allseitig (was unmöglich ist im Roman), noch einseitig: sondern von verschiedenen, zusammengehörigen Seiten.« [201]

Über dem großen Dreigestirn Proust – Joyce – Musil dürfen wir aber Virginia Woolf nicht vergessen, die im »Orlando«, souverän über die Zeit verfügend, die Hauptfigur durch die Jahrhunderte führt. In »Mrs. Dalloway« den »inneren Monolog« mit unübertrefflicher Sensibilität für psychische Vorgänge gestaltet und in »The Waves« und »The Years« jene Unerbittlichkeit der naturhaften Zeit heraufbeschwört, der allein sich anzuvertrauen, jene tödliche Gefahr birgt, welcher sie selber auf tragische Weise erlegen ist.

Auch Thomas Manns großes Unterfangen, im »Zauberberg« das Zeitproblem explizite zu behandeln und zu lösen, muß hier erwähnt werden, sowie Hermann Hesses großer raumzeitlicher Synthesen-Versuch, universell die geistigen Strömungen verschiedenster Bewußtseinsstrukturen des Orients und Okzidents in seinem »Glasperlenspiel« (das der »Harmonik« Kaysers Wesentliches verdanken dürfte) zu durchsichtigem Ineinanderwirken zu bringen. Dies gilt, obwohl der Schluß, das Ertrinken des Helden, uns darauf hinweist, daß der Träger des durchsichtigen Spieles im Wasser, daß er also im Elemente der Seele vorerst noch untergeht.

Auch die sich dynamisch manifestierende Zeitpräokkupiertheit der neuen amerikanischen Literatur, wie sie sich etwa bei Ernest Hemingway, Thomas Wolfe, William Faulkner und anderen zu erkennen gibt, darf in diesem Zusammenhange nicht übersehen werden.

Schließlich muß hier noch der letzte Roman von Hermann Broch, »Die Schuldlosen«, genannt werden; in ihm ist Hermann Broch (wie er uns nach der Lektüre einiger unserer Schriften geschrieben hat) in Übereinstimmung mit unseren Ausführungen bemüht, »das neue Bewußtsein« darzustellen, indem er von der Dreidimensionalität abrückt und sich bewußt wird: »Der Mensch hat seine Grenzen [die immer nur räumliche sind] gesprengt und ist in die Dimensionsvielfalt eingetreten«,[202] die aber so lange »Unüberschaubarkeit« bleiben muß, als die echte Vierdimensionalität nicht gefunden ist.[203]

Bei allen Genannten, vielleicht mit Ausnahme von Hermann Hesse, ist der Roman nicht mehr Entwicklungs-Roman, also Ausdruck eines gerichteten Ablaufs, welcher Gerichtetheit die Zeit ja auch in der neuen Physik nicht mehr unterworfen ist; diese Unfixiertheit kommt zudem in dem Titel Robert Musils, »Der Mann ohne Eigenschaften«, zum Ausdruck.

In den letzten zehn Jahren (etwa seit 1955) ist die neue Generation mit größter Konsequenz den Weg weitergegangen, dessen strukturelle Ansätze auf diesen Seiten ersichtlich gemacht worden sind. Gleichgültig, ob sie Robert Musils prinzipielle Feststellung: »Nicht in Zeitreihe erzählen« [204] (die erstmals Ende Dezember 1952 publiziert worden ist), kannte oder nicht, hat sie – dem aperspektivischen Anliegen unserer Epoche gemäß und der Wirklichkeitserfassung durch das arationale Bewußtsein entsprechend – die Grundstruktur dessen, was nicht mehr »Er-*Zählung*« noch im althergebrachten Sinne »Roman« ist, entscheidend verwandelt. Es sei, um wiederum nur einige zu nennen, auf Lawrence Durell, Uwe Johnson, Siegfried Lenz, Hans Ernst Nossack, Alain Robbe-Grillet, Claude Simon hingewiesen. Auch die Literaturkritik ist sich über die von uns aufgezeigte bewußtseinsmäßig neue Strömung, die wir unter anderem durch den Nachweis der veränderten Wertung des Zeitphänomens beschrieben haben, klargeworden. Kurt Leonhard ist einer ihrer Vertreter, auf dessen Verdienste bereits eingegangen worden ist.[205] Mit ihm war es im letzten Jahrzehnt auch Werner Weber, der besonders die neue Zeitproblematik, luzid und zwingend formulierend, beschrieben hat.[206]

Doch nicht nur der Roman, auch das Schauspiel hat seine Struktur geändert. Auch in ihm tritt an Stelle der Entwicklung oder dramatischen Zuspitzung, also an Stelle der mental gerichteten Handlung und ihres Ablaufes auf ein fixiertes und fixierendes Ziel hin, jenes »Bezugssystem von Wirklichkeiten«, von dem Max Rychner hinsichtlich des »Ulysses« spricht.[207] Der erste, der die Zeit zum Thema des Schauspiels erhob und symbolisierend Vergangenheit, Gegenwart und Zukunft darstellte, war Guillaume Apollinaire; er versuchte es in »Couleur du Temps«.[208] Der Lösung näher kam Ferdinand Bruckner, der es als erster wagte, keine zeitlichen Abläufe, sondern die zeitliche Komplexität verschiedener aufeinander bezüglicher Handlungen auf der Bühne zu realisieren. Falls uns unsere Erinnerung nicht täuscht, war es in den »Verbrechern«, in denen die Szene nicht einen, sondern sieben Schauplätze (nämlich sieben Zimmer) aufwies, auf denen sich ineinandergreifend die Handlungen vollzogen.[209]

Den entscheidendsten Schritt zu einem raumzeitlichen Schauspiel aperspektivischen Charakters vollzog Thornton Wilder. Ansätze dazu finden sich bereits in »Die kleine Stadt«; deutlich und unübersehbar wird die Zeit in »Wir sind noch einmal davongekommen« berücksichtigt und gewertet.[210] Die Familie Antrobus ist in jeder Phase dieses Schauspiels sowohl eine Familie unserer Epoche als auch Repräsentant der gesamten geschichtlich übersehbaren Menschheit. Der heutige Alltag geht bei Wilder jederzeit in die Jahrtausende, die Jahrtausende gehen in den heutigen Alltag über; das Geschehen wird der zeitgebundenen Individualsphäre enthoben und in das Universelle transponiert: alle Zeiten – und selbst das Meer als psychische Zeit, insofern es die universelle Seele symbolisiert und in das sich, im zweiten Akt, der Zuschauerraum und damit die Zuschauer selbst verwandeln – werden mit einem Male, also aperspektivisch, und nicht in einem perspektivischen Nacheinander sichtbar.[211]

In der Lyrik kommt die Zeit als Thema zuerst bei T. S. Eliot und Gottfried Benn zur Sprache, da die gelegentlichen Hinweise auf sie, vor allem in Hopkins Vorspruch-Gedicht,[212] bei Walt

Whitman und später bei Ezra Pound und anderen, nur als Ansätze gewertet werden dürften.

Bei Eliot wie bei Benn ist die Zeit insofern Thema ihrer Dichtung, als sowohl »The Waste Land«[213] als auch Benns frühe Gedichte[214] eine Vielfalt der Zeiten im gleichen Gedichte evozieren. Während jedoch Benn bei dieser bloß evozierenden Technik stehenblieb – seine Gedichte der vierziger Jahre führen dieses Kunstmittel zu artistischer Vollkommenheit, die darin, durchaus nihilistisch, ihre Berechtigung zu finden glaubt – nimmt T. S. Eliot in seinen »Four Quartets«[215] das Zeitthema als solches auf und führt es einer Klärung entgegen. Ein eindringliches Beispiel haben wir bereits (siehe oben S. 444 f.) gegeben.

Strukturell kommt die neue Zeitwertung in der Dichtung rein sprachlich und damit vornehmlich grammatisch und syntaktisch untersuchbar zur Geltung. Von der Inversion der Periode bei Hölderlin war bereits die Rede. Sie findet sich unter anderen bei Rainer Maria Rilke wieder.[216] Und das große Gedicht von Stéphane Mallarmé, »Un coup de dés jamais n'abolira le hasard«, das Stanislas Fumet als die erste kubistische Dichtung bezeichnet hat,[217] enthält Konstruktions-Brüche (»ruptures de construction«) und syntaktische Freiheiten, die von Claude Roulet eingehend erläutert worden sind.[218] Hopkins ergeht sich in einer sowohl sprachlichen als auch stilistischen Freiheit ohnegleichen und verwendet als erster in ausgesprochener Weise den Doppelpunkt-Stil: er setzt dort, wo ein begründendes »denn« oder »weil« zu erwarten wäre, statt ihrer den Doppelpunkt; er unterbricht damit den gerichteten Ablauf, hebt die Perspektive auf; an ihre Stelle tritt der akausale Bezug, die bloße Aussage. Marcel Proust baut Perioden, die in dieser Länge dem Französischen, das sich durch Konstruktions-Klarheit wie keine andere Sprache auszeichnet, bis anhin fremd waren: der nichts als rationale Aufbau, der syntaktisch klar gegliederte Satz wird durch seitenlange Satzperioden erweitert, ja gesprengt. Jeder dieser Sätze ist eine Welt, die sich durch die Ausspinnung jedes Nebensatzes, durch die In-Beziehung-Setzung jedes Wortes mit den vielfältig anderen, jedes Ereignisses, jeder Evozierung mit den jeweils anderen ausdrückt. Sein Stil ist ein fast ozeanischer Stil, der die Aussagen wellenmäßig trägt, bis sich endlich die weitatmige Welle des Satzes mit all ihren Schaumkronen, ihren luftvermischten Gischten bricht und ihre Grundströmung von der neu sich entfaltenden nächsten Welle übernommen wird. In diesem Stil spiegelt sich das psychische Moment: Prousts Sprache er-fährt das Meer der Seele, findet die zeithafte Dauer des Seelischen wieder, die ihn nach der Durchmessung dieses Meeres den Strand des Achronon finden läßt: auch er, wie wir alle, ein Schiffbrüchiger des Zeitlosen, der im Schiffbruch die Zeithaftigkeit erfährt und die Zeit ermißt, ohne darin, wie die Surrealisten, unterzugehen, dem sich vielmehr das Bewußtsein des Freiseins von den Ordnungen der Zeit erschließt.[219]

James Joyce löst die grammatische Konstruktion teilweise auf und läßt an ihre Stelle die assoziativen Kräfte treten. Thomas Mann übersteigert die Konstruktionen bis zur Manieriertheit und sucht mit Hilfe dieses stilistischen Exzesses das Vielfacettige des Beschriebenen aufleuchten zu lassen. Dabei braucht, weil von nur vorübergehender Wichtigkeit, die vollständige Zerstörung jedweden grammatischen Zusammenhangs, wie er unter anderen von den Dadaïsten und selbst noch von den Surrealisten geübt wurde, nicht weiter erwähnt zu werden.[220]

Aus alledem spricht der Versuch einer Abkehr von der nichts-als-gerichteten Denkweise rationaler Art. Hin und wieder gelingt sie und schenkt uns die Realisation des neuen, aperspektivischen Ansatzes. Oft ist sie nur Zerschlagung alter, bewährter Werte, ohne daß die neue raumzeitfreie Realisation geleistet würde. Es kann jedoch heute nicht mehr übersehen werden, daß in dieser Abkehr eine ganze Anzahl grammatischer Termini durch die Art, wie sie in der modernen Dichtung gebraucht oder nicht mehr gebraucht werden, ihre Funktion grundlegend geändert haben.

Trotz der Verlockung, die für den Schreibenden gerade die Darstellung dieser sprachlichen Sachverhalte hat, muß im Interesse des Maßes und des Zuträglichen hier auf eine nochmalige eingehende Schilderung dieser grammatischen Neustrukturierung verzichtet werden. Wir beschränken uns deshalb auf einige generelle Angaben, die das resümieren, was von uns anderen Orts ausführlich dargestellt und belegt worden ist. Es handelt sich um den neuartigen Gebrauch gewisser grammatischer Termini, worin sich die neue Bewußtseinsstruktur grundlegend zu erkennen gibt. Er betrifft:

a) das Adjektiv und Adverb,
b) die Substantivierung des Infinitivs,
c) den Denn- und Weil-Verzicht,
d) den Wie-Verzicht,
e) den Komparativ,

f) die Und-Anfänge,
g) die neue Reimung.

Der auffälligste Gebrauchswandel hat sich seit der Romantik am *Adjektiv* vollzogen. Bis zur Klassik wird es gebraucht, um ein Substantiv näher zu bestimmen, sehr oft um Dingen einen anthropomorphen Charakter zu verleihen, wodurch sie ihrer Eigenständigkeit beraubt und der perspektivischen Anthropozentrik eingeordnet wurden. Das »zornige Schwert«, der »mutige Degen« und ähnliche Formulierungen jener Epoche sind jedem geläufig. Oder es wird als »schmückendes Beiwort« im Sinne der Antike verwandt, wobei allerdings bisher übersehen wurde, daß ein »epitheton ornans« wie beispielsweise das »eulenäugig« der Athene eine numinose Zuschreibung und durchaus keine Ausschmückung ist. Seit der Romantik verliert das Adjektiv seinen Sinn als bloßes Beiwort und wird zu einem Beziehungswort. Am stärksten drückt sich das auch darin aus, daß Adverbien sich in Adjektive verwandeln wie beispielsweise bei Kafka, wenn er schreibt: »und trat grüßend ins seitliche Gras«.[221] Beispiele für den neuen aperspektivischen Adjektivgebrauch finden sich seit Hölderlin und Heinrich Heine außer bei Franz Kafka auch bei Georg Trakl, Paul Valéry, Rainer Maria Rilke, Salvatore Quasimodo und Jorge Guillén.[222] In allen diesen Fällen wird die einseitige Fixierung aufgehoben. Statt der bisherigen Bezugnahme des Adjektivs auf *ein* Substantiv hebt das Beiwort jetzt die Beziehungen zwischen den Dingen hervor und tritt nach allen Seiten wirkend auf. Eine Handlung wird nicht mehr nur als vom Subjekt, sondern auch als vom Objekt ausgehend betrachtet. Kafka sagt nicht mehr: »und trat grüßend seitlich ins Gras«, sondern eben: »und trat grüßend ins seitliche Gras«. Das zeitliche »trat« rückt ganz eng an das Räumliche, das »seitliche Gras«, heran: Raum und Zeit verbinden sich. Die Beziehung wird nicht mehr einseitig adverbial, also letztlich als auf das Objekt bezogen, bestimmt, sondern auch adjektivisch von der Welt aus, denn das »seitliche Gras« ist hier, in diesem Falle, die Welt.

Der neue Gebrauch des Adjektivs – Reto R. Bezzola bezeichnet ihn als »adjektivale Ambivalenz« und »eigenschaftsauflösendes Element«[223] – verweist bereits auf eine veränderte Wertung des Subjekts. Diese Wertungs-Veränderung wird auch daran sichtbar, daß immer häufiger das Verbum in seiner *Infinitivform substantiviert* wird. Da das Substantiv als das statische, das Verbum hingegen als das aktuierende Element des Satzes aufgefaßt werden kann, bedeutet der neue Substantivgebrauch, daß eine Aktivierung des Substantivs eingetreten ist, in der sich das Gegensätzliche aufhebt. Das Fixierte, Statische wird auf die stärkstmögliche Weise mit dem Zeitlichen verbunden.[224]

Heben der neue Adjektivgebrauch und die Substantivierung des Infinitivs strukturell die perspektivische Fixiertheit auf, so umschreibt das, was wir als *»Denn-Verzicht«* bezeichnet haben, die Herauslösung aus dem Ausschließlichkeits-Anspruch, den bisher die Kausalität im Denken stellte. Unter dem Denn-Verzicht verstehen wir jene in der neuen Dichtung sich manifestierende Stileigentümlichkeit, die in der Tendenz, das »Denn« und »Weil« zu vermeiden, besteht, welche Konjunktionen ja stets eine begründende Funktion ausüben und somit den Kausalzusammenhang betonen. Der Verzicht, das »Denn« oder das »Weil« zu gebrauchen, spiegelt die Anerkennung der Akausalität und die Einsicht in die stets vorhandene Vielaspektigkeit der möglichen Bezüge und Interdependenzen. Dieses Ersetzen des »Denn« beispielsweise durch den Doppelpunkt ist ein in der modernen Literatur sehr häufiges Stilmittel, das sich bereits bei Hopkins findet und seit ihm nicht nur von T. S. Eliot,[225] sondern auch von anderen Dichtern, in zunehmendem Maße auch in der Prosa angewandt wird.[226]

Auch das, was wir bereits vor Jahren als den *»Wie-Verzicht«* bezeichnet haben, ist für die neue Bewußtseinsstruktur symptomatisch.[227] Rilke distanzierte sich in einem seiner Briefe aus der Zeit des Ersten Weltkrieges von dem Gebrauch des »wie wenn«, und bei Paul Eluard findet sich später die gleiche Ablehnung.[228] Der Vergleich, der immer auch eine Systematisierung ist, wird als Lüge empfunden; die durch ein »Wie« stets einseitig fixierende Festlegung ist für das nicht mehr ausschließlich systematische Begreifen unerträglich. Jede Gleich-Setzung, insofern sie ja vor allem Setzung ist, wird als Vergewaltigung empfunden. Das systatische Element und das Bewußtsein davon, daß es sich nie um Gleichheiten, sondern nur um Zusammenhänge handeln kann, spricht aus diesem Wie-Verzicht in der neuen Dichtung.

Der »Wie-Verzicht« kommt in einer gesteigerten Form auch in dem neuartigen Gebrauch des *Komparativs* zum Ausdruck. Dieser Gebrauch unterstreicht die Gültigkeit der Abkehr vom ermessenden, mentalen Vergleich zugunsten der lebendigen, fast schon akausal erspürten Beziehungsfülle. Denn der Komparativ wird neuerdings für sich allein gebraucht, ohne daß das bisher als nötig empfundene »als« (= »wie«) noch verwendet wird. So schreibt Rilke: »Die geschautere Welt will in der Liebe gedeihn.« [229] Dies aus unzähligen Beispielen herausgegriffene zeigt, daß, sofern man es im Zusammenhange mit dem Wie-Verzicht betrachtet, es sich nicht bloß um einen hinzugedachten Vergleich handelt, wie Werner Günther meint,[230] noch um ein bloß sinnsteigerndes und sinnverinnerlichendes Verfahren, als welches Hans Egon Holthusen diesen Komparativgebrauch bewertet.[231] Hier wird vor allem der Verzicht deutlich, irgend etwas einseitig zu beziehen: der durch das nun eliminierte »als« einst darstellbar gewesene Bezug auf ein Vergleichsobjekt wird hinfällig; die Bezugnahme wird zu einer offenen, ist nicht mehr perspektivisch fixiert, meint alle möglichen Bezüge. Diese Art des Komparativs ist überdeterminierender Art. Oder anders ausgedrückt: an Stelle der nur räumlichen Neben- oder Übereinandersetzung zweier benachbarter Dinge tritt die Herausarbeitung des raumzeitlichen Zusammenhanges. Oder noch anders ausgedrückt: an Stelle des Vergleichs der Teile tritt eine Bezugnahme auf das hinsichtlich der Teile stets überdeterminierte Ganze.

Die gleiche Betonung des Zusammenhanges drückt sich in der neuen Stileigenheit der *»Und-Anfänge«* aus, zu denen sich hin und wieder, etwa bei James Joyce, auch »Und-Schlüsse« gesellen. Hugo v. Hofmannsthal beginnt beispielsweise seine »Ballade des äußeren Lebens« mit der Zeile »Und Kinder wachsen auf mit tiefen Augen«;[232] Federico García Lorcas Romanze »La casada infiel« setzt mit einem »Und« ein: »Y que yo me la llevé al río« (Und ich trug sie zum Fluß).[233] Die Satzanfänge mit einem »Und« in der neuen Prosa, wobei das »Und« keine Aufzählung, keine Addition zu leisten braucht oder auch nur sinnmäßig zu leisten hätte, sind bereits selbstverständlich geworden. Dies neue »Und« und sein neuartiger Gebrauch betonen Zusammenhänge, die sich nicht in dem ermessenden, aufzählenden, erzählenden, aneinanderreihenden Denken erschöpfen, das Teile summiert. Ein Gedicht etwa wird nicht als in sich geschlossenes und damit räumlich begrenztes Gebilde in den Raum gestellt, sondern nimmt am Ganzen teil, knüpft mit seinem »Und-Anfang« am Unsichtbaren an, dem es durch seine Verse hindurch Sicht- und Hörbarkeit mitteilt. Die »immerwährende Fülle« des Geschehens wird nicht sektoriert, perspektivisch fixiert, sondern durch dieses Kunst- und Stilmittel wird die offene Struktur des Seins zum Ausdruck gebracht. Eine Parallele dafür findet sich auch in der neuen Musik, beispielsweise in der Ballett-Musik

»Der Dreispitz« von Manuel de Falla, die mitten im Hauptthema einsetzt.[234] Zudem sei nicht vergessen, daß beispielsweise die Und-Anfänge und die Und-Schlüsse, etwa bei James Joyce, auch mit jenem Charakteristikum der modernen Musik zusammenstimmen, das Křenek (siehe oben S. 606) namhaft macht, wenn er diese neue Musik als eine Musik »ohne Anfang und ohne Schluß« bezeichnet. Das »Und« erhält einen neuen Wert und verändert damit die Struktur der Sprache; statt ein Knoten im Faden der Aufzählung zu sein, wird es zu einem Wort der Fülle. Das früheste Beispiel dafür dürfte sich in Hölderlins Gedicht »Hälfte des Lebens«[235] finden: »Mit gelben Birnen hänget / Und voll mit wilden Rosen / Das Land in den See, / Ihr holden Schwäne, / *Und* trunken von Küssen / Tunkt ihr das Haupt / Ins heilignüchterne Wasser.« Noch deutlicher steht ein derartiges »Und« am Anfang seines Gedichtes »An einen Baum«: »Und die ewigen Bahnen / lächelnd über uns / hin zögen die Herrscher der Welt.« Mit diesem »Und«, das nicht mehr summiert, sondern dem »hiesigen Bereich« gewissermaßen einen umfassenderen öffnet, vollzog sich in der Sprache ein entscheidender Strukturwandel.[236]

Die gleiche Neubewertung der einst eher als unbedeutend erachteten Wörter spiegelt auch die *neue Reimung*. Nicht nur die Kopula »und«, auch die Artikel, Relativpronomina, Pränomina, Präpositionen, Konjunktionen, Adjektive, Adverbien und so weiter werden, durchaus im Gegensatz zur Klassik, als Reimwörter verwendet. Rilke reimt »und« mit »Mund«, Mallarmé »maints« mit »lendemains«, »au« mit »numéro«, Edith Sitwell »these« mit »trees«, schon Verlaine »delà« mit »à la«, um nur hinweisend einige Beispiele aus aberhunderten namhaft zu machen.[237] So wie in der modernen Malerei im Bilde jede Farbe von gleicher Wertigkeit ist – und es ist dies seit der Jahrhundertwende die Maxime der neuen Malerei –, so ist in der neuen Dichtung, im Gedicht, jedes Wort von gleicher Wichtigkeit: es gibt keine Füllwörter, Verlegenheitswörter mehr, so wie auch in der Malerei verbindende Verlegenheitsfarben ausgeschaltet werden. Dadurch, daß nie ein Teil über- oder unterbewertet wird – dies geschah in der perspektivischen Dichtung und Malerei –, sondern stets das Ganze Gültigkeit hat, wodurch sich die Betonung eines Teiles von selber ausschließt, erhält diese Reimungsart ihr aperspektivisches Gepräge. Deshalb darf sie auch nicht mit der Reim-Manier beispielsweise der Barockdichtung – Góngora hat in ihr exzelliert – verwechselt werden. Dort ist diese Reimungsart rauschhaftes, verspieltes Ausbrechen aus der Strenge der Renaissance. Heute ist sie Ausdruck der verantwortungsvoll gestalteten und durchaus unalexandrinischen neuen Bewußtseinsstruktur. Ähnliche Dinge oder ähnliche Vorgehen sind einander nur verwandt, wenn sie innerhalb der gleichen Bewußtseinsfrequenz statthaben. Die Barockdichtung ist jedoch, wenn auch Vorläufer der neuen Bewußtseinsstruktur, noch der mentalen verhaftet, während die neue Dichtung Ausdruck der integralen, aperspektivischen ist. Ein Reim wie jener des jungen Rilke, wo er den Dativ von Tod, »dem Tode«, mit »Kommode« reimt,[238] muß der mental-rationalen Vorstellungswelt, auch der Barockwelt, als Sakrileg erscheinen. Innerhalb der dreidimensionalen Raumwelt schmerzt es, wenn räumlich einander inkongruente Größen aufeinanderprallen. Ganz anders in der nichteuklidischen, vierdimensionalen Welt des Einsteinschen Raum-Zeit-Kontinuums, für dessen Raum-Zeit-Konfiguration dieses Reimpaar das sprachliche Äquivalent ist. In dieser Welt dürfen Dinge der Zeit, der Tod, sich ungestört mit Dingen des Raumes, der Kommode, begegnen und sich im Reime vereinen.[239]

Auch dies letzte Beispiel struktureller Art, die neue Reimweise, zeigt uns den tiefgehenden Einbruch der Zeit in die Dichtung. Und vor allem zeigt sich, daß er hier, in der Sprache gemeistert worden ist.

Was nun noch, nachdem wir die Frage nach der Wirksamkeit der »Zeit« in der Dichtung zu beantworten versucht haben, die beiden anderen Fragen, jene nach der Dualitäts-Überwindung und jene nach der Arationalität anbelangt, so sind auch diese implizite durch die soeben erfolgten Ausführungen mitbeantwortet worden. Dieser Umstand, daß die Beantwortung der Frage nach der Zeit die Antwort auf die anderen Fragen weitgehend einzuschließen vermag, dürfte dem aufmerksamen Leser auch in diesem Abschnitt nicht zum ersten Male auffallen. Er zeigt die Vordringlichkeit und Schlüsselstellung, die dem Zeitthema zukommt; und er macht sichtbar, daß die Anerkennung der vierten Dimension, selbst wenn sie sich nur in ihren Vorformen als vielfältige Systasen und als temporische Versuche zu erkennen gibt, logischer- und natürlicherweise die Dualitäts-Überwindung und die Arationalitäts-Gewinnung in sich schließt. Daß dies auch bei der Dichtung statthat, ist insofern besonders aufschlußreich, als gerade sie auf betonte Weise in der mythischen Bewußtseinsstruktur heimatet und ihr das mentale Metrum und die rationale Satzkonstruktion ein disziplinierender

Überbau ist. Daß die Intensivierung der Dichtung und des dichterischen Wortes sowie der dichterischen Sprache nur in den negativen temporischen Versuchen zu einer Repsychisierung der Dichtung geführt hat, die gelungenen Versuche jedoch über das Mythische und das Mentale hinausweisen, ist ein äußerst beachtenswerter Umstand. Dies um so mehr, als sich, wie wohl deutlich geworden ist, die Struktur der Sprache selbst zu ändern begonnen hat. Dabei ist die Tatsache von grundlegender Wichtigkeit, daß sich dieser Strukturwandel nicht etwa auf eine Sprache beschränkt, sondern sich in den europäischen Sprachen seit etwa 150 Jahren gemeinsam vorbereitet und ausgestaltet, in jenen also, die der bisher ausschließlich gültigen mental-rationalen Bewußtseinsstruktur den prägnantesten Ausdruck verliehen.

In den vorerst geglücktesten Versuchen hat die Umstrukturierung ein äußerst klärendes Resultat gezeitigt, das aus der Antwort auf unsere zweite Frage ersichtlich werden kann:

zu 2: Die Überwindung des Dualismus durch die neue Dichtung spiegelt sich in jenem strukturverändernden Gebrauch gewisser Satzbestandteile, der soeben dargelegt worden ist. Durch die Umwertung des Subjekts, wie sie im neuen Adjektivgebrauch und in der Substantivierung des Infinitivs deutlich wird, wird seine Stellung zum Objekt und damit zur Welt aus der bisherigen Dualität befreit. Der neuartig gebrauchte Komparativ verzichtet auf eine entgegengesetzte Bezugnahme, der Denn-Verzicht löst das Denken aus der rationalen Kausalität, ohne deshalb ins Irrationale abzustürzen. Kausalität aber schließt strukturmäßig den Dualismus ein, der also auch durch den Wie-Verzicht überwunden ist.

Sehen wir davon ab, den Nachweis auch thematisch zu führen, indem wir einzelne Aussagen der obenerwähnten Dichter heranziehen. Generell läßt sich sagen, daß sich bei ihnen die Technik der Schwarz-Weiß-Malerei, das Verhaftetsein im Pathos, die zweckgerichtete, nur beschreibende Schilderung immer seltener finden.

Andererseits blüht das Mythische und Magische bei jenen in überraschender Reinheit auf, bei denen die echte Überwindung des Mental-Rationalen eingesetzt hat. Als einziges Beispiel zur Erhellung dieses Sachverhaltes möge die neue Einstellung zum Tode erwähnt sein. Sie setzt, so darf wohl gesagt werden, mit jenem spätesten Worte Hölderlins ein: »Leben ist Tod, und Tod ist auch ein Leben.« [240] Sie formt sich andeutungsweise in Hugo

v. Hofmannsthals »Andreas« aus, dem wohl vollendetsten deutschen Prosawerk seit Generationen. Dabei darf seine Tagebucheintragung aus dem Jahre 1906 nicht übersehen werden: »Für das Leben und den Tod kann man sich die Lenden gürten. Aber das ist das Unfaßbare, daß sie beide zugleich da sind.« [241] Eine ähnliche Einstellung kommt des öfteren, beispielsweise 1913, bei Paul Valéry zur Sprache: »Denn der Tod, im biologischen Sinne, *nimmt untrennbar* am Leben *teil* ...« [242] Dagegen formuliert J. Anker-Larsen diese Einstellung noch deutlicher im Sinne Hölderlins und Hofmannsthals: »Das Leben und der Tod traten zusammen mit mir ins Dasein. Sie sind zwei beständig anwesende Seiten dieses meines Daseins in der Zeit. Bald hat das eine, bald das andere in mir das Übergewicht, beständig wirken sie beide – und mit diesem Dasein in der Zeit verschwinden sie beide zusammen mit mir. Wer das ewige Jetzt [die »Gegenwart«] erlebt hat, sieht keinen bodenlosen Abgrund zwischen ›Leben‹ und ›Tod‹. Nun fehlen wieder die Worte. Ich sage versuchsweise: Das ewige Jetzt ist Sein, die Zeit ist Dasein. Wer das Dasein zum Sein macht, hat mit dem ›Leben‹ und dem ›Tode‹ nichts mehr zu schaffen.« [243] Legt hierbei Anker-Larsen, Jahre vor dem Erscheinen von Heideggers »Sein und Zeit«, den Akzent auf das Sein, so betont Jacques Chardonne nicht das Sein, sondern die Liebe, wenn er hinsichtlich des Problems Leben : Tod sagt: »Ich habe beim Schreiben von ›Claire‹ versucht, die vollkommene Liebe darzustellen, die kaum von der Vorstellung des Todes, noch von den unbedeutenden Rückwirkungen des Lebens und der Personen getrübt ist. Gegenwärtig neige ich dazu, zu sagen, daß nicht einmal diese Schatten in der vollkommenen Liebe vorhanden sind. Für sie ändert sich nichts, das geliebte Wesen ist unwandelbar, außerhalb der Zeit, vom Tode befreit.« [244] Ihre bisher gültigste Aussage findet diese Einstellung zum Tode jedoch bei Rainer Maria Rilke. Seine letzte Deutung von Leben und Tod ist durchaus mythisch-polhaft – und trotzdem das Mythische überhöhend: »Der Tod ist die uns abgekehrte, von uns unbeschriebene *Seite des Lebens:* wir müssen versuchen, das größeste Bewußtsein unseres Daseins zu leisten, das *in beiden unabgegrenzten Bereichen* zu Hause ist, *aus beiden unerschöpflich genährt* ... Die wahre Lebensgestalt reicht durch *beide* Gebiete, das Blut des größesten Kreislaufs treibt durch beide: *es gibt weder ein Diesseits, noch ein Jenseits, sondern die große Einheit*«;[245] und: »Wie der Mond, so hat gewiß das Leben eine uns dauernd abgewendete Seite, die *nicht* sein Gegenteil ist, sondern seine Ergänzung zur Vollkommenheit, zur Vollzähligkeit, zu der wirklichen, heilen und vollen Sphäre und Kugel des *Seins.*« [246]

Hier kommt die mythische Konfiguration in voller Reinheit zur Wirkung und wird zudem durch die integrale überdeterminiert. Rilkes Bild von Leben und Tod, daß nämlich der Tod die stets präsente Schattenseite des Lebens sei, welche somit die Sonnenseite, das Leben, ergänzt, wobei beide zusammen einen *Kreislauf* bilden und *unabgegrenzt* sind – Charakteristika, die wir für die mythische Struktur ersichtlich gemacht haben –, steht in Übereinstimmung mit einer grundlegenden mythischen Anschauungsform des Ostens. Auf diese hat Richard Wilhelm aufmerksam gemacht, indem er nachwies, daß die beiden chinesischen Urprinzipien Yin und Yang bildmäßig so aufzufassen sind, daß das eine die sonnenbeschienene Seite, das andere die der Sonne abgewendete Schattenseite eines und desselben Hügels seien.[247] Das Neue aber und durchaus Aperspektivische kommt dann bei Rilke nach der Evozierung dieser mythischen Konfiguration und nach der deutlichen Ablehnung der rationalen, die für dieses Grundphänomen keine Gültigkeit hat – Leben und Tod sind sowenig mental vorstellbare Gegensätze, als es Diesseits und Jenseits sind, sondern mythische, polhaft sich ergänzende Einheit –, dies Neue kommt im Rilkeschen Text dort zum Ausdruck, wo Rilke das Bild des mythischen Kreislaufs durch die integrale Wahrung der »wirklichen heilen und vollen Sphäre und Kugel des Seins« überdeterminiert. Dabei ist hervorzuheben, daß die mythische Konfiguration dem Dichterischen strukturmäßig entsprechender ist als die mentale, daß sie aber in der von Rilke vorgetragenen reinen Art anschauungsmäßig selten geworden ist, wohl aber sein echtes Dichtertum unterstreicht, das sich des mentalen Elementes vornehmlich in der Metrik bedient.[248] Beide aber, mythische und mentale Struktur, werden durch die soeben zitierten Aussagen, die grundlegend sind, in die integral-arationale integriert; sie werden (im Doppelsinne des Wortes) aufgehoben. Dies ist das Bedeutsame.

Die Konsequenzen sowohl des aufgezeigten sprachlichen Strukturwandels als auch der zitierten Sätze Rilkes führen uns abschließend

zu 3: Inwiefern manifestiert sich die *Arationalität* in der neuen Dichtung?

Überall dort, wo der Einbruch der Zeit nicht zu psychischer Atomisierung führt, sondern das Systematische zu Systasen rundet, wo »Zeit« in ihrer Komplexität nicht als dynamisierendes Sprengmittel, sondern als überdeterminierendes Element wirksam wird, da mutiert das Rationale ins Arationale. Die Schilderung jener temporischen Versuche der Dichtung, die nicht zu Rückfällen ins Magische und Mythische führten, haben diesen Ruck, diesen Mutationsansatz ins Arationale sichtbar gemacht. Überall auch, wo die sprachliche Struktur sich aus der perspektivischen Fixiertheit löst, ohne deshalb in sprachliches Chaos zurückzufallen, da werden erste aperspektivische Manifestationen sichtbar, die als solche nicht mehr rationaler, sondern arationaler Art sind. Die Schilderung des sprachlichen Strukturwandels hat implizite ihren neuen arationalen Charakter ersichtlich gemacht. Wo durch stilistische Inversion die rationale Syntax des Satzes (die ganze Periode), ohne in eine Irrationalisierung zurückzuführen, überhöht wird, wie das seit Hölderlin vor allem bei Mallarmé, Rilke und Eliot der Fall ist, wird die bloß rationale Zeitfolge aufgehoben, ohne daß dies eine Negierung der Zeit bedeutete: das Achronon leuchtet auf, dessen Wahrung zur Voraussetzung hat, daß das Rationale nicht etwa verneint, sondern überdeterminiert wird, wodurch es notwendigerweise seines bisherigen Ausschließlichkeits-Anspruches verlustig geht. Wo aber die Vorstellungswelt des Mental-Rationalen überwunden wird, da wird das Magische wieder hörbar, das Mythische wieder schaubar, und das Mentale wird auf seinen Geltungsbereich des Vorstellbaren, Sehbaren, Greifbaren, Beweisbaren reduziert, kann also nicht mehr vordringlich wirken und gibt den Weg, den Sprung zur Wahrung frei: die Hörbarkeit, die Schaubarkeit und die Vorstellbarkeit der Welt werden durch die zeitfreie Durchsichtigkeit überdeterminiert.[249]

Diese Durchsichtigkeit, diese Diaphanität, da die Welt nun nicht mehr durch die räumlich perspektivische Sichtbarkeit und mentale Vorstellbarkeit ver-stellt ist, diese Durchsichtigkeit wird, wie wir gesehen haben, in der neuen Dichtung ansatzmäßig manifest. Stéphane Mallarmé zeichnet sich durch diese Transparenz aus, die hin und wieder auch Rilke[250] erreicht, die in einem ungewöhnlich starken Maße die Dichtung eines Jorge Guillén charakterisiert, die das Wesen der letzten großen Gedichte T. S. Eliots ausmacht, die als übersteigerte »clarté« den Versen Valérys eignet,[251] dessen »Faust«, wie Haftmann hervorhebt, das »Geheimnis des Ganzen« beschreibt.[252] Im Ganzen wird das Geistige wahrnehmbar, das Diaphainon. Daß das Geistige in der neuen Dichtung, die bloße Psychisierung und Intellektualisierung überwindend, manifest wird, das haben bereits unsere Ausführungen über »Wesen und Wandel des Dichterischen« (siehe S. 428/448 f.) ersichtlich gemacht. Arationale Diaphanität ist Voraussetzung für die Wahrung des Geistigen. Die neue Dichtung und Sprache birgt die ersten Realisationen dieser neuen Bewußtseinsfähigkeit. Mit der Diaphanität wird das Achronon wahrnehmbar, denn die Diaphanität ist von sich aus achronisch. Prousts Satz über das »Frei(sein) von den Ordnungen der Zeit« steht nicht vereinzelt da. Rilke schreibt: »Die Wünsche sind die Erinnerungen, die aus unserer Zukunft kommen.« Und Lou Albert-Lasard, die uns diesen Ausspruch übermittelt,[253] kommentiert ihn im Sinne Rilkes, der damit sagen wollte, »daß gewissermaßen die Zukunft schon in der Gegenwart enthalten ist, wenn auch verschleiert, so doch wirksam. Das, was wir Zukunft nennen, wirkt ebenso wie dasjenige, was wir Vergangenheit nennen. Die beiden in uns vereint bilden die volle, die ewige Gegenwart«, die als solche nicht sowohl ewig als vielmehr zeitfrei ist. Es ist die gleiche achronische Haltung, die aus Mallarmés Zeile: »der Stern reift aus dem Morgen her« spricht (siehe oben S. 448). Und ihr gibt T. S. Eliot Ausdruck: »... die Dinge, die geschehen werden / Sind schon geschehen.«[254]

»Verständlich« sind solche Aussagen kaum. Und trotzdem sind sie wahr, sind Wahrgebungen, Eteologeme. Sie sind nicht verständlich, weil sie, über das Mental-Rationale hinausgehend, arationale Aussagen sind, die nur von denen gewahrt werden können, denen sich die Diaphanität der Welt und ihre achronische Struktur erschlossen hat.

Aber es gibt eine Hilfe, die jedem den Wahrheitsgehalt der vier Sätze von Proust, Rilke, Mallarmé und Eliot evident machen kann. Sie besteht in zwei Aussagen, besser in zwei auf empirischer Forschung beruhenden Folgerungen arationaler Art, die zwei der bedeutendsten Physiker unseres Jahrhunderts formulierten (siehe oben S. 504 f.): A. S. Eddington schrieb: »Die Ereignisse kommen nicht; sie sind da, und wir begegnen ihnen auf unserem Wege. Die ›Formalität‹ des Stattfindens ist ganz einfach der Hinweis, daß der Beobachter an dem in Frage stehenden Ereignis vorübergekommen ist, und diese ›Formalität‹ ist nicht von Wichtigkeit.«[255] Und Werner Heisenberg hat ausgeführt, »daß in ganz kleinen Raum-Zeit-Bereichen, also in Bereichen von der Größenordnung der Elementarteilchen, Raum und Zeit in einer eigentümlichen Weise verwischt sind, nämlich derart, daß man in so kleinen Zeiten selbst die Begriffe früher oder später nicht mehr richtig definieren kann. Im großen würde sich an der Raum-Zeit-Struktur natürlich nichts ändern können, aber man müßte mit der Möglichkeit rechnen, daß Experimente über die Vorgänge in ganz kleinen Raum-Zeit-Bereichen zeigen werden, daß gewisse Prozesse scheinbar zeitlich umgekehrt ablaufen, als es ihrer kausalen Reihenfolge entspricht.« [256]

Die vier Sätze der Dichter und die beiden der Physiker: welch eine Übereinstimmung, obwohl sie von uns aus gesehen verschiedenen Wirklichkeitsbereichen angehören. Alle sechs Aussagen, die alle zutiefst um den Ur-Sprung »wissen«, wissen auch von seiner Gegenwart. Alle sechs Aussagen dürfen in unserem Sinne gleichermaßen als arational und als achronisch bezeichnet werden. Ihre Aperspektivität kommt zusätzlich darin zum Ausdruck, daß sie den Anfang und das Ende unserer Darlegungen über die Manifestationen der aperspektivischen Welt, daß sie die im Denkraum am weitesten auseinanderliegenden Gebiete: Physik und Dichtung, ineinanderbinden. Die aperspektivische Weise, die Welt, das Ganze, zu wahren, wird an diesem Faktum evident.

Zehntes Kapitel
Die Manifestationen der aperspektivischen Welt
VI. Zusammenfassung

1. Das aperspektivische Thema

Das Thema unserer Epoche ist aperspektivischer Art. Der Einbruch der Zeit in das perspektivische Raumdenken manifestiert sich auf allen Gebieten unseres Lebens. Die Bewußtwerdung der Zeit als einer Weltkonstituante, die, da sie unmeßbarer Art ist, durch das mentale Denken nicht erfaßt werden kann, ist die grundlegende aperspektivische Manifestation. Auf den verschiedensten Gebieten konnte die gleichartige Präokkupation ersichtlich gemacht werden, da die vierte Dimension als Zeitfreiheit sichtbar wurde. Und dies war möglich, ohne daß die verschiedenen Terminologien und Kategorien, wie das bisher der Fall gewesen ist, die Aufzeigung des gemeinsamen Anliegens unmöglich machten, wobei das Konzept der akategorialen Systase unsere Aufgabe nicht nur erleichterte, sondern sie überhaupt erst ermöglichte.

So wie die Eroberung des Raumes eine Erschließung und gewissermaßen ein Öffnen der Fläche, des Unperspektivischen, mit sich brachte, so bringt, was sich heute vollzieht, ein Offenwerden des Raumes mit sich. Der Einbruch der Zeit führt allmählich zu einer Eroberung der Zeit durch unser Bewußtsein. Und diese Eroberung schließt die Überwindung der Zeit in ihrer ganzen Komplexität in sich.

Viele der aperspektivischen Ansätze, die wir beobachten konnten, sind vorerst noch Versuche. So wenig die Perspektive mit einem Male gefunden wurde, so wenig kann die Aperspektive mit einem Male gefunden werden. Wohl aber können und müssen wir uns selber auf Grund der neuartigen Manifestationen über das Thema unserer Mutations-Epoche klar sein. Ohne diese Bewußtwerdung ist eine verantwortbare Neustrukturierung der Wirklichkeit nicht vollziehbar.

Die zahlreichen Hinweise, deren Gleichartigkeit wir ersichtlich machen konnten, sind zuverlässiger Art. Was sich dem Raumdenken und Vorstellen entzieht, konnte durch die Einsicht in die Wirksamkeit dessen wahrnehmbar werden, was akategorialer Art ist, was sich nicht durch kategoriale Begriffe und Systeme beweisen läßt, was aber durch das unvoreingenommene

Wahrnehmen der strukturellen Zusammenhänge und durch die Anerkennung der Systasen evident wird.

Wer sich des Ausschließlichkeits-Anspruches des Mentalen begeben kann, so wie es der mentale Mensch einst hinsichtlich des Mythischen vermocht hat, der verneint damit noch lange nicht das Mental-Rationale, dessen jeder Mensch für gewisse Bereiche der Wirklichkeit genauso bedarf wie des Mythischen und Magischen. So aber, wie sich das Mythische als Überdeterminiertheit des Magischen, das Mentale als Überdeterminiertheit des Mythischen darstellt, ist die integrale Bewußtseinsstruktur eine überdeterminiert mentale. Ihre Realisationsweise erschöpft sich nicht im ermessenden Denken oder Vorstellen, noch im mythischen Schauen der symbolhaften Bildlichkeit der Welt, noch im Erleben der magischen Einheit und Mächtigkeit. Wohl aber kommt die neue Realisationsweise zum Durchbruch: das Wahren, das stets das Ganze meint, und dank dessen das Ganze dort diaphan wird, wo es uns gelingt, uns aus den bloßen raumbegrenzten Vorstellungen zu lösen, ohne deshalb ins Irrationale zurückzufallen.

Überall wird dieses Bedürfnis, diese Notwendigkeit deutlich. Die Stichwörter, in denen sich dieser Tatbestand spiegelt, kehren in den Äußerungen aller von uns behandelten Gebiete als Grundanliegen wieder: die *Offenheit*, die in dem Moment in *Fülle* umschlägt, da wir wahrnehmen, daß die Sprengung des Raumes durch die Zeit nicht zur Leere, dem Nihil, dem Nichts oder Nada führt, sondern zur *Durchsichtigkeit;* da wir die *Zusammenhänge* wahrnehmen, indem wir die Systeme mit Hilfe der systatischen Strukturen zu raumzeitlichen Synairesen (statt zu raumgebundenen Synthesen) verbinden und damit die Raum-Zeit-Welt durch die Raum-Zeit-Freiheit, das *Achronon,* überdeterminieren; da wir den Dualismus überwinden und damit die Teilung der Welt aufheben ins Ganze.

Das Ganze, das wir magisch dumpf erleben, dessen wir mythisch in der Polarität der sich bildhaft schildernden Welt ansichtig werden, das wir, Teile und Summen addierend, uns mental-rational vorzustellen versuchen –, das Ganze wird wahrnehmbar durch alle Bereiche hindurch: Ursprung wird Gegenwart. Was durch Rückbindung, durch Religion aufrechterhalten, durch die Ratio jedoch immer stärker zerstört worden ist: die Anerkennung der Verklärung der Welt wird zu gegenwärtiger, präsenter Bindung, wird *Praeligio.* Die tiefe Wahrheit des Christlichen von der Transparenz, der Diaphanität der Welt, wird wahrnehmbar. Der lautere Einbruch des Jenseitigen ins Diesseitige, die Präsenz des Jenseits im Diesseits, des Todes im Leben, des Transzendenten im Immanenten, des Göttlichen im Menschen wird transparent. Die Menschwerdung Gottes ist nicht vergeblich gewesen. Die zur Praeligio intensivierte Religion – damit soll, ohne Anspruch auf eine theologische Formulierung, die tiefe Christlichkeit der integralen Bewußtseinsstruktur umschrieben sein [1] – ist Gegenwärtigung des Ursprungs, Anerkennung der Schöpfung und des Schöpferischen, Einordnung unseres Lebens als einer der zahlreichen sinnvollen Offenbarungsformen des Ganzen.

Diese neu sich bildende Bewußtseinsstruktur wird den letzten und tiefsten Gegensatz rationaler Art aufdecken und überwinden, jenen von Glauben und Wissen, von Religion und Wissenschaft. Nicht nur deshalb, weil es sich allmählich zeigt, in welch betörendem Maße wissenschaftliche Thesen sehr oft nur geglaubten Voraussetzungen entspringen – selbst die Welt der Zahlen und ihre Gesetze haben ja nur eine beschränkte Gültigkeit, nämlich nur für die materialisierten Gegebenheiten unserer Raum-Zeit-Welt –, sondern weil Antithesen dieser Art mit der neuen Bewußtseinsstruktur unvereinbar sind. Durch Glaube und Wissen hindurch, und nicht mit ihrer Hilfe, ist die »Kugel des Seins« in ihrer ganzen Diaphanität wahrnehmbar. (Auch für die in diesem Abschnitt gegebene Zusammenfassung verweisen wir auf die »Synoptische Übersicht« am Schluß dieses Bandes.)

Ansätze zu dieser neuen Weltsicht haben wir sowohl in den Äußerungen der Wissenschaften als der Künste gefunden. Die einen waren bisher vorwiegend rationaler Art, also dem Wissen verpflichtet, die anderen waren bisher vorwiegend irrationaler Art, also dem hinnehmenden Glauben verpflichtet. Beide, dies ist deutlich geworden, tragen heute Kennzeichen dessen, was wir als Arationalität bezeichnet haben. Auch dies ist eine Gewähr, daß das aperspektivische Thema aperspektivische Wirklichkeit werden wird.

2. *Das tägliche Leben*

Das neue Bewußtsein, das, sich selber vorausnehmend, in den schöpferischen Gestaltungen der Künstler, Denker und Wissenschaftler zuerst Kontur gewonnen hat, wird nicht vollgültig, solange es nicht im Alltag gelebt wird. In welcher Form kann das geschehen? Es wird, naturnotwendigerweise, von sich aus geschehen. Aber die Wirrnis der heutigen Situation erfordert eine gewisse Bereitschaft, Aufgeschlossenheit und Mitarbeit von jedem einzelnen.

Es wird von sich aus geschehen, da sich die Struktur der neuen Realisationsweise bereits in den verschiedensten Bereichen unseres Lebens mit einer nicht mehr wegzuleugnenden Intensität zu manifestieren begonnen hat. Ein jeder aber kann durch seine Haltung und Handlungsweise dazu beitragen, daß sich der Konsolidierungsprozeß ohne den Umweg über eine mögliche Katastrophe vollzieht. Der Lehrer sind genügend; wir haben sie als Vorläufer der neuen Bewußtseinsstruktur auf den vorstehenden Seiten kennengelernt; und auch die verborgenen Lehrer, die den Abglanz ursprünglicher Weisheit bewahren, wirken. Gleichermaßen evident ist es, daß zur gegebenen Zeit die neue Struktur auch für die Allgemeinheit bewußtseinskräftig werden muß. Die Grundlagen unserer Denkweisen sind bereits durch Tatsachen verändert, umstrukturiert. Dieser Umstrukturierung kann sich auf die Dauer niemand entziehen. Unmerklich und selbstverständlich wird die neue Bewußtseinsstruktur für jeden Gültigkeit erhalten. Und jene, die sie nicht annehmen, die in der alten verharren wollen, werden durch die neue Kraft im Verlauf der nächsten Generationen weitgehend ausgeschaltet werden. Die letzten Versuche der defizient mythischen Epoche, die in den Synkretismen der ersten nachchristlichen Jahrhunderte Gestalt annahmen, sind von der effizient mentalen Bewußtseinsstärke des Christentums überwunden worden. Das defizient mentale, das rationale Bewußtsein wird sich in zunehmender Technisierung und in zeitfalscher Anwendung der Technik selber das Grab schaufeln und – dies ist keine Prophetie, sondern Darlegung einer naturnotwendigen Entfaltung, die bereits durch das spanisch-mexikanische und das schweizerisch-österreichische Beispiel (siehe S.30, 31[6] u. 374) anschaulich gemacht worden ist – durch ein intensiviertes Christentum, durch das integrale Bewußtsein überwunden werden.

Große Umwandlungs-Prozesse wie der heutige, derart weit- und tiefreichende Mutationen wie die sich seit Generationen vollziehende, sind keine Zufälligkeiten, die sich etwa nur ontologisch, existentiell, soziologisch allein erklären ließen. Sie sind vom Ur-Sprung her veranlagt, sind ein Nach-Sprung in *die stets schon vorhandene Zukunft*. Der im Irdischen und Alltäglichen sich in Raum und Zeit aufblätternde und entfaltende Ursprung erfüllt sich hier, auf unserer Erde, auf diese Art. Die göttliche, geistige Herkunft und Zukunft dessen, was uns als Geschehen erscheint, sollte über den bloßen Erklärungsversuchen nie vergessen werden. Und der Ursprung, aus dem heraus jeder Augenblick unseres Lebens lebt, ist göttlich geistiger Art. Wer das verneint, verneint sich selber. Und es gibt derer heute genügend, die das tun. Wer es nicht verneint, in aller Einfachheit und Aufgeschlossenheit nicht verneint, ist bereits ein Mitarbeiter der Aperspektive, der integralen Bewußtseinsstruktur. Sie gründet in der Bewußtwerdung und Durchsichtigwerdung des Ganzen. Einst waren es nur die Jünger Christi, die Christi Verklärung wahrzunehmen vermochten. Diese einmal im Irdischen vollzogene Diaphanierung der Welt, diese einmalige Manifestation der Kraft, des geistigen Prinzips, ist kein vergangener Vorgang. Daß Pfingsten alljährlich gefeiert wird, ist nur ein Hinweis unter vielen auf diesen Tatbestand. Vielleicht stehen wir, geschichtlich gesehen, als Menschheit in den drei Tagen der Niederfahrt zur Hölle. Ist sie mit den Ereignissen unserer ersten Jahrhunderthälfte bestanden? Wie dem auch immer sei: damals waren es nur die Jünger, die Christum in der Transparenz wahrzunehmen vermochten. Eines Tages wird es die größere Gemeinde sein. Es ist kein Zufall, daß der Sinn für die Durchsichtigkeit heute überall zum Durchbruch kommt.

Was aber hat das mit dem täglichen Leben zu tun? Entscheidendes, da, was im Großen sich vorbereitet, im Kleinen mitläufig mitvorbereitet werden muß. Dabei ist nicht die Zahl derer entscheidend, die das Neue realisieren und leben, sondern die Intensität, mit der es von den einzelnen gelebt wird.

Wer Distanz zu sich gewinnt, gewinnt zugleich Distanz zur Welt. Distanzierung schließt Toleranz ein. Jeder ist heute imstande, dies im Rahmen seiner Möglichkeiten zu leisten. Jedem sind heute die Mittel gegeben, sich selber zu durchschauen. Jeder kann sich heute über die Bedingtheiten, Befristetheiten und Begrenztheiten seines Fühlens, Denkens und Handelns Rechenschaft ablegen. Jeder kann sich heute der verschiedenen Zeitformen bewußt werden, die alle auf den Ursprung zurückverweisen: er kann in der liebenden Vereinigung die Zeitlosigkeit erleben, die ihm zudem allnächtlich jeder Tiefschlaf beschert; er kann die rhythmische, stets sich ergänzende Naturzeithaftigkeit erfahren, die ihn bis in den Pulsschlag und das Atmen hinein mit den Abläufen des Universums verbindet; er kann sich der gemessenen Zeit bedienen. Oder anders ausgedrückt: es können einem jeden alle ihn mitkonstituierenden Strukturen, das Magische, das Mythische und das Mentale, und deren jeweils besondere und stets gültige Wirksamkeiten durchsichtig werden. Das ist ein Anfang. Schon deshalb, weil der einzelne sich selber als Ganzes in seiner magischen Einheitlichkeit, in seiner mythischen Entsprechung, in seiner mentalen Vorstellung und Zielsetzung zu sehen lernt und ihren Zusammenhang und ihr Zusammenspiel durchschaut. Und nur als ganzer Mensch ist er fähig, das Ganze wahrzunehmen.

Das Leben in Fabrik und Büro, die Sinnlosigkeit der heutigen Arbeit, ihre Automatisierung, Mechanisierung, Technisierung stünden dem entgegen? Im Gegenteil. Um so deutlicher wird die Notwendigkeit, die falsche Form des Einbruches der Zeit, wie sie in Motorisierung, Jagd nach wertlosen »Gütern« und ähnlichem zum Ausdruck kommt, zu überwinden. Diese Umwelt, Fabrik und Büro, haben wir selber geschaffen, diese Formlosigkeit der Leere haben wir uns von der leeren Motorik aufzwingen lassen. Sie wird sich in dem Maße ändern, als wir fähig sind, das zu realisieren, was uns aufgetragen ist. Dies vorzubereiten, bleibt einem jeden Muße und Muß. Zwischen Lohnarbeit und Schlafzeit liegen viele tägliche Stunden. Wer sie zu nützen weiß, wird sie nützen. Aber nicht indem er sich »Bildung« anlernt, sich »Wissen« anliest, sondern indem er diese Stunden nicht nur zweckmäßig, sondern *sinnvoll*, Tag für Tag, zu leben versucht. Was heute »Freizeit« genannt wird, sollte nicht freizeitlich vergeudet werden, sondern uns »zeitfrei« machen.

Epochen großer Wirrnis und allgemeiner Unsicherheit in der manifesten Welt enthalten stets die noch im Nicht-Manifesten schlummernden Keime der Klärung und Sicherheit. Die aufgezeigten Manifestationen der aperspektivischen Welt lassen erkennen, daß diese Keime bereits zur Realisation drängen. Das bedeutet, daß wir uns dem »Höhepunkt« der Wirrnis und damit auch dem notwendenden Durchbruch nähern. (Allein die letzten zehn Jahre – seit 1954 – haben die Richtigkeit dieser Feststellung erwiesen: einerseits verstärkten sich Materialismus, Rationalismus, Fortschrittstaumel, sinnlose Betriebsamkeit aus Zeitangst in rasant zunehmendem Maße; andererseits, jedoch weniger auffällig, mehrten sich die aperspektivischen Manifestationen, wofür wir da und dort auf den vorstehenden Seiten Hinweise einfügen konnten.) Die Wirrnis im Leben des einzelnen unserer Tage, seine Unerfülltheit in der Arbeit, seine Isoliertheit in der Masse, seine Ohnmacht gegenüber dem Leerlauf der anonymen

Mächte, seien diese Maschinen oder Bürokratie, seine Unsicherheit und Unfreiheit sind nur Spiegel der allgemeinen Situation. Die Unhaltbarkeit dieser Situation ist genau so offensichtlich wie die Anzeichen, daß sie überwunden werden wird. Was im Großen für das Allgemeine gilt, gilt aber auch im Kleinen für den einzelnen. Die Neustrukturierung der gesamten Wirklichkeit hat bereits eingesetzt. Es wird von uns abhängen, ob der endgültige Durchbruch zu ihr, ob ihre Konsolidierung sich mit unserer Hilfe oder gegen unsere Uneinsichtigkeit vollzieht. Geschieht es mit unserer Hilfe, so wird sich eine allgemeine Katastrophe vermeiden lassen; geschieht es ohne unsere Mithilfe, dann freilich wird der gültige Vollzug der diesmaligen Mutation mit noch größeren Schmerzen und Qualen erkauft werden, als wir sie in den letzten sechzig Jahren erlitten haben. Alle Arbeit, die echte Arbeit, die wir zu leisten haben, ist jene schwerste und qualvollste an uns selber. Sie ist eine Vorausnahme jener Schmerzen und Qualen, die, nehmen wir sie nicht freiwillig voraus, uns in dem sonst notwendigen Zusammenbruch persönlichen und universellen Charakters auferlegt würden. Wer sich dem Ursprung entzieht, wer sich seinem Auftrag, der ein geistiges Ansinnen ist, entzieht, handelt gegen den Ursprung. Wer gegen ihn handelt, hat keine Gegenwart, heute so wenig wie morgen.

Jede Wirrnis, die ein jeder von uns in seinem täglichen Leben und Handeln zu klären versucht und vermag, jedes Auffangen der Angst, jedes Gran Sicherheit, das er sich erarbeitet, jede Distanzierung – selbst die geringste –, die er zu sich selber gewinnt, jedes Vorurteil und jedes Ressentiment, die abzulegen er fähig ist, sind notwendige Leistungen, welche die neue Wirklichkeit festigen und ihm und der Allgemeinheit Sinnfülle eintragen werden. Ein jeder ist frei, es zu leisten. Wer diese Freiheit verspielt, verspielt sein Leben und seinen Tod.

Aber die Abermillionen, die taub bleiben? Ihre Freuden: Macht und Besitz, werden in den Jahren, die kommen, dahinschwinden. Sei es, daß sie weiterhin einen falschen Gebrauch davon machen, wodurch sie sich diese »Güter« gegenseitig selber zerstören, sei es, daß die sich vollziehende Umstrukturierung diese vermeintlichen Werte als belanglos demaskiert. Diese Demaskierung wird viele ihrer materiellen Pseudosicherheit berauben und soziale Forderungen an sie stellen, denen sie nicht gewachsen sein werden.

Konsolidiert wird die neue Haltung allerdings nur dann sein, wenn es dem einzelnen gelingt, wenigstens hin und wieder und dann in zunehmendem Maße von seinem Ich absehen zu können. Solange wir noch ichhaft denken, solange wir noch ausschließlich ichhaft denken, teilen wir die Welt. Dem Ich wird im glücklichsten Falle das Du sichtbar, aber niemals das Ganze. Die heutige Gefahr der Ich-Isolation einerseits, des Ich-Verlustes, ja des Ich-Mordes andererseits, ist bereits aufgezeigt worden (siehe oben S. 229 f.). Ich-Isolation ist Flucht vor der »Masse«, der defizienten Form der Gemeinschaft, sie führt auf die Dauer gleicherweise wie der Ich-Verlust zum Ich-Mord, denn die Flucht in die Masse hat ein Verschluckt- und Annulliert-Werden des Ich durch die Masse zur Folge. Es handelt sich also nicht mehr darum, die Ichhaftigkeit zu versteifen, noch darum, einer Ichlosigkeit zu frönen. Ichlosigkeit ist defizienter Rückfall ins Magische; bloße Ichhaftigkeit ist defizientes Verharren im Mental-Rationalen. *Nur die Überwindung des Ich, die eine Überwindung sowohl der Ichlosigkeit als auch der Ichhaftigkeit ist, stellt uns in die Ichfreiheit,* die das Achronon und das Diaphainon zu wahren vermag. *Ichfreiheit ist Freisein vom Ich, ist nicht Ich-Verlust oder -Verzicht,* ist nicht Ich-Mord, sondern Ich-Überwindung.[2] Das Ich-Bewußtsein war das Charakteristikum der mentalen Bewußtseinsstruktur. Die Ichfreiheit ist das Charakteristikum der integralen Bewußtseinsstruktur.

Wem es im Alltag gelingt, das Ganze über sein Ich zu stellen (ein Ich, das er deshalb noch lange nicht verlieren muß), wer aus Ichfreiheit heraus zu handeln vermag, dem wird die Welt und selbst der Alltag durchsichtig. Dann rücken sich die allgemeinen Umweltsgegebenheiten von selbst zurecht; sie strukturieren sich neu, da sie (sowohl die sozialen als auch die technikbedingten Systeme, die Folgen der rationalen Überbetonung sind und durch diese defiziente Akzentuierung ermöglicht wurden) der neuen Realisationsweise, die nun ihrerseits die Umwelt gestaltet, inkongruent sind. Da diese Realisationsweise beispielsweise ein bloßes Zweckdenken ausschließt (um es nur noch für einen kleinen Wirklichkeitsbereich gelten zu lassen), wird sich auch die Umwelt, und zwar in allen ihren Aspekten, die wir ja selber jeweils unserer Bewußtseinsstruktur entsprechend gestalten, wandeln. Dann wird auch der Albdruck unserer Zeit weichen: die falsche Verwendung der Maschinen, deren leere Bewegung, deren bloße Motorik, autonom zu werden droht. Es würde offensichtlich werden, daß sie und die heutige Technik eine rücknehmbare physische Projektion sind (siehe S. 198), derer wir Meister zu werden vermögen, zumal in der Technik hier und dort vierdimensionale Ansätze vorhanden sind. Fedor Stepun sagt vom Film, er entspräche dem Verlangen nach Erlösung von dreidimensionaler Schwere[3] – heute ist er noch eine Bild-Verfütterungs-Maschine.[4] Das Raum und Zeit weitgehend annullierende Radio, das zeitlich den Raum, die räumliche Entfernung verkürzende Flugzeug, die Groß-Beschleuniger (Cyclotrone und andere), die ein atomares Geschehen und Reagieren auslösen – alle diese technischen Errungenschaften können sich dann in Befreiungen wandeln, wenn uns die ihnen zugrunde liegende Zeitkomponente durchsichtig wird. Die heutige Technik ist, da sie leere Bewegung hervorbringt, nicht gemeisterte Zeit: sie ist das eindrücklichste Beispiel für das Versagen des rationalen Menschen hinsichtlich der ihm gestellten Aufgabe: das Zeitproblem zu lösen. Statt die Zeit zu intensivieren, hat er, rational denkend, die Zeit im Bewegungs-Taumel quantifiziert. Die große Korrektur dieses Fehlversuches, der am stärksten in unser alltägliches Leben einschneidet, wird erfolgen, wenn sich das Bewußtsein von den Grundlagen und dem echten Ansinnen der Technik Bahn bricht. Es wird auch die Technik in dem gleichen Maße umstrukturieren, wie es unsere gesamte Wirklichkeit umzustrukturieren im Begriffe steht. In den geglücktesten Realisationen wird dann der Alltag ein All-Tag sein.

Elftes Kapitel
Die doppelte Aufgabe

»Was heute als Kunst betrieben wird, ist Ohnmacht und Lüge, die Musik nach Wagner so gut wie die Malerei nach Manet, Cézanne, Leibl und Menzel. Man suche doch die großen Persönlichkeiten, welche die Behauptung rechtfertigen, daß es noch eine Kunst von schicksalhafter Notwendigkeit gebe. Man suche nach der *selbstverständlichen und notwendigen* Aufgabe, die auf sie wartet.«

Diese Sätze hat Oswald Spengler 1917 geschrieben und in der zweiten Auflage von 1922 nicht korrigiert;[1] sie beziehen sich, wie seine anderweitigen Ausführungen erkennen lassen, nicht nur auf die Künste.

Heute, eine Generation später, brauchen wir die »großen Persönlichkeiten« (wie antiquiert mutet dieser Ausdruck an) nicht mehr zu suchen. Sie, ein jeder auf seinem Gebiet, die unsere Weltvorstellung in eine neue Weltsicht zu verändern begannen, kamen in den vorangehenden Kapiteln zu Wort. Und auch der Suche nach einer Aufgabe brauchen wir uns nicht mehr zu befleißigen. Die »selbstverständliche und notwendige Aufgabe«, die unser wartet, ist deutlich geworden. Sie ist unmißverständlich, sie ist die selbstverständliche Konsequenz all der temporischen Bemühungen und Ansätze der letzten fünf Generationen, sie ist notwendig, denn anders geben wir uns selber auf, anstatt das uns Aufgegebene zu leisten.

Da Spengler keine Aufgabe sah – für die Künste so wenig wie für die anderen Gebiete unseres Lebens –, gab er das Abendland auf. Und obwohl wir uns heute in einer ähnlichen, vielleicht noch katastrophaleren Nachkriegssituation befinden als Spengler, der in dem Richard Wagner der »Götterdämmerung« einen Vorfahren, in dem Alfred Weber des »Vierten Menschen«[2] einen Nachfahren hatte, so ist es unserer Generation beschieden, die uns gestellte Aufgabe wahrzunehmen und zu lösen.

Nach wie vor ist sie voller Gefahr. Denn es handelt sich darum, die Doppelseitigkeit dessen, was Aufgabe ist, zu unterscheiden. In dem gleichen Maße, wie die uns gestellte Aufgabe fordernd ist, ist die Gefahr drohend, daß wir uns durch ihre Nicht-Erfüllung selber aufgeben.

Immer wieder haben wir auf den vorstehenden Seiten auf die

Möglichkeit dieser Selbst-Aufgabe hingewiesen. Die aperspektivische Weltsicht ist noch nicht konsolidiert; es ist noch alles in Fluß; und vor allem hat sie nichts mit modernistischer Neuerungssucht, mit Ultra-Modernismus, mit Absage an das Überlieferte, an die Tradition im besten Sinne des Wortes, zu tun. Im Gegenteil – der erste Teil dürfte es bewiesen haben – ist gerade die einsichtige Anerkennung der Fundamente, welche die Neuerer à outrance beseitigen möchten, von ausschlaggebender Bedeutung. Es wird von uns abhängen, ob es gelingt, das Zeitproblem auf aperspektivische Weise zu lösen, oder ob wir es auf defizient mentale, also auf rationale Art mißverstehen. Eine weitere Rationalisierung der Zeit würde in Kürze zu einer allgemeinen Atomisierung führen, die Achronisierung der Zeit dagegen zur Überwindung der heutigen Situation, zum Aufbau, zur Konsolidierung der neuen effizienten Bewußtseinsstruktur. Überlassen wir uns den zerstörenden defizienten Mächten, belassen wir der Rationalität den Ausschließlichkeits-Charakter, messen wir die Zeit weiterhin mit Unangemessenheiten, so wird dies ein Ver-Messen sein, eine Vermessenheit, da sie der notwendenden Aufgabe nicht nur nicht gemäß ist, sondern ihr zuwiderläuft. Gelingt es uns, statt dieser Mächte, die ein bloßes, uferloses Machen bewirken, der ursprünglichen Kraft, die so offensichtlich zur Manifestation drängt, zum Durchbruch zu verhelfen, so werden wir dem Niedergange entgehen. Da die Gefahren der Selbst-Aufgabe nach wie vor groß und allgemein sind, sei zusammenfassend kurz auf sie hingewiesen. (Diese Hinweise stellen lediglich komprimierte Fassungen jener Vorbehalte dar, die wir in den Abschnitten, die den betreffenden Gebieten gewidmet sind, nicht unterlassen haben ausführlich zu erwähnen. Sie anders werten, hieße sie mißverstehen.)

In der *Mathematik* droht die Gefahr der Atomisierung und der defizienten Quantifizierung, falls es nicht gelingt, sie vor dem Sturz in bloße Logistik und Statistik zu bewahren (siehe oben S. 496).

In der *Physik* hat bereits die nur geometrisch-physikalische Handhabung der Zeit zur Atomisierung geführt, die nur aufgehalten werden kann, wenn die qualitativen Elemente, die unter anderen in der Planckschen Konzeption beschlossen sind, bewußt werden, und wenn die achronische Struktur der »Materie«, wie sie Werner Heisenberg implizite formuliert hat, beherzigt wird.

In der *Biologie* droht die Ausschließung des Geistigen von

den Lebensvorgängen dann eine biologische Atomisierung der Menschheit herbeizuführen (wofür die robotermäßige Fortpflanzung [künstliche Befruchtung] – eine mechanisierte Übersteigerung des Vitalismus – nur ein Indiz unter vielen ist), wenn die Einsichten beispielsweise eines Adolf Portmann nicht berücksichtigt werden. Sollten die »gesteuerten« Erbvorgänge, um deren Realisierung sich heute die »Molekulare Biologie« bemüht, tatsächlich angewendet werden (was wohl in den siebziger Jahren möglich sein könnte?), dann wäre die Menschheit in einer Weise bedroht, mit der verglichen selbst die katastrophalen Folgen negativ angewandter radioaktiver (atomarer) Kräfte – und es ist grauenhaft genug, dies feststellen zu müssen – fast harmlos erscheinen würden.

In der *Psychologie* droht die psychische Inflation, ihre Deformation in Psychistik und psychische Besessenheit, droht die Atomisierung der Seele, das Ertrinken des Menschen in den künstlich aufgerührten Strudeln hyper-amplifizierter »Archetypen« und »Komplexe«, wenn die Psychologie über der Seele und dem Körper des Geistigen vergißt (oder womöglich das Geistige psychisiert); oder wenn sie nur noch zwecks besserer »Rendite« des einzelnen im Gewerbe und in der Fabrik zur Anwendung gebracht wird.

In der *Philosophie* geistert die Gefahr der Unverbindlichkeit, da bloße Begriffe, Kategorien, Exegesen, Analysen, Systeme nicht mehr zu einer Intensivierung der Wahrheitssuche führen, sondern nur zu einer immer stärkeren Auflösung, letztlich zu einer Atomisierung des Denkens.

Im *Recht* kann das Überhandnehmen des Nützlichkeits-Standpunktes und die Privilegierung des Anonymen (der Trusts wie der staatlichen Verwaltung) sowie die Verkennung der Grundlagen und Beziehungen von Besitz und Arbeit zum Niedergang jedweder qualitativen Lebensberechtigung führen und dadurch die Gesamtstruktur des menschlichen Zusammenlebens vernichten.

In der *Soziologie,* sei sie wirtschaftlicher, politischer oder kultureller Art, droht der endgültige Verlust des Qualitativen, da das Individuum Gefahr läuft, in die »Masse« zurückzusinken und von ihr atomisiert zu werden.

In den *Doppelwissenschaften* ist die Parapsychologie durch spiritistelnden Okkultismus (einer Art psychischem Materialismus) am stärksten gefährdet, durch jenen Okkultismus, der »jenseitig« Geistiges dort zu finden glaubt, wo er zumeist nur

Absprengseln nichtiger, sich materialisierender Geisterei auf die Spur kommt: psychischen Zerfallsprodukten.

In der *Musik* würde eine weitergehende Akzentuierung des Metrisch-Motorischen (wie etwa bei Strawinsky) zu einer vollständigen Sinn-Entleerung, zu einer Atomisierung der Töne führen (und es wird sich zeigen, ob die elektronische Musik dieser Gefahr entgehen kann).

In der *Architektur* müßte, wie bereits Frank Lloyd Wright hervorgehoben hat, eine weitere Wolkenkratzer- und Wohnmaschinen-Bauerei zur Katastrophe führen. Das rauschhafte Quantitative würde einer Verbauung des Menschen gleichkommen, seiner Verameisung, seiner soziologischen Atomisierung, statt ihm Freiheit zu geben.

In der *Malerei* hat sich die Atomisierung bereits zum Teil vollzogen. Der falsche Gebrauch der psychischen Aspekte der Zeit, das hemmungslose Herausschleudern meist auch noch krankhaft aufgeblähter psychischer Inhalte auf die Leinwand (im Surrealismus), die bloße Sprengung und Zerstörung der räumlich-körperlichen Formen dort, wo sie nicht eine raumzeitliche Umstrukturierung erfahren, ist dafür, selbst in manchen Werken Picassos, Beispiel genug.

In der *Dichtung*, besser in der Sprache, bis in die des Alltags hinein, droht die Auflösung überhandzunehmen. Die mißverstandene Virulenz der Zeitkomponente, das Zu-Tode-Hetzen der Zeit bringt ein Zu-Tode-Gehetzt-Werden der Sprache mit sich. Die Abkürzungsmanie für die Namen von Institutionen, der wahllose Gebrauch der Wörter, die Massenhaftigkeit des täglich Gedruckten zeigen die Gefahr der Atomisierung der Sprache an.

Im *Alltag* zwingt die Motorisierung, Maschinisierung, Technisierung den Menschen in quantitätsbedingte Abhängigkeiten, wobei das Unmaß an Freiheitspreisgabe den wenigsten bewußt wird. Maschine, Film, Presse, Radio: meistens führen sie zu nivellierenden Abhängigkeitsverhältnissen und zu zunehmender Entindividualisierung, also zur Ich-Atomisierung. Wie weit das gehen kann, zeigt der heutige Sport. In der Art, wie er heute betrieben wird, kommen diese Gefahren immer stärker zum Ausdruck. Was einst Spiel war, wurde zum Rekordrausch. Die Hingabe des in der Zuschauer-Masse untergehenden einzelnen an ein wertloses Phänomen ist für die heutige Übergangssituation symptomatisch. Die Schnelligkeitssucht zeugt von der tiefgreifenden Angst vor der Zeit: jeder neue Rekord ist ein Schritt weiter in Richtung auf die Tötung der Zeit (und damit auch des Lebens). Die Rekordbegeisterung ist ein deutlicher Hinweis auf die prädominante Rolle des Zeitproblems: auch die Massenpsyche ist der Zeit verfallen; sie sucht sich ihrer durch eine negative Überwindung zu entledigen; jeder neue Rekord nähert uns dem Zeittod an, statt zur Zeitfreiheit zu führen. Diese Sucht, die Zeit negativ zu überwinden, wird überall sichtbar. Überall werden die bisherigen zeitlichen Schwellenwerte überschritten; nicht nur durch das Radio, auch durch die Ultraschall-Flugzeuge oder (ein anderes extremes Beispiel) durch die medizinischen Bemühungen, die menschliche Lebensdauer zu verlängern; gerade auch diese Anstrengungen, ins Quantitative zu fliehen, sind aus Zeitangst geborene Zeitflucht, die vordergründig unseren Alltag beherrscht.

Dies einige der offensichtlichen Gefahren, die durch falsche Lösungsversuche und -praktiken des Zeitproblems verursacht worden sind. Wird ihnen nicht allmählich durch die Erfüllung der uns gestellten Aufgabe Einhalt geboten, so führen sie zur Selbstaufgabe, zum endgültigen Verlust des Menschlichen durch Atomisierung und Auflösung. Seit der Totsagung Gottes droht der Tod des Menschen. Seit die Mächte mit der neu erstehenden Kraft sich auseinandersetzen, seit sie die Zeit zu Tode hetzen (um dabei schließlich dann doch von der Zeit zu Tode gehetzt zu werden), ist mit dem »Faust« das Mephistophelische vordergründig geworden, da man des Göttlichen nicht mehr gewahr ist, es bestenfalls protestierend rationalisiert hat und damit das Ursprüngliche, das sich in die Zeitfreiheit zu wandeln müht, nicht wahrnimmt. Das Haupt des Zeus, dem Athene (der zielsichere Gedanke) entsprang, ist, da das Denken das Geistige zu usurpieren begann, der Guillotine zum Opfer gefallen: die Götter und der vorgestellte Vater-Gott sind enthauptet worden. Auf der Richt- und Blutstatt feiert das Gegenprinzip eine heillose Heraufkunft. Wo das Symbol der hellen Lebenskräfte, der Sonnenkönig, gestürzt, enthauptet wird, wo der »Roi Soleil«, die Sonne untergeht, tauchen die schattenlosen »Schlemihls« auf. Das Licht jener größeren, unsichtbaren Sonne – möglicherweise ist es »das Ganze« –, von der das Licht unserer Sonne nur ein Widerschein ist, wurde nicht wahrgenommen. Das bloße Gegenprinzip der Gestürzten, Enthaupteten kam vordergründig zur Macht (statt durch die erfolgte Sprengung der mentalen Begrenztheit das Ganze durchsichtig werden zu lassen – dies Vermögen setzt sich erst allmählich durch). Die Höllenfahrt der

Menschheit begann. Faust löst die mephistophelischen Probleme nicht, denn Mephisto verschwindet, irgendwie, ein diabolus ex machina. James Hoggs Apologie des Satanischen folgt, die erst kürzlich – und bezeichnenderweise durch André Gide – auf dem Kontinent bekannt wurde.[3] Selbst ein Mallarmé quält sich mit diesem dämonisch-satanischen Prinzip in seinem großen Gedicht ab[4] und reiht es als das vierte in seine Dichtung ein. Er nimmt damit, den Gnostikern und Alchimisten gleich, jene Quaternitätslehre voraus, die C. G. Jung unter Einschluß Satans in seiner Psychologie postuliert. (Wann wohl wird man bemerken, wie befristet solche Entsprechungen, wie begrenzt solche Gegensätzlichungen, wie beispielsweise Gott : Satan, sind, und es unterlassen, den Ausdruck des Ganzen in psychisch-mythische Gefüge oder mentale Systeme als »Pol« oder als »Größe« einzusetzen?) Es ist das gleiche dämonische Prinzip, das in der alten Musik als »diabolus in musica«, als die verbotene Harmonie des Tritonos, das in der neuen Musik miterklingt, bekannt ist.[5] Béla Bartók, dessen erster Satz (wie übrigens manch anderer auch) des »Quartetto Nr. 5« von 1934 einem mittelalterlichen Hexentanz gleicht, hat mit vollem Wissen den Tritonos verwendet.[6] Ist demgegenüber »Mon Faust« Paul Valérys[7] die Überwindung dieses Prinzips, da sein Faust dem Mephisto deutlich macht, daß alles, was er anrichten wollte und konnte, seit Goethe durch den Menschen getan worden ist, so daß er keine Macht mehr hat? Hat damit der Dichter das Ende der Höllenfahrt vorausgenommen? Gibt diese Ohnmacht Mephistos einer einsichtig gewordenen Menschheit die Kraft zurück, derer sie heute mehr bedarf denn je zuvor?

Immer wenn eine Bewußtseinsstruktur erschöpft war, äußerte sich das in einer Entleerung der Werte, die dann konsequenterweise aus den effizienten, qualitativen Äußerungsformen in defiziente, quantitative übergingen. Es ist, als zögen sich Leben und Geist aus jenen zurück, die den Vollzug der jeweils notwendenden Mutation nicht mitvollziehen. Als das Mythische das Magische ablösend überdeterminierte, entleerte sich die Wirkkraft des magischen Bannens in bloßes Zaubern und schließlich in leere, quantitative Praktiken. Die tibetanischen Gebetsmühlen sind dafür ein Beispiel. Als das Mentale das Mythische ablösend überdeterminierte, wurde das psychische Chaos sowohl in der Unzahl mythischer Ungeheuer und Dämonen indischer und anderer fernöstlicher Tempel als auch in der zuletzt von Karl Kerényi dargestellten Aufsplitterung der griechischen Mythen sichtbar.[8] Heute, da das arational Integrale das Mental-Rationale überdeterminierend abzulösen beginnt, wird das Denken, das mentale Vermögen, durch jene Roboterrechenmaschinen, die »Computers«, mechanisiert, also entleert und quantifiziert.[9] Die Gebetsmühlen, die Mythenzersplitterung, die Computer sind Ausdruck des Menschen, der in seiner Bewußtseinsfrequenz verharrt, während die notwendende neue Bewußtseinsmutation die erschöpfte Bewußtseinsstruktur bereits zu überlagern beginnt. Jedes Übermaß an Quantifizierung führt zu Ohnmacht, Leere und Hilflosigkeit. Wo dies offensichtlich wird, ist die nicht mehr genügende Bewußtseinsstruktur bereits überwunden. So gesehen sind die Computer ein negatives Wahrzeichen der neuen Bewußtseinsstruktur und ihrer Kräfte. In ihnen gibt sich die defizient gewordene mentale Welt selber auf und macht uns das Gelingen unserer Aufgabe sichtbar. Denn darüber, daß sie gelöst werden wird, kann kein Zweifel bestehen, da sie einer Notwendigkeit entspringt. Die einzig offene Frage ist, ob sie in Bälde gelöst wird – denn anders wird ihre Lösung unausdenkliche Opfer der Sich-Selbst-Aufgebenden heischen. Die Zahl der Menschen, welche die Lösung erleben werden, hängt von der zeitintensiven Bewußtwerdung der neuen Struktur ab. Die Aufgabe kann, wenn nicht zur gegebenen Zeit gelöst, zur fast vollständigen Selbstaufgabe der Menschheit führen. Dies ist ihr entscheidender Doppelsinn.

Zwölftes Kapitel
Die Konkretion des Geistigen

Was auf der Erde geschieht, das muß durch den Menschen mitverantwortet werden. Aber die Erde selbst ist nicht nur etwas Hiesiges, Diesseitiges. Und sie ist so wenig Mitte, wie letztlich die Sonne Mitte ist. Geozentrisches und heliozentrisches Weltbild sind zugunsten des Ganzen, das keine Mitte kennt, da es räumlich nicht greifbar noch fixierbar ist, hinfällig geworden.[1] Was der Erde geschieht – sie selber ist nichts als ein Geschehen, das in der Materialisation zu einem immer langsameren Geschehen wurde –, stammt aus umfassenderen, nicht raumzeitlich fixierbaren Zusammenhängen. Zudem ist sie ein Stern, der seine Mitsterne hat, so wie der Mensch seine Mitmenschen hat. Auf der großen Reise durch die Jahrtausende durcheilt sie wechselnde Landschaften des »Himmels«, die ihr und der Menschen Antlitz verändern. Im Menschen, der das Bewußtsein der Erde und ihrer Zugehörigkeit zu den größeren Fernen oder Unfernen ist, bleiben die Einflüsse, die unser gesamtes Sonnensystem, das eines unter vielen ist, betreffen, nicht ohne Wirkung. Alle Mühen, sich diese Gegebenheiten auf raumzeitliche Art vorzustellen, sind vergeblich. Gewiß jedoch ist, daß sie in einer raumzeitfreien Art auch für uns realisierbar wären. Und nichts, das ist, ist nur um seiner selbst willen; sondern um des Ganzen willen. Das Ganze ist dem Menschen im Ursprung vorgegeben. In der zeitfreien Gegenwart erhält es für den Menschen Bewußtseins-Charakter, denn das Bewußtsein ist nicht an Raum und Zeit gebunden. Vorstellungsmäßig ist das nicht konkretisierbar, denn die Vorstellung arbeitet mit Abstraktionen und Absolutheiten. Erlebnismäßig, also magisch, ist es nur bewußtseinsdumpf zu erspüren. Bildmäßig und erfahrbar, also mythisch und selbst mystisch, ist es nur bewußtseinszwielichtig realisierbar. Der rationale Schluß – im rationalen Denken wird immer abgeschlossen und nichts im Denkraum darf offen bleiben, denn das widerspricht dem Systemzwang – nähert es denkerisch zwar an, schließt es aber auch ab. Die neue Bewußtseinsmutation hingegen erhält infolge ihrer Arationalität die ausschlaggebende Prägung durch die Tatsache, daß sie offensichtlich von der Wahrnehmbar-Werdung des Geistigen bestimmt ist. (Die im 2. Teil, Kapitel III, 2, dargestellte Abwendung der Dichter vom Psychischen und Mentalen als der »Quelle« des Dichterischen und ihre Hinwendung zum Geistigen sind nur ein Hinweis unter vielen auf diesen Tatbestand.)

Zwei apokryphe Aussprüche der christlichen Lehre lassen auf ihre Weise deutlich werden, was hier gemeint ist. »Diese Welt ist eine Brücke, geh darüber, doch baue darauf nicht deine Wohnstatt.« [2] Und das andere Wort: »Ich wählte euch aus, bevor die Erde entstand«,[3] verweist uns auf den geistigen Ursprung vor aller raumzeitlichen Materialisation, die wir als Brücke betrachten dürfen, welche Ursprung und Gegenwart zusammenwachsen, »con-crescere«, läßt. An dieses apokryphe Wort schließt wohl der große Kirchenvater Irenäus an, wenn er sagt: »Gesegnet, der vor dem Werden des Menschen da war.« [4] Seiner wurden wir ansichtig. Er offenbarte sich in Zeit und Raum. Er wurde, auffahrend, den Jüngern in der Transparenz wahrnehmbar, in jener Transparenz, die dem Geistigen vom Ursprung her »eignet« (soweit ihm etwas eignen kann) und die der zeitfreie und ichfreie Mensch in der geglücktesten Lebensgewißheit gegenwärtigen kann. Der große, schmerzhafte Weg der Bewußtwerdung, besser: die Entfaltung oder Intensivierung des Bewußtseins stellt sich als ein immer intensiveres Aufleuchten des Geistigen im Menschen dar.

Seit Jahrtausenden sehen die Traditionalisten, die »Eingeweihten«, den bisherigen Weg der Menschheit als Verfall, als Absinken aus der Ursprungsnähe in Ursprungsferne. So schmerzlich diese Entfernung sein mag, so ist sie der notwendigen Bewußtseinsintensivierung dienlich gewesen. Nur die Distanzierung birgt die Bewußtwerdungsmöglichkeit.

Das den Ursprung auslösende Phänomen ist geistiger Art. Mit jeder Bewußtseinsmutation wird es dem Menschen realisierbarer. Und hinsichtlich der heute sich vollziehenden darf von einer Konkretion des Geistigen gesprochen werden. Dabei ist das Wort »Konkretion« keinesfalls als Gegensatz zu »Abstraktion« aufzufassen. Dies so wenig, wie wir Qualität und Quantität, Effizienz und Defizienz als Gegensätze hingestellt haben, sondern als Intensitätsausdruck und -wirkweisen verschiedenen Grades. Und wir sprechen besonnenerweise vom »Geistigen« und nicht etwa einfach von »Geist«. Unsere Ausführungen im ersten Teile (siehe dort S. 327 ff.) haben ersichtlich gemacht, daß der Begriff »Geist« durch die Ausdrucksweisen der bisherigen Bewußtseinsstrukturen, sei es erlebnismäßig, sei es bild- oder vorstellungsmäßig, derart vielaspektig besetzt ist, daß diese quantitative

Aspektierung der sauberen Umschreibung dessen, was Anliegen des Himmels und der Erde, Gottes und des Menschen ist, die Wahrgebung versagen muß. Konkretion ist also für uns nicht ein Greifbar- oder Dinglich-Machen des Ungreifbaren, sondern ein Vollzug des Con-crescere,[5] also des Zusammenwachsens des Geistigen mit unserem Bewußtsein.

Da das Geistige weder an das Vitale, noch an das Psychische, noch an das Mentale gebunden ist, sondern in deren Effizienzen für uns, sei es erlebbar, sei es erfahrbar, sei es vorstellungsmäßig oder denkbar, durchscheint, so mußte einmal, und dies generell für die ganze Menschheit, eine neue Bewußtseinsmöglichkeit aufleuchten, die es wahrnehmbar werden läßt. Denn bisher war das Geistige nur dunkel in der Emotion, also magisch, dann zwielichtig in der Imagination, also mythisch, dann hell in der Abstraktion, also mental, angenähert realisierbar. Die sich ankündigende aperspektivische Realisationsweise macht es gewiß, daß es in einer ihm gemäßen Art nicht nur emotional, imaginativ oder abstrakt erlebbar, erfahrbar oder denkbar ist, sondern dem neuen Vermögen entsprechend mit dem Bewußtsein *zusammenwachsend, also konkret*, wahrnehmbar wird. Hiermit dürfte unser zweiter Leitsatz (siehe oben S. 32) erhellt sein: *Das Durchscheinende (das Diaphane oder die Transparenz) ist die Erscheinungsform (Epiphanie) des Geistigen.*

Diese Diaphanie ist umfassend; sie ist eine Durchsichtigkeit, eine Transparenz sowohl des Raumes als der Zeit, sowohl des Lichtes als der Dunkelheit, sowohl der Materie als der Seele, sowohl des Lebens als des Todes. Mehr noch ist zutreffend, als ein Wort Max Picards aussagt: »Alles ist transparent, was vom Geiste stammt«,[6] denn die Transparenz des Geistigen durchwirkt das Ganze, und das Ganze ist Transparenz. Deshalb ist die Wahrung des Diaphanen die Überwindung der nur mental-rational gültigen Gegensätze und zugleich die Realisation des in ihm aufscheinenden Achronon. Diese zeitfreie Gegenwart (das Achronon) ist eine genauso reale und wirksame Zeitform wie die ihr bewußtseinsmäßig voraufgegangenen, ohne deren Anerkennung sie überhaupt nicht realisierbar wäre. Dabei ist zu beachten, daß dieser synairetische Vollzug, der uns die integrale Bewußtseinsstruktur erschließt, ein neues Vermögen, keinesfalls eine bloße Zusammenfassung ist. Wer diesen synairetischen Vollzug als bloße Zusammenfassung versteht, denkt mental und synthetisierend, nimmt also nicht arational wahr und verfehlt damit die Basis für die *sinnvolle* Lösung unserer Aufgabe.

In diesem arationalen Sinne muß auch die Bezeichnung »integrale Bewußtseinsstruktur«, zu deren Träger der heutige Mensch mutiert, gewertet werden. Diese Bezeichnung meint den *ganzen* Menschen, soweit er sich als solcher infolge der neuen Mutation konstituieren kann. Sie enthält auch nicht den Schatten einer Hybris und ist durch ihre christliche Geprägtheit vor allen Mißdeutungen etwa im Sinne Nietzsches oder der Gnostik, deren Überlehren auch Macht- und Gottähnlichkeits-Ansprüche einschließen, gefeit. Dies sei mit allem Nachdruck festgestellt.

Die Herauslösung aus dem Mental-Rationalen, die heute der Mensch vollzieht, das zunehmende Vermögen, die Welt nicht nur als Vorstellung zu sehen, sondern als Durchsichtigkeit wahrzunehmen, die Überwindung der einst notwendigen Dualisierung, durch welche die bewußtseins-intensivierende Distanzierung leistbar wurde –, alle diese Vorgänge umstrukturierender Art weisen darauf hin, daß eine grundlegend neue Realisationsweise überdeterminierend aus der bisherigen herausmutiert.

Einst suchte man die Wahrheit: Jahrtausende hindurch hat die Philosophie diese Arbeit geleistet. Einst glaubte man die Wahrheit: Jahrtausendelang hat die »relegio« und später die Religion diese Bindung ermöglicht. Immer auch wird, wo wir denken oder glauben, das damit Erreichbare unverlierbar sein. Für jene aber, die das Ganze, das Wahre, zu wahren vermögen, ist dieses Wahren kein philosophisches Suchen mehr, noch ein immer auch zweifelsgestörter Glaube, sondern ein Finden ohne jenes Suchen, das durch Jahrtausende hindurch gleichsam nur Vorbereitung war.

Der ungeteilte, der ichfreie Mensch, der nicht mehr Teile sieht, sondern das »Sich« realisiert, die geistige Form des Mensch- und Weltseins, nimmt das Ganze wahr, das »vor« allem Ursprung »liegende« Diaphainon, das alles durchscheint. Für ihn gibt es weder Himmel noch Hölle, weder Diesseits noch Jenseits, weder Ich noch Welt, weder Immanenz noch Transzendenz, sondern über deren magische Einheit, deren mythische Ergänztheit, deren mentale Entzweiung und Synthese hinaus das nur wahrnehmbare Ganze. In dieses braucht er sich nicht zurückzubinden (Religion). Es ist praeligiös: es ist gegenwärtig in achronischer, zeitfreier Art, die mit seiner ichfreien Art korrespondiert. Magische Proligio, mythische Relegio, mentale Religion werden zu mitstützendem Fundament der Praeligio(n), die der intensivierte, überdeterminierte Ausdruck aller anderen ist. Was »vor« Zeit und Raum ist, was dank der verschiedenen

Bewußtseinsstrukturen durch Zeitlosigkeit, Zeithaftigkeit, Zeit und Raum hindurch immer stärker realisierbar wurde, das wird in der bewußten Achronizität wahrnehmbar. Das Vorzeitlose wird zeitfrei, Leere wird Fülle, in der Durchsichtigkeit wird das Diaphainon, das Geistige, wahrnehmbar: Ursprung ist Gegenwart. Wir wahren das Ganze, und das Ganze wahrt uns.

Nachwort

Jene, die es wagen, einer an Skeptizismus und Ideologieverdacht (im Westen) oder an Ideologiesorge (im Sowjetbereich) [1] leidenden Menschheit gewisse Grundwerte in Erinnerung zu rufen, welche dem Oberflächengeschehen zuwiderlaufen und keine direkte »efficiency« für die der Quantifizierung verfallene Welt zu haben scheinen, werden heute nur allzu leicht mit Schlagwörtern abgetan. Die Bezeichnungen »unrealistisch« oder gar »idealistisch« sind dabei noch die harmlosesten, die von jenen gebraucht werden, welche Realismus mit nichts als materieller Nutzanwendung verwechseln und dann in den dualistischen Kurzschluß dort verfallen, wo es sich auch nicht um Idealismus handelt. [2] Ihrer Art nach ist ihnen die Wahrnehmung jener Kräfte verwehrt, von denen Realismus und Idealismus nur vorstellungs- und klassierungsmäßige Aspektierungen sind. Hinzu kommt jener Beharrungstrieb, der selbst dort störrisch in Erscheinung tritt, wo es offensichtlich ist, daß durch ihn eine verfahrene Situation nicht gelöst werden kann. Wem in seinen besten Stunden Gegenwart nichts ist als ein zeitverhafteter Augenblick, der wird die heute sich anbahnende Umstrukturierung nicht mitleisten können. Dies wird wohl nur jenen gelingen, denen Gegenwart zum zeitfrei gewordenen Ursprung wird, zur immerwährenden Fülle und Quelle des Lebens und des Geistes, aus denen heraus sich alle entscheidenden Konstellationen und Gestaltungen vollziehen.

Es ist nichts als natürlich und selbstverständlich, daß ohne dieses Bewußtsein von Ursprung und Gegenwart manches von dem, was auf den vorstehenden Seiten vorgetragen worden ist, ungemäß klingen muß, denn es ist dem teilenden Denken nicht meßbar. Es wird vor allem für jene fast unannehmbar sein, die sich aus technikgläubiger Überheblichkeit den Ernst unserer heutigen Situation nicht eingestehen wollen und darauf pochen, daß wir es mit all den »Fortschritten« doch gar »so herrlich weit gebracht« hätten. Wer sich jedoch bemüht, das heutige Geschehen nüchtern zu betrachten, und sich, über den Umkreis oder Bereich seines eigenen Lebens hinausgehend, als mithandelndes und mitleidendes Glied der Menschheit weiß, der wird einräumen, daß Hinweise wie die hier geäußerten heute gewagt werden müssen. Die Epoche, da mit Götter- und Menschheitsdämmerungen ein unverantwortliches Spiel getrieben wurde, sollte vorüber sein. Die Tatsache, daß unsere Epoche auch eine Epoche des Leides ist, darf niemanden dazu verführen, weiterhin mit diesem Leid selbstgefällig zu tändeln und über die Ungewißheit der Zukunft zu klagen. Denn es leidet jeder, sei es ein einzelner, sei es ein ganzes Geschlecht, stets nur sein Maß. Ihm nicht auszuweichen und an ihm nicht zu zerbrechen, ist unsere Freiheit. Erfüllen wir sie, so ist die Zukunft, die jeder in sich trägt, entschieden. Heiterer Ernst, der fähig ist, das primordiale, das geistige Element zu wahren, geziemt unserer Generation. Ihr ist, wie noch jeder, eine Aufgabe gestellt. Diese Aufgabe so weit ersichtlich zu machen, als dies einem einzelnen überhaupt möglich und gestattet ist, war das Bemühen des Schreibenden. Und in diesem Zusammenhange ist es vielleicht erlaubt, daran zu erinnern, daß es nicht unwichtig ist, ob derjenige, der etwas vorbringt, weiß, aus welcher Lebenslage, aus welchem Lebensalter und aus welcher eigenen Lebensstruktur heraus er die Dinge sagt, die er zu sagen hat. Dazu sei mir gestattet, anzumerken, daß ich mir bewußt bin, in welchem Maße die Probleme je nach Lage, Alter und Struktur des persönlichen Lebens sich verschieden aspektieren; wie manchmal eine ungelöste Lebenslage auf die Welt und ihre Erscheinungen projiziert, die Weltlage als ungelöstes Problem erscheinen lassen kann; wie ein Mehr oder Weniger an vitaler oder psychischer oder mentaler Disziplin zu undisziplinierten Aussagen zu verführen vermag; wie sehr das Gefälle oder die Steigung der inneren Gezeiten den Grundton jeder Äußerung zu verändern vermögen. Sich dieser Bedingtheiten, Befristungen und Begrenztheiten so weit bewußt zu sein, daß man sich ihrer erwehren kann, ist selbstverständliche Voraussetzung für jede Mitteilung, die Anspruch auf eine allgemeine Gültigkeit erhebt. Ohne dieses Bewußtsein, ohne das echte Wachsein in ihm, ist eine verantwortungsvolle Äußerung unmöglich. Die Tatsache, daß seit der grundlegenden Konzeption heute genau einundzwanzig Jahre vergangen sind, daß sich also die vorbereitende und ausarbeitende Tätigkeit an ihr durch verschiedene Lebensalter erstreckte, kann möglicherweise als Gewähr dafür angesehen werden, daß zum Beispiel das »Neue« nicht etwa psychologisch deutbar als eine Verallgemeinerung der persönlichen Anima- oder Schatten-Bewußtwerdung gewertet werden darf und die Namhaftmachung des Neuen nicht etwa jener Haltung entspringt, die als traditionsleugnende Aggression weltverbesserischer Art das Kennzeichen jener ist, welche die Mitte des Lebens sei es verschliefen, sei es nur der Anzahl der Jahre nach überschritten und somit das göttliche Geschenk des maßvollen Denkens nie kennenlernten. Es dürfte dagegen die Art, die Dinge zu sehen und zu beschreiben, die hier versucht worden ist, heute vielleicht deshalb verbindlich und effizient sein, da sie dem Geistigen und nicht irgendwelchen Idolen, Idealen oder Pseudo-Realitäten verpflichtet ist. Denn was, wenn nicht das Geistige, gilt, da doch – sofern es gestattet ist, auch einmal bildlich zu sprechen – jede Träne der Ausdruck aller Trauer und allen Leides des Universums sein kann: die stumme Qual aller Ozeane, zusammengepreßt in einen einzigen verzehrenden Tropfen; und da sie genausogut noch weniger ist als irgendein Tropfen, nämlich ein bloß Hingeweintes, das vergeht, wie Regen vergeht oder wie eines Tages die Meere vergehen könnten, wenn die immer noch drohende große Heimsuchung durch das Feuer Wirklichkeit werden sollte. Denn der so viel selteneren Tränen des Glücks zu gedenken – wer wollte es wagen, da er doch weiß, wie schmerzlich und zehrend selbst diese sind.

Hier wurde keine These vorgetragen. Thesen sind Bestandteile des fixierenden, perspektivischen Denkens. Es wurde versucht, die neue Wirklichkeit und die mit ihr korrespondierende neue Realisationsweise, das Wahren, das durch die neue Bewußtseinsstruktur ermöglicht wird, wahrnehmbar zu machen. Es wurden die aperspektivischen Manifestationen aufgezeigt, die Aufgabe, die aus ihnen spricht, die Gefahren, die sie bergen, die Befreiung, zu der sie führen können. Sie als gültig wahrzunehmen oder nicht, ist Sache des einzelnen, seiner Struktur, seiner Distanz, seiner Verantwortung.

Hier wurde auch keine Synthese versucht, sondern die Aufdeckung des Grundanliegens unserer Epoche. Dabei beschränkte ich mich nicht auf Teilgebiete, denn »der Sinn wird verdunkelt, wenn man nur kleine, fertige Ausschnitte des Daseins ins Auge faßt«.[3] Dieses Wort des Dschuang Dsi kann vielleicht das Wagnis rechtfertigen, daß ich einen umfassenderen Überblick zu geben versuchte, wobei ich mir der bestehenden Lücken durchaus bewußt bin. Für denjenigen jedoch, der sich um die Wahrung des Ganzen bemüht, ist das Abwesende nur eine andere Form des Anwesenden.

Was hier versucht wurde, ist ein Hinweis zur Klärung einer komplexen Situation, deren Lösung sich heute oder morgen vollziehen wird. Art und Weise dieser Lösung, Zeitpunkt und

Tragweite derselben, ihre Wirksamkeit für uns oder einen anderen Teil der Menschheit als der europäischen oder selbst für eine durch notwendende Vernichtungen hindurchgegangene Menschheit hängen davon ab, in welchem Maße wir das Geschehen bewußt mitzugestalten vermögen. Wer jedoch in Ursprung und Gegenwart beheimatet ist, steht im Schutze des Lebens und des Geistes.

Zum Schluß sei jenen gedankt, ohne deren Freundschaft und Vertrauen diese Schrift wohl kaum hätte zu Ende geführt werden können: den Freunden vieler Jahre und den Wissenschaftlern verschiedenster Disziplinen, die aus umfassendem Verstehen heraus dem Anliegen dieser Schrift Interesse entgegenbrachten und mir wertvolle Hinweise zuteil werden ließen.

Burgdorf (Kanton Bern), Schweiz, im Juni 1952 J. G.

Nachschrift: Die Ausführungen dieses Nachwortes haben, wie mir scheinen will, auch heute noch, möglicherweise heute mehr denn je, Gültigkeit, und so dürfte es sich rechtfertigen, wenn ich ihnen nichts hinzufüge.

Bern, im Juni 1965 J. G.

Synoptische Übersicht und Bildtafeln

Abb. 44 zu S. 451: »Kore«; griechisch; 4. Jahrh. v. Chr.; Tanagra (Originalgröße 19,5 cm).

Abb. 45 zu S. 451: »Kore«; griechisch; 3. Jahrh. v. Chr.; Tanagra (Originalgröße 24,5 cm).

Abb. 46 zu S. 621: Mies van der Rohe, »Deutscher Pavillon auf der Weltausstellung in Barcelona, 1929«.

Abb. 47 zu S. 622: Lucio Costa, Oscar Niemeyer Soares und Paul Lester Wiener, »Brasilianischer Pavillon auf der Weltausstellung in New York, 1939«.

Abb. 48 zu S. 623: Walter Gropius, »Bauhaus Dessau«; 1925/26 (Ausschnitt).

Abb. 49 zu S. 623: A. und E. Roth und M. Breuer, »Zwei Mehrfamilienhäuser im Doldertal, Zürich«, 1935/36.

Abb. 50 und 51 zu S. 624: Edward D. Stone, »Haus A. Conger Goodyear«, Old Westbury, Long Island (New York); 1940; Wohnzimmer (oben: Ansicht von außen; unten: Blick nach außen).

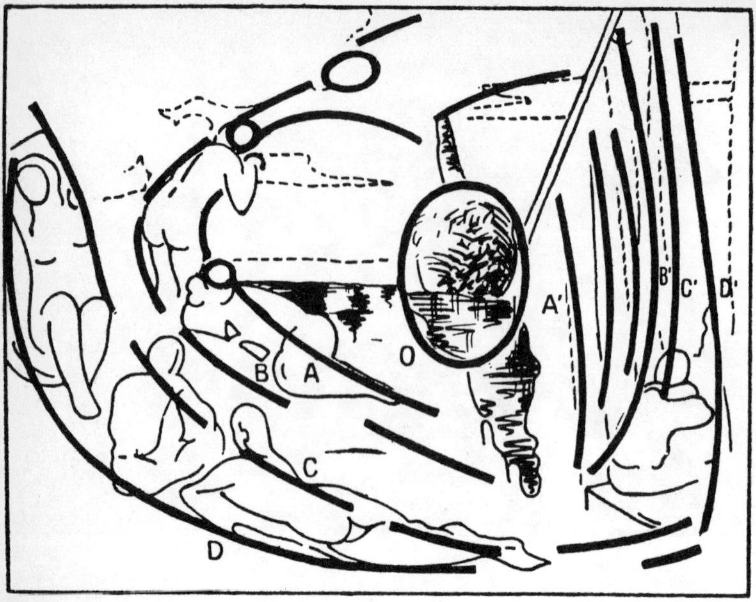

Abb. 52 und 53 zu S. 628: Paul Cézanne, »Don Quichotte sur les rives de Barbarie« (auch als »Pastorale« bezeichnet); Diagramm (oben, nach L. Guerry) und Reproduktion des Originals.

Abb. 54 und 55 zu S. 628: Sandro Botticelli, »Grablegung Christi«; um 1605; Diagramm und Reproduktion des Originals.

Abb. 56 zu S. 626: Fernand Léger, »Peinture décorative« für den französischen Pavillon auf der »Triennale« in Mailand; 1951 (Originalgröße: 13,30 × 6,45 m).

Abb. 57 zu S. 632: Pablo Picasso, »Die Arlesierin«; 1913.

Abb. 58 zu S. 634: Gino Severini, »Die ruhelose Tänzerin«; um 1912/13.

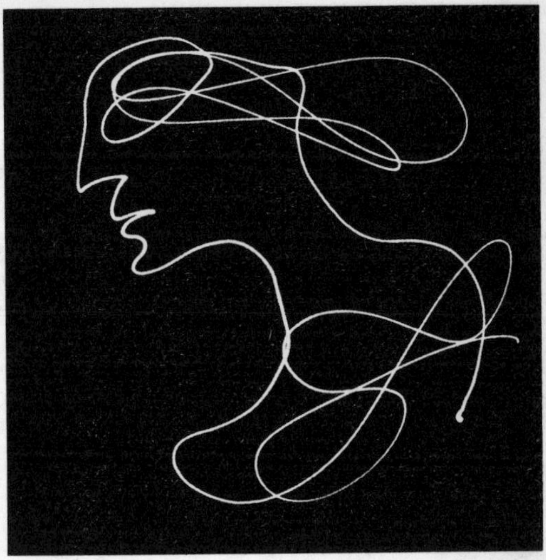

Abb. 59 zu S. 639: Pablo Picasso, »Klassischer Kopf«; Lichtzeichnung; um 1949.

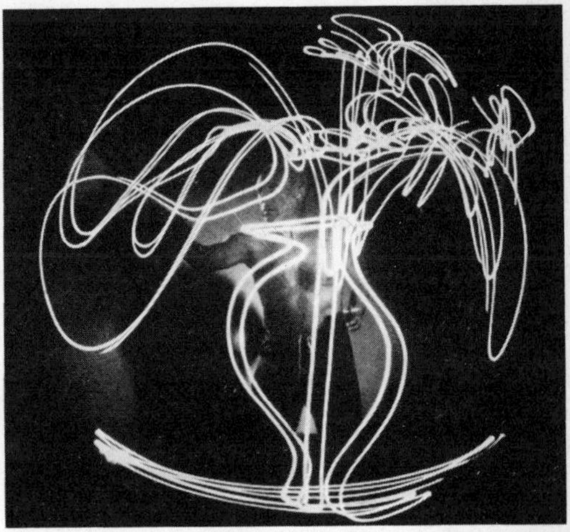

Abb. 60 zu S. 639: Pablo Picasso, »Blumen in Vase«; Lichtzeichnung; um 1949.

(Beide Zeichnungen wurden von Pablo Picasso mit einer bleistiftartigen Taschenlampe im verdunkelten Raum und in wenigen Sekunden in die Luft gezeichnet und währenddessen von Gjon Mili photographiert.)

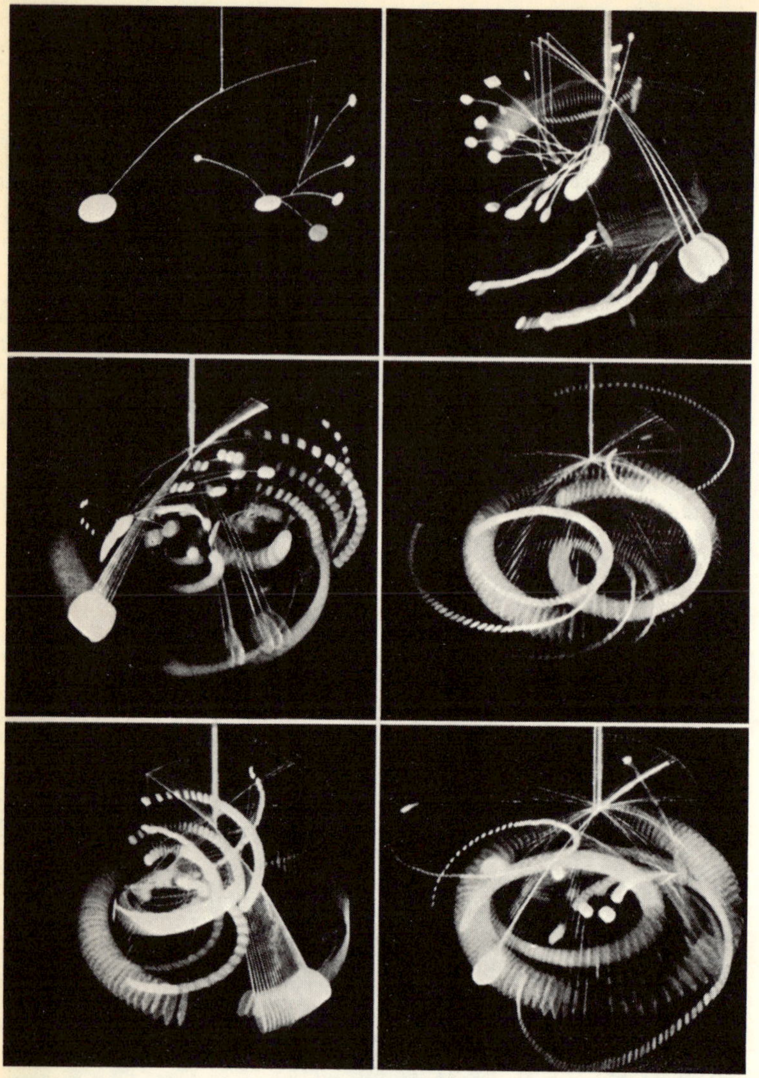

Abb. 61 zu S. 639: Alexander Calder, »Hängende Drahtplastik« (»Mobile«); 1936; Aluminium und Stahldraht; in Ruhestand (oben links) und in Bewegung.

Abb. 62 zu S. 639: (nebenstehend) Montage der Kamera, die an Kabeln zwischen zwei Gebäuden aufgehängt und gegen einen über ihr hängenden Silberball gerichtet ist, so daß, was sich auf diesem spiegelt, photographiert wird.

Abb. 63 zu S. 639: (untenstehend) das Resultat: »Kugelphotographie« von Dale Rooks und John Malloy, Grand Rapids, Mich., USA; um 1949.

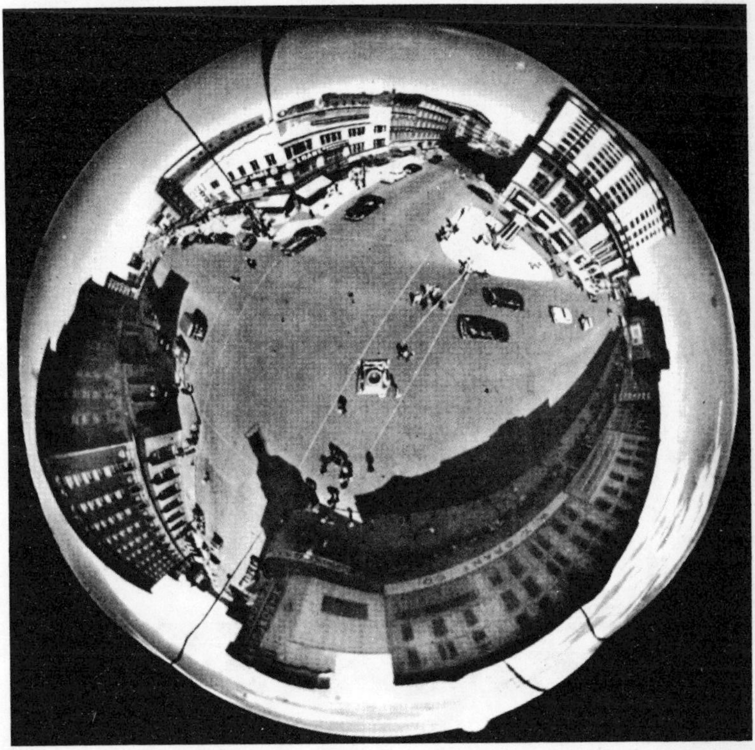

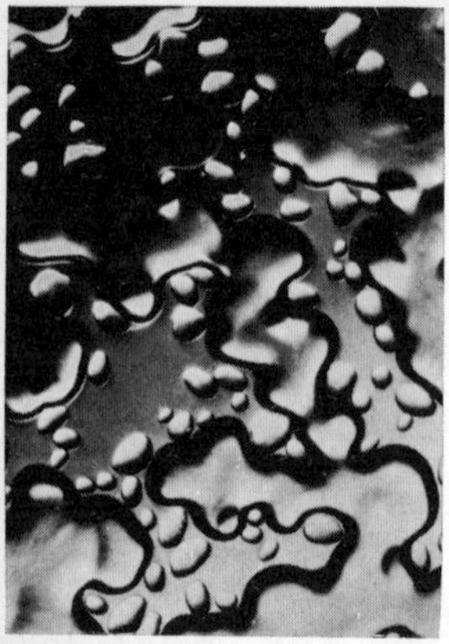

Abb. 64 zu S. 641: Stärkekörner in einer Lackeinbettung.

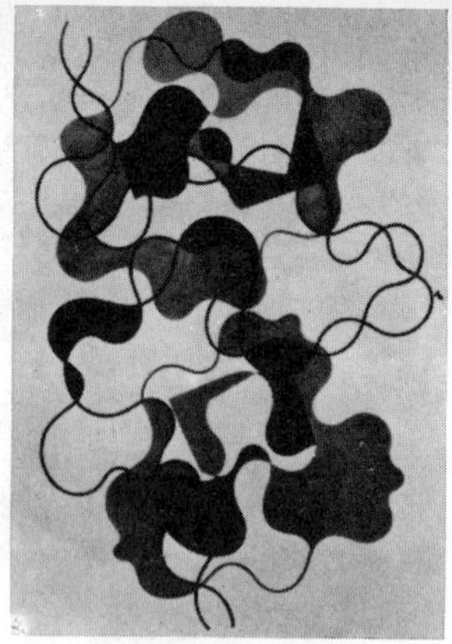

Abb. 65 zu S. 641: Sophie Taeuber-Arp, »Lignes d'été«; 1949.

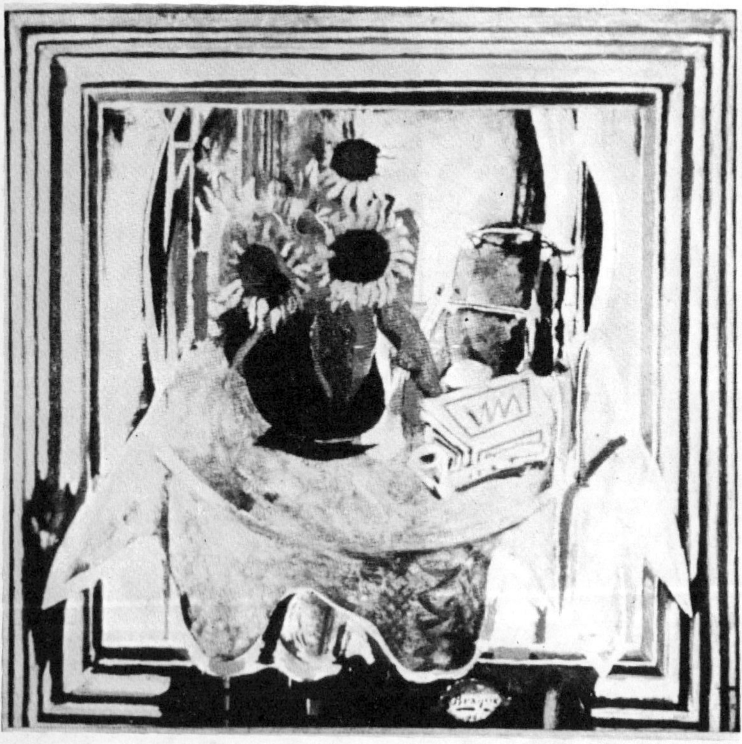

Abb. 66 zu S. 639: Georges Braque, »Sonnenblumen«; Öl; 1946.

Abb. 67 zu S. 641: Hans Haffenrichter, »Energie«; Eitempera; 1954; (Originalgröße 48,5 × 38 cm).

Abb. 68 zu S. 641: Außergalaktischer Nebel im Sternbild »Canes Venatici« (»Jagdhunde«). Aufnahme der Mount Wilson and Palomar Observatories.

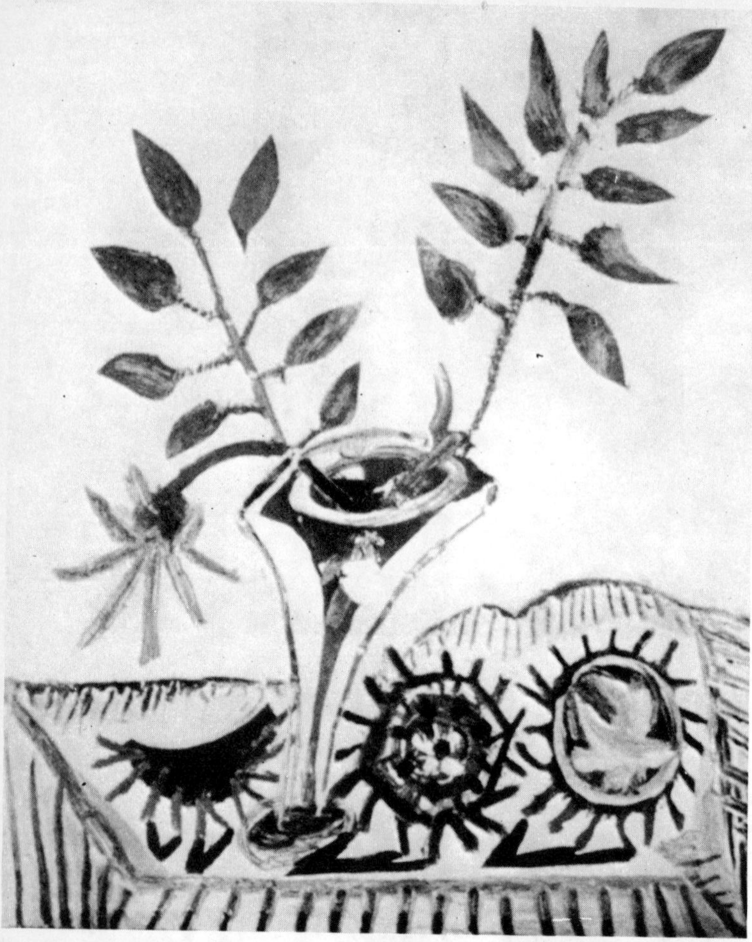

Abb. 69 zu S. 641: Pablo Picasso, »Vase mit Laub und Seeigeln«; Öl; 1946; (Originalgröße 45 × 38 cm).